曾国藩

曾国藩
一个人的朝圣路

文真明 ◎ 著

华文出版社
SINO-CULTURE PRESS

图书在版编目（CIP）数据

曾国藩：一个人的朝圣路 / 文真明著. -- 北京：华文出版社，2016.4（2019.8重印）

ISBN 978-7-5075-4450-3

Ⅰ.①曾… Ⅱ.①文… Ⅲ.①曾国藩（1811～1872）—人物研究 Ⅳ.①K827=52

中国版本图书馆CIP数据核字(2016)第065531号

曾国藩：一个人的朝圣路

著　　者：文真明
出版策划：李金水　蔡荣建
责任编辑：胡慧华
出版发行：华文出版社
社　　址：北京市西城区广外大街305号8区2号楼
邮政编码：100055
网　　址：http://www.hwcbs.com.cn
电　　话：总 编 室 010-58336239　　发 行 部 010-58336267　58336238
　　　　　责任编辑 010-58336197
经　　销：新华书店
印　　刷：北京彩虹伟业印刷有限公司
开　　本：710×960　1/16
印　　张：22.5
字　　数：300千字
版　　次：2016年6月第1版
印　　次：2019年8月第8次印刷
书　　号：ISBN 978-7-5075-4450-3
定　　价：39.80元

版权所有　侵权必究

前言

翻开波澜壮阔、风雨如晦的中国近代史，一个赫然入目、声名显赫的重要人物便是曾国藩。在曾国藩所处的晚清历史中，处处可以看到曾国藩的影子。在曾国藩之后的时代，仍时时听到人们对他的评议。

作为中国近代史上最有影响的人物之一，曾国藩从一个普通的农家子弟，以并不出色的资质成为晚清"中兴第一名臣"，成为中国传统文化的集大成者、中国近代文化的开创者、中国近代洋务运动的创始人，后人推崇他为"官场楷模""千古完人"，视之为中国封建王朝时代的最后一位"圣人"。

曾国藩二十八岁中进士、点翰林，在穆彰阿、唐鉴等师友的指点扶助下，十多年间先后从翰林院庶吉士累迁侍读、侍讲学士、文渊阁直阁事、内阁学士、稽查中书科事务、礼部侍郎及署兵部、工部、刑部、吏部侍郎等职，步步升迁到二品大员。

曾国藩学养深厚，于中国传统文化多有继承发展，始终以圣贤人格自励，为人处世卓然不群。曾国藩非常注重完善自己人格的修炼，促进事功的建立，可以说，儒家的"修身、齐家、治国、平天下"在他身上得到了完美的体现。

曾国藩虽然赢得如此众多的声誉，建立了他人无法企及的功勋，但他的征战历程和官场生涯却艰难曲折，充满险恶，他数历生死边缘，可谓九死一生。曾国藩的一生，不是同太平军和捻军厮杀，就是在险恶的官场中搏斗，他驰骋疆场，徘徊官场，而最终却能化险为夷，渡过一个又一个难关，原因在于他有着坚忍不拔的性格、深藏不露的智慧，总结他的成功秘诀，全在于一个"忍"字。

自湖南起兵,曾国藩的湘军屡战屡败,论挫折打击,当时无人能与曾国藩相比。然而,信奉"好汉打脱牙和血吞"的曾国藩,认准了一个"忍"字,凭借极度的自省和坚忍,挺到了太平军内讧的战局转折点。攻下南京后,曾国藩手握重兵,成了"天下臣民第一家"。此时曾国藩显赫至极又危险至极。曾国藩成功后便与一直支持他的朝中权贵肃顺断绝了交往,在肃顺政变失败后没有留下一点把柄;而打败太平天国的次月,曾国藩更主动上折要求裁撤湘军,这一"英雄自剪羽翼"之举,消除了皇帝对他的疑虑,成为史上既功高盖主又保全了自己的极少数人物之一。

树高易折,楼高易倒。身为晚清重臣,曾国藩游走于清朝官场风风雨雨几十年,始终屹立不倒,除了他的为官哲学让其稳如泰山外,曾国藩的处世之道也不可忽略。他始终认为,凡事要亲身入局;言行要谨慎;在日常的处事中,更要藏匿自己的锋芒,避免过于暴露自己。他的这些观点、做法,助其在宦海沉浮、险象环生的官场里游刃有余,终得善终。

曾国藩并非完人,他是特定历史时期中的特定人物。他的一生充满了矛盾,他对太平天国起义的镇压以及处理天津教案的态度,都是为后人所指责和非议的。我们在研究曾国藩时,应当摒弃他性格和思想中消极的一面,借鉴他修身持家、做人做事、用人理政的智慧和谋略为己所用。希望读者能够详加明察,细细品味,从本书中收到窥一斑见全豹之效,并受到些许启迪,著者心愿足矣。

目 录

第一章
崛起于草根之家的千古第一完人

中兴名臣生于蛮荒之地 / 003
王侯将相本无种 / 005
曾氏宗族领袖地位奠立 / 007
好家教成就好孩子 / 009
百方检饬照后人 / 012
他的降生充满神话色彩 / 014

第二章
齐家有道，平天下自齐家始

光大祖传"八宝饭" / 021
勤俭治家，树家风之先 / 025
齐家是平天下第一要义 / 026
孝而不愚乃德之本 / 028
兄不必敏于弟，弟不必贤于兄 / 030
呕心沥血教导诸弟 / 035
穷养儿，富养女 / 037

可怜国藩父母心 / 042
家训高悬，长保家风传久远 / 044

第三章
内圣外王，做最好的自己

"血诚"是立身基石 / 051
宦海沉浮要保持好名声 / 055
处事当求稳慎，不可过急 / 058
官场如战场，须谨言慎行 / 063
天下凡事要亲身入局 / 067
藏巧于拙，用晦而明 / 069

第四章
卧薪尝胆，此生要做大圣贤

做人的第一件事是立志 / 075
要做圣贤先读圣贤书 / 077
二十年奋斗终中进士 / 079
千金难买真知己 / 084
好师，好友，好榜样 / 089
修身养性，研学朱子 / 093

第五章
潜伏官场，羽翼未丰时绝不妄动

钦点翰林无炭敬 / 099
十年七迁，连跃十级 / 104

严于律己是官场的护身符 / 107

思报国改名"国藩" / 109

表忠心上疏直陈时弊 / 111

再上疏惹风波 / 116

亲人亡故思返湘乡 / 119

回乡省亲待出山 / 120

第六章
临危受命,墨绖出山招勇办团练

兴办团练 / 129

首次出山首次遇挫 / 132

受排挤招兵买马 / 137

谁说书生不能治军 / 140

湘军规模初创成 / 143

治军严明,打造曾家军 / 147

放权可以做大自己的事业 / 148

第七章
英雄要打脱牙齿和血吞

踌躇满志,血祭出师 / 153

首战岳州,损兵折将 / 156

连上两奏折自请治罪 / 158

重振旗鼓攻湘潭 / 160

靖港惨败欲投水寻死 / 162

陷绝境众人落井下石 / 164

左宗棠义激曾国藩 / 167

终于打了第一个胜仗 / 172
好汉打脱牙齿和血吞 / 175
水陆两师会战城陵矶 / 176
平定湖北风光无限 / 179

第八章
屡战屡败，屡败屡战

屡败屡战勇气佳 / 185
咸鱼翻身，攻占武昌 / 187
盛名之下要头脑清醒 / 189
恶战长江天险田家镇 / 191
九江石达开计胜曾国藩 / 194
曾国藩跌入人生谷底 / 198
塔死罗走，山穷水尽 / 201
东山再起，重建水师 / 204
坚如磐石挺难关 / 205
曾国藩等到了天国内讧这一天 / 207
奔父丧返乡定居 / 210
韬光养晦，大彻大悟 / 212

第九章
再度出山，血雨腥风九死一生

变圆通再度出山 / 217
曾国藩遇到了新对手 / 220
重出江湖失靠山 / 221
三河喋血，李续宾全军覆没 / 223

苦心栽培得意门生 / 226

曾国藩找到了太平军的死穴 / 230

受重用署理两江 / 233

咸丰皇帝出了道难题 / 236

驻守祁门，九死一生 / 238

第十章
百炼终成钢，荣耀达巅峰

攻陷天京屏障安庆 / 245

天京陷落，太平天国灭亡 / 249

曾国藩为什么要杀李秀成 / 253

终生荣耀到达极点 / 258

裁撤湘军，功成身退得善终 / 261

第十一章
做圣人是一辈子的修行

接谕旨领军镇压捻军 / 265

剿捻无功受冷落 / 268

开启洋务运动的先河 / 270

整饬革新再操劳 / 274

委曲求全处理"天津教案" / 278

中国留学事业奠基者 / 281

上海之行——生命最后一站 / 285

最后的嘱托 / 287

大星陨落金陵城 / 290

是谁成就了"圣人"曾国藩 / 292

附录一　曾国藩生平大事年表 / 300

附录二　曾国藩传世语录 / 306

附录三　《曾国藩家书》精选 / 309

附录四　《冰鉴》原文 / 340

参考书目 / 346

第一章

 崛起于草根之家的千古第一完人　曾国藩

中兴名臣生于蛮荒之地

　　湖南省地处中国中南部,长江中游,地理上属于华中地区,省会为长沙,因鱼和大米产量很大,号称"鱼米之乡",因地处洞庭湖以南得名"湖南",又因湘江贯穿全境而简称"湘"。湖南历史悠久,旧石器时代就有人类活动,古为苗人、越人和楚人的生活地区。西周时期为楚国南部。唐广德二年(764年)首置湖南观察使。至此,中国行政区划上开始出现湖南之名。湖南自古便是蛮荒之地,虽然以勤劳著称的湖南人世代耕耘于斯,但直到唐宋之际仍是朝廷流放犯罪官员的清绝地。大量贬谪官员给了湖湘大地以丰厚的养分,也造就了"先忧而后乐"的岳阳楼精神。三国时期,湖南曾是吴蜀长期争夺之地。吴国周瑜长年驻守岳阳,如今岳阳还留有其妻小乔之墓。蜀国诸葛亮也曾镇守零陵,并在此地物色到他的接班人蒋琬。蒋琬可谓湖湘人物见诸史册中的"破天荒"者。民间更有意思,当年黄忠守长沙,刘备大军到时,黄忠不战而降,然而,人们爱其忠,赞其勇,偏偏创作出一曲经典"关公战长沙"。

　　长沙乃四战之地,无险可守。素有"纸糊的长沙铁打的宝庆"一说。长沙北靠洞庭长江,南倚衡岳五岭,东西皆山,实乃一闭塞之地。故而即便是人文荟萃,也难以扬名立万。到唐代之时始有"破天荒"之说。

　　宋代文学家孙光宪的《北梦琐言》和学者邵博的《邵氏闻见后录》记载,唐代每逢大比之年,凡参加进士考试的举人,均由地方解送赴京应试,当时荆州"衣冠薮泽,每岁解送举人,多不成名,号为'天荒解'"。

　　关于破天荒,其实是有一个典故的。"天荒"实为一讥讽之名,其意为原始混沌未开的状态。直到唐宣宗大中四年，长沙人刘蜕中了进士，破了"天荒解"，故称为"破天荒"。时任荆南节度使的魏国公崔铉特地赏给刘蜕七十万贯钱以示奖励，名之为"破天荒钱"，以建状元府第。刘蜕回信答谢，辞而不受："五十年来，自是人废；一千里外，岂曰天荒。"这样，"破天荒"就流传至今。

此后，刘蜕以直言进谏不畏权贵名世，在文学成就上以散文著称，且自成一家。

一直以来，湖南人高中科举的人不多，直至宋代，依然如故。然而，由于当时的宋代实乃半壁江山，文化南移，著名书院岳麓书院在长沙设立，吸引了省外许多著名士人来此讲学，如福建的张栻、朱熹，自此开湖湘学派，一时蔚为大观。在外做官多年的永州人周敦颐也回乡讲学，此人开理学之先声，启迪了宋明时代几大著名学者，如朱熹、程颢程颐二兄弟、陆九渊等人，被尊为"理学鼻祖"。

明末之际，衡阳人王夫之崛起，船山之学盛行。曾国藩早年求学即在衡阳，深为船山学术所折服，后来在军事之余，竟亲自校阅《船山遗书》，刊印成书。

人们不禁要问：此前数百年，为何湖湘人物"罕见史传"？这其中一个重要因素就在于湖南的地理位置。长期以来，湖南与湖北一直是合二为一的。在清代设"湖广总督"，督署设在湖北，湖南士人考试要过洞庭，跨长江，去湖北投考。其间之艰难今人难以复知，多少人就葬身在八百里洞庭湖的疾风巨浪之中。当年曾国藩从湘乡一路步行到北京，就走了八十多天，更何况在此之前道路艰险的时代，赶考之艰难，非比一般。直到清代雍正皇帝听取官员的陈情，在湖南开设分闱，史称"南北分闱"，才解除了湖南士人读书成名之难。由于朝廷中长期缺少湖南人的声音，湖南士人即便中了科举，在那个注重血亲关系的帝国时代，也难以出人头地。但地理位置与湖南相似的江西就不一样。唐宋间，由于朝廷许多重要官员都是江西人，如王安石、欧阳修、曾巩，所以当时江西人才辈出。"朝中有人好做官"正是对这一现象最好的诠释。曾国藩在京城立稳脚跟之后，对湖南士人格外关照，无疑是有鉴于这样的历史教训。

王侯将相本无种

清嘉庆十三年，岁次戊辰，公元1808年。湖南省湘乡县南一百三十里外一个名叫白杨坪的偏僻山村迁来一户人家。新迁来的人家姓曾，共有十几人，属中等人家，这家的长者被人称为竟希公。

曾孟学是曾家在清初最早迁到湖南湘乡的祖先。曾孟学六世孙曾应贞生了六个儿子，其中第二个儿子曾辅臣便是曾国藩的高祖。曾辅臣娶妻蒋氏，二十一岁得独子曾竟希（曾国藩曾祖），乾隆四十一年（1776年）五十五岁时故去。白杨坪即成为曾国藩的老家。曾竟希有两个儿子。曾国藩祖父曾玉屏（族中称其号为星冈公）是他的第二个儿子。

曾玉屏生有三子。长子即曾国藩之父曾麟书，次子早卒，三子曾骥云未曾生育。曾麟书生有四女五子。曾国藩为老二，上有一姐，下有四弟三妹，因最小的妹妹早夭，实际兄弟姐妹八人。

曾氏祖籍衡阳，世代都是农民，靠天吃饭，几百年来饥饱自然不会均衡，更别说摆脱贫困的生活了。到了曾竟希的祖父曾元吉时，经过夫妻俩一生的勤俭操劳，家业才日渐发达。曾家不仅在湘乡大界盖起了几处宅院，还在衡阳青定塘湾买了四十亩薄田。在农业社会里，置购房产自然是经济实力的主要体现。曾元吉年老时，将自己辛勤了一辈子所积累的家业，包括大界的宅院和土地，全部分给了子孙。为不拖累后代，曾元吉仅留下衡阳的四十亩地作为养老送终之用。

曾竟希是曾辅臣的独子。曾竟希在嘉庆十三年（1808年），自己六十六岁时，率全家十余口人离开与其他五房聚居的老家，搬到了湘乡县南百余里外的偏僻山村白杨坪，成为曾氏家族白杨坪始迁祖。白杨坪也成为绵延五世、曾国藩离家出仕后魂牵梦绕的老家。此后，他多次在诗文中追忆此地：

我家湘上高嵋山，茅屋修竹一万竿。
最是故园难忘处，待莺亭畔路三叉。

> 莽莽寒山匝四围，眼穿望不到庭闱。
> 絮漂江浦无人管，草绿湖南有梦归。

按照中国人的传统观念，一般情况下，是不会随便离开故土的。曾竟希在六十六岁时能下决心离开祖居，搬到条件更为艰苦的偏远山村白杨坪，可推知他在原居地的生活不会十分安逸富有。有两种可能：一是他购买了白杨坪便宜的土地；一是他在原居地的生活发生了某种变故或日益艰难，方举家前往山区开荒谋生。

曾竟希次子、曾国藩祖父曾玉屏，号星冈，少时秉受家训，勤奋好学，但长大后由于家庭稍微宽裕，便沾染上不少坏习气。他有书不读，沉湎于嬉戏游玩，经常骑着马到湘潭街上，与那些纨绔子弟混在一起，常常是太阳升起一丈多高，他还没有起床。因此家族长辈都讥笑他轻浮浅薄，恐怕今后会把家财败掉。曾玉屏听到这些指责与预言，深感不安。

湘潭是湘中著名的都会，南宋以来一直是县城所在地。它地处湘江中游，舟楫所至，四季通航。早在明代，诗人周圣权在《题万楼》中歌咏湘潭：

> 岸花明媚接芳洲，三月江风送客愁。
> 台阁初成延胜迹，山川有待识名流。
> 野烟窈窕村中树，帆影参差槛外舟。
> 清绝潇湘春唱和，竟将韵事一齐收。

清人张九镒在《昭山》中亦写道：

> 西风一片写清秋，两桨飞随贴水鸥。
> 摇到湘头望湘尾，昭山断处白云浮。

湘潭的秀美山川可以从诗中想见。

从湘乡到湘潭不足百里路程，如果跃马扬鞭，就更为方便了。

在传统的农业社会里，一个人的名声比他所具有的各种"本事"重要得多。

年长人的讥笑刺中了曾玉屏的心，他不希望曾氏家族多少代人的努力毁于自己的手中。于是反躬自省，他将马卖掉，徒步回到家中。从此以后，每天东方未晓时就起床来到农田，一生如此，再没有懒惰过。这就是曾门家训中的"早"字诀。

俗话说，"浪子回头金不换"。"自省"后的曾玉屏简直像变了个人。湘乡地处丘陵地带，全县一半以上的土地都是凹凸不平的山丘。在这块土地上，除了靠天吃饭外，还必须有勤劳的双手。曾玉屏像"愚公"一样，开始了在山丘上造梯田的尝试。曾国藩后来回忆说：三十五岁那年，他祖父在高嵋山下盖了一间简陋的小茅屋。他开山凿石，将十几块小田块连接成一片大田地。曾玉屏还种了半畦蔬菜，每天早晨亲自除草，傍晚又叫佣工施肥，走进屋内喂猪，出得屋来又养鱼，这样那样的事，从没有停过。

在辛勤的耕耘中，曾玉屏悟出这样一个道理：凡是自己亲手耕种收获的粮食、蔬菜，吃起来味道特别鲜美；凡是自己历尽辛苦得到的，享用起来也特别的心安。

曾氏宗族领袖地位奠立

曾玉屏过着乡居地主兼自耕农的生活，家庭经济条件也逐渐改善，为子孙后代的耕读生活奠定了基础。

曾国藩世代务农的祖先，包括始迁湘乡、积聚数千金产业的曾国藩太高祖曾元吉在内，均未发现有关他们社会地位的记载。直到曾国藩为其祖父曾玉屏作的《大界墓表》中，才看出以曾玉屏为代表的曾家在社会上的地位。

曾玉屏在地方上属头面人物。勤劳磨炼了曾玉屏，曾玉屏也在勤劳中得到了大自然的回报。当曾玉屏把鳞甲一样的小山丘改造成相连的田地时，乡里人开始对他刮目相看了，一开始是怀疑，后来都竖起了大拇指，佩服他的精干，而村中乡邻有什么难为之事，也都找他来排忧解难。

曾玉屏之所以能具有这样的社会地位，原因是多方面的。

首先，曾玉屏以筑宗祠置祀产之举成了曾氏宗族组织的领袖。曾玉屏是将曾氏族人组成宗族组织的倡导者。曾氏宗族历来没有祠堂。乾隆二十九年（1764年），曾元吉去世后，他的四十亩田被六房长孙均分来收取地租，后来改为曾家的祀产。

嘉庆年间，在曾元吉之曾孙曾玉屏（曾辅臣之孙、曾竟希之子、曾国藩之祖）的积极主张和活动下，曾氏族长曾尊三、曾以彰召集族人，定议拿出一年应分的四十亩田租，置田十亩作为供曾元吉清明祭祀的公产。翌年，曾氏宗族又将曾元吉留下的青定塘湾的四十亩田也作为祭祀的公产使用。也就是说，六房合置的十亩加上曾元吉身后的这四十亩，共五十亩公产，成为维系曾氏宗族祭祀助学等活动的经济基础。在这里，所谓"族长"只是指族中耆老、长辈，起积极推动乃至决定作用的是曾国藩的祖父曾玉屏。特别是曾玉屏强调要"独隆于生我一本之祀"，"后世虽贫，礼不可隳，子孙虽愚，家祭不可简也"，更显示了他在宗族中的领袖地位。

其次，曾玉屏是当地有经济实力又有威望的人物。曾玉屏在地方能够随时随地修桥补路、恤孤济贫；在宗族能够首倡筑宗祠置祀产，说明他与其父曾元吉迁至白杨坪后经过一段艰苦的开山创业、勤俭积累，具有了一定的经济基础，赢得了当地人的尊重。

难得的是，曾玉屏并不是为富不仁之人。他早年失学，未能读书博取功名，年既长而经济条件有所改善，遂"引为深耻"，令子孙出就名师读书，且喜好"宾接文士"，与"通材宿儒"密切往来，对"老成端士"乃至一应读书人均"敬礼不息"。

曾玉屏又重视搞好亲缘、地缘关系，"旧姻穷乏，遇之唯恐不隆"；"乡党戚好，吉则贺，丧则吊，有疾则问"，帮财帮物助力。

这些都提高了他在地方上的威望。以此，曾玉屏凭曾氏宗族领袖、地方权威人士的身份成为湖南湘乡白杨坪的地方精英。换言之，曾国藩家自其祖父时起，即在湖南湘乡白杨坪拥有地方精英之家的社会地位。

曾国藩的祖先保持和传承着农民俭朴、忠厚的传统。

曾玉屏在曾国藩初点翰林步入仕途时，对曾国藩的父亲曾麟书说："吾家以农为业，虽富贵毋失其业。彼为翰林，事业方长。吾家中食用，无使关问，以累其心。"《曾文正公年谱》的作者写道:"自是以后,公居京城十余年,未尝知有家累也。"曾玉屏还一直坚持种菜、拾粪,不丢"勤俭"二字。曾国藩进京离家时,侍祖父于阶前,请求教训。曾玉屏"要言不繁",只说了一句影响曾国藩一生的大白话:"尔的官是做不尽的,尔的才是好的,但不可傲,满招损,谦受益,尔若不傲,更好全了。"

曾玉屏此类警句式的大白话还有不少。如"晓得下河,须晓得上岸",又如"怕临老打扫脚棍"。说的是做人处事要留有余地。这些话,后来都成为曾国藩为人处世的座右铭。

曾国藩从潜移默化到主动自觉地效法祖父乃至祖先,他说:"吾家代代皆有世德明训,唯星冈公之教尤应谨守牢记。""余常细观星冈公仪表绝人,全在一重字。余行路容止亦颇重厚,盖取法于星冈公。"

好家教成就好孩子

家庭对于后代的影响是不可忽视的。在某种程度上来说,一个家庭的传统对后人的影响是非常大的。好的家庭传统,能够使这个家庭兴盛不衰,人才辈出。大致而言,官宦人家的子弟多骄,多颐指气使,盛气凌人而不肯实干,因而很难有大的作为;商贾人家的子弟多奢,往往沉溺于享乐之中,乃至饱暖思淫欲,也很难振作精神,干一番事业;工农家庭的子弟由于社会地位低微,生活范围狭窄,虽多朴实却被限制了眼界;读书人家庭虽知书明理,眼界较宽,却往往缺少吃苦耐劳的品德。比较下来,似乎只有半耕半读或半工半读家庭的子弟,比较有出息。

曾门家教有良好的传统。有记录可查的能上溯七代,到曾国藩的父祖辈,事迹更多。他的父亲曾麟书承继家业,是曾国藩常常挂在嘴边的。

曾麟书,字竹亭,名毓济,是曾星冈的长子。曾玉屏悔恨自己少年时未努力读书，不惜代价，培养儿子读好书，高中功名。无奈曾麟书的天资较差，终日苦读，先后参加过十七次考试，耗去大半生精力和光阴，直至四十三岁才补上个县学生员。就在曾麟书荣登秀榜那年，儿子曾国藩也随父应考，得了个备取贡生，第二年便考取了秀才。曾麟书熬上个秀才，就算到顶了，心力皆已瘁尽，而儿子中秀才的第二年便中了举人。他明知自己远远赶不上儿子了，于是放弃再考，安心在家当了教书先生。

曾玉屏见到曾国藩比儿子要有出息，也应了死去父亲的"梦麟之兆"（即梦蟒），加倍培养孙子，终于把曾国藩送上了科举之途的顶端，中了进士，点了翰林。

据曾国藩回忆说，他从五岁起就在父亲执教的家塾里读书，直至二十岁那年才离开家乡，到衡阳唐氏家塾去求学，儿时父亲循循诱教的情景，他无时不牢记于脑海。曾麟书还反复告诫其子弟，给他们读书是为了光大曾家门第，是为了尽忠报国，是为了做一个明理君子的道理。他认为，读书要有收获，有长进，首先贵在有恒。他说：有志进取亦是圣贤；如果能有志，就能读好书，就能做到代圣贤之言，孝悌之心，仁义之理，皆能透彻。他特别嘱咐曾国藩兄弟，只管专心读书，其他事情一概不要去考虑。他曾分别给应考的曾国藩、曾国荃、曾国华去信，要他们临切揣摩墨卷，一心读书，切莫分心外务，因为心志不专则业不精，心驰于外，则业荒于内。此不可不知所戒也。他甚至要求已在京做官的曾国藩，祖父去世后不必回归，家中一切不必挂牵，嗣后尔写信，只教诸弟读书而已，不必别有议论也。

曾麟书虽然对于家事没有太大的热情，但是对于子弟们在学业上的点滴长进都看在眼里，无论是哪个孩子在学业上有所进步，他都会因势利导，给予鼓励。如曾国荃在其兄曾国华的帮助下，文章大有作为，他便立即写信给长子曾国藩表扬曾国荃。只要曾国藩兄弟专心于学，并且学有长进，他总是为他们多方创造条件，从不吝惜钱财。在当时，曾麟书兄弟俩虽继承了父亲曾星冈艰苦创业得来的较为富足的家产，但他要负担五个儿子读书的费用，经济上也并不十分充裕。但只要是儿辈读书所需，他都尽力支付。

曾麟书从自己多次应试的实践中认识到，要想光大门第，金榜题名，就得求读《四书》《五经》，就得讲究制艺字，就得讲究作八股文或时文。他在家书中反复训导曾国藩兄弟，一定要把这一层道理弄明白，铭记在心，否则就是不务正业，读书也就会白费心，徒劳无益。

对于曾麟书的苦心教导，曾国藩兄弟均是谨守不二。尤其是作为长子的曾国藩，在教育子孙读书做人上，总结了祖父和父亲所制定的一整套方法，而且加以继承和发展，在家教方面有突出的成就。

曾麟书在督教曾国藩兄弟读书的过程中，逐渐总结出了现实可行的经验，就是对受教育者须循循善诱，不重在求速成效，而在于教之有常，学之有心。教之有常，自然有效，学之有心，业必有成。在他的晚年，由于曾国藩兄弟大都取得了功名，他表示要把教导孙辈和管理农事的责任继续担当起来，仍然是杜门不出，课孙子，检点农事，守吾之拙而已。

中国有句古话：百善孝为先。无疑，曾麟书做到了这一点。他除了呕心沥血"积苦力学"、教子读书外，最大的特点是"孝"。曾国藩祖父曾玉屏治家极严，一家大小，包括大他七岁的妻子、曾国藩的祖母王氏在内，见了他莫不屏神敛气，毕恭毕敬。曾玉屏对曾国藩之父麟书、叔父骥云兄弟管教严厉，对长子曾麟书责求尤为苛刻，"往往稠人广坐，壮声呵斥，或有所不快于他人，亦痛绳长子，竟日嘀嘀，诘数愆尤，间作激宕之词"。而曾麟书对父亲总是"起敬起孝，屏气负墙，蹴腊徐进，愉色如初"。

常言道：久病无孝子。但曾麟书几年如一日，对病倒卧床的父亲服侍得周到细致。

曾玉屏晚年患了中风病，以致瘫痪，卧床不起。到了第二年冬天，病情加重，连话也不能说。需要什么东西时，只能用眼睛示意。即使非常痛苦时，也只能皱皱眉头而已。曾麟书从早到晚服侍其父，很能体会老人的意思。夜间陪在父亲房中服侍他睡觉。曾玉屏本来就不忍心频繁地将照顾他的人唤醒，而其他的仆人又不能尽心称意。所以，夜间照顾曾玉屏的事情就落在了曾麟书身上。

曾玉屏一夜要小解六七次，曾麟书常常在暗夜里聆听父亲的动静，适时将便器送上。寒冬时节，曾玉屏需要大解时，曾麟书即以身躯为父亲遮挡风寒，亲手替父亲洗净弄脏了的内衣内裤，换内衣内裤时，也尽量不将父亲翻动得太厉害。整个晚上，都屏声息气，轻手轻脚。第二天白天，曾麟书的弟弟接替照顾父亲，其侍奉恭敬周到也如同曾麟书一样。久而久之，那些孙子、孙媳妇们，无论内外长幼，都为曾麟书的精神所感动。大家争着为曾老爷洗涤弄脏了的衣物，不以为臭，反以为乐。有时还用竹椅将曾老爷抬到庭院中，大家做些游戏，每个人都使出自己的一套花样尽量使老人家快乐些。曾玉屏病了三年多，这期间，曾麟书没有睡过一夜安稳觉。时间越久照顾得越周到，态度越恭敬，而这时的曾麟书，也已是年及花甲的老人了。

曾麟书在晚年曾自撰一联，抒发其志：

粗茶淡饭布衣衫，这点福老夫享了；
齐家治国平天下，那些事儿曹当之。

百方检饬照后人

曾国藩的母亲江氏，生于清乾隆五十年（1785年），年长丈夫五岁，逝于清咸丰二年（1852年），随其夫改葬本邑台州道士峡。江氏为湘乡处士江良济之女，系继配熊氏所生，乳名"怜妹子"。出嫁后因丈夫曾麟书排行老四，故人称麟四嫂，后称江夫人。

江氏容貌秀丽，很少有脂粉习气。少时跟她的母亲即曾国藩的外婆学会了纺花、加麻线，养成了勤劳、节俭的好习惯。至十多岁时，烧茶煮饭样样都能干，俨然一个男孩子。她没有进过学堂，却认得一些字。由于曾国藩的祖父曾星冈经常往返于湘乡与湘潭之间，而道常恬（中沙镇道常村）下瓦屋正是荷叶大界通往湘乡、湘潭的必经之路。曾星冈路过此地时，总要到江家看望一下江良济。有一次，曾星冈带着曾麟书去湘乡，还在江家住过一夜。因此，曾、江两家早有交情。嘉庆十一年（1806年），曾麟书已十六岁了，江家请人做媒，将女儿许配给曾家,十三年(1808年)正式完婚。

江氏家族尤其是曾国藩的外祖父江良济对曾家的影响是非常大的。江良济本是湘乡处士,号云峰。江氏迁到湘乡后的历史充满了传奇色彩。本来,江良济的祖父积蓄颇多,在当地是个有名的富人。江良济的父亲江宏辉本是国学生,颇有豪侠气概,加之家业丰厚,因此远村近邻都很敬重江氏一家。比起曾家来,显然要富裕得多。江宏辉的几个儿子靠着上两代人的积蓄,各分得一份不小的家业,"撑持门户,异官而居"。而江良济一心读书,立志考取功名,无奈与功名无缘,虽多次参加考试,但都名落孙山。经受多次科场失败的打击,江良济决心"弃场屋为族之领袖",于是"轻财好义,家遂中落"。

江良济有着山里人铁一样的性格,"虽然贫困不遏,其志未少损"。将女儿许给曾家后,他对女婿曾麟书寄予厚望。他曾对女婿说:"吾人为学,苟能不以外物移其志,不以世不录用向迁其业,但优游渐渍,自能得乎?古人深造之义,吾知汝固能力学者,汝后嗣昌大有成,足以重为吾道之光,勉乎哉!当及她戚之也。"就是说,一个家族、一个人的发达不是猝然可成的,而要经过一代又一代的传承,像跑接力赛一样,不能停下来。这就是"深造之义"。

曾国藩的母亲江氏,可以说集中了中国传统女性的许多优秀品德。

她生长于寒微之家,入曾家后勤俭简朴,贤良淑惠;她的娘家人朴实无华,对曾国藩兄弟的影响不可低估。她与曾麟书结婚四十多年中,先后生有九个子女,除两个女儿夭折外,全家十多口人的衣食都由她一人操持。这么个大家庭,吃穿等事筹划极不容易,但她把这些事情处理得井井有条。丈夫曾麟书不时为家中人口众多忧郁烦闷,江氏常以宽广的胸怀温言劝慰,这贤德性格都是在她娘家就已经形成了的。她的家境相对于曾麟书家来说要贫寒一些,其上有父母,前有两个哥哥,后有一个弟弟,这使得她在娘家就养成了一种勤劳俭朴的习惯,她将这种思想作风直接带到曾家,给予曾国藩兄弟极大的影响。曾麟书十分敬佩岳丈,常携妻儿造访江家。曾国藩十岁时,还曾到外祖父门下读书(江良济在家设馆课徒,招收了几百门生)。江良济家旁有一口水井,据说有一次,曾国藩跟外祖母去提水,与表弟相挤,掉进了井里,幸被江良济救了出来。江良济晚年信佛,认为这是江家与曾家的祖德相报,并从外孙掉进井里险些"浸死"二字的谐音预言：外孙将来一定会成为"进士"。后来曾国藩果真成了进士。

道光十四年（1834年），曾国藩考中举人，曾麟书又携妻儿拜望已经八十五岁的岳丈。曾麟书让儿子曾国藩将他中举的试文拿给外公看，江良济细细阅读，大加赞扬，对女婿说：吾过去就知汝后代力学有大成，足以为吾道之光，这无非是其发轫耳。

中举才仅仅是个开始。这既是肯定，又是鼓励和更高的期望。江良济的话给曾麟书、曾国藩父子留下了一生都无法忘怀的印象。

后来，曾麟书为岳丈刻写墓碑时，还满怀敬意地叙述这些事，并说："享年已八十五矣，其志之不衰如此。"

他的降生充满神话色彩

曾玉屏生有三子。曾麟书排行老大，老二早年夭折，老三曾骥云没有儿子，传宗接代的希望就寄托在曾麟书身上。已育有一女的长媳再次怀孕后，一向不信占卜的曾玉屏，迫不及待地请算命先生卜筮男女，不料卜了个女孩。他急得焚香告祖、求神许愿，只求生个男婴。

嘉庆十六年十月十一日（1811年），湖南省长沙府湘乡县荷叶塘（当时湖南地方俗称的行政区名，相当于乡、镇）白杨坪，一株苍老巨大的白果树覆盖着一处不大的院落。

清晨，一位须发皆白的古稀老人迟疑地推开房门，抬起头不解地看着天空。漫天雾气，喷薄欲出的朝日把她的微曦透入层层晨雾，秋木瑟瑟，红叶满地。老人习惯地拿起扫帚，慢慢地打扫落叶。猛抬头，看见一条巨蛇从房子上蜿蜒进入院落。老人不禁一惊，定神一看，原来是房后白果树旁的那株老藤，攀缘着白果树，将藤身盘过正房，进入了院落。一刹之间，老人想起醒前做的一梦：

云遮雾罩，阴霾满天。雾气之中，一条巨大的蟒蛇在空中盘旋，呼的一下降至院子上空，盘旋一周，慢慢将巨大的蛇头探入房门。大蟒双目闪光，浑身黝黑，嘴里吐出血红的信子，嘶嘶有声。老人吓得猛然醒来，却是一场惊梦，浑身冷汗，再无睡意。于是，披衣下床，听了听，金鸡唱晓。心里七上八下，打开房门，犹觉似梦非梦。适才藤影一晃，梦境与现实油然相连，更是心惊肉跳。

正在左右狐疑，西厢房里传出"哇——哇——"的婴儿哭声。随之，"呀"的一声，房门开处，老伴颤悠悠地走过来说："孙子媳妇生了，是个胖崽！"

老人慌忙随老伴进入西屋。红烛光下，孙媳妇抱着初生的婴儿。婴儿头脸正大，双目似睡似醒，肤色光亮晶莹，在昏黄烛光里，犹似梦中的蟒身之光。老人浑身打个寒战："这事怪了，此子莫非巨蟒转世！"

于是，老人把刚才的梦境讲给大家听。大家听得心里直发虚，不知是福是祸。

这位古稀老人是曾国藩的曾祖父曾竟希。此种梦兆生贵子之事，史不绝书，真假难辨。而彼时彼刻，毋宁说是曾氏家族对这一男孩无限希冀的幻化。这一男孩正是曾国藩。

老人见子孙们个个狐疑不定，便欢天喜地地说："当年郭子仪出生时，他的爷爷也梦见大蟒临门，郭子仪还不是成了唐朝兵马大元帅，成了大富大贵的名臣名将。今天蟒蛇进入我曾家门，崽伢子正好降生，这不分明是又一个郭子仪降生吗！我们曾家的发达，要应在此子身上了！"

老头子如醉如痴，曾家子孙又是极孝顺的，老爷子既然说是蟒蛇转世、郭子仪再生，自然无人敢提反对意见。加上此子出世，曾家四世同堂，当年曾祖竟希公七十岁、祖父玉屏三十七岁、父亲麟书二十一岁，祖孙都还少壮。于是，全家欢天喜地，杀鸡炖米，热烈庆祝四世长孙的降生，盼望他为曾家耀祖光宗。

大家借着初升的秋阳，看着盘桓在大白果树上的那株古藤，躯盘枝曲，仿佛真是一条左右蠕动的怪蟒。

此后，巨蟒降生曾家的传说纷纷扬扬，流传在那古老神秘的高嵋山麓，流传于湘乡、衡阳偏僻的山村中。

转世之说，在古老封建的国家里，太一般了！帝王们都说自己是真龙天子，也就是金龙转世，受命于天。皇后、皇妃自然都说自己是凤凰转世了。文臣呢？都说是文曲星、太白星下界；武将就说是武曲星、白虎星下凡。梁山好汉一百零八将，是一百零八个星宿下界。连平常百姓，男的说是牛郎星、女的则是织女星、是七仙女。"天上一颗星，地上一个丁"，是人都是星，都是转世来的。这个虚幻的理论自然也适合曾国藩，一点也不奇怪。

曾国藩四岁那年，七十四岁的曾竟希没有看到吉梦成真便离开了人世。而他留下的梦却给曾国藩的一生罩上了神秘的色彩。有说，曾家后宅有株古树被一苍藤所缠已经枯槁，曾国藩出生后，树滋藤荣，又活了过来，垂荫竟致一亩。特别是苍藤形状矫若屈蟠，鳞片层层，与曾竟希梦中所见十分相像。其后，曾国藩得志顺遂时，此藤便枝繁叶茂；失意困厄时，此藤便枯槁凋零，这是由于曾国藩乃巨蟒投胎，与此灵藤相应。连曾国藩后半生所患的百医不治的牛皮癣，也被看作是巨蟒"鳞体"的根据。

曾国藩自幼即知这个蟒蛇的故事，但他只当作故事听，并没有把故事同自己连在一起；但他又朦胧觉得自己似乎不凡，将来能做大官，这多是从家里人和乡里人对他另眼相看的目光中悟得出来。

关于曾国藩是蟒蛇转世的传说，从别的故事中还可以得到印证。有一年，他入塾读书。整天埋在"子曰""诗云"里，非常烦闷。正月十六到了，乡下出嫁的女儿要回娘家，母亲带他去外婆家。一大早舅舅就划船来接，如小鸟放出笼，他高兴极了！于是同母亲、妹妹上了小船，小船慢悠悠地在江上划行。天气好极了！初春的阳光照耀着湘东群山，竹树苍翠，山岩青黄斑驳。曾国藩时而看着远去的山峦，数着峰顶；时而伏在船边，数着游鱼。水草青青，散发着沁人心脾的香气。突然，母亲一声尖叫："蛇！"小船随着母亲的叫声一个歪斜，专注着江水的曾国藩"扑通"一声掉进江水里。母亲和舅舅大惊失色，急得要跳水救人，却见孩子抱着一根木头稳稳地浮在水上。舅舅把船轻轻划过去，伸过船桨把曾国藩拉到船上。母亲睁大眼睛说："刚才明明是一条大蟒蛇游过来的，怎么会是一个木棒！"

这件事传开，又成了曾国藩"巨蟒转世"的根据。

曾国藩长了一身的蛇皮癣也成为他是"蟒蛇转世"的根据。曾国藩的满身蛇皮癣疥，被人说成是蟒蛇的鳞片，初时尚无多大痛痒，三十五岁之后，癣疥一天天严重，奇痒无比。曾国藩或坐或卧，皆不断抓挠，煞像个猢狲。曾国藩终生有个围棋癖，他一边下棋，一边抓背挠腿，只见皮屑飞扬，一局下来，周围地上、棋盘桌案上到处是皮屑，像下了阵小雪。

再者，曾国藩最爱吃鸡，却莫名其妙地最怕鸡毛。当时的紧急公文，信封口处要粘上鸡毛，俗称鸡毛信、鸡毛令箭。曾国藩见了这种信，总是毛骨悚然，如见蛇蝎，要别人代为取掉鸡毛，才敢拆读。一次，他到上海阅兵，登上阅兵台，猛见台上有一把鸡毛掸子。他看了吓得直往后退，差一点摔下台去。急令人拿走掸子，他才胆战心惊地入座。旧时有云："焚鸡毛，修蛇巨虺（huǐ）闻气即死，蛟蜃之类，亦畏此气。"曾国藩怕鸡毛，也被人理解为他是蟒蛇所变。

老人梦蟒和后园古藤二者可以联系，古藤盘桓如蟒，老人终日与古藤相伴，在古藤下休憩，古藤高大，覆盖了住房，梦到巨蟒入室，实则是古藤在老人脑里的影像。

有了"巨蟒转世"的流言之后，接下来的事更容易因循附会。癣疥之疾在旧中国很普遍，既难治好，又易传染，曾国藩的一身癣疥正好与"巨蟒转世"相附会，蛇皮癣便成了蟒鳞片。

怕鸡毛并非莫名其妙，有皮肤病的人见到毛皮、毛发，包括鸡鸭毛、兽毛等就害怕，科学称皮肤过敏症，也是一种恐怖病，如恐水症、广场恐惧症、高空恐惧症一样。实际上，蟒蛇类动物恰恰不惧鸡毛，蛇以鸟、鼠为主要食物，见了就会吞下去，并没有什么可怕的。

在江水上看见蟒蛇是曾母看走了眼，把一根水中的木头看成是蟒蛇，是因为曾母脑中充满了儿子是"蟒蛇转世"的神话，故容易误视。

从某种角度来说，"巨蟒转世"无论是真是假都是有必要的。之所以这样说，是因为在一般人眼里，高官显宦都不是凡人。曾国藩官做得大，地位十分显赫，这就需要通过典故来将其神话。拥护他的人要神化他，南方多蛇，神话蛇精，容易以蛇精比附；北方多虎，多以虎比附。附会者本可以说是龙转世，但龙是天子的专利，他们自不敢说是龙转世，那是犯皇帝的大忌。反对他的人也容易接受他是"巨蟒转世"之神话，巨蟒大蛇凶恶无状，曾国藩及其湘军杀人如麻，恰似恶蟒，甚于毒蛇，以巨蟒比附，恰如其分。而太平天国的起义也是以宗教面目出现，他们宣称自己是天帝、基督、天兵天将下凡，宣布自己是天主救世，要斩杀人间的妖精。清政府是"清妖"，皇帝是妖头，大臣们都是妖精，那么曾国藩是"蛇妖转世"，正好是他们斩杀的对象，自己承认了岂不更好！

第二章

曾国藩

齐家有道,平天下自齐家始

光大祖传"八宝饭"

　　曾家是中国古代家庭的典型。曾国藩既承继了他祖父、母亲坚强刚毅的性格，又将他父亲拙诚、忠孝的品格发扬光大。曾家的崛起堪称典型。他们认为，耕是吃饭的本事，读是获取功名的根本，世代不忘耕读之本。曾家的家规至少到曾玉屏时已具雏形。他创立的家规，要求家人必须遵守。如"男子耕读，女必纺织"。男耕女织是旧时代典型的自给自足的生活方式，读书是发展的阶梯，进可求取功名，退可凭借男耕女织维持生计。有的则是曾玉屏独特的创意，如，他要求家人谨行八件事：读书、种菜、饲鱼、养猪、早起、洒扫、祭祀、敦亲睦邻。

　　曾国藩为人处世、秉性风格与他的家庭根基和教育有着直接关系。

　　对祖父曾玉屏创立的家规，曾国藩归结为八个字，后人戏称为"八宝饭"：书、蔬、鱼、猪、早、扫、考、宝。

　　书：就是读书。旧时代的中国家庭，不管境况如何，都一定有一个祭奉祖宗的神龛，设于堂屋的正中。神龛两侧，大多张贴这样一副对联：

　　　　　　把祖宗一炷清香，必诚必敬；
　　　　　　教子孙两条正路，宜读宜耕。

　　农业社会的真实反映就是耕读文化。按照儒家"天下之本在家"的解释，一个人的一切作为都始于家庭。而保持家庭兴旺的根本就是耕读。耕，代表生产基业；读，代表基本教育。在过去的家庭中，除极少数的例外，每个人总要读三年五年的书，即一般女子也至少要读一二年，俗称"三代不读书，一屋都是猪"。曾国藩的诗作中，也多以"耕""薪"之句，如早年诗作"憾我不学山中人，少小从耕拾束薪"，"世事痴聋百不识，笑置诗书如埃尘"即是耕读生活的写照。

蔬：就是蔬菜。曾星冈说：凡蔬菜手植而手撷者，其味弥甘。这并不是为了安慰家人所说的冠冕堂皇的话，而是一个社会现实。在重农抑商的农业社会里，商品交换关系非常落后，更何况曾家处于山区，交通并不便利，因此自给自足十分重要。一个耕读之家，田有谷米，园有蔬菜，除盐以外，可谓无所求于他人。

鱼：鸢飞入天，鱼跃于渊，天机活泼，是兴旺气象。曾国藩说："家中养鱼养猪种竹种蔬，皆不可忽，一则上接祖父相承以来之家风，二则望其外有一种生气，登其庭有一种旺气。"足见养鱼不仅供应口福，而且可以增加生气，生气勃勃，则家道兴旺。

猪：生猪至今仍占有重要的地位，更可想几百年前的农村了。早在清前期，即有"湖广熟，天下足"的说法。而每年腊冬之月，宰牲祭祖，阖家相聚，享受劳动的果实，自有一番田园乐趣。

早：就是早起，日出而作，日落而息，几乎与太阳同起落。提倡早起，就是奖励勤劳，增加生气，颇合养生之道。俗话说：天道酬勤，而勤字之本是早。在农业社会里，本来没有严格的时间概念，但早起却是勤劳的象征。

扫：实际是讲究卫生，减少疾病。在几乎没有医疗条件的早年农村，人的生命几乎是依赖于自然的。为了减少疾病，讲究清洁干净就很重要。扫，就是扫除，包括洒洗。这一工作大多由妇女为之。妇女早起之后，第一件事就是洒扫工作。庭阶秽物，桌几灰尘，要洒扫干净，虽至贫至苦人家，也不例外。年终的时候，屋前屋后，还要来一次大清扫，以示万象更始，一个新的年轮开始。

考：就是祭祀。曾国藩曾说，昔吾祖星冈公最讲求治家之法：第一早起；第二打扫清洁；第三修诚祭祀；第四善待亲族邻里。这其中，就有祭祀祖先的传统，对祖先的敬祀既是习惯，又是潜意识的一种心理行为。因为追念远祖，自然不敢为非作歹，民德自然归于淳厚，这与孝顺父母是一样的道理。

宝：就是善待亲族邻里。曾星冈曾说："人待人，无价之宝。"这就是说，

第二章　齐家有道，平天下自齐家始

一个人不能独善其身，一个家庭也不能独善其家。人与人的关系息息相关，假若与亲族邻里不能和睦相处，这一家庭便成怨府，迟早是要毁败的。曾星冈一面操持家庭，一面善待亲戚邻里，这是居家的法宝。他还常教育子孙："济人须济急时无"，"君子居下，则排一方之难；在上，则息万物之嚣"。他对周围一些"孤嫠衰疾无告者"，总是尽自己力量之所为，"随时图之，不无小补"。曾国藩曾说："祖父平时积德累仁，救难救急，孙所知者，已难指数"。"凡他人所束手无策，计无复之者，得祖父善于调停，旋乾转坤，无不立即解危。"这虽有歌颂之嫌，但一个人威信的建立往往是由近及远的。

这八件事，家里无论老幼必须做到。同时要求家庭成员禁绝疏远六种人：算命的、看风水的、巫道、巫医、和尚、闲客。后来，曾国藩继承家教衣钵，为之编成顺口诀："书蔬鱼猪，早扫考宝，常说常行，八者都好；地命医理，僧巫祈祷，留客久住，六者俱恼。"

曾氏的家庭教育、"八字家诀"，尤其是祖父曾玉屏的家教家规对曾国藩影响甚大。他终生没有忘怀祖父的遗训，时刻用祖父的家诀教育子孙，要求属下。直到自己的兄弟成了地方大吏，仍旧要求曾氏子弟媳侄勤俭持家，不许脱离生产劳动。他虽然有穿不尽的官服朝靴，但日常穿戴仍要求女儿、媳妇为他做衣、做鞋，以此要求子女、考查自家女儿和媳妇的女红。曾国藩点了翰林，全家欢庆。而祖父却向家庭成员宣布：我家虽出了翰林，但仍要以耕田、种菜为生，不能靠做官吃饭。到曾国藩做了两江总督时（曾国荃也成了浙江巡抚），给家里去信，说曾氏"极盛"之时，更不能忘祖宗家法，牢记不能靠做官吃饭的家教，不能丢"八字家诀"，要在"作田上用功夫"。

曾国藩在日记、家书中时常记述祖父组织的"耕织家庭"，认为那时家里虽贫苦些，但却充满了生气，充满了喜悦，充满了家庭成员间的友谊和敬爱。他说：这个家庭给他的是礼义廉耻，给他的是勤俭质朴，给他的是孝悌尊友，给他的是忠君爱国。

除"八宝"外，曾玉屏还给后人留下了"三不信"，即不信医药、僧巫、地仙。自古楚地多巫祝。在农村信巫术之风很盛，这些"把戏"大多是愚弄没有知识的人，混一口饭吃。但这个"职业"坑害了无数人家。因此，走南闯北的曾玉屏告诫家人不可信医药、僧巫和地仙。这里的"医药"主要指没有医术专治怪病的"游医"。僧巫即是巫婆、道士和尚之类。在曾玉屏看来，这些人"不劳而获"，不应受到礼遇与尊重。地仙即是风水先生之类。

曾氏数代都克勤克俭，因而对后代影响很大。不但曾国藩一生受此熏染，而且还常以此教育后辈。他说："吾家累世以来，孝弟勤俭。辅臣公以上吾不及见，竟希公、星冈公皆未明即起，竟日无片刻暇逸。竟希公少时在陈氏宗祠读书，正月上学，辅臣公给钱一百，为零用之需。五月归时，仅用一文，尚余九十九文，其俭如此！星冈公当孙入翰林之后，尤亲自种菜、收粪。吾父竹亭公之勤俭，则尔等所及见也。"

道光二十九年（1849年），曾国藩的叔父曾骥云为元吉公修置祠堂，寄信京师，命曾国藩记其原委。作为六世孙的曾国藩，对于祖上的元吉公"行事不尽悉"，只好把从祖父那里听来的"传闻"记述下来。在铭文中有这样几行字，确实道出了渐积渐累方才有成的道理：

　　昔日龟业，源远流长。服畴食德，寝炽而昌；
　　葆茏（xǐ lóng）郁积，有耀其光；千秋宰树，终焉允臧。

几年之后，过继给曾骥云的曾国华生有一子，对叔父喜得长孙，曾国藩说，"叔父近年于占公祠造屋办祭，极勤极敬，今年又造新屋，刚值落成之际，得此大喜，又足见我元吉太高祖庇佑后嗣，呼吸可通，洋洋如在也。"

曾国藩的父亲曾麟书，留下的家法并不多。大概是属于身教多于言传的一类。但正如我们以后还要述及的，每当曾国藩在面临大的抉择时，曾麟书都能及时督导，不但使曾国藩兄弟们受益良多，而且连左宗棠等人对曾国藩之父都敬佩不已。更能说明问题的是，咸丰帝的上谕中也几次提及曾麟书，并称赞曾氏"一门忠义"。

晚年的曾麟书命长子曾国藩书写的一句联语，颇能代表他的希望和寄托：

　　有子孙有田园家风半读半耕，但以箕裘承祖泽；
　　无官守无言责世事不闻不问，且将艰巨付儿曹。

曾麟书在曾氏家族史上，堪称承上启下的一个关键人物。他把良好家风传承下来，他把自己乃至曾氏家族的抱负交付给了下一代。这是另一种传承。曾国藩兄弟们能接好这个传承吗？

总之，正是湖南湘乡秀美的山水，曾家勤俭而严正的教育，加之封建的国度，偏僻的山村，传统而落后的文化习俗，造就了曾国藩复杂的性格，造就了这个清朝的"中兴第一名臣"和屠杀农民起义的"曾屠户"，一个令世代评说、争议不休的历史人物。

勤俭治家，树家风之先

作为晚清朝廷寄予厚望的重臣，曾国藩统领湘军，辅佐国政，发扬湖湘文化，有着多方面的成就，有"立德、立功、立言三不朽，为师为将为相一完人"之誉。曾国藩十分重视对后代的指导，虽然日理万机，但一有时间，就会给子女写信，为他们批改诗文，还常常与他们探讨学业和生活中的种种问题。

曾国藩十分清楚"由俭入奢易，由奢入俭难"的道理，虽然后来官越做越大，但一直要求家人生活俭朴，远离奢华。他自己常说："余自三十岁以来，即以做官发财为可耻，以官囊积金遗子孙为可羞。盖子孙若贤，则不靠父辈，亦能自觅衣食；子孙若不贤，则多积一钱，必将多造一孽，后来淫佚作恶，大玷家声。故立定此志，决不肯以做官发财，决不肯以银钱予后人。"他在京城时，见到的世家子弟都一味奢侈腐化，挥霍无度，因此不愿意让自己的子女来北京居住。他让他们住在老家，门外也不能挂"相府""侯府"的匾。

他给儿子曾纪泽的信中说："世家子弟，最易犯一奢字、一傲字。不必锦衣玉食而后谓之奢也，但使皮袍呢褂俯拾即是，舆马仆从习惯为常。此即日趋于奢矣，见乡人则嗤其朴陋，见雇工则颐指气使，此即日习于傲矣……京师子弟之坏，未有不由于骄奢二字者，尔与诸弟其戒之，至嘱，至嘱。"

他对女儿的要求也同样严格。在家书中他告诫几个女儿："衣服不宜多制，尤其不宜大镶大缘，过于绚烂。"

他自己的生活也相当简朴。传说他在吃饭遇到饭里有谷子时，从来不把它吐掉，而是用牙齿把谷剥开，把谷子里的米吃了，再把谷壳吐掉。

据曾国藩的后代回忆，曾国藩的原配欧阳夫人带领子女住在乡下老家，生活俭朴，甚至有些贫窘。曾国藩要求自己"以廉率属，以俭持家，誓不以军中一钱寄家用"。欧阳夫人在家手无余钱，只能事事躬亲，下厨烧灶、纺纱织布，无所不为。

曾国藩幼女曾纪芬就曾经回忆说："先公在军时，先母居乡，手中竟无零钱可用。拮据情形，为他人所不谅，以为督抚大帅之家不应窘乏若此。其时乡间有言，修善堂杀一猪之油，止能供三日之食；黄金堂杀一鸡之油，亦须作三日之用。修善堂者，先叔澄侯公所居，因办理乡团公事客多，常饭数桌。黄金堂则先母所居之宅也。即此可知先母节俭之情形矣。"

除了"俭"，曾国藩对子女家人的另一条要求是"勤"。他敦促家人坚持每日工作，并多次为全家人拟定严格的工作计划："吾家男子于看、读、写、作四字缺一不可。女子于衣、食、粗、细四字缺一不可。家勤则兴，人勤则健；能勤能俭，永不贫贱。"

难能可贵的是，处于清末社会的曾国藩有很多超越时代的远见卓识。比如他就明明白白地对子女说："余将来不积银钱留与儿孙"。他对他的学生李鸿章解释自己的苦心："儿女有出息，给钱有何用？儿女没出息，给钱又有何用？"

齐家是平天下第一要义

老祖宗说：家和万事兴。曾国藩深深认识到这一点。他们兄弟四个都从了军，而且九弟曾国荃还为破天京立了头功。试想，在一个不和睦的家庭里，能出现这样的状况吗？他写道：夫家和则福自生。若一家之中，兄有言弟无不从，弟有请兄无不应，和气蒸蒸而家不兴者，未之有也；反之而不败者，亦未之有也！

家庭和睦非常重要，那么，如何才能做到"和"？曾国藩说：孝友为家庭之祥瑞，凡所称因果报应，他事或不尽验，独孝友则立获吉庆，反之则立获殃祸，无不验者。吾早岁久宦京师，于存养之道多疏，后来辗转兵间，多获诸弟之助。而吾毫无裨益于诸弟。余兄弟姊妹各家，均有田宅之安，大抵皆九弟扶助之力，我身殁之后，尔等事两叔如父，事叔母如母，视堂兄弟如手足。凡事皆从省啬，独待者叔之家，则处处从厚待堂兄弟以德业相劝，过失相规，期于彼此有成，为第一要义。其次则亲之欲其贵，爱之欲其富。常常以占祥善事代诸昆季默为祷祝，自当神人共钦。

在这段话中，曾国藩认为欲"和"则必"孝""友"，并且将"孝""友"这两个原则细化到日常的做事中。关于"孝"，曾国藩还讲道：凡子之孝父母，必做人有规矩，办事有条理。亲族犊之，远近服之，然后父母愈爱之，此孝之大者也。

能像曾国藩所说的这样去做的，家庭关系必然和睦，这是处理家庭事务的根本原则。当然，时代不同，"孝""友"的具体内容必然有异，然而从整合的角度去看，要做到"和"，要达到"万事兴"的目的，必然要处理各种家庭关系，而"孝""友"必是首选。

没有规矩不成方圆，虽然有了"孝""友"，但无更具体的治家之法，家仍不能兴。曾国藩在咸丰十年闰三月二十九日《致澄弟》的信中这样写道：余与沅弟论治家之道，一切以星冈公为法，大约有八字诀，前四字，即上年所称"书蔬鱼猪"也；又四字则曰"早扫考宝"。早者，起早也；扫者，扫屋也；考者，祖先祭祀，敬奉显考、王考、曾祖考，言考而妣可该也；宝者，亲族乡里，时进周旋，贺喜丧，问疾济急。星冈公尝曰："人待人，无价之宝也。"星冈公生平于此数端，最为认真，故余戏为八字诀曰"书蔬鱼猪，早扫考宝"也。此言虽涉谐谑，而拟即写屏上，以祝贤弟夫妇寿辰，使后世子孙知吾兄弟家教，亦知吾兄弟风趣也。弟以为然否？

曾星冈，也就是曾国藩的祖父，字玉屏，中年改名星冈，对曾国藩治家有着深远的影响。

曾星冈性格暴烈，言行专横，连妻子王氏也难逃他的责斥。王氏"虔事夫子，卑诎已甚，时逢愠怒，则辣息减食，甘受折辱，以回眷睐"。曾星冈"对子孙诸侄，则严肃异常，遇佳时令节，尤为凛不可犯"。他的脾性虽然暴烈，但从另外一个角度来看，他对子孙们的严厉却有助于他们的成长。道光十九年（1839年）十一月初一日，曾国藩动身进京散馆，在这之前的十月二十日早晨，他站在阶前向祖父说："此次进京，求公教训。"曾星冈说："尔的官是做不尽的，尔的才是好的，但不可傲。满招损，谦受益，尔若不傲，更好全了。"祖父的言传身教对曾国藩极有影响，他写道："遗训不远，至今尚如耳提面命。"他有意重提此事，用以与诸弟共勉。

　　在另一处，曾国藩写道："余尝细观星冈公仪表绝人，全在一'重'字。余行路容止亦颇重厚，盖取法于星冈公。"甚至对于祖父的那种粗暴、凛不可犯，曾国藩也理解为："盖亦具有一种收啬之气，不使家中欢乐过节，流于放肆也。"曾国藩还写道："吾家祖父教人，亦以'儒弱无刚'四字为大耻，故男儿自立，必须有倔强之气。"曾星冈的言行，对曾国藩性格的养成，产生了很大的影响。所以，曾国藩对于祖父终身敬服。他获得高官厚禄以后，仍然说："国藩与国荃遂以微功列封疆而膺高爵，而高年及见吾祖者，咸谓吾兄弟威重智略，不逮府君远甚也。"他甚至为祖父深抱委屈，认为"王考府君群威仪言论，实有雄伟非常之慨，而终老山林，曾无奇遇重事，一发其意"。

　　从以上可看出曾国藩对齐家的重视程度，其重要性在于齐家是"修齐治平"中不可缺少之一环，是进可以攻、退可以守的战略大后方。

孝而不愚乃德之本

　　每个人都有两面或多面，曾国藩也不例外。他有杰出的一面、狞厉的一面，但他毕竟是个凡人，也有普通的一面、狭隘的一面。他有超过一般人的反省气质，

第二章 齐家有道，平天下自齐家始

只要他有错，认识到了错，他就会反省自己，这是难能可贵的，也是曾国藩身上宝贵的品质。

咸丰七年（1857年），曾国藩为了一点小事，在家里与弟弟发生了争执。这事对曾国藩的震动很大，以至过了好久，他还表示深深的悔憾。即使身在外地，远隔千里，每当想起此事，曾国藩就郁郁寡欢，心里十分难受。并且，他以此事教诲儿子纪泽，希望他能体谅自己这番苦心。

这番心意大概有这么几层意思，一是自己以前在这方面做得不好，希望纪泽引以为戒；二是我有对不起弟弟的地方，你做儿子的应该代替父亲去弥补；三是你做下辈的在叔祖父和各位叔父面前应多尽一些敬爱之心。

如果一个人能够常存休戚一体、利害相关的想法，而不存有彼此歧视的念头，那么老一辈的人必定会很器重你、喜爱你，兄弟姐妹必定会以你为学习的榜样。这样，大家越处关系越密切，越处相互越尊重，其情切切，其乐融融。孟子说："人人亲其亲，长其长，而天下平。"

如果曾氏家族和乡亲们都说纪泽的度量比他父亲的度量还要大，那么曾国藩应当会感到非常欣喜。俗话说，望子成龙，曾国藩也不例外。他不仅教导儿子尽孝行道，而且也敢于以自己的失误去教导儿子，更是显得难能可贵。

《孝经》云："人之行，莫大于孝。"又云："孝，德之本也，教之所以由生也。"意思是说，人的德行，没有比孝道更重要的。

孝是德行的根本。在这里，孝有两层意思，一是晚辈对长辈永远只能百依百顺，儿子对父亲只能言听计从；即使长辈犯了错误，晚辈也要对他的错误毕恭毕敬。另外一层意思是，如果长辈在晚辈面前犯了错误，晚辈应该规劝他，这才是孝。前者是愚孝，后者才是真孝。曾国藩之所以向儿子抖落自己的错误，显然是希望儿子引以为戒，切勿重蹈覆辙。《孝经》云："当不义，则争之；从父之令，又焉得为孝乎？"这就是说，假如父亲做了不义的事，儿子就应当规劝他，这时候还随顺父亲的意思，又哪里算得上孝子呢？

兄不必敏于弟，弟不必贤于兄

人与人之间难免会发生矛盾，就算是手足兄弟之间，也不例外。龙生九子，子子不同。每个人对人对事都有自己的见解，弟不必贤达于兄，兄也不必敏于弟。兄弟之间产生一点矛盾、隔阂也是难免的事。要想让家庭和睦，应该如何处理这个问题呢？

有一次，曾国荃与曾国藩谈心，谈话中大有不平之气。曾国荃一下子给曾国藩提了很多意见。最大的意见是说他在兄弟之间，不能造成一种生动活泼的气氛，不能使他们心情舒畅。曾国藩虽然稍稍劝止，但还是让曾国荃把话说完，一直说到夜至二更。在此期间，他还给曾国藩提了许多别的意见，这些意见大都切中事理，曾国藩在一边倾耳细听。

金无足赤，人无完人。既然是人，就会有缺点，有错误，曾国藩也不例外。他最大的毛病或许还不是曾国荃说的那一条，而是喜欢教训人，就是我们日常所说的好为人师。这一点是曾国藩自己也承认的。

曾国藩对自己要求十分严格，对兄弟子女要求也十分严格。要求一严，就难免提意见的时候多，表扬的时候少。

曾国藩还是一个责任心和道德感十分强的人，凡看不惯的，有违家法的，他都会直言不讳地给予批评。曾国荃给他提的意见，实际上是说哥哥太严肃了。

曾国藩的可贵之处在于，他不理论，也不辩解，而是让弟弟把话说完。既然人家有意见，你就让他把话说出来，说出来了心中就没有了不平之气；如果你把他的话卡回去，这只能使他的不平之气更添一分，于人于己都没有好处。更何况曾国荃也说得在理。

曾国藩的另一个可贵之处就是虚心接受他人的批评，并不因为自己是兄长，是大官，就以势压人，老虎屁股摸不得。只要对方说得入情入理，就没有不能接受的道理。曾国藩这样做，无损于他做兄长的尊严，反而使曾国荃产生了一种亲切之感，在尊严和亲切之外，更有一种大度。

正是因为曾国藩有这样的胸怀与气度，曾氏家族才能老有所尊，幼有所爱，兄弟和睦，邻里相亲。

曾国藩做人有一条原则：兄弟之间应该互谦互让，互帮互助，彼此发展，共同进步。

他认为：作为人子，如果使父母觉得自己好，其他的兄弟都比不上自己，这便是不孝；如果使亲戚称赞自己好，其他的兄弟都不如自己，这便是不悌。

季四弟曾来信责备曾国藩，曾国藩读信后心中大震，不禁为之惊出一身冷汗。

曾国藩以为，兄弟之间都应德才兼备，不应彼高此低，就像陈氏的难兄难弟一样。

东汉时期，河南许昌有一个名叫陈寔（shí）的人，他有两个儿子，一个名叫陈元方，一个叫陈季方，兄弟两人都很有德才。一天，陈元方的儿子陈长文和陈季方的儿子陈孝先，在一起争论谁的父亲功德更高，经过激烈的争论之后，仍然相持不下。最后，他们决定请爷爷做评判。陈寔对自己两个儿子都很满意，听了孙子的问话后，笑着答道："元方难为兄，季方难为弟。"此后，这对兄弟的故事被人传为佳话。

曾国藩表示，从今以后，愿我们兄弟五人，人人都明白这个道理，彼此相互谅解。哥哥以弟弟得坏名声为忧，弟弟以哥哥得好名声为快。哥哥不能使弟弟得好名声，这便是哥哥的罪过；弟弟不能使哥哥得好名声，这便是弟弟的罪过。

兄弟之间应该同甘共苦，患难与共。有的兄弟，只能有福同享，不能有难同当。还不说有难，只要有一点点麻烦，就想方设法避开，生怕自己卷入其中。这样的兄弟不是真正的兄弟。

有一年，曾国藩所部军饷极少，这是很多年都没有的现象，加之流言外侮纷至沓来。曾国藩恐惧异常，似乎大祸即将临头。在这种紧急关头，他对弟弟说：就算是兄弟同心协力，抵御外侮，还担心墙倒众人推，事情办不好呢，哪里敢在心里生一点点芥蒂？哪里敢因弟弟语气稍直而心怀不满？外人的千万指责我都能承受，难道就不能容忍胞弟的一句过头话吗？请老弟千万放心，千万保重。

此时的兄弟实在是患难与共的兄弟，只能互相鼓励、互相劝诫、互相维护。

曾国藩就是这样，和弟弟一起度过了难关。

曾国藩曾说，在兄弟之间，即使有一句欺诈的话，最终也不会隐瞒多久。

这话似乎有些绝对，但思来却不无道理。因为有些话是可以隐瞒很久的，甚至可以隐瞒一辈子。但不能保证每一句假话都可以隐瞒。一旦你的某句假话被人识破，那么你将来即使说的全是真话，也会被人怀疑。所以曾国藩说，索性有话直说，一语道破，虽然眼下嫌太直，难以承受，但将来肯定能被谅解，知道我的良苦用心。

下面是曾国藩的一席话：

在几个弟弟中，国藩我对待温弟（曾国华）似乎过于严厉，但扪心自问，觉得还没有对不起兄弟的地方。我不是信口开河，大凡做大官的人，往往对妻子儿女特别照顾，对兄弟则失之刻薄；往往私肥自家，对亲戚同族则失之刻薄。国藩我从三十岁以来，就一直把升官发财当做一件可耻的事情，把官囊积金留给子孙享用看做可羞或可恨的事情。所以我暗中发誓决不靠做官发财，决不把做官得来的钱财留给后人。苍天在上，神明鉴临，我决不食言。

而今国藩我侍奉高堂父母，每年仅寄回为数不多的银两，以供双亲大人吃喝零用。对同族中贫穷的亲戚，我每年也酌情分送少许，以表达我区区心意。因为即使我多给家里寄钱，父母所衣所食也不能因此更为丰厚；与其独肥一家，使同族亲戚因此而怨恨我以及我的父母，哪里比得上分给一些亲戚，使他们对我父母感恩戴德，并且更加钦佩和尊敬呢？

如果将来在地方上做官，俸禄会比较丰厚，国藩我发誓：除了俸禄以外，一分钱也不多拿。如果俸禄越来越多，就周济更多的穷寒亲戚，决不为子女的衣食积蓄贪求。

曾国藩如此坦诚，在他看来，这不仅仅是作为兄长的一种责任，更是为人的第一要务。

"无信不立"的先哲教诲，曾国藩总是刻骨铭心。成大事者，犹以信、诚为其立业之本，曾国藩于此深信不疑。他在致诸弟的书信中，反复告诫的就是"立身以不妄语为本"，且言"只要能够谨守"，"不管世道是治是乱，总不会失掉上等人家的地位"。

第二章　齐家有道，平天下自齐家始

曾国藩的告诫，其中的暗示对家道兴盛、位高权重的人来说似乎有更多的警醒意味：诚信可以立业，保业尤须诚信。一个人在他卑微的时候保有诚信并不难，最难的是当他功成名就之时犹不失诚信。而这一点，却常常是富贵人家所不易做到的。曾国藩说："地位高了，并不一定是福气，恐怕徒然成为人们说三道四的张本。"在他看来，"树大招风"，"楼高易倒"，以诚待人，或可消弭怨隙，化解不测之灾。

立德、立功、立言，向来是人们追求的目标，也是一个人成功的标志。曾国藩以自己多年的体悟，时时劝勉兄弟们立德在先，在修身上多下功夫，成为对国家有用的人。他在道光二十二年十月二十六日《致诸弟书》中说：

六弟埋怨自己的命运不佳，我也深以为然。但只是小试失利，就发牢骚，我暗笑他志向太小而心中忧虑的不大。君子的立志，有为民众请命的器量，有内修圣人的德行，外建王者称霸天下的雄功，然后才不负父母生育自己，不愧为天地间一个完全的人。所以他所忧虑的，是因为自己不如舜皇帝，不如周公而忧虑，以德行没有修整，学问没有大成而忧虑……

曾国藩作为兄长，他对兄弟的爱是多方面的，爱之以德，对德的苛求，是曾国藩的突出之处。他自知出身贫贱，得志之时切不可忘乎所以，更应在品德修养上齐头并进。宦海生涯，曾国藩看透了无德之人为人诟骂的本质，他更看重的是一个人无愧天地、无愧于心的崇高境界。

曾国荃攻下天京后，起居奢华，言语傲慢，行为放纵。曾国藩写书直言相告，劝其顿去恃功享乐之心，重修德业反省之课。

他的严词责备是不加掩饰的，甚至是尖刻的。他始终认为：今天进一分德，便可算是积了一升谷；明天修一分业，又算剩一文钱。只有德和业都增进，那才算真正的成功，而成功亦不足恃……

曾国藩在兄弟们的眼里是令人敬畏的。他代父教弟，不苟言笑，不怒自威，更以德行服人。一次，曾国藩和友人小珊因一件小事发生争执，虽过在小珊，曾国藩事后仍内疚不已。兄弟几人劝曾国藩勿以为怀，曾国藩却道："一朝之忿，不近人情，我德有缺损，可想可见。"他不顾兄弟们劝阻，坚欲登门谢罪……

在曾国藩遗世的家书中，他写给诸弟的教诫充斥其间，俯拾即是。在信中，曾国藩反复叮嘱的亲近良友、莫负朋友、周济贫民、爱惜物力、勤俭为主、戒骄去奢等等，无不是一个"德"字。这是曾国藩兄弟的福分，以"德"育人从来是圣贤所推崇的最高育人之道，更何况这些书信有的竟写自两军对阵的战场上！

兄弟亲情，爱到极处，往往是口不择言，令人难以接受。曾国藩的兄弟或多或少都有这种感受。由于曾国藩的名望所在，兄弟们很少向他表达这种真实想法。

曾国藩对此有很深的忧虑，他在道光二十四年三月十日给诸弟的信中，直言不讳地讲道："骨肉之情越真挚，盼望的心情就越殷切，责备的言辞就越尖锐……所以不能不发出怨言骂你们，感情达到极点了。然而，为兄长的虽说'糊涂'，也不能不责备你们，不是责备你们的情感，是责备你们的不检点，这有什么耿耿于怀呢？"

虽说如此，曾国藩仍是不停地反省自己："孟子说：'我爱别人，别人却不亲近我，自己要反躬自省，自己的仁爱是否有不到的地方；我以礼待别人，别人却不理睬我，自己要反躬自省，自己的礼仪是不是不周到。'……我的声望越来越高，就是我自己也不知道这是从何说起，只恐怕名望超过了实际……这全部责任在于做哥哥的提倡、做表率……"

大凡功成名就之人，名望愈高，愈是珍重这份荣誉。曾国藩过人之处在于，他对自己的名望始终抱有怀疑的态度，甚至根本就不认为自己有什么名望。他从自己至爱的兄弟们身上，看到了名望遮掩下的裂痕和隐患，由此及彼，别人会怎样就可想而知了。

怀着这种深沉的认识和忧惧，曾国藩把这一感触不时地传送到兄弟们身上。他鼓励、劝勉他们为百姓多干实事，勿为名望二字所累，他说："那才是我曾家门户的光荣，阿兄的幸运。"

一语破的，曾国藩的兄弟之情，源自他已将自己的一切和兄弟们完全融为一体了，我就是你，你就是我，谁也无法分开。

呕心沥血教导诸弟

对几个弟弟，曾国藩恪尽兄长之责，认为这是在尽孝道，能够教导诸弟的德业进一分，自己的"孝"就有了一分；能够教导诸弟的德业进十分，自己的"孝"就有了十分；若全不能教弟成名，自己则为大不孝了。

曾国藩将进修德业视为教弟的根本。

一次，曾国藩接到家里的来信，得知四弟、六弟没有上学，怅然之余，教导弟弟们："科名有无迟早，总由前定，丝毫不能勉强。吾辈读书，只有两事：一者进德之事，讲求乎诚正修齐之道，以图无忝所生；一者修业之事，操习乎记诵词章之术，以图自卫其身。进德之事，难以尽言；至于修业以卫身，吾请言之。卫身莫大于谋食。农工商，劳力以求食者也；士，劳心以求食者也。故或食禄于朝，教授于乡，或为传食之客，或为入幕之宾，皆须计其所业，足以得食而无愧。科名者，食禄之阶也，亦须计吾所业，将来不至尸位素餐，而后得科名而无愧。食之得不得，穷通由天做主。予夺由人做主；业之精不精则由我做主。然吾未见业果精而终不得食者也。农果力耕，虽有饥馑，必有丰年；商果积货，虽有壅滞，必有通时；士果能精其业，安见其终不得科名哉？即终不得科名，又岂无他途可以求食者哉？然则特患业之不精耳。"又说："吾人只有进德、修业两事靠得住。进德，则孝弟仁义是也；修业，则诗文做字是也。此二者由我做主，得尺则我之尺也，得寸则我之寸也。今日进一分德，便是积了一升谷。明日修一分业，又算余了一文钱。德业并增，则家私日起。"

其实，世间人往往都存在这样一种状态，大道理都明白，就是不去做。曾国藩的几个弟弟也是如此，这些道理都明白，也知道哥哥说的这些都是为自己好，但实际行动起来总是那么无法让哥哥满意。如国潢懒散，国荃浮躁，国华受不得挫折，国葆缺乏自制。对此，曾国藩谆谆教导诸弟一要"立志有恒"，一要"专心致志"。他说："苟能奋发自立，则家塾可以读书，即旷野之地、热闹之场亦可读书，负薪牧豕皆可读书。苟不能奋发自立，则家塾不宜读书，即清静之场、神仙之境皆不能读书。何必择地，何必择时？但自问立志之真不真耳。"又说：

"求业之精，别无他法，日专而已矣！谚曰'艺多不养身'，谓不专也。吾掘井多而无泉可饮，不专之咎也。诸弟总须力图专业。如九弟志在习字，亦不必尽庹（tuǒ）他业。但每日习字工夫，断不可不提起精神，随时随事，皆可触悟；四弟六弟，吾不知其心有专嗜否？若志在穷经，则须专守一经；志在作制义，则须专看一家文稿；志在作古文，则须专看一家文集。作各体诗亦然，作试帖亦然，万不可以兼营并鹜，兼营则必一无所能矣。切嘱切嘱！千万千万！"

曾国藩关心弟弟们的学业，无论是选择学校还是老师，他都一一参与意见，支持弟弟们赴省城读书，并负担他们的学费。曾国藩在信中对父亲说："四弟欲偕季弟从汪觉庵师游，六弟欲偕九弟至省城读书。男思大人家事日烦，必不能在家塾照管诸弟，且四弟天分平常，断不可一日无师，讲书改诗文，断不可一课耽搁；伏望堂大人俯从男等之请，即命四弟、季弟从觉庵师，其束脩银，男于八月付回，两弟自必加倍发奋矣。六弟实不羁之才，乡间孤陋寡闻，断不足以启其见识而坚其志向。且少年英锐之气不可久挫，六弟不得入学，既挫之矣；欲进京而男阻之，再挫之矣；若又不许肄业省城，则毋乃太挫其锐气乎？伏望堂上大人俯从男等之请，即命六弟、九弟下省读书。其费用，男于二月间付银二十两至金竺虔家。"

可以说，曾国藩是一个非常称职的哥哥。他先后让几个弟弟到京城自己身边读书。除身体力行，教弟读书外，又为他们捐监，创造科考的条件。他做这些的根本，还是希望诸弟通过读书，明晓事理，修身齐家。他常与诸弟说："吾细思凡天下官宦之家，多只一代享用便尽，其子孙始而骄佚，继而流荡，终而沟壑，能庆延一二代者鲜矣。商贾之家，勤俭者能延三四代；耕读之家，勤朴者能延五六代；孝友之家，则可以绵延十代八代。我今赖祖宗之积累，少年早达，深恐其以一身享用殆尽，故教诸弟及儿辈，但愿其为耕读孝友之家，不愿其为仕宦之家。"要求诸弟"读书不可不多，用功不可不勤，切不可时时为科第仕宦起见"，看不透这层道理，即便金榜题名高官显宦，终算不得祖父之贤肖，我家之功臣；若能看透此道理，则我钦佩之至。这其中，除了善劝，少不得严责。曾国藩严格要求诸弟讲孝悌、习勤苦、守朴拙、戒骄奢。他说："至于兄弟之际，吾亦唯爱之以德，不欲爱之以姑息。教之以勤俭，劝之以习劳守朴，爱兄弟以德也；

丰衣美食，俯仰如意，爱兄弟以姑息也。姑息之爱，使兄弟惰肢体，长骄气，将来丧德亏行，是即我率兄弟以不孝也，吾不敢也。"

曾国藩对诸弟既严如父又慈如母，思弟念弟爱弟之情时时溢于言表。他曾说：

"我生平于伦常中，唯兄弟一伦，抱愧尤深。盖父亲以其所知者尽以教我，而我不能以吾所知者尽教诸弟，是不孝之大者也。九弟在京年余，进益无多，每一念及，无地自容。吾每作书与诸弟。不觉其言之长，想诸弟或厌烦难看矣。然诸弟苟有长信与我，我实乐之，如获至宝……

"兄弟和，虽穷氓小户必兴；兄弟不和，虽世家宦族必败。男深知此理，故禀堂上各位大人俯从男等兄弟之请，男之意实以和睦兄弟为第一……

"自忆连年教弟之信不下数万字，或明责，或婉劝，或博称，或约指，知无不言，总之，尽心竭力而已。"

曾国藩鼓励并重视诸弟对自己的批评，多次说："诸弟远隔数千里外，必须匡我之不逮，时时寄书规我之过，务使累世积德，不自我一人而堕，庶几持盈保泰，得免速致颠危。诸弟能常进箴规，则弟即吾之良师益友也。而诸弟亦宜常存敬畏，勿谓有家人做官，则遂敢于侮人；勿谓己有文学，而遂敢于恃才傲人。常存此心，则是载福之道也。""诸弟见我之立心制行与我所言有不符处，望时时切实箴规，至要至要。""凡吾有过失，澄、沅、洪三弟各进箴规之言，余必力为惩改；三弟有过，亦当互相箴规而惩改之。"

穷养儿，富养女

按照中国古代传统是"穷养儿，富养女"，曾国藩对儿子的要求相当严格，对几个女儿甚至媳妇也一点不含糊；不但每日要求她们做女红，而且每日每人该完成多少，都有详细的规定，还教导她们读书识字。在他的教导下，曾家的女性出国留学者有之，取得博士学位者有之，在很多领域都做出了贡献，和曾家的男人们相比毫不逊色。

1875年，幸运的满女曾纪芬嫁入了湖南衡山的聂家。她带去的嫁妆里面，有一份十分特殊的"功课单"，这是她父亲曾国藩为家里的每个女眷规定每日应该完成的工作，内容是：

早饭后——做小菜点心酒酱之类（食事）；

巳午刻——纺花或绩麻（衣事）；

中饭后——做针线刺绣之类（细工）；

酉刻（过二更后）——做男鞋或女鞋或缝衣（粗工）。

曾纪芬出生在北京，是曾国藩最小的一个女儿，湖南人称之为"满女"。曾国藩非常喜欢这个满女。曾纪芬十二岁时，曾国藩给她看相，然后很满意地对夫人说："满女是阿弥陀佛相。"曾国藩看得很准，曾纪芬果然在几个兄弟姐妹中最为长寿多福，最后成为夫家聂氏家族的精神领袖。

虽然贵为一等侯爵的女儿，但在父亲严格的家教下，曾纪芬从来没有享受过贵族小姐的奢侈富贵。有一次全家去南京的时候，曾纪芬穿了一件蓝呢夹袄，配了一条缀青花边的黄绸裤，这条黄绸裤还是她去世的嫂嫂贺夫人留下来的。结果她父亲看见之后，马上教训她太奢侈。曾纪芬连忙换了一条绿色的裤子。这条绿裤也是贺夫人留下来，曾纪芬的三姐穿过后再给她的。

曾国藩对家人都十分严厉，只有对曾纪芬不一样。曾纪芬小时候头上生了虱子，只能把头发剪得很短，直到十一岁，才开始留长发。当时女孩子流行的发式是梳一个抓髻。梳法是先用铁丝做成一个架子，再把头发绕在架子上面。曾纪芬觉得很好看，也想照着梳一个。但是她把铁架子做得太大了，小小的脑袋上顶着个大抓髻，看上去十分滑稽。曾国藩看见了就打趣她说："赶快叫木匠来，把门框改大一些！"

疼爱归疼爱，曾国藩对满女的督教和其他子女一样严格。曾纪芬十七岁的时候，曾国藩当时正好担任两江总督，政务繁忙，但仍旧亲自为她制定每天的"功课单"，还规定必须按期检查功课成果。

曾纪芬嫁入聂家的时候，聂家老太爷不过是个知县，跟曾家完全不能相比。

聂家对这个新媳妇自然是不敢怠慢。但曾纪芬完全没有千金小姐的做派，还把勤奋、俭朴的家风带到了聂家。

跟父亲一样，曾纪芬也十分关注对子女的教育问题。即使儿女后来已经长大，有了各自的成就，曾纪芬仍然随时耳提面命，从不疏忽。她说："教导儿女要在不求小就而求大成，当从大处着想，不可娇爱过甚。尤在父母志趣高明，切实提携，使子女力争上进，才能使子女他日成为社会上大有作为的人。"她的儿子聂云台后来经营工商业，开办银行，开发矿产，从事纺织，生意做得很大，聂家也成为上海的大财团。

虽然贵为巡抚夫人，工商巨擘的太夫人，曾纪芬的房间里仍置有一台手摇式纺机和一台缝纫机。只要能够自己做的事情，她决不会让别人来做。她每日起居有时，饮食有节，饭后走一千步，每天睡前用温水洗脚，即使是数九寒冬，也把双脚露出被外。她自号"崇德老人"，到了晚年仍然头脑清晰，思维缜密。聂家的议事堂（最高的家庭议事会议）就以她的号为名，重要的家事都要与这位老太太商量定夺。

曾纪芬一直到临死时，每年都会恭恭敬敬地摹写曾国藩的"伎求诗"数遍，反复领会父亲的德行恩泽。曾国藩的子女多不长寿，只有这"阿弥陀佛"相的满女长寿而且多子多福，活到九十岁。她有十一个子女，其中有九个为亲生，子子孙孙四世同堂，达到一百多人。

郭筠是曾国藩的二儿媳，曾纪鸿的妻子。她的父亲郭沛霖是曾国藩的同科进士，跟曾国藩关系很好。郭筠从小就很受郭沛霖的喜爱。她人很聪明，求知欲望很强，不仅会诗能文，还爱看杂志报纸，关心政治时事。跟曾纪鸿结婚后，夫妻俩一直跟随曾国藩居住南京和保定，所以在学业和为人方面，郭筠也得到了曾国藩的很多指教。曾国藩并不认为曾家的媳妇应当把全部的精力放在相夫教子上，而是多方鼓励郭筠继续读书求知。他还亲自抽出时间指导郭筠学习《十三经注疏》《御批通鉴》等典籍。

事实证明了曾国藩的远见。在曾国藩去世后，管理这一大家子的重担就落到了郭筠的肩上。她事必躬亲，勤俭持家，把家里上下打理得井井有条。除此之外，郭筠仍坚持读书作诗，夫妇两人常常在屋内清茶一杯，诗文唱和，颇得真趣。

1881 年曾纪鸿病逝，郭筠带着子女回到湖南原籍，住在富厚堂，承担起督教儿女的重任。此时自己仍然没有放弃读书作诗，还把自己的书斋取名"艺芳馆"。1974 年，郭筠的诗作经长孙女曾宝荪在台湾整理出版，名为《艺芳馆诗存》。

曾纪鸿去世的时候，郭筠还不满三十五岁。她身体也不好，常常生病，独自抚养四个儿子和一个女儿，年纪最大的只有十五岁，其中的艰辛可想而知。但郭氏是一个相当有办法的人，家中有人犯错，她从不高声斥责，而是唤到自己房中，轻声教训，举上很多例子，反复说明，直到犯错的人自己悔过。因此儿孙们对她都很敬重。

她把孙子孙女们纷纷送到英美留学。长子曾广钧的女儿曾宝荪、四子曾广诠的儿子曾约农、五子曾广钟的儿子曾昭权，后来都成为了驰名中外的学者和教育家。她也很有政治见识，1898 年维新运动时期，曾广钧参与变法，郭氏得知慈禧太后准备发动政变的消息后，立即安排曾广钧先行出京，并派人到湖广会馆，把有关新派人物的名单取回烧掉，使不少人免遭株连之害。

作为我国第一个留学英国并取得西方学位的女子，曾宝荪十分感谢思想开明的祖母。她在回忆录中写道："没有祖母，我们孙辈的教育便会毫无成就。"曾宝荪毕业于英国伦敦大学，她特别感谢祖母为她所做的三件事：一是没有要求她缠足，她是曾家女子中第一个不缠足的；二是没有在童年将她许配人家；三是准许她出国留学。她说："这三件事影响了我的一生，使我能为所欲为，不受任何牵绊。"

在曾宝荪的回忆中，祖母郭氏是一个相当有主见的人。"我祖母是一个最公平的老人，她带了她每个儿子最长的孩子，不论男女，都归她教养。""我祖母的教育也很特别，她不赞成八股文章，也不愿孙子们去考秀才，但她要我们学外国文学。"

为怀念祖母，曾宝荪决定"不结婚，不嫁人，全心奉献给教育"。她说："我如果结婚，顶多能教养十个子女；从事教育工作，我可以有几千个孩子。"她自己集资在长沙创办了一所女子学校。为纪念祖母，女校的名字就随她的书斋取名为"艺芳女校"。曾宝荪亲自执教，在校内外都享有很高的威信。她的独身主义不仅影响艺芳女校许多学生终身不嫁，毕业从教，而且她的弟弟曾约农、妹妹曾宝菡、曾昭燏也受影响终身未婚。曾宝菡后来取得医学博士学位，成为我国著名的骨科专家，曾昭燏则是后来的南京博物院院长。

曾宝荪在任艺芳女校校长的同时，还先后担任过湖南省立第一女子师范学校校长、湖南省立第二中学校长等职位，在湖南教育界有相当威信。1938年冬，她曾应邀出席英国伊顿学校的演讲，题目为《中国抗战必胜》，是东方女性在这里演讲的第一人。蒋介石因为崇拜曾国藩，就想把当时在社会上有一定威望的曾宝荪、曾约农争取到自己的阵营中来。但曾宝荪一心致力于教育，对政治并不热心，还明白表示"无意于傍虎乞食"，且托病没有参与任何实际工作。

曾氏家族的第一个共产党员曾宪植。1957年9月，毛泽东在怀仁堂接见参加中国妇女第三次代表大会的全体代表。他一眼就看到了站在代表前迎候他的一位妇联领导人，就走上前去，用一口浓重的湖南乡音故意结巴地大声说："这不是那个阿……阿……阿曾吗？"这位妇联领导人大步迎上前，也用同样的湖南乡音大声回答："报告主席，我正是那个阿……阿……阿曾嘞！"毛泽东握着阿曾的手，笑着问道："阿曾嘞，你们的这支娘子军怕是打不过曾文正公的那支湘军吧？""打得过！打得过！要定是打得过！"阿曾回答得相当自信。

这个"阿曾"就是曾国藩的九弟曾国荃的玄孙女曾宪植，叶剑英元帅的夫人，后来的中国妇女联合会副主席、党组副书记。曾宪植曾经留学日本，在日期间由于被人出卖，被关入监狱。但无论日方如何威逼利诱，她总是不透露一丝信息。

有一天，日本人找来一个"中国通"提审曾宪植，问她是不是共产党人。机敏的曾宪植反而用湖南话反问，他们知不知道中国有一个曾国藩，并说她就是曾国藩九弟曾国荃的玄孙女。"中国通"疑信参半，曾宪植又滔滔不绝地把曾氏家族给"中国通"介绍了个遍。结果请来审讯犯人的"中国通"冲着这位大清帝国名门之后，鞠了个九十度的大躬。第二天，曾宪植就被日本人恭恭敬敬地请出了牢房。

可怜国藩父母心

曾国藩对儿子有很高的期望。无论是学业，还是生活，他都是一一点拨。在读书上，要求他们"读书之法，看、读、写、作，四者每日不可缺一"。每当看到儿子在信中向他请教学问，就非常欢喜，并耐心地予以解答；还要求儿子在回信中对他的解答谈谈体会，如咸丰九年（1859年）给曾纪泽的一封信中提到："吾前一信答尔所问者三条，一字中换笔，一'敢告马走'，一注疏得失，言之颇详，尔来禀何以并未提及？以后凡接我教尔之言，宜条条禀复，不可疏略。"

曾国藩虽然是通过科举考试出人头地的，但他对儿子的教育却很灵活。两个儿子科举之路不顺利，连举人都未考中。曾国藩鼓励他们读有用之书，习有用之学，而不要一味沉浸于科举仕途之中。同时他鼓励体质不好的儿子多外出，在欣赏山水中增加历练、陶冶性情。毫无疑问，这在当时都是相当开明的。在这种开明的环境和宽松的氛围中，兄弟二人都学有专长，并取得了不小的成就。曾纪泽学习英文，钻研近代科技，并于光绪四年（1878年）出使英、法等国，又于光绪六年兼任驻俄公使，前后历时八年之久，"万国身经奇世界，半生目击小沧桑"，成为中国最早的外交家之一。在兼任使俄大臣期间，曾纪泽为收回伊犁与俄国进行了长达半年多的艰苦谈判，终于在1881年2月改订新约，即《中俄伊犁条约》，代替了前任使俄大臣崇厚签订的丧权辱国的《里瓦几亚条约》，为中国争回了大片国土。这是曾纪泽外交史上最辉煌的一页，也是近代中国外交史上的一大成就。曾纪鸿则精通算学，编有《炮攻要术》《电学举隅》，是近代中国最早的卓有成就的自然科学家之一。

对于女儿，曾国藩同样倾注了一位父亲的爱，却并不溺爱和娇惯。他女儿众多，"遂深以妇女之奢逸为虑"，指出富贵家庭不勤不俭者，看看他们的内眷表现如何就知道了。他亲自为女眷们制定每日功课，如"做小菜点心酒酱"之类的"食事"；"绣花或绩麻"之类的"衣事"；"做针线刺绣"之类的"细工"；"做男鞋或女鞋或缝衣"之类的"粗工"，等等。据五女曾纪芬晚年回忆说："余等纺纱、绩麻、缝纫、烹调日有定课，几无暇刻。先公亲自验功，昔时妇女鞋袜，无论贫富,率皆自制,余等须为吾父及诸兄制履,以为功课。纺纱之工,余至四十余岁随先外子居臬署时,犹常为之,后则改用机器缝衣。三十年来,此机常置余旁,今八十岁矣,犹以女红为乐,皆少时所受训练之益也。"

男大当婚,女大当嫁,曾国藩对儿女们的婚事显然有自己的考虑。他为儿女们择定的配偶,都出自士大夫家庭,大都是有着很深交情的同乡、同年、同事的子女,"女五人,皆适士族"。

曾国藩为子女择妻、择婿,看重的是书香门第、知根知底,而不是对方的显赫权势(如果是这样的话,他可以为他们择取"一入深似海"的烜赫家庭)。像他这样的高官家庭,固然特别注重门当户对,但也有很多人把子女的一生幸福毁于个人的"政治婚姻"里面。后来袁世凯就通过政治联姻的方式笼络了许多达官贵族,使个人在政坛捭阖中如虎添翼。这种政治婚姻不只源于中国,而是大有国际市场,恩格斯就曾敏锐地指出:"(在欧洲的骑士、王公等权势阶层中)结婚是一种政治的行为,是一种借新的联姻来扩大自己势力的机会;起决定作用的是家世的利益,而决不是个人的意愿。"后来李鸿章为自己心爱的小女择取夫婿时,把落魄不堪的张佩纶招入府中纳为快婿。当时张已经因中法战争中马尾海战失败的罪责而在政治上无望再起,连"潜力股"都谈不上,李鸿章看重的是他的学识人品。在对待子女的婚姻问题上,李鸿章的确是受到了曾国藩的影响。

为人父母,总是想尽办法让子女过上好日子。曾国藩虽然对儿女的婚事费尽心力,但最终结果却并没有如他所愿。特别是几个女婿,有的彬彬弱质,英年早逝;有的小时候尚可,长大后成了纨绔子弟;有的婆母凶悍,虐待曾家姑娘——看来知识分子的家庭并不一定代表着妻贤子孝,又比如西方大哲学家苏格拉底的妻子也是一位著名的悍妇。囿于封建礼教及朋友关系,曾国藩常常爱莫能助。比如大女婿袁秉桢,婚后暴露出纨绔子弟的作风,曾纪泽"深以为虑",写信给父亲述说其事。曾国藩在回信中也只能说"余即日当作信教之","将来或接至皖营,延师教之亦可",反过来还要劝纪泽等人"于袁婿处礼貌均不可疏忽",顾其体面以防自暴自弃。曾国藩对待"袁婿"的态度,并没有使女儿的生活幸福起来,因为"袁婿"更加放肆,更加无所顾忌。曾国藩虽然气愤,却也无可奈何。当不堪忍受的曾纪静曾多次要求回娘家住时，却又遭到曾国藩的拒绝。无独有偶，《湘军志》的作者王闿运，其女婿不务正业，女儿写信向他哭诉，他在回信中气极而写下"有婿如此，不如为娼"的出离愤怒之语，但愤怒之后也依然是无奈。

愤怒也罢，无奈也罢，都已经于事无补。这不是曾国藩的失德，可以看到，在对待子女的婚事上，他比袁世凯之流要高尚和慎重。曾国藩不是不疼爱自己的女儿，几个女儿的婚事都是他亲自挑选的，都是找一些门户相对的，或者是至交好友的家庭，他没有选错亲家。这对于当时的一名在朝廷任重职的大臣，这样关心和操心女儿的婚事，也算是对女性的看重了。这不是他个人的悲剧，而是时代的悲剧。自由婚姻离他那个时代太遥远，虽然当时西方早就大行其道——在此前后，正是《红与黑》《简·爱》等文学作品盛行的时代——而他生活在中国，不能离开自己生活的这片土地太远。他超越了时代，体现着开明，却不能大踏步地前进，不可能完全脱离于生存环境。他徘徊于旧途，恋栈于老路，虽然用心良苦，终究难有突破，在许多事情上甚而涂上了悲剧色彩。

家训高悬，长保家风传久远

中国过年有贴春联的习俗，每逢春节，各家各户便把各式各样喜气、吉祥的春联贴到门上，而古代士大夫家庭或农村中的绅士阶层的门户上往往贴着这样一副对联：

耕读传家久，
诗书济世长。

农耕社会的特色，儒家文化的浸润，渗透于字里行间。

曾国藩也秉持这样的持家之道。他自己从先辈"半耕半读"的家风中成长起来，又结合自己治学、为官的人生经验，进一步发扬了耕读传家的传统。他与妻子欧阳夫人一起，勤俭持家，教子育女，在封建社会末叶的残阳夕照中，形成了一道独具特色的士大夫治家图景。

欧阳夫人是曾国藩的结发妻子，也是他的老师欧阳凝祉的女儿。婚后与曾国藩育有三子五女，长子曾纪第早夭，实际活在世上的有七个。欧阳夫人早年在湘乡老家，道光二十年（1840年）携子纪泽进京与曾国藩团聚。在北京的十二年中，生下五个女儿：纪静、纪耀、纪琛、纪纯、纪芬，以及第三个儿子纪鸿。咸丰二年（1852年）曾国藩离京，欧阳夫人带领子女回到老家，在乡下持家教子十余年，直到同治二年（1863年）才随居曾国藩官邸。

欧阳夫人是典型的中国传统妇女。她自从嫁入曾家门，便秉承丈夫的意愿，亲自操持家务，纺纱织布，烧菜煮饭，克勤克俭，毫无怨言。曾国藩虽然长期身在军旅，后又总督两江，经手的银钱何止千百万，但他以廉洁自律，"誓不以军中一钱寄家用"，欧阳夫人在家的生活远不像一般高官家庭那样宽裕。

同治九年（1870年）十一月初三，曾国藩在南京两江总督任上总结自己的修身持家之道，归纳为"慎独则心安""主敬则身强""求仁则人悦""习劳则神钦"四条，作为教育子侄的重要家训。其主要精神是：

"慎独则心安。"中国古代儒家代表人物都讲究"慎独"，并把此作为修身的基本要求之一。曾国藩推崇理学，并被人视为理学大师，他认为只有做到慎独，也即当游离于"组织"和"集体"之外时仍能一如既往地以儒家的道德规范来约束自己，才能求得心灵的安静宁谧和修养的浸润升华。现在人们讲要在独处时"耐得住寂寞、经得起诱惑、受得起挫折"，也是同样的意思。曾子有言"问心无愧"，孟子有言"俯仰天地，不愧不怍""养心莫善于寡欲"，都是注重通过慎重独处时的言行名节来修养身心、历练品性。林则徐有一副名联："海纳百川，有容乃大；壁立千仞，无欲则刚"，"无欲则刚"四字恰是慎独的最高境界。

"主敬则身强。"曾国藩把"敬"作为儒家道德规范的基本要求之一，指出，孔子以"敬"教人，程、朱诸子则千言万语不离此一要旨。"主敬"的功夫，更可以使身体强健。对内守静至纯，对外恭谨严肃，是"敬"的功夫；出门如见大宾，使民如承大祭，是"敬"的气象；修己以安百姓，笃恭而天下平，是"敬"的效验。内心有所敬重，有所畏惧，则能临事神悚、气振，不敢懈怠，身体因之变得强健。

"求仁则人悦。"曾国藩则把追求"仁"作为赢得人们真诚信任和拥戴的条件。他指出，每个人都是"得天地之理以成性，得天地之气以成形"。百姓与世间万物，均同出一源，如果只知自私和利己，不知为他人着想，不知仁民爱物，则违背了天性人情。至于为人"父母官"者，肩承拯民溺、济民困的职责，更应汲汲以求仁、教人以求仁，以"先天下之忧而忧，后天下之乐而乐"自命，方能不负圣贤教化、君王信用。如此，则能虽成事显达，而任劳任怨，天下人众望所归，谁会不拥戴他呢？

"习劳则神钦。"这是说，耐得住辛苦，习惯劳作的人，连神仙都要钦敬。古人说"业精于勤，荒于嬉"，又说"成由勤俭败由奢"，一勤天下无难事，莫向光阴惰寸功。若为自己着想，则一定要操习技艺，磨炼筋骨，遇到疑难困惑则努力学习和实践，而后才可以"动心韧性"，长于才识，"增益其所不能"。为天下着想，则一定要吃苦受累忍饥挨饿，以普及勤劳习性和教化广大民众为己任，极勤以救民，极俭以奉身。所以君子欲成为人神信赖之人，关键一着莫过于勤劳。

曾国藩这四条齐家之道，与他一贯所主张的"八宝""五箴""十二日课"等的内核是一致的，无外乎勤、俭、敬、恕等内涵。他要求以此"二子各自勖勉"，"每夜以此四条相课，每月终以此四条相稽"，"以期有成焉"。相似的，曾国藩还说，吾教子弟不离"三致祥"，即：孝致祥；勤致祥；恕致祥。

纸上得来终觉浅。曾国藩不仅在书信中指点曾家子弟不忘修身齐家，更是在实践上模范带头，并时时监督子侄们的落实情况。他告诉儿子，"吾忝为将相，而所有衣服不值三百金"；又说，"余服官二十年，不敢稍染官宦习气，饮食起居，尚守寒素家风，极俭也可，略丰也可。太丰则吾不敢也"；又叮嘱主持家事的二弟曾国潢，"吾家子侄，人人须以勤俭二字自勉，庶几长保盛美"。曾国藩在前线，唯恐其弟在家为他买田置屋，"则寸心大为不安，不特生前做人不安，即死后做鬼也是不安",并特意给国潢交代:"弟若听我,我便感激尔;弟若不听我,我便恨尔","望贤弟千万无陷我于恶。"1867年,当他听说家中修整宅第用度铺张的消息后,在日记中写道:"接腊月二十五日家信,知修整富厚堂屋宇用钱共七千串之多,不知何以浩费如此,深为骇叹!余生平以起屋买田为仕宦之恶习,誓不为之。不料奢靡若此,何颜见人!平日所说之话全不践言,可羞孰甚!屋既如此,以后诸事奢侈,不问可知。大官之家子弟,无不骄奢淫逸者,忧灼曷已!"

曾国藩希望长保家风传之久远,是因为他有一套"天概"理论:

管子曰:斗斛满则人概之,人满则天概之。余谓天之概无形,仍假手于人以概之。霍氏盈满,魏相概之,宣帝概之;诸葛恪盈满,孙峻概之,吴主概之。待他人之来而概而后悔之,则已晚矣。吾家方丰盈之际,不待天之来概、人之来概,吾与诸弟当设法先自概之。

"概"是刮平的意思。曾国藩认为物极必反,"盛时宜作衰时想,上场当念下场时",富贵之家尤其应该注意谨慎谦虚,勤俭传家,以避免噩运来临。这种带有宿命论色彩的小心显然是多余的,但注意加强对青年子弟的教育,无疑是非常理智的。古有明训曰:"富不过三代"。为什么?就是因为富贵家庭往往忽视对子女的教育,使他们在优越的环境中沾染上诸多坏习气。是以他们不能继承家业,不能恪守家风,一再地上演"一代不如一代"的悲剧。当代世界上许多家族式企业,继承者能够发展家业的,都是那些从小受到良好教育和严格约束的孩子,相反,导致家业衰败的,都是那些不学无术的纨绔子弟。

第三章

曾国藩

内圣外王,做最好的自己

"血诚"是立身基石

《论语》云:"友直,友谅,友多闻,益矣。"一个人若与正直的人交友,与信实的人交友,与见闻广博的人交友,这便是极大的益处了。那么我们该如何与这样的人相交呢?曾国藩从日常交往中总结出了两句话,便是:相见必敬,开口必诚。

诚信,是人立身之本。俗话说:大丈夫一言既出,驷马难追。说的就是做人要诚实无欺。孔子说:"人而无信,不知其可也。"苏轼也说:"天不容伪。"可见,诚信,是人赖以生存的灵魂。也许你能欺骗一个人,但你不能欺骗所有的人;即使你诡计多端,欺骗了所有的人,但你能欺骗自己吗?

然而,做到诚信,并不单单是不说假话,假话太容易被识破了。如果你的第一句假话被人识破了,那么你的第二句真话也将被人怀疑,所以人不到迫不得已是不会说假话的。曾国藩在日记中反复谴责和归咎自己的也不是说假话,而是比假话更隐秘,又以更冠冕堂皇的面目出现的不诚实。

有一天,好友窦兰泉来拜访曾国藩。两位学人相见,自然商讨理学,然而曾国藩并未能真正理解窦兰泉所说的意思,便开始妄自发表见解。事后曾国藩就指责自己,这就是心有不诚:不仅自欺,而且欺人,没有比这更糟糕的了。由于不诚实,所以说话时语气虚伪强辩,谈文说理,往往文饰浅陋,以表示自己学理精湛,不过是表演而已。这难道有什么好处吗?

曾国藩虽然意识到了自己的毛病,表示悔改,可到到临头,又身不由己了。没过几日,朱廉甫前辈偕同邵惠西来访,这两个人都是孔子所说的正直、信实、见闻广博的人。尤其是朱廉甫前辈屈尊来访，不就是把曾国藩视为志同道合的人吗？没想到曾国藩故伎重演，说了许多大言不惭、沽名钓誉的话。

还有一次，好友陈岱云来访，想看曾国藩的《馈贫粮》，结果曾国藩以雕虫小技不值一看为由，深闭而固拒。一时掩饰笨拙，文饰浅陋，巧言令色，种种复杂的情形交织在一起，难以言表。事后曾国藩反省，这都是虚荣好名的心理在作怪啊！这些都是不诚实的表现。

经历了内心的几次折磨与争斗，曾国藩开始给自己约法三章：

大凡往日游戏随和的人，性格不能马上变得孤僻严厉，只能减少往来，相见必敬，才能渐改征逐的恶习；平日夸夸其谈的人，不能很快变得聋哑，只能逐渐低卑，开口必诚，才能力除狂妄的恶习。

曾国藩就是这样逐渐成熟起来的。

曾国藩主张"诚"，而且在他早期的政治生涯中，也是身体力行的。咸丰初，皇上下诏求言，大有一番有所作为的样子。臣子们于是指陈时弊，恳呈己见，一时纷纷纭纭，奏章不下数百件。但大多被以"毋庸议"的上谕而束之高阁，"归于簿书尘积堆中"。血气方刚的曾国藩面对这种情况，颇为愤懑地说："书生之血诚，徒以供胥吏唾弃之具！"这里，"书生之血诚"与"臣下之忠心"完全是同义词。咸丰三年正月，他发出自己办团练后第三封给湖南"公正绅耆"的公开信说："自度才能浅薄，不足谋事，唯有'不要钱，不怕死'六字时时自矢，以质鬼神，以对父君。""不要钱，不怕死"，是他的"血诚"的重要内容。后来，他失败于靖港，在向朝廷的请罪折中信誓旦旦地说，虽然挫折，"仍当竭尽血诚，一力经理"。曾国藩一生正是秉着这股"血诚"来与太平军和捻军纠缠的。他于咸丰十年感慨万分地说：

"天下滔滔，祸乱未已；吏治人心，毫无更改；军政战事，日崇虚伪。非得二三君子，倡之以朴诚，导之以廉耻，则江河日下，不知所届……精诚所至，金石亦开，鬼神亦避。"

曾国藩简直把"朴诚"当作医治满清王朝政治病的一服良药。

所以，曾国藩不仅要求自己"须有一诚字，以之立本立志"，处处以"血诚"要求自己的下属。例如，他说："带勇之人，第一要才堪治人；第二要不怕死；第三要不汲汲名利；第四要耐受辛苦。"接着他说："大抵有忠义血性，则四者相从以俱至；无忠义血性，则貌似四者，终不可恃。"这里，"忠义血性"与"血诚"也是同义词。

总之，血诚是曾国藩修身、求才、治军、治政的一条重要原则，是他借以团结一批封建文人、打败太平天国的精神力量，也是他企图"复礼"、实行"礼治"的重要保证和理想途径。这正是魏徵所说的"君子所保，唯在于诚信，诚信立则下无二心"的意思。

在政治上如此，在军事上，曾国藩也努力实施"诚"。在围攻金陵之战中，曾国荃呕心沥血，身心交瘁，就是为了占有攻破天京的头功，对此胡林翼知道，李鸿章知道，左宗棠知道，他们只能按兵不动，只能眼睁睁看着这颗又大又甜的桃子掉在曾氏兄弟的手中。可是当李泰国要把轮船开进长江里时，可急坏了曾国荃。于是曾国荃上疏皇上，轮船不必进入江河，只宜在海上巡逻，防御海盗。曾国藩听了心里很不是滋味。他给弟弟写了一封信：

"你是怕李泰国到了金陵搅乱局面，抢夺功劳，为什么不以实情剀切相告？十年苦战，却让外国人以数只轮船夺去了胜利果实，使我忠义将士心灰意冷，使我中华臣民气节受侮，这样的话都可如实上奏。心中本来想说这一件事情，上疏时却在另一件事情上危言耸听，这是道光末年督抚的陋习，欺蒙宣宗可以，文宗就难欺蒙了，现在更不能欺蒙了。

七条轮船入江一事，我已上奏过三次询问过两次，就是不准李泰国帮助围剿金陵、苏州。李鸿章也曾两次上书恭亲王，想必恭亲王定会心怀内疚。只是太平军还没有消灭，不想再树一个大敌，所以隐忍下来出此一计。君相都把我们兄弟视为心腹，而弟弟你上疏却言不由衷。恐怕朝廷会怀疑我们兄弟意见不合，甚至会怀疑你善用权术。"

但是，尽管曾国藩处处想体现自己的诚，但这么做却并不能带来好的效果，如：曾国藩镇压太平天国后，朝廷命他带湘勇剿捻，当时，湘勇多不愿北上，纷纷逃归，或要求请假，锐气全消，甚至哗变丛生，曾国藩只能勉强凑足九千人，因而攻捻主力不能不是淮军。湘、淮军的私属性质，使他一开始走上攻捻战场便考虑到了自己对淮军的控制能力，因此，他调李鸿章弟弟李鹤章办理营务。他直截了当地在奏稿中说："臣此次驰赴山东，随带楚勇无多，所有潘鼎新、刘铭传、张树声、周盛波等四军，皆系淮勇，经李鸿章兄弟苦心训练而成者。臣拟带甘凉道李鹤章前往总理营务处，庶几上下交孚，呼应又灵"。同时，他请调李鸿章的另一个弟弟、候选郎中李昭庆至徐州练马队，将来作为游击之师，"为国家干城之士"。这些举措都是为了笼络李氏家族。

曾国藩剖心地说："吾近年专以至诚待之。"但是李鸿章并不领情，他要求派李昭庆驻防济宁，而以驻济宁的潘鼎新部改作游击之师，直接干预曾国藩的指挥大权。曾国藩无奈，写信给李昭庆说："防兵、游兵，阁下须与令兄少泉宫保详细商议，乃有定计。"而李昭庆以母亲身体不好为由，竟不请假自归。曾国藩在同一封信中只得说："就目下已成之局而论，贵军分驻济、徐、台庄三处，只好暂作防兵。"同时，他还开导李昭庆说："阁下年富力强，器局闳达。鄙人本欲倚以办贼，又以两会兄同领封圻，而淮勇诸军皆助李氏建功成名之人，诸李中无一人身临前敌，与同艰苦，恐无以服诸将之心而塞天下之望。是以专欲阁下勉为其难。"但李氏兄弟坚持固请，李昭庆甚至以不再统军相要挟。曾国藩于是给李鸿章开门见山地指出，这种军事调动，因"目下风波危险，不能遽改。以私事而论，君家昆仲开府，中外环目相视，必须有一人常在前敌担惊受苦，乃足以折服远近之心……以公事而论……若非鄙人与阁下提振精神，认真督率，则贼匪之气日进日长，而官兵之气日退日消。若淮勇不能平此贼，则天下更有何军可制此贼？大局岂敢复问？"这样一番大义私情，才算把李鸿章的这场干预风波暂时平息下来。但是，李鸿章的干预不限于胞弟之请，据刘体仁《导辞录》载，他还暗中反对河防之策，给其部属刘秉璋写信煽动说："古有万里长城，今有万里长墙，不意秦始皇于千余年后遇公等为知音！"后来，李鸿章竟又置曾国藩正叫刘铭传坚防沙河的军令于不顾，代他请求休息。曾国藩忍无可忍，才向李鸿章宣布："目下淮勇各军既归敝处统辖，则阁下当一时付之不管，凡向尊处私有请求者，批令概由敝处核夺，则号令一而驱使较灵。

以后鄙人于淮军,除遣撤营头必先商左右外,其余或进或止,或分或合,或保或参,或添募,或休息假归,皆敝径自主持。"李鸿章这才稍有收敛,但心依然不死,写信给潘鼎新说:"湘军帅藐视一切淮部。如后生小子亦思与先辈争雄,唯有决数死战,稍张门户。"

官海沉浮要保持好名声

曾国藩当初也和平常人一样,有着不良的习性,但他与别人不同的地方就在于,一旦当他意识到其危害之后,为了能他日有所作为,就通过不断自励,严格限制自己的欲望,改掉不良习惯,不断完善自身的修养。

曾国藩到京师的最初几年,也是一个凡夫俗子,没有什么特殊之处。他每天应酬特别多,这并不是他官做大了,应酬必不可少,相反倒是"没事找事",消磨时光。

道光二十年四月,庶吉士散馆,他以第二等第十九名留在翰林院。中国传统的做官之道是重中央轻地方,虽然中央的俸禄不一定比地方高,但可以结交朝中大臣,所谓"朝中有人好做官"。更重要的是,在中央为官,尤其是翰林院官,属于"天子近臣",如果一个人的水平可以,很快就会脱颖而出,升迁的机会自然要多得多。做地方官则不然。按过去的体制,任地方官有冲、繁、疲、难的区分,"疲",说白了就是穷地方,在这个地方很难干出成绩。与曾国藩前后任进士的胡林翼更可以说明问题,他在贵州一干就是九年,后来胡发誓宁愿出外当幕僚起家,也不愿继续留在贵州效力。胡出贵州时只是个道员,而曾国藩已是官居二品的侍郎了。

曾国藩留在翰林院后,"本要用功",但"日日玩憩,不觉过了四十余天"。此后的一段时间,除了给家里写一封信商议家眷来京之事外,"余皆怠忽,因循过日,故日日无可记录",每天都是送往迎来,吃酒、读书、闲侃。所以他早期的《日记》每天都在"检讨",但每天都会故伎重演。显然这种品性,若不能自察自改,是无益于自己的目标,不能成就大事的。

翰林院的官员,读书养望、切磋交往是"本职工作",本无可厚非,但每天如此打发日子,终究养不成经世的韬略。二十二年十月的一天,曾国藩读了《易经·损卦》后,即出门拜客,在杜兰溪家吃了中饭,随即又到何子敬处祝贺生日,晚上又在何宅听了昆曲,到了"初更时分"才拖着疲倦的身躯回到家中。当天的日记又充满自责,说,"明知(何子敬生日)尽可不去,而心一散漫,便有世俗周旋的意思,又有姑且随流的意思。总是立志不坚,不能斩断葛根,截然由义,故一引便放逸了。"《日记》中仍不忘"戒之"二字。

但决心一再下,行动依然如故。当月的二十四、二十五两天,京城刮起大风,曾国藩"无事出门,如此大风,不能安坐,何浮躁至是!""写此册而不日日改过,则此册直盗名之具也。既不痛改旧习,则何必写此册?"

曾国藩认识到"往来征逐",就是浮躁,这已成为他的两大病根之一了。他虽强迫自己静下来,坐下去,但读《易经》中的《旅卦》《巽卦》却一无所得,甚至连"白文都不能背诵,不知心忙什么。丹黄几十页书,如勉强当差一样,是何为者?平生只为不静,断送了几十年光阴。立志自新以来,又已月余,尚浮躁如此耶!"他也分析为什么如此交游往来,无非是"好名","希别人说自己好",并说这个病根已经很深,只有减少往来,"渐改往逐之习"。

曾国藩在改掉这个病根的同时,也很好地维护了自己的名声。

"声闻之美,可恃而不可恃","善始者不必善终",这是曾国藩对功名的看法。

曾国藩曾宽慰、告诫弟弟说:我们现在处于极好之时,家事有我一个人担当,你们就一心一意做个光明磊落、鬼服神钦的人。待到名声既出、信义既著,即使随便答言,也会无事不成。所以不必贪财,不必占便宜。

可见,曾国藩是把名誉和贪婪相联系的。贪婪的人,恶名加身;大度的人,清誉在外。一旦名声远扬,就可以不拘小节了。曾国藩的见识可谓高拔,甚至可以说有点狡猾,他把好名声看成人的立身之本,本应正,源要清,不可本末倒置。

曾国藩对家族的名望或声誉十分看重，为了保持这个家庭的名望和声誉，曾国藩可以说殚精竭虑，鞠躬尽瘁。

常言道，树大招风。由于家大业大势大，兄弟几人都在朝廷做大官，于是乎外面就有不少关于他们兄弟的传闻。

曾国藩就不止一次地听说过对他们兄弟恶行的指责，他听了以后，不想秘而不宣，而是一一转告各位兄弟：或者直接责备，或者委婉相劝，希望他们有则改之，无则加勉。

因为名望所在，是非由此而分，赏罚由此而定。有一年冬天，朝廷中有一个叫金眉生的官员就被好几个人弹劾，结果家产被抄、被没收，妻子儿女半夜站在露天下，饱受风寒冰冻之苦。曾国藩说，难道这个金眉生果真万恶不赦吗？其实，不过是名声不好，惩罚随之而来罢了。

所以说，人言可畏，众口铄金，积毁销骨。那些议论不知道在什么地方兴起，也不知道在什么时候结束。众门悠悠，沸沸扬扬，防不胜防。那些有才华的人，因为那些怀疑与诽谤无根无据，虽然恼怒，但还是悍然不顾，结果诽谤一天比一天严重。那些有德行的人，因为这些诽谤无根无据而深感恐惧，于是，收敛下来认真反省，并对自己今后的一言一行、一举一动都十分谨慎，结果诽谤不攻自破，谣言一天天平息下去。

曾国藩说：我忝居高位，又获得了极高的虚名，时时刻刻都有颠覆的危险。通观古今人物，像我这样名大权重的人，能够保全善终的人极为少见。因此，我深深担忧在我全盛之时，不能庇护你们，到了我颠覆之时，或许还会连累你们。所以，我只有在我没事的时候，时常用危言苦语来劝诫你们，这样或许能够避免大灾大难啊！

曾国藩不停地反省自己：孟子说，"我爱别人，别人却不亲近我，自己要反躬自省，自己的仁爱是否有不到的地方；我以礼待别人，别人却不理睬我，自己要反躬自省，自己的礼仪是不是不周到。"……我的声望越来越高，就是我自己也不知道这是从何说起，只恐怕名望超过了实际……这全部责任在于做哥哥的提倡、做表率……

凡功成名就之人，名望愈高，愈是珍重这份荣誉。曾国藩过人之处在于，他对自己的名望始终抱有怀疑的态度,甚至根本就认为没有什么名望。他从自己至爱的兄弟们身上,看到了名望遮掩下的裂痕和隐患,由此及彼,别人会怎样就可想而知了。

怀着这种深沉的认识和忧惧,曾国藩把这一感触不时传送到兄弟们身上。他鼓励、劝勉他们为百姓多干实事,勿为名望二字所累。他说:"那才是我曾家门户的光荣,阿兄的幸运。"

可见,曾国藩非常注重名声的重要性。他不希望因自己的地位越来越高,就不注意自己的名声,从而引起别人的闲言碎语,更不希望家人对自己的名声有所破坏,因为他明白一个人怎样才能守住自己。

也许,你不太容易明白"名声"与"守身"的相互关系,因为你可能没有体验到曾国藩复杂的人生经历。的确,对于曾国藩来说,名声是立身之本,但不是说一定要追求大名声,而是要推功让名,不与人争长短,这样才能获得好名声。不招人嫉恨,是最重要的。

处事当求稳慎,不可过急

曾国藩认为,处事能做到耐烦,这主要来源于平时对心性的修养。下面的这些话就基本包括了曾国藩训练人耐烦的主要内容。曾国藩引用庄子的话说:"美名成功于长时间的积累。"骤然为人信服的人,那么这种信任是不牢固可靠的;突然之间就名噪一时的人,那么他的名声一定大于实际情况。品德高尚,修养很深的人大多没有赫赫之名声,也无突然而得的美名。这就像一年四季的更替是逐渐有序地完成一年的运转,让人们不知不觉。因此,一个人诚实而具美质,就像桃李,虽不说话,但由于它的花果美好,自然会吸引人们慕名前来。

他还曾经说:吴竹如教诲我说"耐"。我曾经说过:"做到了'贞',足够干一番事业了,而我所欠缺的,正是'贞'。竹如教给我一个'耐'字,其意在让我要在急躁浮泛的心情中镇静下来,达到虚静的境界,以渐渐地向'贞'靠近。这一个字就完全能够医治我的心病了!"

曾国藩好用"平实"二字教育人,我们从他的《批牍》中可以知道,他曾在《批管带义字营吴主簿国佐禀》中说:"本部堂常常用'平实'二字来告诫自己。想来这一次必能虚心求善,谋划周全以后再去打,不会是像以前那样草率从事了。官阶有尊卑,阅历有深浅,这位主簿一概置诸不问,本来是个生手,但自充是热手,没有学问自夸有学问,志向很高但不去实践,气虚几乎是不能审,让他去办的事情都不行,更何况于打恶仗那样的危险呢?"

世人所说的豪杰人士,基本是抱着济世之才,矢志不渝,利禄不能动摇他的心,艰难危险也不能使他失去士气。曾国藩的部下大多是血性忠义人士。他为了实现"取人为善,与人为善"的思想,总是用砥砺志气的话相勉励。如:自古圣贤立德,豪杰立功,成功还是不成功,一开始是难以预料的,只是日积月累,全在你自己了。孔子所说的"谁敢侮",孟子所说的"强为善"都是这个意思。这里说的是人要自强。

又如:"凡是做一件事,无论艰险还是容易,都必须埋头去做。掘井只要不停地去挖,终究有一天会出水的……如果观望犹豫,半途而废,不仅对于用兵会一无所成,就是干别的事也是会自己停止而完不成。"这里说的是人应当有恒。他又在给李元度的回信中说:"军事兴衰,全在于一两个人的志气,所以我的意思是希望阁下暗暗的进行激励吧。"

为了去掉好胜好名的私念,曾国藩常用"不忮不求"作为治心的重要内容。他说:"我这一辈子粗读儒家经典,看见圣贤教人修身,千言万语中最重要的是'不忮不求'。忮,就是嫉贤害能,妒功嫉宠。所以说'怠惰的人自己不能修养,忌妒人的人又怕别人有修养的人就属于这一类。求,就是贪利贪名,怀土怀惠'。所以说'没得到的时候想着得到,已经得到了又怕失掉'的人就属于这一类。'忮'不常常表现出来,每逢显露出来都是在那些名声事业相等、权势地位相当的人之中;'求'也是不常表现出来的,每逢发生显露都在事物相互承接、升迁相互妒嫉的时候,要想造福,先要去掉'忮'心,所以说'人能够完全没有害人的心,那么仁就用不完了'。要想树立品德,先要去掉'求'心,所以说'人能完全没有偷窃的心，那么义就用不完了'。不去掉'忮'，满怀都是荆棘；不去掉'求'，满腔都是卑污，我对于这两项常常加以克服，只恨没能够扫除干净。你们要想心地干净，应当在这两项上狠下功夫，并希望子子孙孙世世代代都警惕。每天都在功利场里，能够不忮不求的人，真可以说是大彻大悟了。可惜这番道理太高了，不能向平常人讲说罢了！"

总之，曾国藩的这些事例说明了一个道理：不但当官要耐烦，而且人做任何事都要耐烦。人生之事，十之八九不符合心意，怨天尤人总不是办法，只有静下心来冷静思考、慎重处理才是根本之道。不然的话，心急似火，性烈如马，只会使事态的发展更加混乱，越难控制大局。

俗话说，心急吃不得热豆腐。世界之事风云变幻，处处藏着危机，稍不小心就有可能使事业陷入困境甚至绝境；而凡事求稳慎则可以使人稳打稳扎，少犯错误，有助于事业的长远发展。因此，对于成大事的人来说，凡事不可不稳慎。

曾国藩认为一生当求稳慎，不可过急。他于同治二年十一月起至同治三年四月初五日中，五次告诫曾国荃道："望弟不贪功之速成，但求事之稳适。""专在'稳慎'二字上用心。""务望老弟不求奇功，但求稳着。至嘱！至嘱！"其实，只过了一个多月，金陵就被湘军占领。曾国藩在临行前的这些叮咛，因是针对急功贪利的曾国荃的一剂攻心药，同时也说明，"稳慎"在曾国藩的战略思想中是一以贯之的。他称赞萧启江道："阁下一军，向以'坚稳'二字著名。"咸丰十年正月，当湘军正在迅速进军时，他写信给胡林翼说："十一日全军获胜后，罗溪河实已无虞。山内一军，其妙无穷；脑后一针，百病皆除。但此后仍当以'稳'字为主，不可过求速效。"

曾国藩是非常反对速战速决的。尹杏农曾两次写信给正在"剿捻"前线的曾国藩，借指责周亚夫委弃梁孝王的故事，力陈"兵贵神速"之义。公元前154年，周亚夫平定七国之乱时，接受一个幕客的建议，让梁国与精锐的吴楚大军接战，而自己壁于昌邑，深沟高垒，只出轻兵至淮泗口，绝吴饷道。吴楚军经过与梁国之战后，锐气大挫，且饥饿不堪，勉力向周亚夫军挑战时，周亚夫又坚壁不出，只得引军而去。这时，周亚夫立发精兵追击，一举而破吴楚大军。曾国藩在回信中盛赞周亚夫这种深沟高垒、后发制人的战术。并说："国藩久处兵间，虽薄立功绩，而自问所办，皆极拙极钝之事，与'神速'二字几乎相背，即于古人论兵成法，亦于千百中而无什一之合私心。"为什么他做"极拙极钝之事"？因为他认为，"兵，犹如火，易于见过，难于见功。"与其因求神速而立即风过，不如但求稳慎而渐缓见功。曾国藩赞曾国荃说的两句话为"良为至论"："稳扎稳打，机动则发。"然后马上补充说："然'机'字殊不易审，'稳'字尤不易到。"故须极力追求，处处用心。

正因为稳慎，曾国藩极力反对浪战，极力反对不知敌我、不知深浅的轻浮举措。他说："未经战阵之勇，每好言战。带兵者亦然。若稍有阅历，但觉我军处处罅隙，无一可恃，不轻言战矣。"不轻言战，即不打无准备之仗。他称赞李续宾，说他"用兵得一'暇'字诀，不特平日从容整理，即使临阵，也回翔审慎，定静安虑。"又说："迪安善战，其得诀在'不轻进，不轻退'六字。"曾国荃统兵在吉安前线时，他叮咛说："凡与贼相持日久，最戒浪战。兵勇以浪战而玩，玩则疲；贼匪以浪战而猾，猾则巧。以我之疲敌贼之巧，终不免有受害之一日。故余昔在营中诫请将曰：'宁可数月不开一仗，不可开仗而毫无安排算计。'"曾国荃在金陵前线时，他又嘱咐说："总以'不出壕浪战'五字为主。"曾国藩所说的"浪战"，指胜负不分情况下的战争。即或有小胜，或仅小挫，浪战都带来严重恶果，士卒不但因浪战而疲困，且因浪战而对战事玩忽。与其如此，不如坚而守之，弁（biàn）勇身心强健，斗志昂扬，一战可胜。这就涉及战争中求胜的快与慢问题。不浪战，或坚守不战，似乎胜之甚慢。实际上，养足精力，看准时机，战而必胜，虽慢实快。否则，欲速反不达。曾国藩这个于稳慎中求进取的战略，可说是他战略思想的核心。

正因为稳慎，曾国藩强调"扎营宜深沟高垒，虽仅一葛武侯之攻陈仓，受创于郝昭，皆初气过锐，渐就衰竭之故。陆抗之拔西陵，预料城之不能速下而蓄养锐气，先备外援，以待内之自蔽，此善于用气者也。"这些例子说明：当两军对垒，善静者善养己之锐气，躁动者必将再衰三竭，虽未战而静者已先胜一筹。所以，曾国藩说："凡行兵，须积蓄不竭之气，留有余之力，《左传》所称再衰三竭，必败的道理。"在没有现代化武器，打仗只有刀矛，全靠体力、全凭勇气的情况下，曾国藩的"静"字法，无疑是有合理内核的。自然，曾国藩的"静"字法，并不是消极疲沓，被动挨打。他指出"战阵之事，须半动半静，动者如水，静者如山"。静时如山之屹立，不可动摇；动则如水之奔腾，不可遏止。

正因为稳慎，曾国藩又提出了"以主待客"的原则。他说："兵不得已而用之，常存不敢为先之心，须人打第一下，我打第二下也。"这里所说的打第一下打第二下，不是从战争谁正义谁不正义的角度说的，而是指具体战役战斗中，谁先动手，何时动手的问题，即战役战斗何者为主、何者为客的问题。所以他说："古之用兵者，于'主客'二字精审也。"何谓主客？曾国藩罗列道："守城者为主，攻者为客；守营垒者为主，攻者为客；中途相遇，先至战地者为主，后至者为客；两军相持，先呐喊放枪者为客，后呐喊放枪者为主；两人持矛相格斗，先动手戳第一下者为客，后动手即格开而即戳者为主。"如何处理主与客？他说："凡出队有宜速者、宜迟者。宜速者，我去寻贼，先发制人者也；宜迟者，贼来寻我，以主待客者也。主气常静，客气常动。客气先盛而后衰，主气先微而后壮。故善用兵者，最喜做主，不喜做客。"他评论湘军将领说："近日诸名将，多礼堂好先去寻贼，李希庵好贼来寻我。休、祁、黟诸军但知先发制人一层，不知以主待客一层。"以主待客，既可以逸待劳，养精以应敌，又可静以审势，乘机以破敌。所以，曾国藩认为，以主待客是致敌而不致于敌的最稳健的方略。"凡扑人之墙，扑人之濠，扑者客也，应者主也。我若越壕而应之，则是反客为主，所谓致于人者也。我不越壕，则我常为主，这就是所说的致人而不被人致。"

曾国藩甚至把这套"主客论"进而推到了战略问题上。他批评江南大营之所以失败，是因为他们对于"内外主客形势全失"。向荣、和春只专注金陵一隅，而不顾对金陵上游的争夺，在江北，连与江浦、六合紧连的和州、无为一带也不去占领，安庆、庐州更不在他们战争全局的投影之内。在江南，对与江南大营毗邻的皖南地区，未严加控制，以巩固大营的后方，这叫做全失内外之势。与此同时，向荣、和春又根据朝廷的旨令，"援浙、援闽、援皖、援江北，近者数百里，远者二三千里，援军四驰，转战不归"，被太平军各个击破。如冯子材率五千人援江北大营，几被全歼于小店；在六合、浦口之役中，李若珠部五千余人全部被歼于扬州，张国梁大败于浦口，周天培部全军覆灭。仅这两次战役，共损失"兵勇一万数千名，精锐失之过半"，这叫做全失主客之势。

江南大营的内外、主客之势之所以全失，曾国藩认为，这是因为向荣等"不能从大处落墨，空处着笔也"。

总之，曾国藩对待战争中的快慢问题、静动主客问题，这些都是以"稳慎"二字为出发点来立论的。这不但是他行军打仗的原则，也是他为人处世的原则。

官场如战场，须谨言慎行

做事，谨慎是良药，常言所说的"防患于未然"。对于做任何事情，尤其是做领导的，鲁莽行事是大忌，万事小心为好。俗话说：三人成虎。一言不慎就会招来祸端。与其以后招来麻烦，授人以柄，倒不如今天谨慎从事，谨言慎行。英国有一家惠勤公司在一次商业谈判中，由于谈判人员一时大意将一重要的商业秘密泄露出去，几乎导致该公司破产，这无疑是一个沉痛的教训。

一般而言，中国古代封建社会，走向仕途的人要有一二贤者且居高位之人引之向上，仕途就会通达起来，但群众基础也很重要。虽然在只对上负责的中国古代社会，群众基础不起决定作用，但僚属的评价也事关一个人的前程。尤其是人言可畏，不可不省。

曾国藩涉世很深，观人极广，谨慎异常。他曾经这样说：

做官的人，比一般人办事方便得多。做大官的人，往往他想都没有想到，就已有人帮他把事办好了。不仅他自己是这样，就是他的家人往往也是一言九鼎，颐指气使，翻手为云，覆手为雨，无限风光尽被占。这就叫一人得道，鸡犬升天。所以位高权重的人，就不能不对自己的行为特别小心，包括对自己家人的言语也应当格外谨慎。

由于他的处境，他的身份，他的地位，他的为人，自然很多同乡会去找他商量。

一旦找他，也都是一些危急的事情，事情一危急，自然会有几分棘手。曾国藩遵守的是祖父的做法；"银钱则量力相助，办事则竭力经营。"这是一种很智慧、很圆融也不失体面的做法。他希望家人都这么做，但有一条是不得违背的，那就是家人莫干预公事。

早在道光年间，他就嘱咐家人，千万不能到衙门里说公事。如果闯入衙门，一方面有失乡绅的气度，一方面也使曾国藩蒙受羞辱；一方面会使地方长官难堪，一方面也会被地方长官所鄙薄。所以即使自家有事，情愿吃亏，千万不可与他人寻衅争讼，以免被地方长官怀疑为仗势欺人。

曾国藩深知历史上许多高官败在身边人手上，所以当他的叔父打着他父亲和他的旗号去干预地方公事后，他立即写信予以制止，并讲了一番此乃败家误国的道理。最初，他的叔父不以为然，甚至有些气愤，这时还是曾国藩的父亲搬出"祖训"来，曾国藩的叔父才收敛起来。

到曾国藩任两江总督时，权势更大了，也更加谨慎。他在给曾国荃的一封信中写道：

"捐务公事，我的意思是老弟绝不多说一句话为妙。大凡人官运极盛的时候，他们的子弟经手去办公务也是格外顺手，一唱百和，一和百应。然而闲言碎语也由此而起，怨恨诽谤也由此而生。所以我们兄弟应在极盛之时预先设想到衰落之时，在盛时百事平顺之际预先考虑到衰时百事拂逆之际。弟弟你以后到长沙、去衡州、回湘乡应把不干预公务作为第一重要的原则。这是为兄我阅历极深之言，望弟千万铭记在心。"

曾国藩是一个畏天但不怕天，畏死但不怕死的人，他怕的就是他人的嫌疑、闲言和怨谤。他和曾国荃同领一个军队，这是一种很特殊的关系，一荣俱荣，一损俱损。曾国藩尤其谨慎。他对弟弟说，我出任地方官，如果仅带一个亲弟弟在身边，那么好事未必是九弟之功，坏事必专指九弟之过，不可不慎。如何处理这种关系呢？曾国藩写了一副对联与弟弟共勉：

为平世之官，则兄弟同省，必须回避；
为勤王之兵，则兄弟同行，愈觉体面。

功与名，是曾国藩一生执着追求的。他说："古人称立德、立功、立言为三不朽。"同时，又说，"立德最难，也最空。故自周、汉以后，罕见以德传世的。立功如萧、曹、房、杜、郭、李、韩、岳，立言如马、班、韩、欧、李、杜、苏、黄，古今曾有几人？我辈勉力追求的只是尽吾心力之所能及，而不必马上希望自己成为千古万难攀跻之人。"他常说："尽力在我，成功在天。"一个"尽"字，反映他对"三立"追求的热烈、执着、坚韧和至死不渝。但是，他又说"名利两淡，寡欲清心"，"富贵功名，皆人世浮荣"，这与"尽力在我"的执着追求显然是矛盾的。

曾国藩解决这一矛盾的办法之一，叫"花未全开月未圆"。

因为月盈则亏，日中则昃，花全开便是凋落的征候。他自誓：

"我蒙受祖先的荫蔽，身居高位，与各弟弟及子女、侄子谨慎遵守的只有两句话，是'有福不可享尽，有势不可使尽。'"可见，他求福求禄，只是"不可享尽"，在享福中注意一个"俭"字；他要权要势，只是"不可使尽"，在用权中注意一个"当"字。他称自己"平日最好惜人，'花未全开月未圆'七个字，以为惜福之道、保泰之法，莫精于此。"

办法之二，叫"常存冰渊惴惴之心"。为人处世，必须常常如履薄冰，如临深渊，时时处处谨言慎行，三思而后行，才不致铸成大错，招来大祸。曾国藩总结说："余自经咸丰八年一番磨炼，始知畏天命、畏人言、畏君父之训诫"。"天命"，在曾国藩看来，是至高无上，而又不可知的东西。今天来认识"畏天命"，当指不要违背已被人们认识的和尚未被人们认识的自然规律。用曾国藩本人的话说，"畏天命"，则"不敢丝毫代天主张"；"畏人言，则不敢稍拂舆论；畏训诫，则转以小惩为进德之基"，这样，才可以"于'畏、慎'二字之中养出一种刚气来。"

办法之三，叫"天地间唯谦谨是载福之道"。他深刻地指出：

"若一面建功立业,外享大名；一面求田问舍,内图厚实,二者皆有盈满之象，全无谦退之意，则断不能久。"

曾国藩的这番话，是他自己经过几十年磨炼之后的经验之谈。道光年间，他在北京做官,年轻气盛,傲气不小,"好与诸有大名大位者为仇"；咸丰初年（1851年），在长沙办团练时，也动辄指摘别人，与巡抚等人意气甚深；咸丰五至六年间，在江西战场上，他又与当地官员时有龃龉；咸丰七至八年在家守制时，经过一年多的自省，他才开始领悟到自己办事常不顺手的原因。他自述道：

"近岁在外，恶人以白眼藐视京官，又因本性倔强，渐近于愎，不知不觉做出许多不恕之事，说出许多不恕之话，至今愧耻无已。"余"性格向来倔强，不善于与地方官联络感情，经常意见不一。""我生平执拗，道德上孤傲；说话不多，写东西近乎诉讼。静下心来默默省察过失，我处处获罪于别人，原因不外乎两个原因。"

这种深刻的反省，使他进一步悟出了一些在官场中的为人之道。曾国藩第二次墨绖（dié）从戎后，开始吸取以往的教训了。

咸丰八年（1858年）十二月给诸弟报告说："我往年在外，与官场诸人难以相合，几乎到了处处碰壁的地步，这次换了办法，才稍稍安定了些。"咸丰十年（1860年）九月，他又写道："吾自八年六月再出，即力戒'惰'字，以儆无恒之弊；近来又力戒'傲'字。"曾国藩晚年更加成熟，不止待同僚下属相当谦让，即对于手中的权势，也常常辞让。自从咸丰十年（1860年）六月实授两江总督、钦差大臣之后，曾国藩位渐高，名渐重，多次上奏请求减少一些自己的职权，或请求朝廷另简大臣来江南会办。

他对弟弟说："吾兄弟当于极盛之时，预作衰时设想。当盛时百事平顺之际，预为衰时百事拂逆地步。"同治六年（1867年）正月又说："我也不甘作庸碌无为之辈。近来阅历变了，一味朝平平无奇处用功，这不是说我萎靡不振，而是由于我官位太高，名声太重，不这样做就危险。"这话反映了他力求保持美好晚景的心境。所谓"莫从掀天揭地处着想""一味向平实处用功"，目的是永葆"花未全开月未圆"的态势。

总之，曾国藩一方面执着追求功名富贵，一方面又善于从"名利两淡"的"淡"字上下功夫，讲求谦让退却之术，所以能做到持盈保泰。

天下凡事要亲身入局

有人曾经这样说:"如果你不知道你是往何处去,便不会达到什么特殊的目的。"

想法太多,或者要想实现的目标太多,跟没有想法、没有目标其实是一样的有害。

在遭遇挫败的一段时间,过去的一切似乎总是挥之不去,我们仿佛被钉死在上面了。我们会一直思考,又不时做一些修正。似乎在我们有行动能力之前,必须先回顾过去并且了解它的意义。所有的人都注定要成为自己一生的历史学家。

遭遇重大的挫折时,最重要的一件事就是要对自己诚实。除非我们解答出何以失败的问题,否则就无法把失败变成成功之母。

只有用分析家冷静的眼光,而不是情绪化的埋怨责备,才能把我们从失败的性格之中解放出来。为什么聪明的人会失败?原因有一大箩筐,它无疑比我们在此所提到的更多。失败实在不是什么了不得的事,即使最棒的人也在所难免,能够从失败中汲取经验,才是了不起的事。

聪明人唯一与众不同的,是他们能够记起自己在性格上的失败教训——例如坠入空想。

曾国藩最不喜欢经常空幻想、发牢骚、怨天尤人的做法,提出"天下事在局外呐喊议论总是无益,必须亲身入局,才能有改变的希望"的原则。

曾国藩处世的成功,和他主张的做事必须躬亲实践有关。关于这一点,清末的蔡冠洛说:

"曾国藩以前任两江总督时,讨论研究的文书,条理清楚严密;没有不是亲手制定的章程,没有不是亲自圈点的文书。前年他回去任两江总督时,感激皇上恩情高厚,仍然令其坐镇东南,他自己说如稍有怠惰安逸,则内心会负疚很深。他利用工作之余接见各方面的客人,见到后必定要访问周详,殷勤训导勉励。对于幕僚下属贤明与否,事情的原原本本,没有不默默地记在心里的。他患病不起,实在是由平日事无巨细均须亲自过问,用尽了精力、费尽了心思所造成。"

亲身入局，首先要自己做得正。

曾国藩说：

"风正与否，则丝毫皆推本于一己之身与心，一举一动，一语一默，人皆化之，以成风气。故为人上者，专注修养，以下之效之者速而且广也。"

曾国藩在《格言四幅赠李芋仙》中提到了亲身入局的办法，即：身到、心到、眼到、手到、口到。

所谓"身到"是指，身为基层官员，就应该亲自去查验有关人命、盗窃等案情，亲自到乡村去调查；身为军官就应该亲自巡视营垒，亲自到战场冲锋陷阵。所谓"心到"是指，遇到任何事情都要细心分析，对事物的各方面、各个环节，首先要能分解开，最后要能综合得起来。所谓"眼到"是指，留心观察他人，认真研读公文。所谓"手到"是指，对于人们的优劣是非、事情的关键要点，应随时记录，用以防备遗忘。所谓"口到"是指，在差遣人这样的事情、警戒众人这样的言辞方面，不但要有公文告知他人，还要不怕烦劳反复苦口叮咛。关于曾国藩的"口到"，有这样一段记载：

刘铭传率师追捻军于鄂、豫之交，与鲍超军相会。一天，刘见曾国藩，曾问曰："见鲍春霆欤？"曰："然。"曾又曰："穿黄马褂耶？"曰："否。"曾国藩感到很惊讶，问为什么没有穿？又问："叙战功欤？"曰："主人仰客大名，幸得一见，将谦让之不遑，岂复有可叙之功。客因主人口不言功而不言己功，亦客敬主人之意也。"曾国藩大笑。观此可知驭将之道，虽在小节，但不可不知之。这件事可谓是曾国藩口到的生动表现。

做事能亲身入局，且能行得正，其影响是十分重大的。《论语》中指出："其身正，不令而行；其身不正，虽令不从。"也就是说，如果自己的行为不端正，那么无论制定什么政策规章，部下也不会遵从的。

曾国藩、林则徐都深切地体会到亲身实践的重要。林则徐在江苏做巡抚时，曾经对他的僚属说："我恨自己不是牧令出身的，每件事还都得亲自去实践啊。"曾国藩在做两江总督时，也曾经说："做官应当从州县做起，才能够立得住脚。"

综观曾国藩生平处世，不仅积累了具体事情亲身入局的办法，更体验到了天下大事需积极入局的意义。为此，他入了匡时救世"报效国家"之大局，入了科举之局、为官之局、从军打仗之局，且都有所成就，成为人生的强者。

藏巧于拙，用晦而明

曾国藩最讲究谨慎守拙。在军事上，他专在"稳慎"上用心，最戒浪战。而在官场，曾国藩则讲究"藏巧于拙，用晦而明"，避免才华过露，招人嫉妒。尤其是在湘军击溃太平军、名震朝野之时，曾国藩更是战战兢兢，避免因此招至祸灾。

曾国藩深知官场险恶，故凡事不求十全十美，只求平稳退路，此为其反败手腕之一。他认为平定大功足以"千古"，其他则听之任之，而关键是怎样收场。他认为："尝观《易》之道，察盈虚消息之理，而知人不可无缺陷也。"意思是：我曾观察《易》经中讲的道理，考察盈虚升降的原因，才知道人不可能没有缺陷。

激烈碰撞，两败俱伤。虚虚实实，攻其不备，乃为高手所为。曾国藩主张"以虚应实，心神不乱"。积聚心力，放眼红尘，是圣人所为。

君子才华不露，聪明不逞，才有任重道远的力量。这大概可以形象地诠释"藏巧于拙，用晦而明"这句话的具体涵义。很明显，这里要说明的一点就是在名震朝野之时要懂得藏锋露拙，明哲保身，切忌锋芒太露。

"慎独"是曾国藩人生哲学智慧的最好体现。曾国藩一生谨慎处世，藏巧于拙，小心交际。曾国藩曾曰："一生之成败，皆关乎朋友之贤否，不可不慎也。"他在给自己弟弟的信中说：择友须慎之又慎。

"慎之又慎"说明了什么？这说明曾国藩在行为上求"稳慎"，在言论上反"不慎"。人世如此艰难，曾国藩不得不处处谨慎小心，避免锋芒太露。

"诸葛一生唯谨慎，吕端大事不糊涂。"这是一副名联，也是很好的格言。

吕端是宋朝的名宰相，看起来笨乎乎的，其实并不笨，这是他的修养，在处理大事时，也是绝不糊涂的。而诸葛亮则一生谨慎，是学谨慎的一个好榜样。

事事谨慎、时时谨慎，是曾国藩人生的一大特色，特别是在择友、说话、为官、处世四个方面。

择友须慎。1843年2月15日，曾国藩在给几位弟弟的信中说：没有朋友不行，有坏朋友更不行。因此，择友不可不慎，人一生之成败，"皆关乎朋友之贤否"。曾国藩任京官期间，广交益友，与京中名士倭良峰、何子敬、吴竹如、何子贞、江岷樵等数十人交往甚密，获益良多；带兵之后，与胡林翼等人结为至交，世传《曾胡治兵语录》中曾胡并提，也可见二人关系颇好；曾与学生如李鸿章、左宗棠等人，虽名为师生，实则私交也不错。左宗棠与曾有过矛盾，但曾去世后，左宗棠在挽联中写道："同心若金，攻错若石，相期无负平生。"这是他们友情的最好见证。曾氏之所以能"武功灿烂、泽被海内"（蔡锷语），与他广交益友是分不开的。

孔子对"朋友"的解释是"同学为朋，同志为友"，虽然随着时代的变迁，同学的含义有所变化，但他把朋友分为"益者三友""损者三友"，这与今天没有什么不同。孔子说："同正直、讲信用、见闻广博的人交朋友，有好处；同阿谀奉承、当面恭维背后诋毁、夸夸其谈的人交朋友，便有坏处。"因此，择友应当谨慎。颜之推说过："与善人居，如入芝兰之室，久而不闻其香；与恶人居，如入鲍鱼之肆，久而不闻其臭。故君子必慎交游焉。"墨子认为人性如素丝（白丝），染于青色为青丝，染于黄色为黄丝，放进不同颜色的染缸里染过后，就成为不同颜色的丝了。不只白丝如此，"士亦有染"，染于良友，跟着学好；染于不良之友，跟着学坏，"故染不可不慎也"。不仅君子择友须慎，一般人也如此。荀子说："匹夫不可不慎于取友，友者所以相佑也。"

说话须慎。曾国藩要求弟弟要慎于言，并引用孔子的话，让弟弟在问题没有搞清楚、情况掌握得不确切时，决不妄下断语，评头品足。这是曾国藩越过满汉矛盾险滩的一贴妙药。

这段话的背景是：1860年春夏之交，英法两国以"修约"为借口发动了第二次鸦片战争。英法联军于4月22日占领舟山，5月27日侵入大连，6月8日侵入烟台，8月1日占领北塘，8月21日夺得大沽口炮台，24日攻入天津。9月18日攻陷北京东面的张家湾和通州，21日进至距北京只有数十里路的八里桥。次日，咸丰帝被迫到热河"避暑"，只留下弟弟恭亲王奕䜣为钦差大臣驻守北京。这次英法联军攻取北京，完全是由于僧格林沁及胜保所部兵败所致。国弱被人欺，马瘦被人骑！僧部在天津、通州各役，虽均惨败，但确是"挟全力与逆夷死战"。曾国荃得知兵败的消息后，对僧王很是埋怨，并称僧王已不被皇上重用云云。曾国藩严厉地告诫弟弟不要乱讲，一则这不利于缓和满汉矛盾，二则曾国荃之言确有不对的地方。细想当时天津、通州各仗，僧部均前赴后继，牺牲惨烈，假若将士们装备稍好一些，必会有另外的景象。今日圆明园的断壁残垣，正是在告诉人们这段历史，不停地警示后人：落后就要挨打！

为官须慎。曾国藩曾对其弟曾国荃说过："吾兄弟位高功高，名望亦高，中外指目第一家。楼高易倒，树高易折。吾与弟时时有可危之机。"对于功名利禄，曾国藩追求"花未开全月未圆"，不使之盈满，而应留有余地，他又说"有福不可享尽，有势不可使尽"，"宜从畏慎二字痛下功夫"。这些话都反映了曾国藩身居高位，但仍有如临深渊、如履薄冰的感觉。

对于"畏慎"二字，曾国藩说最应该畏惧谨慎的，第一是自己的良心，他说过："凡吏治之最忌者，在不分皂白，使贤者寒心，不肖者无忌惮。若犯此症，则百病丛生，不可救药。"第二是"左右近习之人，如巡捕，艾什，幕府文案及部下营哨官三属"。第三是公众舆论。畏惧这三者，自然能做到为官谨慎。

曾氏兄弟攻下南京后，当时的客观环境对于他们非常危险。一方面，那位高高在上的慈禧太后非常厉害，特别难侍候，历史上兔死狗烹、鸟尽弓藏的故事太多，曾氏不能不居安思危；另一方面，外面讲他们坏话的人也很多。尤其是曾国荃把太平天国王宫和国库里的许多金银财宝全都据为己有。这件事，连曾国藩的同乡好友王闿运也大为不满，在写《湘军志》时，固然有许多赞扬，但把曾氏兄弟及湘军的坏处也都写进去了。

曾国荃的修养到底不如长兄，一些重要将领对于外面的批评非议都受不了。他们中有人向曾国藩进言，何不推翻清朝，进兵到北京，把天下拿过来，更有人把这意见写成字条提出。曾国藩看了字条，对那人说："你太辛苦了，先去休息一下。"打发那人走后,将字条吞到肚中,连撕碎丢入字纸篓都不敢,以期保全自己和部属的性命。这里可以看出曾国藩的一个"慎"字。

处世须慎。曾国藩要求长子曾纪泽言谈举止须厚重,戒轻浮。这里"厚重"固然有老成练达的意思,也寓含着事事谨慎的含义。1848年夏,曾国潢到县城办事,与地方官有来往,曾国藩写信要他"不贪财,不失信,不自是,有此三者,自然鬼服神钦,到处人皆敬重。此刻初出茅庐,尤宜慎之又慎。"此前一个月,地方官给曾家加了赋税,曾国藩写信要求家中三位弟弟(澄侯,沅弟,季弟):"新官加赋我家,必答应,任他加多少,我家依而行之。如有告官者,我家不必入场。凡大员之家,无半字涉公庭,乃为得体。为民除害之说,为所辖之属言之,非谓去本地方官也。"1864年5月9日,曾国藩于军务繁忙之际,特地写信给主持家中事务的澄弟,要求他在家乡不宜轻易抛头露面。他写道:"吾与沅弟久苦兵间,现在群疑众谤,常有畏祸之心。弟切不宜轻易出头露面,省城则以足迹不到为是……不可干预公务。"

我们常说"难能可贵",凡事因其难能,才显可贵,曾国藩的修身、齐家就是这样。正如他以一介儒生、文职官员,而能墨绖出山,建立起一支"别开生面"的军队,并靠着这支后来被称为"湘军"的勇营武装扑灭了波澜壮阔的太平天国革命。古人讲:修身齐家治国平天下。身已修,家已齐,接下来,就应该是考取功名,缔造事业,治国平天下了。

第四章

曾国藩

卧薪尝胆，此生要做大圣贤

做人的第一件事是立志

做人是从哪里开始呢？从立志开始。没有志向的人和有志向的人绝对不一样，不仅是想象上的不一样，也是事实上的不一样。立志则能把这两类人区别开来。

那一年，曾国藩深有感触："《礼记》中说，君子庄敬日强。我天天过着很安逸也很放纵的生活，于是，人也就一天天地颓废下来。正像那些草木，志之不立，本之拔矣。"由此可知，千言千语，首先在于确立志向。这一年，是道光二十三年（1843年），曾国藩正好三十三岁。

曾国藩的过人之处在于，无论是低微鄙陋时，还是在温柔富贵中，他都能够自立自强。郑板桥说："富贵足以愚人，贫贱足以立志。"也就是说，艰难困苦可以锻炼人，舒适安逸可以消磨人。有人奋斗是因为他的环境艰苦；一旦条件改善了，他也就没了奋发向上的动力了。曾国藩能在安适中自立自强实在令人感佩！

大凡有所成就的人，没有不自强不息的。

诸葛亮讲"志当存高远"，宋文帝讲做人应"慨然立志"，王夫之讲"传家一卷书，唯在汝立志。"还是曾国藩的同僚胡林翼说得好，他说：人生决不该随俗浮沉，生无益于当时，死无闻于后世。唯其如此，我们应自立自强，努力做众人所不敢为、不能为的事情，上以报国，下以振家，不负此昂藏七尺之躯。他所以说得好，是因为他说得全面、朴实，说得我们可以做到。当然，与曾国藩最为接近的是王阳明，"犹不种其根，而徒事培拥灌溉，劳苦无成矣。"

王阳明的"根"和曾国藩的"本"说的就是一个意思。

所以,做人的第一件事就是立志。也就是要使自己振作起来,抖擞精神,给自己一个目标、一个方向。很多人并不是智力不如人,意志不如人,条件不如人,然而很多年过去后,他却不如人。这主要是因为他没有确立远大的志向!人无志向,柔弱无刚。王阳明说得好,志向不确立,犹如没有舵的船,没有马嚼子的马,漂流奔放,最后将到达何处呢?曾国藩独白:自从去年十二月二十日后,我常常忧心忡忡,不能自持,若有所失,到今年正月还是如此。我想这大概是志向不能树立时,人就容易放松潦倒,所以心中没有一定的努力的方向。没有一定的方向就不能保持宁静,不能宁静就不能心安,其根子在于没有树立志向啊!另外我又有鄙陋之见,检点小事,不能容忍小的不满,所以一点点小事,就会蹉跎一晚。有一件事不顺心,就会整天坐着不起来,这就是我忧心忡忡的原因啊。志向没树立,见识又短浅,想求得心灵的安定,就不那么容易得到了。现在已是正月了,这些天来,我常常夜不能寐,辗转反侧,思绪万千,全是鄙夫之见。在应酬时我往往在小处计较,小计较引起小不快,又没有时间加以调理,久而久之,就是引盗入室了啊!

这恰恰说明,曾国藩其实也是和我们一样的人,同样有斤斤计较的时候,有见识浅的时候,有心浮气躁的时候,但他敢于面对自己心灵中最黑暗的部分,并无情加以拷问,这就不是所有人都能做到的吧?

志向不立,则心神不宁;志向即定,则鬼服神钦。

曾国藩说,人如果能立志,那么他就可以做圣人,做豪杰,还有什么做不到的事情吗?他又何必要借助别人的力量呢?古书上说:"我欲仁,斯仁至矣。"就是说,我想得到仁,这仁也就到了。我想做孔子、孟子一样的人,于是就日夜孜孜不倦地攻读,一心一意地去钻研他们的学问,谁能够阻止我成为孔孟那样的人呢?如果自己不立志,即使天天与尧、舜、禹、汤这些圣人住一起,那只能他们是他们,我还是我啊!

人的立志是第一步,更应当存高远,也就是要有远大的抱负,正如《史记》中所说的"鸿鹄之志"。

道光二十二年(1842年),曾国藩的六弟在一次考试中受到挫折,于是就抱怨自己时乖命蹇，牢骚满腹。曾国藩知晓后对他立志之小感到很可笑，以为六弟所忧虑的事情太不值得一提了！

在曾国藩看来：君子立志，应有包容世间一切人和一切物的胸怀；有内以圣人道德为体、外以王者仁政为用的功业，然后才能对得起父母的生养，不愧为天地之间的一个完人。因此他们所忧虑的是德行不修炼，学问不精通。所以，当顽民得不到教化时，他们就深深忧虑；当蛮夷入侵中原时，他们就深深忧虑；当小人在位贤才受害时，他们就深深忧虑；当天下百姓得不到恩泽时，他们就深深忧虑，这真是所谓悲天悯人啊！所有这一切才是君子所要忧虑的。至于一己之屈伸，一家之饥饱，世俗之荣辱、贵贱和毁誉，君子从来就无暇顾及。六弟小试受挫，就抱怨命运不济，我私下忍不住要笑他气度太小，志向不高远啦！

如果说这只是由于曾国藩身为翰林的空谈，那么及至晚年，权绾四省，位列三公，封侯拜爵时，他切切不能忘的仍是自己的德行与学问。在他心中一直认为这是最重要的。

要做圣贤先读圣贤书

古人常以诗词歌赋来表达自己的志向。从世代耕读之家走出来的曾国藩，也以诗文表达了他的志向。

在京城时的曾国藩，虽然主要立志于学问品行，但从他的诗文中可以看出，他并不甘心做一个文臣，而是寄望于驰骋疆场，报效国家。在感春诗中，他写道："征兵七千赴羌陇，威棱肃厉不可当。"又说："横斩蛟鳄血流川，天子之宝无伦比。"还说："一朝荷戈西出塞，辜负白铁悔因循。"他还经常以李广、卫青、马援等名将自况，感叹时不我用。

当然，他的志向又不仅限于领兵治军，他要的是文武兼通，出将入相。"杀贼自是书生事"，要以书生从军，征战杀敌，不学穷兵黩武的武夫，而要做平定大乱，再造中兴的勋臣。他要达到的境界是：既能作诗解文，又能经理乱世的治国平天下的"圣贤豪杰"。

当时，清朝天下还算安定，曾国藩却已有如此大志。当太平天国农民起义发生之后，他振臂一呼，挺身赴战，最终完成了夙愿。倘若没有原来所定的这番大志宏愿作心理准备，他是很难有这股冲劲儿、狠劲儿的。

所以说，"丈夫自谋要深远"！男儿立世，没有大志，没有远见，是无法立得住的。

曾国藩于道光十五年入京参加会试前，在家中无非是读书习字，读"子曰诗云"，习帖括制艺之类，既没有宽广的眼界，又没有广博的学识。道光十五年会试报罢，他暂时居住在京师，开始涉猎诗和古文，他尤其喜欢韩愈的文章。

道光十八年，曾国藩入翰林院后，大部分时间都很清闲，他便更加发奋学习、广泛阅览、勤做笔记，并将笔记分为五类，分别是"茶余偶谈、过隙影、馈贫粮、诗文钞、诗文草"，亲自作手录和摘记。加上他在京都有不少良师益友，相互间切磋扶持。这样日复一日地学习，使他的学识大有长进。可以说，在京为官十二年，为曾国藩成为一代大儒奠定了坚实的基础。

在京都这段时间，曾国藩因为日课是读书，月课是作文吟诗，因此写了许多的诗文。现在看来，曾国藩集中的作品，几乎一半以上的诗作和一大批文章都写于这段时间。

这段时期，曾国藩也有几篇文章表达了他的文学观点，道光二十三年正月的《读李义山诗集》、二十四年十二月的《书归震川文集后》、二十五年九月的《送周荇农南归序》这几篇文章正是阐述了这样的观点。《送周荇农南归序》对自汉以来的文学家进行了评述，其中对清初文坛的评述是："康熙、雍正之间，魏禧、汪琬、姜宸英、方苞之属，号为古文专家，而方氏最为无类。"大概这就成为他后来推崇桐城文学的开端。

在诗方面，曾国藩在京都期间写了不少。他常常检查自己写诗是否是因为想出人头地、求取功名。如道光二十二年十月初八日，他检讨自己"作诗之时，只要压倒他人，要取名誉，此岂复有为己之志？"十二月，又对自己检讨道"汩溺于诗句之小技","多半是要人说好。为人好名,可耻!而好名之意,又自谓比他人高一层。此名心之症结于隐微者深也。"十月二十五日经过深刻反省之后他说:"好作诗,名心也。"十月初十日又写道:"今早,名心大动,忽思构一巨篇以震炫举世之耳目,盗贼心术,可丑!"十一月十六日所作的文章是这样写的:"走何子敬处,欲与之谈诗。凡有所作,辄自适意,由于读书少,见理浅,故器小易盈如是,可耻之至!"可是在同一年的十月二十六日那天,他很得意地在家书中说:"子贞深喜吾诗,故吾自十月来已作诗十八首。"十一月十七日的家书中他的得意之情更是暴露无遗:"近日京城诗家颇少,故余亦欲多作几首。"

在弟弟们面前,他的求名思想得到了最充分的表现。

二十年奋斗终中进士

每个人生活在世上,常常感受到现实生活的庸俗,但很多的人看到了这一点,却因为许多原因缺乏去改变的勇气和信心,不能为改变自己的生存环境立下高远的志向,而曾国藩与人不同之处在于,他不仅仅看到生活庸俗、颓废的一面,并且因为自己所处的环境而迅速觉醒过来,为改变自己的生存环境,实现自己的人生理想,立下了远大志向。

曾国藩六岁时,祖父曾玉屏便为他请了个姓陈的先生教他识字。第二年,父亲曾麟书在自己家里设了一个私塾,取名"利见斋",有十几个儿童入学读书,曾国藩也就随父读书了。

曾麟书因为自己天分不高,求取功名没有希望,于是便把满腔热血都灌注在儿子身上。他在读书方面也没有高招,只是在儿子身上用苦功夫。从早到晚不停地督促、指导,就连吃饭、走路、睡觉都嘟嘟嚷嚷,爷俩相互提示,背诵诗书、议论文义。

在父亲的苦心教导下，曾国藩也苦下功夫，他的天资很高，记性也好，到九岁时就读完了五经，开始学做八股文。读到十四岁时，在当地的读书人中已很有才名。那年，父亲的好友衡阳廪生（资历高的老秀才）欧阳凝祉（字沧溟）到湘乡来看曾麟书，见到了曾国藩所做的诗文后大加赞赏。欧阳氏是衡阳、湘乡有名的学者，尤其诗文作得好，功名虽不高，但平日自负得很，值得他称赞的实在不多。为了试一试曾国藩的才学，欧阳凝祉当场出题考问曾国藩。曾国藩对答如流，据题赋诗，使欧阳凝祉大为惊奇，认为这孩子将来一定大有前程。当即与曾麟书议婚，成就了曾、欧阳两家的儿女亲事，欧阳之女便是后来曾国藩的结发原配。

曾国藩十六岁时，父亲让他参加长沙府举行的童生府试，他考取了第七名。是年为道光六年（1826年）。曾麟书看到儿子小小年纪竟有如此的才华，再看看自己，连考多年秀才未中，如果让儿子跟着自己读书，怕误了他的学业，不如给孩子另请名师。于是，曾麟书跟父亲商量找个教书先生。听说衡阳唐氏家塾有个汪觉庵老先生，八股文教得极好，可以送去就学。于是，曾国藩在十九岁时赴衡阳读书。天资聪颖的曾国藩在衡阳只读了一年书就学完了该校的课程，又回到本县的涟滨书院就读。

经过学习，随着年龄的增长，曾国藩渐知自己过去各方面的幼稚，许多想法也不对，必须重新做起，奋勉不懈，才能真正有长进。为此，在涟滨书院读书期间，特为自己取"涤生"为名号，即有洗涤过去、重新做人之意。

道光十三年（1833年），曾国藩二十三岁，父亲于前一年考取了秀才，也让曾国藩参加秀才考试。于是一举成功，中了秀才。这一年，家人为他与订婚已九年的欧阳小姐成亲，二十三岁中了秀才才结婚，这在当时是突出的晚婚了，也见得曾家对曾国藩的读书和功名要求极严格，没有功名不成亲。

考上秀才后，曾国藩于1834年到长沙岳麓书院学习。清代岳麓书院，是湖南的最高学府，藏书宏富，名人辈出。岳麓书院在湖南全省范围内招生，其山长（相当于校长）、主讲是名声很高的欧阳厚钧，他是嘉庆四年的进士，曾任郎中、御史等官，以母老告归主讲该书院。他为书院主讲长达二十七年之久，前后教出当时知名的学生三千余人，因有"弟子三千"之称。在校学生须按月课试，月课分为官课、馆课两种。官课由学政、长沙知府等高级地方官出题，有时甚至巡抚亲自出题。由此可见，岳麓书院对学生的要求是非常严格的。官府对岳麓书院也相当重视。据曾国藩的年谱说，当时曾国藩以"能诗文，名噪甚，试辄第一"。

曾国藩在该校系统地学习了儒家著述，掌握了儒家思想的精髓。

曾国藩在岳麓书院学习不满一年时，于1834年秋天参加了省城乡试，得中举人。两年连中两级，成了"举人老爷"，这对曾家来说，已是破天荒了。全家喜庆尚未结束，曾国藩便打起行装，前往北京，准备参加来年的进士会试。

第二年，曾国藩就到北京参加会试，但是没有成功。可巧，道光十六年（1836年）适逢皇太后六十大寿，照例增加乡试、会试的恩科考试一次。曾国藩为了节省路费，减少舟车劳顿，决定在北京等一年。于是，曾国藩写信回家说，湖南至北京，千里迢迢，往返一次太困难，路费也太多，不如留住北京，等着来年的恩科会试。家里回信勉励他不要灰心，也别太节省了，多多保重，好好准备。于是他住在北京的"长沙会馆"，那里住着不少湖南的举子，花销不大。

在北京等候考试的这一年里，曾国藩除准备功课之外，还目睹了京华文物名胜，大开了眼界，不再是蛰居湖南山乡的寒门儒生了。就在这段时间里，他喜欢上了号称唐宋八大家之一的韩愈的文章，从此终生不变。年谱说他"留京师读书，研究经史，尤好昌黎韩氏之文，慨然思蹑而从之，治古文词自此始"。曾国藩的文章写得好，不仅文词华丽，对仗工整，而且有雄奇之气，读来有如长江大河，滔滔而下。虽然他后来爱好桐城派文章，但作文的基础恐怕此时就已奠定了。再一年，1836年的恩科考试，曾国藩又名落孙山。一个乡下小财主的儿子，在京师读了一年书，此时已是囊空如洗，只好打道回府。就在回家的路上，他到了金陵这个日后与他的政治、军事生涯有重大关系的城市。

在金陵，他在书肆里见到《二十三史》，爱不释手，但是没有钱，就向一位在江苏任官的同乡借，又卖掉了自己的衣服，终于拥有了一套自己的《二十三史》。回到家里，父亲问明原因，不仅没有责备他，反而鼓励他说："你借钱典衣买书，这不是坏事，我只望你细心研读，能把此书认真圈点一遍，就算对得住我了！"曾国藩牢记此语。自此清晨起床，一直读书到夜半，整整一年足不出户。曾国藩研究历史的兴趣就是在那时培养起来的。

又过了一年，道光十八年，公元1838年，又是举子们进京会试的年头。曾国藩要上京城参加考试，可是家里却拿不出足够的路费，只好向同族和亲戚家借贷。曾国藩携钱三十二缗上路，到了京师，只剩三缗。曾国藩年谱的作者感叹写道："时公车寒苦者，无以逾公矣！"

三月春榜发布，曾国藩取得礼部会试第三十八名进士。接着又连续进行殿试、朝考，成绩越来越好。殿试取得三甲第四十二名，朝考取得一等第三名。朝见皇帝之后，钦点了翰林，授翰林院庶吉士。红翰林，是科举试途中的巅峰了，中央的极品大员、地方的封疆大吏，绝大多数是从翰林里选拔的。

曾国藩成功了！

点翰林那年，曾国藩虚岁才二十八。一般的幸运翰林，由秀才、举人、进士，一阶一阶地爬，熬到这一阶少说也得四五十岁，而多数士子根本摸不上翰林的边，有的中个举人就已是两鬓苍苍。就说曾国藩的父亲吧：数十年考上个秀才，已是四十多岁了。相比之下，曾国藩确实是少年得志，平步青云了。

在曾国藩生活的那个时代，像他那样贫寒的出身，又降生在一个偏远闭塞的山村里，要爬到社会的顶层，要施展自己的抱负，路只有一条，那就是考科举。由秀才而举人，由举人而进士，考中进士后做官，然后博得个封妻荫子。然而，这条路实在是太难了，每年中进士的读书人只有几百个，这对于有四万万人口，有成百上千读书人的大国来说，实在是太少了。因此，真正能通过这条路爬上去的人很少很少，它的可能性是千分之零点几，甚至还达不到这样的比例。后来成为曾国藩死对头的洪秀全，生于1814年，比曾国藩小三岁，当曾国藩在科举的路上奋斗的时候，洪秀全也在这条路上艰难奋斗。洪秀全十三岁就开始考科举，与曾国藩头一次考科举恰好是同一个年龄，而后却屡战屡败，最后连秀才都没有考上。愤世嫉俗的洪秀全终于走上了扯旗反清的路。但是，曾国藩是幸运的，经过二十年的奋斗，他终于成了曾家第一个进士！

在明清时代,翰林院是储备人才的总机关。翰林平时要为皇帝皇子讲书解书,充任经筵讲官、春坊庶子，因此他们必须成为最有知识、最会读书、最会做学问的人。翰林还大多担任纂校殿阁秘书，这更是直接与书打交道的活，他们需要编纂大型的类书、丛书、政书，上自皇帝御览，下至士子阅读，其质量高低，更是对翰林的一种实际而全面、重要而普遍的学识与能力的考验。所以，自明清以来，非进士不入翰林、非翰林不入内阁，而礼部尚书、侍郎及吏部右侍郎，更是非翰林不任。清代自康、雍以来，名臣大儒大多从翰林而起。

曾国藩入了翰林院，自知前途无限，更有锐意进取之意，决心要做一个藩屏国家的忠臣。此时，他已摆脱了科举的桎梏，转而认为读书的第一个先决条件，就是要：志大人之学。为此，曾国藩曾给自己定下了这样一条座右铭：

不为圣贤，便为禽兽；不问耕耘，只问收获。

曾国藩常常在诗歌中抒发自己高远的志向，希望有一天能成为国家的栋梁。其中《感春六首》最能表现他的雄心：

群鸟哑哑叫紫宸，惜哉翅短难长往。
一朝孤凤鸣云中，震断九州无凡响。
……
虹梁百围饰玉带，螭柱万石从金钟。
莫言儒生终龌龊，万一雏卵变蛟龙。

曾国藩立志要成为圣贤之人，要成为藩屏国家的忠臣，因此，他无论做人做事做学问，都是严格地按照此志去努力奋发的。而且，一辈子矢志不渝。因此，他能取得极高的地位，就理所当然了。

曾国藩少年立志，决心要做圣贤，因此一生孜孜以求，持之以恒。到晚年时他已位极人臣，身名俱泰，仍然矢志不渝，初衷不改。其立志之坚定，持志之高远，足以垂范后世。

千金难买真知己

曾国藩一生因学问而结识的朋友很多，如同属于湘乡理学派的李棠阶、吴廷栋、何桂珍，另就是罗泽南。罗泽南既是曾国藩好友，也可以说是他的引路人，他虽只比曾国藩年长四岁，但学问很好，写过好几部书，如《西铭讲义》《太极衍义》，尤其以研究周敦颐和朱熹著称。

不过，被曾国藩视作一生挚友的却是另外两人，一个是郭嵩焘，另一个则是刘蓉。如果郭嵩焘可看作是曾国藩这只人生航船的强劲桨手，刘蓉则无疑就是思想启蒙者了。

日日怀刘子，时时忆郭生。
仰天忽长叹，绕屋独巡行。

这是曾国藩在北京做官时写给郭嵩焘的诗。"刘子"指的是刘蓉，"郭生"就是郭嵩焘。这首诗里生动地表达了曾国藩对刘蓉和郭嵩焘的深厚情谊。没有朋友的人生肯定是非常孤独惨淡的，然而人生交朋友也有多种。有仅靠金钱或利益维持的朋友，这种朋友最不可靠，当金钱散尽或其中的一方已无利用价值时，朋友也就做到头了，甚至可能反目相向，落井下石；有同生死，共患难，决不会因地位、社会的变故而改变相交初衷的朋友，这种朋友会使你的精神、人格、志向得到升华，即便你的事业没有成功，但你的精神会是富有的。就像曾国藩在1860年5月日记中所写的："凡做好人、做好官、做名将，但要好师、好友、好榜样。"

曾国藩是幸运的，在他还没有从他那偏僻的山乡真正走出来的时候，就交上了两个好朋友。他与两位好朋友互相交流，互相学习，互相鼓励，而刘蓉、郭嵩焘两人在曾国藩日后的事业中，都扮演了非常重要的角色。

刘蓉，字孟容，号霞轩，湘乡乐善里人，与曾国藩是同乡。生于1816年，比曾国藩小五岁。其少年自负，才华横溢，因不贪功名，不事科举，三十多岁了连秀才都不是。一次，县令朱孙诒偶然看到他的文章，惊叹其才华，便让其父亲督促他往县城赴县试，结果中了头名，遂补为生员。道光十四年（1834年），曾国藩初次相识刘蓉，一番交谈，顿觉相见恨晚。曾国藩与刘蓉的结交不是偶然的，除了性情投合、都对学问已有相当的基础外，刘蓉做学问的路子与曾国藩非常相近：都是攻程朱理学，同时又讲经世致用，又都富有才华。刘蓉的才华可能世人不知，但是曾国藩知道，所以曾国藩曾戏称刘蓉为"卧龙"。他们在一起，便通宵达旦地长谈，即便是天各一方时，也不断通信。通信的内容除切磋学问外，凡古今政治因革损益得失利病与风俗及人才之盛衰，都在讨论之列。后来又经刘蓉介绍，与郭嵩焘相识，于是，曾国藩、刘蓉、郭嵩焘三人互换庚帖，拜为兄弟。

梁启超在《清代学术概论》中曾说，清儒不像宋、明人那样聚徒讲学，又不像欧美人有学会、学校为讲学讨论的场所，清代学者赖以交换心得的，是谈论学问的函札。曾国藩和刘蓉的通信，正是这种函札。刘蓉考科举不够顺利，当曾国藩在京城成了天子近臣后，刘蓉还是布衣一个，但他们的友谊丝毫不减。1843年6月29日，曾国藩在京城接到刘蓉来信，次日，曾国藩在日记中写道："昨日接霞轩书，恳恳千余言，识见博大而平实，其文气深稳，多养到之言。一别四年，其所造遽已臻此，对之惭愧无地，再不努力，他日何面目见故人耶！"这种通信即使是曾国藩统带十万精兵作战，闲暇无几时也不曾中断。

曾国藩曾集苏东坡诗句为联赠刘蓉：

此外知心更谁是？
与君到处合相亲！

1853年，曾国藩接到皇帝旨意让他督办团练事宜，他马上想到了刘蓉和郭嵩焘，决定请他们来帮助自己完成此事。当时曾国藩写给刘蓉的信是这样说的："吾弟能来此一存视否？吾不愿闻弟谭宿腐之义理，不愿听弟论肤泛之军政，但愿朝挹容晖，暮亲臭味，吾心自适，吾魂自安。筠老（郭嵩焘）虽深藏洞中，亦当强之一行。天下纷纷，鸟乱于上，鱼乱于下，而蓉、筠独得晏然乎？"这意思是说，你来吧，我不想听你讲理学，也不要跟你筹划军政大事，只要每天能见上老弟你一面,我就宽心了。当然,这只是托辞,刘蓉实在是不可多得的高参。

结果,刘蓉和郭嵩焘先后都来到曾国藩军中。两人与曾国藩约定:"服劳不辞,唯不乐仕宦,不专任事,不求保举。"刘蓉专为曾国藩起草奏章等文件,郭嵩焘则为曾国藩管财政。但是曾国藩认为,刘蓉的"识力过人",也就是见识高人一等,但"为统领则恐其不耐劳",因此,曾国藩一直没有让刘蓉直接带兵。

1855年9月,刘蓉只有二十四岁的弟弟刘蕃到军中看望刘蓉,也参加了对太平军的战斗。11月30日,在进攻湖北蒲圻时重伤而死。刘蓉因此悲痛万分,遂离开军队回到家里。

刘蓉在家中闲居几年之后又再度出山并迅速升迁,这一切都源于曾国藩的爱将左宗棠。原来,左宗棠在湖南巡抚骆秉章门下,到1860年,左宗棠因事离开骆秉章幕府,行前力荐刘蓉可以接替他。刘蓉初时不愿出山,但次年骆秉章升任四川总督,刘蓉还是随着到了四川。因为辅佐骆秉章镇压两个造反者蓝大顺、李永和以及击败入川的石达开军有功,刘蓉迅速升迁为四川布政使,1863年又升为陕西巡抚,升迁的速度据说是湘军出征以来最快的。

有过官场经历的人大都能品味"宦海浮沉"的真正意义,官场的荣辱升沉,实在令人难以预测,文人进入官场更是犹如入云里雾里,不甚明了。曾国藩自办湘军与太平天国作战以来,可以说历经磨难、吃尽苦头,而他的好友刘蓉比他运气还要坏得多。就在刘蓉在陕西整饬吏治、重整军备、革除弊政,准备振兴陕西时,却连遭朝中官员的弹劾。刘蓉不得不上疏自辩。当时太平天国已灭,大敌已去,朝廷也意图排斥湘军集团。曾国藩虽对刘蓉的处境愤愤不平,但也无可奈何。几经曲折,刘蓉终被革职。好在刘蓉功名心并不迫切,被革之后,便返回家乡,以讲学授徒为业。19世纪70年代中期,左宗棠奉命收复已被阿古柏侵略集团霸占了十余年的新疆,左宗棠深知刘蓉的才干,又因为刘蓉做过陕西巡抚,熟悉西北情况,便邀请刘蓉出山相助。此时刘蓉做官之心已淡,没有随左宗棠同行,但他致书左宗棠,献平西北六策:

一、剿贼不难,所难者筹饷筹粮。筹饷筹粮尚易,尤难者运粮。非宽筹辅饷,运有办法,切勿进兵。

二、军糈无资，当缓新疆西征之师，先肃清陇境。辟地屯田，储粮粮，练马队，然后振旅出关。

三、办甘贼，当以陕为根本。资粮转输，皆须借力于陕，非得同心膂、共忧乐之人为陕抚，持心定志，不足与济艰难。

四、捻贼入陕，号四五万，然能战者不过六七千人。每战辄以马队万骑四面包裹，懦卒怯将，慑而望风靡。其实但能严阵坚持，屹立不动，则亦不敢进逼吾阵。俟其锐气之惰，奋起突击，必无不胜。

五、办甘回，当先清陇东，次捣河狄。两地既定，其余可传檄而定，专事剿，则力固不逮；不痛剿而议抚，则叛服无常，亦何能济。

六、关陇将才吏才，无可用者。然地瘠势艰，虽杰出者视为畏途，须广罗艰贞坚苦、仗义相从之侣，以资襄助。此六者其大端也。

我们看这六条，简直就是一篇诸葛亮的《隆中对》，充分显示了刘蓉的才能，怪不得曾国藩年轻时戏称刘蓉为"卧龙"。后来左宗棠平定西北回民造反，驱逐阿古柏侵略势力，正是按照这一方针进行的，在近代国弱民穷的情况下，为国家保住了新疆这块土地。

曾国藩的另一个知己郭嵩焘是曾国藩的小同乡，他是湖南湘阴人，字伯琛，号筠仙，比曾国藩小七岁。郭嵩焘与曾国藩是一生的挚友，儿女亲家。他十九岁中举，二十九岁中进士，走的是与曾国藩一样的读书做官的道路。按照湖南著名学者钟叔河先生的说法，郭嵩焘颇有一种叛逆性格，思想活跃，倔强自负，这对他后来的思想发展有相当大的影响。

"芬芳悱恻，然著述之才，非繁钜之才也"。这是曾国藩在给李鸿章的信中对郭嵩焘的评价。

郭嵩焘是曾国藩初创湘军时极为关键的人物。郭嵩焘的命运也不比他的两位好友好多少。

1859年，正是第二次鸦片战争的时候，郭嵩焘奉命随蒙古亲王僧格林沁到天津办理海防，受到僧格林沁的弹劾，被降三级。后来，李鸿章率淮军到上虞，任江苏巡抚，保荐郭嵩焘任苏松粮道。不久升任广东巡抚，但又与原也是至交的左宗棠发生矛盾，被左宗棠弹劾降职。

1857 年，郭嵩焘出使英国并担任中国驻英使臣。他见到西方人不仅船坚炮利，历史悠久，文化灿烂，而且现时西方的政治、学术都比中国优越，因此，他主张不但要学习欧洲人的先进技术、造船造炮，甚至还有他们的政治。他还把在欧洲的所见所闻写成日记，寄回国内刻印，广为发行，以便开拓人们的眼界，了解迅速变化着的世界。然而反响却大大的不妙。当时的中国，还以天朝上国自居，朝廷对外面的世界一无所知。虽然也有一些进步人士了解一些世界的变化，但并未被朝廷重用。郭嵩焘的这些见解，不为保守的中国士大夫和官场的保守官僚所容。士大夫骂他是"汉奸"，是"鬼子"，作联语骂他："出乎其类，拔乎其萃，不容于尧舜之世；未能事人，焉能事鬼，何必去父母之邦？"湖南守旧士绅甚至要掘他的祖坟。

民国年间，思想家、学者梁启超写道：光绪二年有位出使英国大臣郭嵩焘，做了一部游记，里头有一段，大概说："现在的夷狄，和从前的不同。他们也有二千年的文明。"可了不得！这部书传到北京，把满朝士大夫的公愤都激起来了。人人唾骂，日日奏参，闹到奉旨回班才算完事。

他的境遇就好比屈原说的"众人皆醉我独醒"，钟叔河先生说他是"孤独的先驱者"。先驱者会受到后人的赞赏，但在他生时，那滋味实在不好受，整个官场，只有李鸿章还算能够理解他，但也帮不上多少忙。他卸任回国以后，湖南的士绅几乎没有人理他。而郭嵩焘则越发用起他那湖南人的蛮劲，坚持自己的见解，决不放弃。并说"流传百世千龄后，定识人间有此人"。曾国藩几经磨难之后，总算让清廷在他死后封了个"文正"。郭嵩焘虽然比曾国藩长寿，但死时清廷不给谥号。直到郭嵩焘死后快十年，闹义和团的时候，还要把郭嵩焘当作"二毛子"，戮他的尸首。

郭嵩焘是孤独的先驱者，因为当时的社会原因，他的思想不能被理解，他的行为不能被接受，但是这些思想、行为也造成了一定的影响。

好师，好友，好榜样

曾国藩所处的环境决定了他像所有读书人一样，把科举考试看作改变自己命运的唯一途径。所以，他在二十四岁以前从未踏出过湖南，除了到过长沙、衡阳等地，其他地方都没有去过。在湖南家乡的同辈人中，除郭嵩焘、刘蓉等几人外，也没有结识更多对他以后人生道路有重要影响的人。

道光二十三年正月十七，曾国藩在写给弟弟的信中说："我境之所谓明师益友者我皆知之，且已夙夜熟筹之矣，唯汪觉庵师及欧阳沧溟先生，是兄意中所信为可师者。然衡阳风俗，只有冬学要紧，自五月以后，师弟皆奉行故事而已。同学之人，类皆庸鄙无志者，又最好讪笑人（其笑法不一，总之不离乎轻薄而已。四弟若到衡阳去，必以翰林之弟相笑，薄俗可恶）乡间无朋友，实是第一恨事，不唯无益，且大有损，习俗染人，所谓与鲍鱼处，亦与之俱化也。兄尝与九弟道及，谓衡阳不可以读书，涟滨不可以读书，为损友太多故也。"

曾国藩认为自己的成长史中，在家乡并无太多益处，从家乡的友朋中获取的益处似乎不多。他说：

我少时天分不算低，后来整日与平庸鄙俗的人相处，根本学不到什么东西，心窍被堵塞太久了。等到乙未年到京后，才开始有志于学习作诗、古文和书法。

曾国藩的这番话，以及写给弟弟的信，自然是他站在京师翰林的高度，学有初成后所说的。由于整日与名儒硕学在一起，他当然感到昔日的时光多是在无益中度过，因而也就有了今是而昨非的意味。不过，话说过来，如果曾国藩仍然隅于湖南，后来的情况可能大不相同。

在竞争激烈的社会，交往便成为获取信息，相互扶助的重要手段。由于曾国藩到了京城，结交了一批新的师友，开阔了眼界，也认识到取得功名仅是人生之一端，而人生还有其他更重要的事可以做。尤其是晚清时代已不同以往，大清江山更青睐那些对国家有用的人。

道光二十四年（1844年），他写给弟弟的一封信中表达了这样一个意思："我觉得六弟今年考中当然好，万一考不中，就应该把以前的东西彻底放弃，一心一意地学习前辈们的文章。年纪已过了二十，不算小了。如果还似摸墙走路一般，为考试卜题忙碌，等到将来时间付出了而学业仍不是精通，一定会悔恨失策的，不能不早做打算啊。我以前确实也没看到这一点，幸亏早早得到了功名，而没受到损害。假如到现在还未考中，那么几十年都为了考取功名奔忙，仍然一无所得，怎能不羞愧呢？这里误了多少人的一生啊！国华是世家子弟，具备天资又聪明过人，即使考不中，也不会到挨饿的地步，又何必为科举耽误了一生呢！

曾国藩通过在外学习、与友人交往，提高了自己的眼界，最集中的体现就是他对自己过去的否定与不满，还有就是劝弟弟放弃科举一途。一个人能看到自己的缺点与不足，能够改正以前不对的地方，这是非常难得的。对于曾国藩来说，这是人生的一次可贵的升华。他从良师益友那里看到了个人在大千世界中的渺小位置。因此，要做"圣贤英雄"，要"志大人之学"，才能走出狭小的个人天地，走向广阔的天空。

他在写给家里诸弟的书信中，颇感欣慰地介绍所结交的朋友：现在朋友愈多，讲躬行心得者则有唐镜海先生，倭仁前辈，以及吴竹如、窦兰泉、冯树堂数人；穷经学理者，则有吴子序、邵惠西；讲习诗书、文字而艺通于道者，则有何子贞；才气奔放，则有汤海秋；英气逼人，志大神静，则有黄子寿。又有王少鹤、朱廉甫、吴莘畬、庞作人。此四人，皆闻余名而先来拜；虽所造有深浅，但都是有志之士，不甘居于庸碌者也！他还颇为自得地说："京师为人文渊薮，不求则无之，愈求则愈出，近来闻好友甚多，余不欲先去拜别人，恐徒标榜虚声；盖求反以匡己之不逮，此大益也！标榜以盗虚名，是大损也！"

曾国藩在北京的主要交际圈，就是他在家书中所提到的这十几个人，他们都属于当时北京的名流学者。由于曾国藩出身翰林，必须有"国学"的基本功，因此他初入京师，自然也和这些人打交道。其中，有的成为生平好友，有的成为日后事业发展的引路人，还有的人对于他文学（主要是古文诗词等）上有很多帮助。

邵懿辰，字位西，浙江仁和（今杭州）人，是曾国藩讨教今文经学的主要人物。他少年时就有著作传世。曾国藩到北京后，他任职军机章京。由于他才思敏捷，下笔成章，所以当时的许多大型活动，尤其是皇帝颁发的诏谕，多由他草拟。在繁忙的军机之余，他与文章大家唐鉴、梅柏言等人"以文章道义相往来"。由于曾国藩师事唐鉴，因而对邵懿辰也格外敬重。

对他影响比较大的还有刘传莹和何绍基。

刘传莹是湖北汉阳人，专攻古文经学，精通考据。道光二十六年（1846年），曾国藩在城南报国寺养病，身边有古文字学大家段玉裁的《说文解字注》，他阅读后便向刘传莹请教古文经学与考据。刘传莹也向曾国藩请教理学。二人互相切磋，取长补短，成为至友。

何绍基，字子贞，号东洲，是湖南道州人。他精通书法，擅长吟咏。对文字学、经史也颇有研究。曾国藩与他交往中，感到何绍基所长正是自己的不足。从此以后，他非常重视写作和赋诗。

在理学方面，曾国藩还经常与吴廷栋、何桂珍等人进行讨论。

吴廷栋，号竹如，是安徽霍山人，"生平笃信朱子，不敢师心自用，妄发一语"。曾国藩与他的交往颇多，时间也颇长。曾国藩到了北京后，他的视野比原来更加开阔，他感受到人外有人天外有天的压力，于是对有用的人"强与之附"。即采取主动办法与之接近、亲近，对于无补于学、无益于仕途等可多可少之人"渐次疏远"。而他相交契合的就是吴廷栋。他给家人的信中说：

吴竹如最近来得比较多，一来就坐下做终日的倾谈。所讲的都是一些修身治国的大道理。听他说有个叫窦兰泉的，其见识十分精当平实。窦兰泉也熟知我，只是彼此之间至今未曾见面交往。竹如一定要我搬进城去居住，因为城里的唐鉴先生可以当我们的老师，再加之倭仁先生、窦兰泉也可以作为朋友，经常来往。师与友从两边夹持着我。我想，自己即使是懦夫也会变得坚强起来。子思与朱子曾经认为学习之事就好像炖肉一样，首先必须用猛火来煮，然后再用小火来慢慢煨。我反省自己，生平的工夫全都没有用猛火煮过，虽然也有一点小小的见识，但那都只是靠自己的领悟能力得来的。我偶然也用过一点功，但不过是略有所得。这就好比没有煮开过的汤，突然用小火慢熬，那结果是越煮越不熟。因此，我急于要搬进城去，希望自己能屏除一切，从事修身养性的克己之学。倭、唐两先生也劝我赶快搬。然而城外的朋友，我也有些希望经常见面的人，如邵蕙西、吴子序、何子贞、陈岱云等人。

翰林学问，文章经世让曾国藩感到无比的振奋。应该说，曾国藩是幸运的，他身边有那么多"指针"为他指引着前进的方向。城内城外都舍不得，曾国藩只恨自己不会分身术，多分几个自己。曾国藩语言诙谐，尤其擅长比喻。他引用古人的话说，"与周瑜周公瑾交往，好像喝很甘醇甜美的酒一样舒服。"他觉得与邵蕙西两人的交往就有这种味道。两人一见面便长谈不愿分手。对子序的为人，曾国藩当时还不能做出结论，但对他的见识远大而且精辟十分佩服。他常常教诫曾国藩说："用功好比掘井一样，与其掘了好几井而没有一口掘到地下的泉水，倒不如老是守着一井掘，一定要掘到泉水为止。"曾国藩认为这句话正道中了自己的毛病。

他在信中不无自豪地告诉家人：我等来到京城后，才开始有志学习写诗写古文并习字之法。但最初也没有良友，近年来得到一两位良友，才知道有所谓治学者，有所谓躬行实践者。才知道范仲淹、韩琦等贤臣可以通过学习做到，才知道司马迁、韩愈的文章水平通过学习也可以达到。程颐、朱熹的成就也可以通过学习达到。

在一般人眼里，那些成功人士、学者名流都是高不可攀的。在曾国藩进入北京之前也是如此，他认为，那些名流雅士都是高山仰止，是可望而不可即、不能及的。然而在北京生活了两年后，他通过朋友们的开导，认识到"圣贤豪杰皆可为也"。他要为自己立一个标杆，引领自己向着目标前行。值得一提的是，二十多年后，曾国藩重返南京时，还专程看望昔日交往甚密而今日仅存的朋友吴廷栋。那是6月的一天，曾国藩亲自带酒到吴廷栋家做客。当时的吴廷栋也已八十岁了，他在南京租屋而居已经五年了，宅子所处偏僻，腿上有病不能行走，所以每天坐在那里校勘书籍，孜孜不倦，曾国藩每日必拜访一两次，谈论时事，品评政治。

学习要温故而知新，交朋友也是这样，结识新朋友，不忘老朋友。曾国藩在广交新友的同时，也十分注意联络旧时志向相投的老朋友，尤其是他的湘籍朋友。这不但扩大了他在家乡的影响，而且对他日后出山也是一种人才的"储备"。

修身养性，研学朱子

有人称曾国藩是中国历史上"最后一个理学大师"，是有清一代"儒学藩镇"。那么，他是如何修炼自己，从而使自己成为中国近代史上"内圣""外王"的最杰出代表的？

其实，曾国藩还在长沙岳麓书院读书时，就已受了儒学的系统熏陶。点翰林入院读庶吉士，他踌躇满志，在给亲友的信中，充分表达自己要成为诸葛亮、陈平那样的"布衣之相"，而学问上要做孔孟那样的大儒。如他给诸弟的信中说："君子之立志也，有民胞物与之量，有内圣外王之业，而后不忝于父母之所生，不愧为天地之完人。"他以"不为圣贤，便为禽兽，莫问收获，但问耕耘"作为座右铭。还说，自己以不为尧舜周公为忧，以学不讲德不修为忧。又说："我欲为孔孟，则日夜孜孜，唯孔孟是学，人谁得而御我哉！"

这是他立下的一个成为大儒、成为圣贤的大目标。开始一段，经、史、诗、文样样都学，什么司马迁、班固、杜甫、韩愈、欧阳修、曾巩、王安石、方苞、李白、苏轼、黄庭坚及近世诸家的著作，他都如痴如醉地泛读、死记，学问既渊又博。后来因为受到唐鉴、倭仁等理学家的影响，开始专攻宋明程朱理学，尤专于朱熹。

在曾国藩交往的诸多师友中，对他的思想与治学影响颇大的当数唐鉴和倭仁两人。

唐鉴，号镜海，湖南善化人，嘉庆十四年（1809年）进士，改庶吉士，授检讨，久官京外，后内召为太常寺卿。唐鉴为晚清著名的理学家，对程朱非常有研究，当时汉学风行一时，"翕然从风，几若百川之朝东瀛，三军之随大纛。"只有唐鉴"潜研性道，被服洛闽，力践精思，与世殊轨，亦豪杰之士矣。"道光二十年（1840年），唐鉴"再官京师，倡导正学"，在他周围聚集了倭仁、曾国藩、吴廷栋、何桂珍、吕贤基等一批理学名士，皆推崇唐鉴的学问。

唐鉴服膺程朱之学，是当时义理学派的代表人物。曾国藩开始叩开学问大门，即是从唐鉴那里学习程朱。

曾国藩与唐鉴的相识是一个偶然的机遇。道光二十一年（1841年），由江宁藩司调京任太常寺卿，道光皇帝在乾清门接见他，曾国藩作为翰林院检讨，侍驾在侧。道光帝极称唐鉴治朱子学有成就，并能按"圣学"之教亲自去做，是朝廷的好官。道光帝的当面称赞，使曾国藩对唐又羡慕又好奇，于是便主动到唐鉴的家里，施弟子礼拜访。

年过花甲的唐鉴是知道曾国藩这位小同乡的，对他的勤奋好学，自投门下的谦恭很是满意。因此，他们俩一见如故，谈得十分融洽。

唐鉴的第一次谈话，对曾国藩的一生行事、修身、做学问，是了不起的大转折。

曾国藩请教读书、修身的妙诀。唐鉴告诉他，读书当以《朱子全集》为宗。而读此书绝不可视为八股进阶之书，而要躬自实行，是修身的典籍。而修身要以"整齐严肃""主一无适"八字为诀，整齐表于外而主一持于内。读书之法，"在专一经"；一经通后，旁及诸经。又说，所谓学问，只有三门，即义理、考核、文章，三者之要在义理统之。唐鉴告诉他："经济之学，即在义理之内，不必他求。至于用功着力，应该从读史下手。因为历代治迹，典章昭然俱在；取法前贤以治当世，已经足够了。"

唐鉴的一席话对曾国藩而言，确实"胜读十年书"。原来三十年光阴，竟不知学问门径。经老先生一点拨，曾国藩如有指归。他在当天的日记中激动地写道："听之，昭然若发蒙也。"

他立即把他的重大收获写信告诉他的家人、朋友。在写给同乡前辈贺长龄的信中说，"我最初治学，不知根本，寻声逐响而已。自从认识了唐镜海先生，才从他那里窥见一点学问的门径。"

此后，曾国藩经常与唐鉴一起研究学问，推究兴衰治乱，跟唐鉴习朱子理义之学。在唐鉴的教导下，曾国藩立下"日课"，有早起、主敬、静坐、读书、写日记、偶谈、作诗文、临帖、专读一经、谨言、保身、夜不出门十二条规矩。又立《立志箴》《居敬箴》《主静箴》《谨言箴》《有恒箴》，高悬书房之内，严格考究和要求自己。唐鉴还经常检查曾国藩的日记，有检查不深刻的当即指出，深挖病根；对他敢于揭发自己内心隐私、隐患之处，给以极大鼓励。唐鉴还把自己的《畿辅水利》一书交给他阅读，使他认识到一个儒学家，不光要精通圣典，更重要的是关心民事，留心经济，从修身，到治国，这就是儒家的"内圣外王"之真谛。绝不可只会背圣贤之书，而不会治国理政，那是违背了圣贤之意的书呆子。

由于唐鉴精于义理之学，即所谓练"内功"，曾国藩自此一段时间跟从唐鉴致力于宋儒之学，这段理学经历对于他的伦理道德思想及克己省复功夫影响很大。义理之学的陶冶让他在后来走向军旅，与清廷、与地方官、与太平军多方周旋时起到了关键的作用。虽然是屡遭拂逆，九死一生，但他能在困难拂逆的环境中艰苦支撑，如果没有坚忍强毅的意志力量，恐怕他不会笑到最后。而这种坚忍强毅的意志力量，就得力于他此一时期的陶冶。他的理学的"内敛"功夫又让他得以晚场善收，能够在极复杂的情况下处理好与清廷的关系。

唐鉴还向他介绍了倭仁，认为倭仁这方面做得好，不自欺、不欺人，可以称得上是圣贤了。

由于唐鉴的推荐，曾国藩又去拜访倭仁。倭仁实际上是唐鉴的弟子，他的读书、修身也是跟唐鉴学的，也是咸同年间著名的理学家。

倭仁对曾国藩影响也是非常大的。倭仁，字艮峰，号艮斋，是驻防河南开封的蒙古旗人出身。道光九年（1829年）考中进士后进入京师，与李棠阶、王庆云、罗绕典等人进行"会课"，时间长达十年之久。"每月六集，迭为宾主，皆在时晴馆"。这种"会课"大致分三个步骤：一是写"日录"，即每天写下心得体会，以改过迁善为目的，属于心性修养；第二步是互相批阅"日录"，有批评，有鼓励，也有建议；第三步是当面指陈得失。由于原来参加"会课"的人或者外出做官，或者坚持不下来，而倭仁自始至终"精进严密"，因此备受瞩目。

曾国藩同倭仁认识之后，他们往来的时间比唐鉴又多了。倭仁的教导与唐鉴相差无几，只是谈内省时，在实践中对自己的要求比唐鉴还严格。他介绍说，自己的微念稍一萌动，就赶紧记在日记、书札中，在静坐时自己和自己"讨论"，把哪怕是点滴些许不合圣贤规范的想法，消除在思想深处的萌芽状态，使自己的心术、学术、治术归之于一。倭仁的"克己"之法，简直到了严酷、苛刻的地步。

倭仁笃守程朱理学，通过他的日记对道咸同三朝士林影响颇大。倭仁的日记主要是记载自己修养的心得体会，为格言警句式的语录体。曾国藩的幕僚方宗诚说，他见过吴廷栋、涂宗瀛等人的倭仁日记手抄本，他自己又"皆录而藏之"。郭嵩焘也见过陈作梅和方鲁生两个抄本，他自己也"借抄"了一帙，他认为倭仁的日记"多体味有得之言"。倭仁还编辑《为学大指》一书，辑录程朱理学家的语录。全书共六条：立志为学、居敬存心、穷理致知、察几慎动、克己力行、推己及人。此书的目的是"正世之惑于歧趋及汩没功利而不知止者"。

曾国藩与倭仁的交往属于师友之间，倭仁根据自己多年来的修身经验，教曾国藩写日课，并要他"当即写，不宜再因循"。曾国藩也真的当天即开始写日课，"亦照艮峰样，每日一念一事，皆写之于册，以便触目克治"。曾国藩还把自己的日课册送给倭仁批阅指教，倭仁毫不客气地教曾国藩"扫除一切，须另换一个人"。曾国藩"读之悚然汗下"，以此为"药石之言"。曾国藩对倭仁的日课册敬畏有加，"不敢加批，但就其极感予心处著圈而已"。

从此之后，曾国藩日读《朱子全集》，按唐鉴、倭仁的"日课"要求去做，重点在反省自己。但是，起初打坐静思十分困苦，坐下来就打瞌睡，睡梦中又尽做些升官发财之事。于是便在日记中痛骂自己，把日记交给倭仁看，让他帮着骂自己。

如此搞了几个月后，每天搞得精神疲惫，不久便得了失眠症，整日精神不振，身体也一天比一天虚弱，于是再也坚持不了"日课"中的"静坐"一节了。曾国藩说，是"天既限我不能苦思，稍稍用心，便觉劳顿，体气衰弱，耳鸣不止"。尽管他不再搞面壁静坐自省了，但是对理学的攻读却日益努力。不仅攻读程朱，还追溯而上，阅读张载、周敦颐的著作，比诸孔、孟，系统研究中国儒家的学问。

曾国藩文、史、书法、考据虽皆有一定造诣，但其思想宗旨未离儒学，儒学方面又认宗朱熹的新儒学。最显著的是在与太平天国对抗中，打的是卫道的旗号。有人认为湘军与太平天国的战争是一场"宗教战争"，即太平军由洪秀全创立、崇信的是拜上帝教；而曾国藩创湘军，打的是儒教的旗号。这种说法是否准确，姑且不论，但却说明了曾国藩言必称孔、孟、朱子，的确是一个儒家道统的继承与捍卫者。

第五章

潜伏官场，羽翼未丰时绝不妄动

曾国藩

第五章　潜伏官场，羽翼未丰时绝不妄动

钦点翰林无炭敬

　　古人云：书中自有黄金屋。在科举时代，读书、做官、发财，总是连在一起的。在封建时代，升官与发财总是须臾不分，仕宦为官者的人生轨迹似乎就是这样的，升官是桥梁，发财是目的。曾国藩在最初踏上科举之路时，也有这样的思想。但一旦他真的做了官，进入翰苑以后，即立誓不发财。

　　为官不贪是对做官之人的最基本要求。同治五年六月，曾国藩已封爵开府，但时时不忘祖父在他中进士以后所说的话。祖父对他父亲说"宽一点翰林，我家仍靠作田为业，不可靠他吃饭。"曾国藩将此番话作为一生的训示，他曾发誓说："我从三十岁开始，便以做官发财为耻辱，以官宦公饱私囊，为子孙聚敛财富为耻、为羞。因此我立下誓言，此生绝不靠做官发财，为后人敛集财富。神明作证，我绝不食言。"

　　曾国藩说的并不是冠冕堂皇的场面话，而是言行如一，他确实做到了这一点。京官十二年中，他从未假公务之便身染墨黑，这在贪污成风的晚清社会，的确算是位难得的清官廉臣。清代的薪俸很低，甚至不足以养家糊口，雍正时实行"养廉银"制度后，将官员的"灰色收入"明晰化，在很大程度上弥补了低薪不廉的缺欠。但整个清代贪风极盛，尤其是地方封疆大吏，往往积财甚厚，聚敛成性。当时皇帝的心理也非常奇特，贪官没有养肥之前没有任何动作，一旦贪官成为巨蠹时，他就会马上下令抄家问斩，在所不惜。时人称为"宰肥鸭"。到了晚清，贪风日烈。曾国藩作为一个翰林，既无权又不贪，物质生活的贫困就是理所当然的了。

清代有一位叫汤斌的清官在就任江南巡抚时,刚到南京就把府县官员召集,严加训斥:贪图贿赂的人轻则被别人弹劾丢官,重则没收家产,累及子孙。为官者,一旦沾上贪字,上司接受下官的贿赂,把柄就在别人手中捏着,这样下官有何过失一律不敢责其纠正,长此以往,上司就会有包庇之嫌。这些人一听,都说"公治吾等",也就是说救了他们的命。

曾国藩尤其推崇汤斌,认为汤斌是清朝有所成就的人中一流的人物。

曾国藩无论官居何位,总以清廉作为为官的根本。他在位时,"署中没有敢以苞苴进者",其夫人"无珍玩之饰"。据曾国藩的女儿回忆,曾家收受别人的礼仪一次,那是提督黄翼升的夫人进献的。

黄翼升,长沙人,曾是曾国藩的部下。曾国藩组建水师时,黄翼升鞍前马后帮了许多忙,是曾国藩的心腹大将。建立淮扬水师后,黄翼升被提升为统带。1862年,黄翼升成为李鸿章的得力助手。曾国藩正值用人之际,想调回黄翼升,与李鸿章来往书信相商十三次,被李鸿章断然拒绝。因黄翼升本性宽厚,性情温良,深受众将士拥戴,曾国藩千方百计要把这员心腹大将调回。李鸿章赞扬黄"古道热肠,是武人楷模,又是平吴第一功臣,更是淮军第一苦人",因此坚决不给。为此事,曾、李二人相持不下,差点翻脸。

这个时候,黄翼升夫人出面周旋,事情才有了缓和的余地。

黄翼升其时身处两难境地,左右不是,夫人出来调停,设法要拜曾国藩的夫人为义母。待到曾夫人寿诞之日,黄夫人带着蒲翠钥一双,明珠一粒,纺绸帐一幡前来拜寿,当着众宾客的面,黄夫人执意要拜曾夫人为义母,曾夫人碍于情面,只好收黄夫人为干女儿。宴席散后,曾夫人向曾国藩说明缘由,开始曾国藩很气恼,但转而一想,此举既能缓解因黄翼升而起的曾、李关系,又能笼络将心,便再无异议。

曾国藩物质生活上的清苦是后人无法想象的。曾国藩进京的第二年,即道光二十一年(1841年),他别无生计,光景渐窘,拆东墙补西墙,总算熬到了年底,一心盼望外官例寄炭敬,过个"丰"年。所谓炭敬,说的是当时北方天气严寒,每至冬日,家家烧炭取暖,外官照例于冬令以钱馈赠京官用为取暖之资,是为炭敬之名，实际是官场通行的陋规，约定成俗的旧例，说白了就是变相的送礼。可能曾国藩只是翰林院的下级官吏，没有什么权力，因而当年地方官竟无炭敬馈赠，曾国藩无奈，只好借了五十两银子过年。

道光二十二年，曾国藩同样是东挪西借。春夏之交，他的外债已经达到了二百两。到年底，累计欠债四百两。曾国藩自顾不暇，焉能顾家？不过，曾国藩最重孝道，不管生活多么艰难，每年总要寄些银两作为父母买肉之用。虽然曾国藩多次在家书中称京城借债比较容易，他的师友比较多，能够左右逢源，但欠债毕竟要还钱！这使曾国藩焦急不安，"寒士出身，不知何日是了也！"曾国藩的早年诗作中，不乏对艰窘生活的描写。如赠梅伯言诗中曰：

隘巷萧萧岁过车，蓬门寂寂似逃虚。
为朸不愿庚桑楚，争席谁名扬子居？
喜波绿成新引竹，仍磨丹复旧仇书。
长安挂眼无冠盖，独有文章未肯疏。

人无钱，受人欺，甚至连佣人都不把他放在眼里。曾国藩的《傲奴》一诗颇有意趣：

君不见萧郎老仆如家鸡，十年笞楚心不携！君不见卓氏雄资冠西蜀，颐使千人百人伏！令我何为独不然？胸中无学手无钱。平生意气自许颇，谁知傲奴乃过我！昨者一语天地睽，公然对面相勃豀。傲奴诽我未贤圣，我坐傲奴小不敬。拂衣一去何翩翩！可怜傲骨撑青天。嘻嘻乎，傲奴！安得好风吹汝朱门权要地，看汝仓皇换骨生百媚！

大考升官后，曾国藩的境况稍好，但绝不富足。家里欠债，他要量力清还，诸弟捐监要他出钱，二男五女要养育，历次升官要请客，还有一些人情礼往。用度日繁，最后还是欠了一千两银子的债，生活上只有节俭。所以，曾国藩虽然在北京为官十二年，但总体而言一直过着清苦的日子。

曾国藩从民间走出来，他深知百姓生活的艰难。他在翰林院期间，虽然不乏吃请应酬，偶尔也在自己的寓所摆上一桌，但总体上他感到"酒食较丰"并不是好事。

当时，在外官眼里，京官是肥差，躬身于天子脚下，各项事务都极为方便。一天，好友刘觉香从外省来到京城，对曾国藩大谈"做外官景况之苦"。其实，他根本就不了解京官的苦楚。曾国藩对此触动很大，在当天的日记中写道：愈知我辈舍节俭，别无可以自立。若冀幸得一外官，以弥缝罅漏，缺瘠则无以自存，缺肥则不堪问矣，可不惧哉！

这就是说，做地方官如果是肥缺，就会常在河边站，难免不湿鞋。如果立志不坚卓，极易成为贪官。如果是瘠缺，连生活都困难，更何以立志、发达？这件事促使他更加珍惜自己的翰院生涯。

曾国藩在北京时期生活的清苦，还可以通过一件事情来佐证。

清道光十九年（1839年）冬，曾国藩准备赴京散馆时，看到他的大舅江永熙"陶穴而居，种菜而食"，为之，"恻然者久之"。临别时，他的二舅江永燕对他说："外甥做外官则阿舅来做烧火夫也"。他的三舅江永薰，亲自送他到长沙，握着他的手说："明年送外甥妇来京"，说罢凄然泪下。几个舅舅朴实无华的品质以及他们家的贫寒景况均深深印记在曾国藩兄弟的头脑之中，永远难以忘怀。

后来，曾国藩身居高位之后，时常去信向舅舅问安或送以薄礼，或给予银钱以周济之。

清道光二十三年（1843年），曾国藩兄弟的二舅去世时，因家贫未做道场超度，次年曾国藩在给曾国荃等人的家书中说："兄念母舅皆已年高，饥寒之况可想。而十舅且死矣，及今不已援手，则大舅、五舅者又能沾我辈之余润乎？"表示要给他的二舅补做道场，并"恤其妻子"，征求他两个弟弟的意见，问其是否同意他的打算和计划。

曾国藩后来做了二品侍郎，本应宽裕。但他依然捉襟见肘，连回家的路费都凑不够，只好把思亲之情埋藏心中。《曾国藩年谱》记载，曾国藩居京四年时，"宦况清苦，力行节俭"。道光二十三年（1843年），曾国藩在等待

第五章　潜伏官场，羽翼未丰时绝不妄动

中迎来了一次试差：这年6月，他被道光帝钦命充四川正考官，这对他的经济状况会有一定改善。

按照清朝的习惯，士人将翰林得差早晚分为"红翰林"与"黑翰林"。因为一充试差，即意味着有颇为可观的一笔进项。曾国藩得试差较早，可称为"红翰林"。七月初，曾国藩偕副考官赵楫一同驰驿出京。经过明成祖与李景隆交战处白沟河时，曾国藩有感而发，得诗两句：

    长兴老将废不用，赵括小儿轻用兵。

上句指耿炳文，下句指李景隆。白沟河一战使燕王终于南下，建文帝的江山也在战败后被燕王朱棣夺得，史称"靖难之役"。

由于此行正值酷暑，加之连降暴雨，因此曾国藩路途染病。到达西安时，陕西巡抚李星沅将他接到衙署，为他请医治病。数日后病愈入蜀，天气转晴。曾国藩的心情也随之一喜，赋诗曰：

    万里关山睡梦中，今朝始洗眼朦胧。
    云头齐拥剑门上，峰势欲随江水东。
    楚客初来询物俗，蜀人从古足英雄。
    卧龙跃马今安在？极目天边意未穷。

此次试差是曾国藩行程最远的一次。一路上，曾国藩尽管身体不佳，但仍踏访遗迹，诗兴时发，至今仍留存了不少诗作。

10月11日，曾国藩考试完毕回行到陕西境，此时残秋已逝，宝鸡山已有白雪堆积，但博大的渭水依然奔流不息。这一天曾国藩迎来了他人生的第三十三个生日。面对中华民族的摇篮，曾国藩情不自已，赋七律二首，其一是：

    三十余龄似转车，吾生泛泛信天涯。
    白云望远千山隔，黄叶催人两鬓华。

> 去日行藏同踏雪，迂儒事业类团沙。
> 名山坛席都无分，欲傍青门学种瓜。

他还在日记中写道：

> 夜月如画，独立台上，看南山积雪与渭水寒流、雪月沙水，并皆皓自，真清绝也。琼楼玉宇，何以过此？恨不得李太白、苏长公来此一吐奇句耳！孤负，孤负！

11月20日，曾国藩历时半年有余，回到了京师。这次试差，曾国藩得到了当时官场盛行的"规礼"。第二年春天，他将这笔钱用于偿还他在京中所借的债务，另外又寄回家中几百两，用于还家中所欠。同时，又拿出四百两赠送族戚。

试差缓解了曾国藩拮据的境况，但总体而言，他的经济状况并不好。

曾国藩公私分明，从不贪占公共用度，但他对公务却尽心尽职，"不苟不懈"，这一点让同僚非常佩服。他的这种克己奉公，廉洁自律的精神让他的同级官僚感佩至深。因此，他在京之日的声誉也就日渐远扬。

十年七迁，连跃十级

道光十八年（1838年）四月，二十八岁的曾国藩在正大光明殿复试一等，殿试三甲第四十二名，属下等，得赐同进士出身。此后正式更名为国藩，取国之屏藩之意。同年入翰林院做庶吉士。道光十八年五月初二，由礼部堂官引见，朝见道光帝；因答对明白、条理清晰，加之衣着朴素，深得道光帝赏识，被破格钦点为翰林院庶吉士——同进士入翰林，清朝开国以来仅曾国藩一人。之后他十年七迁，连跃十级，成为二品大员。对于生长在深山，出身"寒门"的曾国藩来说，真可谓"朝为田舍郎，暮登天子堂"。如此顺达的官运在晚清政坛上是极其罕见的。最令人感慨的是，他曾在一年之内连升四级，这番只有在戏剧里面看到的场景，却实实在在发生在这个湖南士子的身上。那么曾国藩到底有何能耐？何以能得如此殊荣呢？

曾国藩飞升之快，官运亨通之原因不止一个。比如他个人勤苦努力，要求自己极其严格，广泛结交京内名流，在京官中造成了勤恳好学、为人正直、谦恭的普遍声望。他自己就说"在京颇注清望"。

当然，在封建官场之中，如果没有实权派的大佬赏识和提携，即使你有再高的才学再大的名望，也未见得能官运亨通。曾国藩能够在官场上迅速飞升，其实也离不开朝中大佬的着力提拔，其中主要是穆彰阿的援引与扶持。

学过中国近代史的人，对穆彰阿还是比较熟悉的。因为在历史书上，他被认为是第一次鸦片战争中的投降派，陷害林则徐，并被骂为"道光年间的秦桧"。

穆彰阿（1782—1856年），字子朴，号鹤舫，满洲镶蓝旗人，郭佳氏，出身于满族官僚家庭，父广秦，官至内阁学士、右翼总兵。穆是曹振镛一类的人物，曹是"多磕头，少说话"处世哲学的创造者，穆彰阿奉之为金科玉律，曹、穆二人极得道光宠信。穆为军机大臣二十余年，尤其控制了中央科考选拔官员的大权，自嘉庆至道光两朝，进士考试、殿试、朝考、庶吉士考差、翰詹大考，他都参与或主持。这是"衡文大权"，亦即选官大权。凡由阅卷、主考官手下产生的进士等功名者，都视考官为最亲近、终生不改的"老师"，自己是考官永久的门生，比学校中最亲近的真正的老师还要尊重。

穆彰阿利用几十年的"衡文大权"，利用门生故旧，广树党羽，时称"穆党"。凡是他想要推荐或打击的人，没有不成功的。例如罗敦衍、何桂清、张芾是同年翰林，张、何散馆后都拜穆为"老师"，唯罗敦衍不拜。结果张、何同得考差，唯罗因"年轻"未得考差。实际上罗敦衍是三人中年岁最长的，在上谕待发时，穆彰阿恼罗不拜自己为师，竟让皇帝收回了成命。

曾国藩会考之时，总裁官即为穆彰阿。考试之后，曾国藩如式拜见了穆彰阿，穆对曾的文章、学问和行事都很赞赏。1843年翰林散馆大比，穆彰阿又是总考官。试后，曾国藩又亲拜了穆氏，并把自己的考卷誊清，呈给了穆彰阿，于是曾国藩又得了好成绩。

不仅如此，穆彰阿还对曾国藩觐见皇帝、升官晋爵的关键之处直接指点扶持。有一次，皇帝要召见曾国藩，曾预先到穆彰阿处请教对答的内容。穆彰阿让一个干练的文员告诉曾国藩，以四百两的酬金赠送某内监，可买得皇帝的诏对内容。曾国藩照此办理了，结果皇帝召见时，所问果然是四百两白银买到的"历朝圣训"之内容。此后，曾国藩的官运就更加飞黄腾达了。

　　曾国藩对穆彰阿的感激之情亦非一般。穆彰阿被罢，曾每过穆宅，皆感慨唏嘘。二十年后，曾国藩赴任直隶总督，进京陛见时，又专程拜访穆氏的后人。此后，又让儿子曾纪泽访问了穆彰阿之子穆萨廉。

　　曾国藩的成功与穆彰阿的扶植固然有一定关系，但在十余年宦海生涯中，那仅仅是一个原因，况且比较偶然。曾国藩在十余年的官场生涯中能有飞速的高升，最主要、最直接的原因还是与他个人的努力分不开的。曾国藩出身寒门，秉性淳朴，不善钻营取巧。他每日按儒家"克己归仁"的目标严酷地反省自己，对个人思想中不符合儒家道德规范的"私"字，严厉地克制、革除，每每痛骂自己。

　　实际上，曾国藩的十余年京官并未成就"曾国藩的大业"，而是自我教育、刻苦修养的过程，反而成就了"曾国藩的人格"。如果在京为官以后的对抗太平军的经历，他或者能成为一个真正的道学家，或者成为平平庸庸的、寓克自扰的官员。但他不会成为营私舞弊的贪佞之官，因为他要求自己太严格了！前文所述的唐鉴、倭仁帮他制定的"日课"，那"十二条规"，最主要的就是自我反省，简直就像个宗教徒，实则正是儒教教徒、清教教徒。

　　曾国藩的《立志》《居敬》《主静》《谨言》《有恒》"五箴"是十分著名的。百年以来，不仅当时的文人奉为座右铭，连后来的许多伟人、思想家、教育家、政治家，甚至无产阶级领袖人物对之评价都相当之高，把他作为立志、奋斗、修德、养性、做人、处事的经典和楷模。其立志：在于"澄清天下"，救国救民；立志而后，便持之以恒，铢积寸累，自然成功；反省自我，哪怕是前有猛虎、后有毒蛇，面对三军，也要"我虑则一"，毫不苟且；对自己的言行，要禁绝"巧语悦人"，对人对己都要坦坦荡荡，不自欺、不欺人，等等。曾国藩成为高官显贵之后，每日自修、自省、自律，从不停止。观其日记、文章、书信，令人十分感慨。正是这种自强不息的精神，坚持不懈的努力，才使他成功，绝不是一个穆彰阿的扶持能达到的。

曾国藩的自省、自律、自我教育达到了极深入的程度。他在日记中有这样一段:"昨夜梦人得利,甚觉艳羡。醒后痛自惩责。谓好利之心形诸梦寐,何以卑鄙若此,真可谓下流矣!"儒家圣人。皆讲求"慎独",说:"莫见乎隐,莫显乎微,故君子慎其独也。"意思是说,圣人、君子修己之德,丝毫不能苟且放松,在人不知、鬼不觉的"独处"之中,一样严格、谨慎地要求自己。曾国藩虽然在睡梦中,梦见别人得了利益,自己羡慕,但在日记中则责骂自己"卑鄙""下流",这种苛责自己的精神,确实值得后人学习。

因此说,曾国藩能够在官场中脱颖而出,前途畅顺,不是没有原因的。归根到底,原因不外乎两点:主要是自己每天都在不断努力,其次是机会来了便能抓住。

严于律己是官场的护身符

曾国藩熟读孔孟之书,对孔子的学说极为推崇,他非常赞同孔子"己所不欲,勿施于人"的思想。在官场上,大多数人处理政务,仅凭好恶感情用事,曾国藩对此深恶痛绝。他认为,只有根据事情的情理来决定才能博得人们信服,有利于社会发展。曾国藩处理"秦淮灯舫"一事,充分说明了他的居官原则。

秦淮河是古都南京的古迹名胜,在明朝出现过马湘兰、李香君等色艺双全的名妓。1851年以后,清政府倾注兵力镇压太平天国运动,秦淮河一带受到战争的洗劫,日渐萧条凄凉。到了1864年,战争结束,秦淮河畔慢慢出现了繁荣景象。

官场上什么人都有,什么事都会发生。有的人可以接受,有的人接受不了,有的人自己不喜欢就严格限制此种行为。时任六安郡太守的涂廉访对秦淮河的这种情形看不顺眼,便通令各县,严厉禁止秦淮河的画舫灯船,并把此事的处理结果呈报给了时任两江总督的曾国藩。曾国藩听了他的汇报后，不置可否地笑了笑，对涂廉访说道："听说淮河灯船，尚寥落如星辰。我多年前曾过此处，只见千万船只，来往如梭，笙歌之声，彻夜不绝，实在是太平年代的一大乐事啊！"涂廉访听了以后，好比被当头浇了一盆冷水，怏怏而回。

过了几天，曾国藩约了幕府中的各位官员，共同乘船游览秦淮河，并命江宁、上无两个县的县令，设宴款待太守涂廉访。席间，曾国藩风趣地对大家说："三十年前，我是心想游弋而不敢游弋，三十年后，我是心不想游弋而不禁别人游弋。"停了一会儿，他又说道："三十年后的今天，我身为两江总督，处理政事不能凭一己之好恶。一定要为金陵百姓恢复一个源远流长，大家喜爱的游乐场所，并重建一个人文荟萃、河山锦绣的江南名城。"

曾国藩对秦淮灯舫所抱的开放态度，对幕府中的官员启发很大，最受教育的还是太守涂廉访。他撤销了原来的禁令，并采取积极措施，修复鸡鸣寺、莫愁湖、胜棋楼、扫叶楼，恢复了六朝旧迹，使龙盘虎踞的石头城再放异彩。

曾国藩不禁秦淮灯舫的举措，在金陵引起了强烈的反响。一时，各地商贩云集秦淮河畔，富商大贾携眷游玩，一派繁荣昌盛的景象。

世人都知道宦海深不可测，仕途坎坷不平，稍不留神便会身败名裂。有的人甚至稀里糊涂就被免职罢官了。所以，身居官场的人都有自己的一套当官哲学。

曾国藩总结古代高官失位的原因，概括起来主要是四个方面：昏、傲、贪、诈。曾国藩家书中提到了四败："昏惰任下的人败、傲狠妄为的人败、贪鄙无忌的人败、反复多诈的人败。"曾国藩认为要居官有成，就必须戒此四败。欲不昏惰任下，必须做到"明"，尤其是知人之明。他在1853年给好友的信中写道："您说的'选择贤人委以重任，听其言而察其理'这两句话，因我阅历尚浅，实行起来难免把握不准而失去良才。不过，今年我在省里，在下辖的武职官员中特别赏识塔齐布这个人。实在是因为军营目前的风气不好，官兵们遇事退缩、行为虚浮、漫不经心、无所作为、骄纵涣散，如同撮合起来的泥沙不能当饭吃，令人又是叹气又是痛恨。获得一个像塔齐布这样热血澎湃、立志杀敌的人，实在很难，因此我才倍加器重，屡加赞许。除他之外，我也缺乏可以信赖的心腹。至于那些不受我肯定的人，则是人人对之斥骂唾弃。有些人想要混淆黑白颠倒善恶，将大才、小才各种人才混为一谈，那么依着我这不够宽大的胸怀，对此实在只能容忍。造成今天整个社会的动乱，只因为人们混淆是非，万事漠不关心，才使得志士贤人灰心丧气，偷奸耍滑之徒得意扬扬。"

思报国改名"国藩"

谈到以天下为己任，这是像曾国藩这样的中国古代知识分子的一大情怀。他们一方面关心自己的学识，另一方面关心天下兴亡。因此，这两点构成了他们特殊的人格。曾国藩除这两方面外，还是一位为官者。中国古代为官者的平常心应该是怎样的？在曾国藩看来，就是不用权谋私，而是用权为公。如果逾越这个界限，那么为官者的心态就会变得"另类"了。

曾国藩做京官之后，刻苦攻读儒家经典，自省自律，自我教育的过程中，由儒家的"修身、齐家、治国、平天下"的"内圣外王"目标出发，改其名为"国藩"，意为"为国藩篱"，立下"以澄清天下为己任"的志愿，由"内圣"而去做"外王"之事。

曾国藩确实表现了对大清王朝高度的责任感。在咸丰初政的日子里，他似乎是最忙碌的人，他的上疏、建言一个接一个，而每一个上疏都切中时弊，决无腐儒之见。上《议汰兵疏》后，他又上《备陈民间疾苦疏》《平银价疏》等等。触及清朝的统治基础，表达了他对天下将乱的忧虑。

1840年，鸦片战争爆发。正是这一年，曾国藩做了京官。由于他初入仕途，对这次战争、战败、签约等没有多大反应。但战后的清王朝，像经过大地震后多年失修的大厦，摇摇欲坠。身在京都和官场，清政府政治上的腐败，官场中的黑暗，经济上的落后，曾国藩把这一切都看得一清二楚。地方上的情况，自鸦片战争之后，变化是巨大的，战争费用、战后赔款要由各省摊派偿还，本来贫穷的百姓，突然加上大笔征收，已经承受不起了。加上自然灾害，五口通商，洋人的侵扰，商路的改变，大批手工业工人的失业，受害严重的南方数省的百姓首先起来掀起反抗运动了。

两广地方最不平静，曾国藩的家乡湖南也不断发生农民暴动。清政府调兵遣将，严厉镇压，但是起义运动此伏彼起，闹得越来越凶。这期间，曾国藩忙于读圣贤之书，自我修养，也没有过多问及。

然而，情势越发严重。曾国藩的几位湖南同乡，刘蓉、郭嵩焘、江忠源、欧阳兆熊、罗泽南，不断把地方情况向他反映，相互商量，开始探讨挽回颓势的各种对策。

江忠源是湖南新宁人，1837年中举，1844年赴京会试时，经郭嵩焘介绍认识了做京官的老乡曾国藩。欧阳兆熊是湖南湘潭人，1840年曾国藩因病在客栈中遇到了他，得他精心照料，此后二人也就成了好朋友。罗泽南也是湘乡人，家境贫寒，学问很好，后来做乡村教师时，曾国荃、曾国华都是他的学生，因此双方也很知己，但直至曾国藩回湖南办团练，二人尚未见面。曾国藩仅从别人的书信和议论中，得知这位被人们称为"邑中颜渊"的罗泽南的学识与人品。

曾国藩与刘、郭、江等人感情极好，他们之间的书信往来甚为密切，地方上的情况，随时由这些朋友传达得知。他们同为封建阶级的知识分子，同对腐败的政治、黑暗的官场不满，同有改革时弊、拯救大清王朝的抱负。他们都认为，当时地方百姓的反抗是要镇压的，但这种反抗情绪是由清朝官吏的贪暴所造成，所谓"推寻本源，何尝不以有司虐用其民，鱼肉日久，激而不复反顾。"

曾国藩在一首诗里写道："隶卒突兀至，诛求百不友，菁菁纨绔子，累累饱鞭笞。前卒贪如狼，后队健如牦，应募幸脱去，倾荡无余资。"他分析说：民间之疾苦，银价昂贵，粮饷难纳；冤狱太多，民气不伸；盗贼太多，良民不安；而其根本原因，在于弊政。

曾国藩"为国藩篱"、澄清天下的第一步，便是要求改革弊政，使腐败没落的清朝政府坚强、健康起来，肃清全国的农民反抗运动，实现儒家理想的政治清明，国泰民安的局面。

表忠心上疏直陈时弊

人们为了生存，总是随环境变化而改变、调整自己的行为。在官场，身居高位的人在很多时候是身不由己的，作为官宦之人，随着位高权重，保守自己既得利益的倾向越发加重。他们为了自己的生存，为了保护自己的既得利益，不得不做出一些违背自己意愿的事情来。胡林翼曾说："人一入宦途，全不能自己做主。"康熙皇帝有过一句名言说穿了士大夫的本质："士子负笈（指书籍）而行时，以天下为易；跌蹶经营位反成尸位。"曾国藩称得上是权位越高，责任感越重，越敢于负责任的人。

读书养望是曾国藩在翰林院七年间的主要事务，躬亲参与的重要政事并不多。道光二十七年（1847年）六月，曾国藩升授内阁学士兼礼部侍郎，这是他跻身高官、涉足政治的开始。时年三十七岁，可谓官运亨通。他高兴之余，感到一种更重的责任，在写给弟弟的信中说：自己骤升高位，担心"无补于国计民生"。

道光三十年正月，道光帝病故。这位在鸦片战争中失败的皇帝临终前立下遗嘱：说自己无德无能，丢损祖宗脸面，因此决定死后自己的灵位不进太庙，也不用郊配，不让臣民祭奠他。这当然是对自己最严重的惩罚了。由于道光帝的遗嘱用的是"朱谕"，属于亲笔书写，皇家宗亲不得不重视起来。因此，咸丰帝即位后立即让臣下讨论。

咸丰继位之初，为了挽回人心，渡过难关，罢黜了权臣穆彰阿、耆英等人，同时下令开言路、求贤才。

咸丰的即位唤起了大臣们新的希冀，至少，曾国藩抱着很高的热忱。新旧君主更替时，是礼部最繁忙的时候，因为对大行皇帝的盖棺论定要礼部拿出意见，一切丧仪也要做得有章有法，而新君即位大典等等，也是礼部不可少的事。由于曾国藩"职务繁剧，不遑兼顾家事"，因此写信请他的四弟曾国潢到京帮助料理。3月15日，曾国潢到达京都，兄弟二人"相见极欢"，曾国藩把所有的家务交给四弟"经理"，他自己则全身心投入到公务中。

讨论时曾国藩也在其中，当时他是礼部侍郎，他责无旁贷要拿出意见来。在他上奏前，朝廷大臣已进行了集议，讨论时都认为"大行皇帝功德懿铄，郊配既断不可易，庙祔尤在所必行"。

按照官场的通常做法，既然大家都已经讨论通过并已经定下了明确的方案了，曾国藩应该是顺着杆往上爬了，但曾国藩没有这么做。他经过十余天的思考，却提出了不同意见。

正月二十八日，曾国藩上疏新即位的咸丰皇帝说：诸臣集议乃是"天下之公论也，臣国藩亦欲随从众议，退而细思，大行皇帝谆谆告诫，必有精意存乎其中。"他的上疏明确提出："进太庙应是确定无疑的，但无庸郊配一项，则不敢从者有二，不敢违者有三焉"。曾国藩详细阐述不敢遵从的两个理由，及不敢违背道光皇帝遗嘱的三个理由。在阐述道光帝不应郊配的第一个理由时，曾国藩指出：庙坛的规模尺寸是固定的，不能随意更改。现在，大行皇帝以身作则，不予郊配，是"久远之图"。今日所不敢言者，亦万世臣子所不敢言者也；今日所不忍言者，亦万世臣子所不忍言者也。经此次朱谕之严切，盈廷之集议，尚不肯裁决遵行，则后之人，又孰肯冒天下之不韪乎？将来必至修改基址，轻变旧章。此其不敢违者一也。第二条理由是古来祀典，兴废不常。大行皇帝以身作则禁后世，越严格越表明他对列祖列宗的尊仰。大行皇帝以圣人制礼自居，我们这些臣下的浅短见识怎么能考虑得长远呢！

第三条是"我朝以孝治天下，而遗命在所尤重"。曾国藩举出两个显见的例证，一是孝庄文皇后病逝时留下遗嘱。她谆谆嘱咐康熙皇帝："我身后之事特嘱你，太宗文皇帝梓宫安奉已久，卑不动尊，此时不便合葬。若别起茔域，未免劳民动众，究非合葬之义。我心恋你们父子，不忍远去，务必于遵化安厝，我心无憾矣。"康熙皇帝一向孝顺祖母，孝庄皇后死后，康熙帝遵照遗嘱，将祖母安葬在了遵化的东陵附近。第二个例子是乾隆皇帝。乾隆帝把大清朝推向全盛，他的功绩大业死后是完全可以称"祖"的。但乾隆帝临终前也留下遗命："庙号毋庸称祖"。嘉庆帝只好遵从，故庙号高宗。并将此载入《会典》，"先后同揆矣"。在举出以上两个例证后，曾国藩说：此次大行皇帝遗命，唯第一条森严可畏，若不遵行，则与我朝家法不符，且朱谕反复申明，无非自处于卑屈，而处列祖予崇高，此乃大孝大让，亘古未有之盛德。"与其以尊崇之微忱属之臣子，孰若以奠大之盛德归之君父，此其不敢违者三也。"

曾国藩的奏疏非常有力量，他最后说：今皇上（指咸丰帝）如果不按大行皇帝之遗命去做，就有"违命之歉"。此时，咸丰皇帝颇感为难：如果按照遗命去做，大行皇帝未能郊配，自己的孝心也"有歉"，考虑到将来又"多一歉"，与其他日成礼时"上顾成命，下顾万世"，左右为难，不如现在慎重考虑，再做决断。曾国藩的奏疏尽管理由是儒家的仪礼，但这是需要万分勇气的。道光皇帝已经死了，他是不是真是那么想的，谁也不敢肯定。也许道光皇帝本人只是做做样子，并不是真心要如此，更何况他的继承人也不会听任自己的父亲自贬自损，想抬高还来不及呢！再者，大臣们已有明确的"公议"，曾国藩如此"不识时务"，是要冒很大风险的。因此上疏的末尾用"不胜惶悚战栗之至"这样的话，也是袒露心情的真话。当时，咸丰皇帝虽然在御批奏折上写的是肯定的词语，但是心里并不痛快，对曾国藩平添了几分厌恶之情。但曾国藩认定的是天下之理，所以奏疏一个接一个地上，批评也逐渐升级，最后连刚继位的皇帝也有"三大缺失了"。

咸丰帝即位之初，颇有一番"振作"。道光三十年二月初八，他发布上谕，令九卿科道凡有言事之责者，就国家用人、行政一切事宜，"皆得据实直陈，封章密奏"。曾国藩时为一品侍郎，立即将久蓄心中的治国大计倾吐出来。乃于三月初二上《应诏陈言疏》。

曾国藩对于清朝开国至咸丰之初的人才问题，提出了中肯的批评。他认为人才"有转移之道，有培养之方，有考察之法，三者不可废一。"

不求有功，但求无过，使清代出现了许多"泥塑木雕"式的官员。康熙末年，顺天府尹余正健不能办事，致使各项事务废弛，康熙帝说他是"木雕草束之人"。有人说，余正健虽然不能办事，但人有正气，康熙帝不以为然，说：那样的话，不如立一个泥塑木雕之人，不吃不喝，岂不更好！

曾国藩主张踏实的学风。他认为，如果要让天下的英才辈出，又要他们不做出格的事情，就必须倡导踏实的学风。如果能这样坚持下去，十年之后，朝廷必然会人才济济。

曾国藩上这份奏疏时，已在京师为官十年之久，此间他从七品小官晋升二品大臣，对于官场风习可以说是每日触及，因此他才能够提出发人深思的问题来。他后来多次说，三四十年来不黑不白的官场，已让英豪短气，让豺狼不敢为非。这确实是个悲哀的时代。

　　清朝的政治风气，在嘉庆道光以后日见泄沓萎靡，人才亦见寥落。这与皇帝的好尚及执政者之逢迎诡谀，都有密切的关系。《暝庵杂识》中曾有一条说：曹振镛晚年恩遇益隆，声名俱泰。做了很长时间的大学士却平安如初。他的一个门生请教做官诀窍，曹答曰："无他，但多磕头，少说话耳。"当时流传颇广的《一剪梅》四则形容官场积习十分形象：

　　仕途钻刺要精工，京信常通，炭敬常丰。莫谈时事逞英雄，一味圆融，一味谦恭。大臣经济在从容，莫显奇功，莫说精忠。万般人事要朦胧，驳也无庸，议也无庸。八方无事岁年丰，国运方隆，官运方通。大家赞襄要和衷，好也弥缝，歹也弥缝。

　　无灾无难到三公，妻受荣封，子荫郎中。流芳身后更无穷，不谥文忠，也谥文恭。曹振镛死后谥号"文正"，他是道光一朝最得皇帝信任的宰相。曹振镛琐鄙无能，养成了道光一朝政治风气的柔靡泄沓。

　　上梁不正下梁歪。在君主国中，皇帝的行为在很大程度上影响甚至决定着官员的风气。道光帝经受鸦片战争的打击后，几乎一蹶不振，"恶闻洋务及灾荒盗贼事"，身边的军机大臣也只好报喜不报忧，当时京师有一副联云：著、著、著，祖宗洪福臣之乐，是、是、是，皇上天恩臣无事。在这一世风下，曾国藩基于十年京官的经历，以及对官场习俗的厌恨，更重要的是要改变现状，因而能反其道而行之，众相柔靡之时，他却敢迎风独立，挺身而出，对提高他的政治声望以及艰难时挺身而担大任创造了条件。

　　曾国藩的可贵之处，就在于他不仅敢于提出问题，更为重要的是他提出了解决问题的具体可行的办法。有理有据，从这一点，足以看出曾国藩对清朝的官僚体制的弊病研究得十分透彻。他从民间走出来，把八大衙门的正副长官（即堂官）比喻为农夫，把皇帝比喻为太阳，而把中下级官员喻为禾苗，既形象生动又十分贴切自然。

　　这一奏疏也反映了曾国藩不是庸碌之辈。他的思考，他的积累，才能形成他对当时人才问题的系统认识。而这些也成为指导他日后治军打仗磨砺人才的观念基础。

　　由于曾国藩上奏时，左副都御史文瑞、大理寺卿倭仁、通政使罗惇衍等也各上奏疏，陈述政事。咸丰帝还将通政副使王庆云、鸿胪寺少卿刘良驹及科道官上的奏折，交有关部门议行。因此，咸丰帝收到曾国藩奏折的时候，也奖许一番，称其"奏陈用人之策，朕详加披览，剀切明辨，切中情事，深湛嘉纳"，"折内所请保举人才、广收直言，迭经降旨宣示"，对折中"日讲"的建议，命礼部等衙门讨论切实办法。

　　当年四月初，曾国藩参照《会典》等书，将他拟定的日讲十四条上奏。随后，在荐举人才时，他举荐李棠阶、吴廷栋、王庆云、严正基、江忠源五人可当重任。

　　传统中国当王朝更迭时，往往有政策的大调整。而一个王朝老皇帝崩逝、新皇帝即位之初，也有一番政策小调整。这就是说，在专制的统治下，由于皇帝的最高权威性，因此即使他在位期间有什么不适宜的政策，往往也难以纠正，只好等待新旧交替时调整。这也是没有办法的事。尤其是到了中国封建社会的晚期，"自我调整"的机制已很老化，上述情况更加明显。如明朝的嘉靖皇帝十几年不上朝，整天在宫中炼丹，与道士、宫女混迹一起。朝臣上的奏疏大多连看都不看，就"留中"了，也就是不交有关部门讨论执行。这位统治了四十余年的皇帝，给明朝带来了中衰。他的晚年，终于有一位天下后世都闻名的大臣上了一道疏，大骂皇帝一通，其中有一句说："天下人不直陛下久矣！"意思是说天下人早就认为您不应当皇帝了。这个人就是海瑞。嘉靖皇帝看到这句气得浑身发抖，把奏疏摔在地上。不久，这位皇帝倒真的想辞去皇帝，当太上皇，并举海瑞疏为证。但这种事情是根本不可能的。所以，一切只好等待新君即位。

　　当年，曾国藩上奏了《应诏陈言折》《条陈日讲事宜疏》《备陈民间疾苦疏》《平银价疏》《议汰兵疏》等。这些折疏所言之事似乎已不太新鲜，但出自曾国藩对清廷的忠耿之心、妙手之文，恳切、生动，跃然纸上。奏折揭示了人民的种种疾苦、钱贱银贵等情；官场黑暗、官吏无能、腐败、害民扰民之实况；还提出兵伍不精，徒费国用，建议裁汰五万绿营兵，以裕国用；并提出选拔有用之人，制定严格的培养、考察、升黜制度等。还推荐了李棠阶、吴廷栋、王庆云、江忠源、严正基五人，认为堪当大用。

这些奏折没有发生任何实际效果，甚至于皇帝看没看都难说。当时应诏上的折子也太多，咸丰虽值英年，又主动征求言路，但是国家问题太多，上奏提的问题又大致相类。所以，皇帝看得多了也就懈怠，哪能一一回复，大不了的，批个"知道了"，也就算不错了。

再上疏惹风波

1851年1月11日，洪秀全领导的太平天国起义在广西桂平爆发，短短几个月就接连打败清朝钦差大臣李星沅、广西巡抚周天爵的围追堵截，突出重围，扯旗北上，称王封制，成了清政府的心腹大患。同年3月，咸丰任命他的舅舅、首席军机大臣赛尚阿为钦差大臣，担任前线总指挥，任命顺天府尹邹鸣鹤为广西巡抚，协办军务。当时，赛尚阿的职位最高，与咸丰帝的关系也最密切。派他直奔广西前线，在朝野之中，引起极大反响，大家认为这次的形势可不一般了。

曾国藩更是着急，他在给友人的信中发牢骚说，自己的多篇上疏、大臣们的纷纷奏章，皇帝多置于不问，或以"勿庸议"三字了之，或下一旨空文，而后"复高阁束置，若风马牛不相与"，将"书生之血诚，徒供胥吏唾弃之具"，表示不满。

"为国藩篱"的"血诚"，促使曾国藩于1851年5月上了一个锋芒直指咸丰皇帝的《敬陈圣德三端预防流弊》折。他在给家人的信中说，自己是冒着极大风险上的此折，因为曾家受恩深重，自己身为二品大员，诰封三代，此时不尽忠直言，对不起国家黎民。他认为，新君登位，满朝谨小慎微，"唯阿之风"正在刮起，对青年皇帝不是好事，若是滋长了皇帝的"骄矜"，养成"恶直而好谀"

的习性，可就是国家的祸事了。因此趁着元年新政，冒死把"骄矜之机关说破"，使皇帝"日就竞业"，使廷臣"趋于骨鲠"，以树立朝廷进取之风气。

出于"济世以匡主德"的大目的，曾国藩进行了这次冒死的犯颜直谏，几乎因此而丢了前程甚至是脑袋。

这次上疏的内容的确是不比寻常的，他是直接给皇帝提意见，是揭皇帝的短。其宗旨包括三个方面：第一方面是批评咸丰苛求小节，疏于大计，对广西前线的将帅安排不当；第二方面是批评咸丰文过饰非，不求实际；第三方面批评咸丰骄矜，出尔反尔，刚愎自用，骄傲自满，言行不一。

据说，曾国藩的这个疏稿不仅呈给了皇帝，而且他怕又像上几篇奏稿那样，石沉大海。在上朝时曾把要害之处当着文武百官的面，背了出来。

自广西金田起义后，前线的风声越来越紧，咸丰的朝会也就很多，所议内容多也是战争之事。在一次朝会上，曾国藩跪奏了那篇稿子的主要内容。

开始一段，他跪奏了"防琐碎之风"，举的例子是皇帝自继统之后，往往以小节归咎大臣，因小失大。而广西的军事用人，也是因小失大，筹措中皆有失误。

曾国藩操着不易听懂的湖南口音，唯恐皇帝听不真，说得很慢。朝堂上的百官清清楚楚地听到曾国藩句句指责的是皇帝本人，因此鸦雀无声，不知道会如何收场。

咸丰听完了第一段，克制着火气，又往下听。曾国藩第二节讲的是"杜文饰之风"，举的例子是皇帝广开言路，但对群臣所奏，大抵以"知道了"三字了之，"间有特被奖许者，手诏以褒倭仁，未几而疏之以万里之外；优旨以答苏廷魁，未几而斥为乱道之流。是鲜察言之实意，徒饰纳谏之虚文。"

曾国藩先批评皇帝处理广西军务失措，又批评皇帝开言路是做样子。

随后，曾国藩又跪奏了第三节"防骄矜之气"，指责咸丰"饰非拒谏""娱神淡远""恭己自怡""厌薄恒俗而长骄矜之气"。

曾国藩在百官面前如此指责咸丰皇帝"骄矜"、"虚文"，而且举出了一大堆例子，至高无上的天子尊严受到了挫辱。于是，龙颜大怒，大喝："狂悖！""该当何罪！"马上要令军机拟曾国藩之罪。

幸亏大学士祁隽藻、左都御史季芝昌出班跪求，说他罪该万死，但冒死直陈，出于对国家的愚忠，原视皇帝为舜尧，自古"君圣逆直"，望免其罪。咸丰这才没有加罪。

这几次上疏，是曾国藩在咸丰初期的主要作为，表现了他不同于一般官宦的抱负和远见，同时也显示了他直道而行的书生本色。几篇谏疏使他在朝野内外赢得敢于直谏、忠诚为国的政治声望。从清廷到湖南家乡，许多人都称赞曾国藩的这种做法。就在上疏不久，好友胡大任给曾国藩来信，盛赞他不顾个人安危，上疏朝廷，并请曾国藩将他的上书呈转。曾国藩在复信中说：现今世风日下，而官吏们又狭隘酷烈，内观身世沉浮无有涯期，外观满眼民生日蹙。实际道出的是他自己的感受。

当曾国藩没有上书指陈咸丰缺失前，他的同乡好友罗泽南去信责怪曾国藩只上言枝叶，不讲求根本，其中有"有所畏而不敢言者，人臣贪位之私心也；不务其本而徒言其末者，后世苟且之学也"四句话，曾国藩读后，感触很深。实际上，当时曾国藩已上书咸丰，但罗泽南还不知此事。当曾国藩接到好友的信后，说"与我上疏的意见相符，万里神交，真是不可思议"，立即将上书抄录全文，请罗泽南阅读并指教。并请同乡老朋友刘蓉、郭嵩焘、江忠源、彭筱房、朱尧阶、欧晓岭等人，一一阅看。

果然，老朋友得知真实情况后，对曾国藩更加敬佩，曾国藩在湖南的威望也就日高，这对他后来组建湘军，吸收人才有很大作用。

曾国藩的"犯颜直谏"虽未成功，但影响极大，他的"鲠声"在清朝官吏中传扬开来。尤其在湖南的知识分子中，如刘蓉、罗泽南、郭嵩焘、江岷樵、彭玉麟、朱尧阶、欧阳兆熊、江忠源等人都一齐夸赞曾之"大疏所陈，动关至计，是固有言人所不能言、不敢言者"，说此举可"慰天下贤豪之望，尽大臣报国之忠！"

亲人亡故思返湘乡

一个人一旦忙碌起来便会忽略掉很多东西，自道光十九年（1839年）赴京就职以来，为了仕途前程，曾国藩已阔别家乡整整十二年。道光二十六年（1846年），曾国藩的祖母病故，他闻讣后即欲南归，但未能成行。第二年春天，星冈公身患重病，这位刚强一生的男子在他的晚年无奈地倒在了床上。曾国藩闻讯后除写信给父母、几位弟弟详商治疗办法后，他决定一定要回家探望，但是，身为官场中人，很多事情是身不由己的。四千里关山，将一个游子的思乡之情阻隔。自京城往返湘乡，行程需要三四个月，加上小住一两个月，最起码也得耗掉半年的时间。按照当时清朝的规定，这样的"长假"是不予批准的，只能暂时离职，假期期满后回京重新补缺。而按正常情况，重新补缺往往需要一年左右，而且，将来能否补上"优缺"还是个问题。这是曾国藩难以下决心回乡省亲的重要原因。再者，往返费用开销也很多，当时曾国藩已经"负债累累"，如果再增加支出，对一个京官而言是不堪重负的。因此，曾国藩给弟弟们写信讲回家的"三难"：

兄自去年接祖母讣后，即日日思抽身南归。无如欲为归计，有三难焉：现在京寓欠账五百多金，欲归则无钱还账，而来往途费亦须四百金，甚难措办。一难也。不带家眷而归，则恐我在家或有事留住，不能遽还京师，是两头牵扯；如带家眷，则途费更多，家中又无房屋。二难也。我一人回家，轻身快马，不过半年可以还京。第开缺之后，明年恐尚不能补缺，又须在京闲住一年。三难也。有此三难，是以踌躇不决。而梦寐之中，时时想念堂上老人，望诸弟将兄意详告祖父及父母。如堂上有望我回家之意，则弟书信与我，我概将家眷留在京师，我立即回家。如堂上老人全无望我省之意，则我亦不敢轻举妄动。下次写信，务必详细书堂上各位老人之意。

曾国藩的心情是如此，家人也同样盼望着久别的他能够尽早团圆，只是儿女私情跟国家大事比起来，总是显得那么渺小。家中老人为了不妨碍儿子的前程，给曾国藩写信时告诉他，让他一意服官，不必挂念家中之事。曾国藩只好在信中回复父母，表示"男前与朱家信言无时不思乡土，亦久宦之人所不免，故前次家信亦言之。今既承大人之命，男则一意服官，不敢违拗，不作是想矣。"

不久，曾国藩升任内阁学士兼礼部侍郎，连升三级的佳绩也算是对曾国藩的一个补偿吧。

道光二十九年（1849年），曾国藩的父亲曾麟书年届六十。按中国人的传统习惯，花甲之年属于大庆，应该把寿辰办得更风光。在京城的曾国藩又不能自已，决定明年请假回乡再办。他去信跟几位弟弟说："吾近于宦场，颇厌其繁俗而无补于国计民生，唯势之所处，求退不能。但愿得诸弟稍有进步，家中略有仰事之资，即思决志归养，以行吾素。今诸弟科第略迟，而吾在此间公私万事丛集，无人帮照。每一思之，未尝不作茫无畔岸之想也。吾现已定计于明年八月乞假归省，后年二月还京，专待家中回信详明见示。"

曾国藩虽然急切地盼望回归故里，但这次依然没能成行。不久，祖父病逝的消息从湖南老家传来。曾国藩闻讣后请假两个月，在京中寓所穿孝，以托哀思。他还向亲友同僚发讣帖五百余份，并特别写上"谨遵遗命，赙仪概不敢领"。由于不收银钱，曾国藩便将收到的祭幛做成马褂数十件，分寄家中族戚，即所谓民间的"分遗念"。

回乡省亲待出山

咸丰二年（1852年）6月12日，曾国藩在焦急不安中被钦命充江西乡试正考官，奏准回籍探亲。江西毗邻湖南，距湘乡尤近。因此，曾国藩次日递折谢恩时，奏请试竣后赏假两月回籍省亲。咸丰允准。

6月24日，满怀着为朝廷取士的"热望"和与家人久别重逢的喜悦，曾国

第五章　潜伏官场，羽翼未丰时绝不妄动

藩驰驿而行。繁华的京城和威严的紫禁城被远远地留在了身后。他不会想到，这一次离京，一别就是十几年。他也不会想到，时代的激荡把他引向另一条道路。他更不会想到，这一次离京，儒生真的羽化成"蛟龙"，他的命运已与大清朝息息相关。

曾国藩乘坐官备驿站，经直隶，过安徽，经过一个月的旅行，于7月25日，行抵安徽太和县境的小池驿时，接到了母亲江氏已于6月12日逝世的讣闻。曾国藩想起十几年前的分别竟成永别，想到操持一生的母亲临终前竟没有见到身穿二品官服的儿子，他痛心不已，遂调转方向，由九江登船，急急奔回原籍奔丧。

曾国藩一到湖南，满耳朵听的是太平军节节北上，清军抵挡不住，形势如何紧迫的风声。实际上，在曾国藩逆长江行至汉阳时，湖北巡抚常大淳便告诉他：长沙已被"粤匪围困"，只得由水路改走旱路，经湘阴、宁乡而达湘乡。四十二岁的曾国藩扶棺痛哭。9月22日，曾国藩的母亲江太夫人被安葬在下腰里宅后。此时的太平军已锐不可当。

回家奔丧，本该好好祭悼生他养他、一别十几年、临终又未得见上一面的慈母。但是，这些却被太平军北进的消息冲淡了。长沙之围虽解，但太平军是主动撤围，意在加快北上的速度。不久便攻克岳州，攻占汉阳、武昌。太平军所到之处，清军不是一触即溃，就是闻风而逃。

咸丰二年（1852年），太平军出广西，入湖南，连克州县，湘省各地"会党蜂起应之"。8月，太平军围攻长沙，全省震动，地主富豪纷纷逃命，郭嵩焘兄弟及湘中名宦左宗棠兄弟也率眷属避入玉池山梓木洞。年底，太平军兵指湖北，水陆并进，"帆帜蔽江，所过城镇，望风披靡"。

与太平军的势如破竹相反，清军一触即溃，接连丢失重要城池，大有土崩瓦解之势。这一年年底，太平军以地雷轰塌武昌城墙，遂克武昌。这是太平军攻下的第一座省城，举国为之震动。眼看江南半壁江山换了颜色，咸丰皇帝气急败坏。虽然他早就知道八旗兵与绿营兵软弱涣散，但没想到竟如此不堪一击。前方局势的急转直下，促使清廷高层不得不寻找另外的救急之策，这就是令各省在籍的大臣举办团练，自卫桑梓。

咸丰皇帝让曾国藩留乡办团练，既有一般性又有他特殊的背景。

此时，太平军势力浩大，清军无力对抗，清政府下令地方官举办团练，尤其命令回籍的官员为团练大臣，利用人地两熟，在地方又有号召力的官员组织地方武装，对抗太平军。如：1852年9月，任命刑部尚书陈孚恩为江西团练大臣；1853年2月，任命在家养病的广西巡抚周天爵为安徽团练大臣；不久，又命工部侍郎吕贤基办团练。仅仅1853年3月到4月，就先后任命四十五人为团练大臣，仅山东一省就有十三人，曾国藩也是在这时被任命为湖南团练大臣的。

咸丰二年十一月末，咸丰在给湖南巡抚张亮基的谕中说：

丁忧侍郎曾国藩，籍隶湘乡。于湖南地方人情，自必熟悉。著该抚传旨令其帮同办理本省团练，搜查土匪事宜，必尽心不负委任。

中国封建社会历来讲究"以孝治天下"，清代更有明文规定，无论多高职务的官员，父母死了必须离职守制。如果朝廷特别需要这位官吏，必须发特诏命其不必去职，以素服办公，不参加吉礼；或于守制尚未期满之时，即令复职，这种制度称为"夺情"。有的人为了表示尽孝的诚心，甚至连皇帝"夺情"的命令也可以不听。封建社会讲"君要臣死，臣不得不死"的"忠"，但臣子若要搬出一个"孝"字来对抗，君也无可奈何。当然，这要冒被君主厌弃的危险，但也可以大出个人气节的风头。

就被"夺情"的大臣而言，可谓各怀心事，不可一概而论。有的为了不离开权力核心，而自愿"夺情"；有的为了辅理朝政而不得不"夺情"。但结果大多招来士人的讥笑，有的甚至身败名裂。

明代张居正为内阁首辅时，万历五年，其父在湖广（明代为湖广省）江陵原籍病逝，万历皇帝年值冲龄，因此令张居正"夺情视事"。张居正听从王命，移孝作忠。但招来士人的强烈反对，张居正为此廷杖反对者。然而，历史十分复杂，正是张居正的"夺情"，推动了明代中后期的改革运动，缓解了大明王朝的统治危机。史书中说，张居正刚死去时，反对他的人为之举手称庆。但时间似乎是最后的评判人，若干年后，人们越来越认识到张居正的可贵。曾国藩熟悉历代掌故，他对清代理学家李光地的"夺情"也有自己的看法。当年康熙皇帝优礼汉人大臣，对福建籍的李光地尤为宠信。在收复台湾的重大决策中，康熙多次咨询李光地，李光地也直抒己见，为康熙皇帝做出正确决策献智献计。但"中

第五章 潜伏官场，羽翼未丰时绝不妄动

年夺情"，对身为理学家的李光地而言，成为士人诟病的渊薮。一个半世纪过去了，曾国藩面临李光地当年的两难抉择。

不过，此时的曾国藩是有所顾虑的。其一，这时出山，有违孝道。亡母尚未安葬，若此时出山，必有违丁忧离职守制大礼。一直以来，自己整天都满口满纸的忠孝仁义，若也违制，天下人难免会耻笑。其二，投笔从戎，心里没底。自己只是一介文员，并不懂兵法，假如现在投身战场，肯定会有巨大磨难，一旦办理不善，可能连官职性命都保不住。其三，手中无兵，官场复杂。他对清朝的官场腐败是有着深切认识的，明白要办一事，处处荆棘，若是率兵打仗，要人、要枪、要饷，就必然会同上下各级发生纠葛，办起事来一定困境重重，束手缚脚，举步维艰。

考虑到了种种难处之后，他便一边写信拒绝了张亮基的邀请；一边写折子，让张亮基代发，辞谢皇帝的圣意，并请求在籍守制三年。

没想到，就在这个时候，太平军攻克了武汉，很快就要反攻湖南。这使得刚坐到湖南巡抚宝座上屁股还没热的张亮基急得像热锅上的蚂蚁，立马命郭嵩焘连夜赶往曾家，劝说曾国藩出山。

恰巧在这一天，好友郭嵩焘赶到湘乡为曾母吊唁。县令朱孙诒清楚郭与曾的关系非常，故不敢怠慢，立即传官轿送郭嵩焘前往曾家。120里的路，郭嵩焘赶到曾家时已是深夜。两人秉烛畅叙，当谈及时事时，曾国藩说自己要守制，不能出来主持团练。郭嵩焘则"力止国藩曰：'公素具澄清之抱，今不乘时自效，如君王何？且墨经从戎，古制也'"。郭嵩焘素知曾国藩野心勃勃，以整治封建秩序为己任，现在面临"乱世出英雄"的机会，你为什么不大大施展抱负，尽忠皇帝呢？郭又拿出"古已有之"的例子来说服曾国藩，情真意切，不可言表，给标榜"忠孝"的曾国藩一个很好的台阶下，但曾国藩为了表示尽孝的"决心"，仍表示不同意。郭嵩焘又反复与曾国藩的父亲谈"保卫家乡"的大道理，曾父认为讲得对，便把曾国藩叫到面前教训了一番。曾国藩这才应允。但多日不见起行。郭嵩焘又同他的弟弟郭昆焘一同前往曾家劝说，但曾国藩却以郭氏兄弟入幕参赞其事为先决条件，郭嵩焘只好答应。此后四年，郭嵩焘大部分时间都在曾国藩幕府中度过，成为湘军初创、曾国藩"大业"初起时的主要人物之一。

除了"忠""孝"不能两全的矛盾外，曾国藩还是一个十分务实的人，他深知自己讲理学、佐朝政尚可称职，而对于兵法阵战、练兵打仗可以说是个外行，而且，打仗是人命关天的事，与写写文章不同。尤其是现在朝廷让地方乡绅自筹饷项，而自己平素所交之人，大多贫寒之家，拿不出银子，也招不到兵勇。因此，当乡间名流好友及巡抚大员一再请他出山时，他最初均表拒绝。咸丰二年十一月，他写信给刘蓉，解释迟迟不赴团练局的原因：

国藩之所以迟迟赴局暗诸君子之后者，盖自七月二十五闻讣，至十一月初五始克释缟素而更墨绖。若遽趋县城，既不可以缟素而入公门，又岂可竟更墨绖，显干大戾。且局中要务，不外训练武艺，催收捐项二端。国藩于用兵行军之道，本不素讲，而平时训练，所谓拳经棍法不尚花法者，尤懵然如菽麦之不辨。而侧闻石樵先生之胆勇，及左右与罗山、赵、康、王、易诸君子之讲求切实，国藩寸衷自问，实不能及十分之二三。至于催促捐项，无论斩焉在疚，不可遽登人门，即使冒尔从事，而国藩少年故交，多非殷实之家，其稍有资力者，大抵闻名而不识面，一旦往而劝捐，人将有敬而远之之意，盖亦无当于事理。是以再四踌躇，迟迟未出。

曾国藩办事讲究条理，往往从最根本处讲求。让一个身戴墨孝的人出入乡绅富户之家，是对先人不孝，对他人不恭。况且，他的"人力资源"对于筹集饷项可以说没有大补。但是曾国藩又是一个有责任感的人。他对刘蓉说："国藩居湘乡之土，为湘乡之民，义不可不同心合力保护桑梓，拟于百日之后前赴县门，以明同舟共济之义。"随即提出自己的意见："鄙意以为壮勇贵精而不贵多，设局宜合而不宜分"，认为"但得敢死之士四百人，则固可以一战"。

12月15日，曾国藩又给他的内兄欧阳秉铨写去一信，请他前往京师，帮助将家眷接回湘乡，他还说自己在家服丧仅满四月，家中诸事尚未料理，此时若立即出山办理官事，则不孝之罪滋大。"且所办之事亦难寻头绪，若其认真督办，必须遍走各县，号召绅耆，劝其捐资集事，恐为益仅十之二，而扰累者十之八；若不甚认真，不过安坐省城，使军需局内多一项供应，各官多一处应酬而已。再四思维，实无裨于国事，是以具折陈情，恳乞终制。"为了取得昔日友好对他内心苦楚的理解，他还将折稿寄到京师，请内兄转交"相好中如袁、毛、黎、黄、王、袁、庞诸君，尽可令其一阅。此外如邵蕙西、李少荃、王雁汀、吕鹤田有欲阅者，亦可一阅。盖欲使知交中谅我寸心，不必登诸荐牍，令我出而办事，陷于不孝也。"

由此可见，曾国藩对出山办团练的困难考虑得十分细致、具体。这也可以看出他是一个务实的人。

在领命前去经办团练之前，曾国藩首先要安顿好家中之事。获知曾国藩要出山后，他的四个弟弟都要求随他离家参战，但他只答应带曾国葆一人离家，并叮嘱曾国荃、曾国华先在家守孝，等待更佳的时机再出来帮忙。

一切安排停当后，曾国藩再祭母灵，请求逝世母亲的在天之灵能谅解他难尽孝道之举。为了对国家尽忠，他决定"墨绖（dié）出山"，去迎接那不可预知的未来。

第六章

临危受命，墨绖出山招勇办团练

曾国藩

第六章　临危受命，墨绖出山招勇办团练

兴办团练

　　团练源于唐德宗年间。当初的统治者把乡民组织起来形成地方性的地主武装。这种武装形式很灵活，有战争的时候奉命出征，没有战争的时候就回府务农。玄宗用募兵制代替府兵制之后，兵农分离，但各藩镇仍然沿用团练的办法。清代前期，团练的情况也存在，但是大多是时聚时散。嘉庆年间，苗民在贵州、湖南两地发生暴动，凤凰厅同知傅鼐"乃日招流亡，附郭栖之，团其丁壮，而碉其要害，积十余碉则堡之"，后来平定苗疆时，团练的兵力和碉堡的战术发挥了很大的作用。后来，白莲教教徒起义，白莲教运动波及四川、湖北、河南、陕西、甘肃等省，持续了将近十年的时间。德楞泰和明亮上奏皇帝，请求用乡勇和碉堡如法炮制，嘉庆帝发布诏书命各地都用此方法，最后才镇压了白莲教起义。

　　因为以往有镇压白莲教起义的成功经验，所以当太平军兴起时，咸丰帝在积极布防的同时，还发布上谕要求各省团练乡民，企图使八旗兵和绿营兵在内的正规军与团练乡勇密切配合，一起镇压太平军的起义，于是在全国就掀起了第一个办团练的浪潮。由于丁忧或请假在籍的官吏对地方的情况较为熟悉，清廷就委派他们与地方督抚配合行动。前刑部尚书陈孚恩是被任命的第一个团练大臣，时间在咸丰二年八月，曾国藩就是第二个团练大臣，时间在这年十一月。接着这年十二月到咸丰三年二月，在仅仅几个月的时间里，累计任命了四十九名团练大臣。咸丰十年（公元1860年），太平军消灭了江南大营，清廷进一步意识到必须依靠地主武装才能取得胜利，在全国各地办团练的第二次浪潮又兴起了，清廷又先后任命了四十三个团练大臣。这九十二人中，官职由高到低，自前尚书至已革总兵不等，分布在十六个省份。由此可见清廷如何重视办团练事宜。

曾国藩上任后所做的第一件事就是严厉打击民间暴动，原因是随着日益扩大的太平军势力，湖南境内各会党趁此机会纷纷涌出，平日受尽官吏欺压的百姓为反抗官府也都趁机组织了起来。是时，太平军虽已离开长沙，但挥师湖南是随时都有可能的事情，到时候湖南境内的各股反抗力量与太平军部队相结合，清政府在湖南的统治就将宣告结束。而且，即使太平军还没有进攻到湖南，各地民间组织的武装暴动也扰乱了整个湖南官场，让官员们惶惶不可终日。此时的曾国藩，一面招募兵勇进行训练，一面集中兵力镇压各地起义，他还没有足够的实力与太平军对阵。

就是在这种形势下，曾国藩担任了湖南省团练大臣，而后，他又在省城长沙设立了审案局，招募勇丁，揭开了镇压太平天国运动的序幕。

咸丰二年十二月十七日，曾国藩与郭嵩焘从家乡动身前往省城长沙，途经湘乡县城时，又接到湖南巡抚张亮基征调湘乡练勇一千名赴省城的扎令。正好这一千练勇由曾国藩带走，湘乡的罗泽南、刘蓉、王鑫、朱孙诒也随曾国藩而去。这些人便是曾国藩初办团练的班底。

咸丰二年十二月二十二日，曾国藩一行率带一千湘乡练勇赶至长沙。

未进城时，早有江忠源、左宗棠率带楚勇和乡绅及昔日岳麓书院的一班同学、同乡前来迎接。

来至巡抚衙门，张亮基在大开的中门外带领省署诸班官员大张旗鼓，迎接曾国藩一行的到来。从此，曾国藩以一文员侍郎之身份，开始了军伍生涯。在欢迎曾国藩的宴会上，张亮基握着曾国藩的双手说："今后湖南保境安民的一切，都拜仁兄，仗大才经纬。仁兄对湖南的挚爱、对小弟的挚爱，望施补天之术，使三湖之土早得安宁！"使曾国藩甚为感动。

第二天，曾国藩即向皇上呈递奏折，要求在长沙建大团，成一劲旅，以剿灭"洪杨发匪"。

不久，便有五百里加急信马报达，咸丰亲批朱谕："悉心办理，以资防剿。"随后即把带来的一千团丁编为两营，由罗泽南、王鑫各带一营。从中抽调八十

第六章　临危受命，墨绖出山招勇办团练

名精悍，组成亲兵队，由曾国葆统带。又组织一帮人马，十余名委员，在紧挨巡抚衙门的鱼塘口，新开了一个衙门，招牌上写着"湖南审案局"。委托过去岳麓书院的同窗，在籍江苏候补知州黄廷瓒负责。

初来长沙，曾国藩对未来的发展并无多大成算。自己上报给皇帝的奏折，要在长沙成一劲旅，与太平军对抗。但实际上，皇帝的原旨是让他到省城帮办湖南团练事务。团练并非正规部队，其职守也只是"帮办"，归根结底是帮着省里维持地方治安，关键之时率带团练守卫地方。因此，曾国藩初来长沙的差使是对付地方的小股暴动。

湖南地面本来就"不靖"，受到太平天国起义的影响，也就更加不安宁了，"匪类"起事遍地皆是。至长沙不久，道州便发生天地会何贱苟等首领宣布起义，围攻县城。曾国藩即派王鑫、刘长佑、李朝辅率湘乡团勇前往镇压。但队伍刚出发，忽接衡山草市刘积厚起事，杀死地方官，响应太平军。曾国藩又命王鑫转回头去镇压刘积厚。可是命令刚发出，又有攸县的黑红会、桂阳的半边钱会、安化的串子会、永州的一炷香会起事。尚有被太平军打散的清军，也混在造反队伍里，四处抢劫。几天里，呈报到审案局的急件就有一大堆。

做过十几年京官，终日同经书、诗文打交道的文员，虽官至二品，哪曾见过这般阵势？况且手中仅有那千把未经训练的军队，由几名书生率带，真是顾了东顾不得西，一时弄得这位衔命出山的湖南团练大臣焦头烂额。

但是曾国藩却有他的办法和手段。他招集审案局委员及团丁，下令对地方不良分子一律处以重典，不论是盗贼、土匪、游勇，捉一个杀一个，谁捉一个，赏银五两。为了杀一儆百，他还命人制作一批木笼，类似于囚车，把拿获的土匪枷于木笼游街。游罢街也不取出，直至游死、饿死为止。于是，没过多久，湖南百姓士子都知道长沙出了个残忍酷毒的团练头子曾国藩。许多人向省里告状，说审案局是阎王殿，连审案局里的一些委员也表示不再干这伤天害理之事了。

张亮基却极力支持曾国藩的行动，他认为"宁失之于严，不失之于宽"。张亮基与曾国藩一个心眼，湖南地方对曾国藩的残酷杀人没地方告了。大家知道，因为"杀土匪"，告到咸丰那里也无济于事，皇帝恨的就是"土匪"太多。所以告曾国藩的状子没有了。于是，曾国藩每天的主要工作是命令杀人，凡捉

到的都是"匪",因此也用不着审问,只要"验明正身",便立即斩首。于是,张亮基上折奏报咸丰,说曾国藩"有胆有识,刚强干练"。

曾国藩见数月以来,以严刑酷法对待骚乱确有成效,于是变本加厉,拟定"格杀勿论""就地正法"的告示,盖上"钦命帮办团练大臣曾"的紫花官印,让团丁四处张贴,弄得长沙城及湖南全省一片恐慌。

曾国藩向咸丰帝奏报,他任湖南帮办团练大臣之后,不满四个月由他直接领导的审案局就杀人一百三十七名;由他批示各县"就地处决"者更多,他给亲友的信中所写杀人之数又远不止此数。因此他受到了社会舆论的抨击,人们送给他"曾剃头""曾屠户"的诨号,表示对他的愤恨。

曾国藩初办团练以杀人为营生,赚得个"曾剃头"的恶名。张亮基作湖南巡抚之时,处处让他放手去干,他还混得下去,但不久形势发生了根本变化。武汉失守,湖广总督徐广缙被革职,张亮基调往武昌,接了湖广总督的空缺。湖南巡抚由布政使潘锋署理。不久,原湖南巡抚骆秉章又重任旧职,布政使是徐有壬,按察使是由外处调来的陶恩培、都新。后调来的这三个人,完全不能接受曾国藩的做法,因此,曾国藩的日子日益艰难。

首次出山首次遇挫

曾国藩久居官场,对官场那一套早已看透,但他出面督办团练时,是没有"名分"的,这势必与旧的体制发生磨擦与矛盾。这种矛盾与磨擦大体来自三个方面:一是他的非官非绅的身份与地方官的矛盾;二是督办团练的做法与官场旧习的矛盾;三是湘军的建立发展壮大取代了正规军,因而与国家旧体制的矛盾。第一种矛盾使曾国藩感到办事不灵,第二种矛盾使他有"越俎代庖"之嫌。

曾国藩到长沙之初,本想大干一场,于是按照自己的设想,毫无顾忌地日夜练兵。塔齐布是一个武职,他奉曾国藩之命,训练湘军很有成效。但引起正规军绿营军官的不满，长沙协副将清德说："本朝的制度是将官不受文官统辖，即使巡抚也不问营操"。提督鲍起豹听到这番话后，把怒气发到塔齐布身上，说盛夏练兵是虐待兵士，而且提督现驻省城（长沙），我不传操，敢再妄为者军棍从事。塔齐布这下也退缩了，不敢再出来主持湘军操练。

这一时期的湖南巡抚是张亮基。张是江苏铜山（今徐州）人，举人出身，颇受云贵总督林则徐赏识。因林密荐，不到二年间四次升迁。道光末署云贵总督。

曾国藩最初出山办团练，是以丁忧侍郎的身份来"入局"的。丁忧是为他母亲守丧。按儒家的礼制，无论官做多大，必须尽孝道，为父母守丧三年（实际是二十七个月）。在此期间，朝廷要开去官缺，但仍享有原官品级的待遇，服丧期满，再到中央重新任职。也就是说，曾国藩有的是二品侍郎的虚衔，他这个"官"是虚职。同时，他又有"在籍"的身份，因为他的母亲病故于原籍，曾国藩在家乡守丧，因而又有了乡绅的身份。但他这个乡绅的身份也是虚的，因为他一旦服丧期满，又要离开湖南重返官场。而那些退休的官员才是真正的乡绅。就此而言，曾国藩的"亦官亦绅"都是虚衔，这就是他经常谈起"非官非绅，办事不灵"的原因。而好友刘蓉却有另一层说法，他说："我看这句话要倒过来说，应该是'亦官亦绅，办事必成'。侍郎公曾经有为官的身份，在朝廷上的影响绝不是一般人所能达到的。而侍郎公如此体贴民情，与我们这些书生能打成一片，也不是一般当官的人所能做到的。现在这支上万人的队伍，主要还得靠侍郎公。"

曾国藩听了这话，并没有表态。他作为湘军统帅是很自然的事情，也不用推辞。倒是刘蓉说他"亦官亦绅"，真正切中了问题的要害，他的双重身份，让他感觉到了自己的优势。

曾国藩何以有"非官非绅，办事不灵"的感慨呢？原来，曾国藩在长沙初练湘军的时候，由于他本来处于一种非官非绅的地位，可实际上却干着官和绅的事情，这样就必然要侵犯到他人的权利。再加上澄清天下的抱负想马上实现，对官场积习深恶痛绝，不知道迁就别人，因而矛盾很大。起初，张亮基调任湖南巡抚后，以巡抚大员身份，请曾国藩出山。当时曾国藩热孝在身，省城长沙被围，张亮基亲笔写信，请曾国藩为桑梓父老着想！信的末尾说：

"亮基不才，承乏贵乡，实不堪此重任。大人乃三湘英才，国之栋梁，皇上倚重，百姓信赖，亟望能移驾长沙，主办团练，肃匪盗而靖地方，安黎民而慰宸虑。亮基也好朝夕听命，共济时艰。"

　　曾国藩当时虽回绝了张的邀请，但后来出山的原因之一是认为张是可以合作之人。事实上，张亮基在湖南担任巡抚的一年多时间里，由于胡林翼等人从中斡旋，曾、张之间的关系大体上保持一致。但张一离开湖南，曾国藩就感觉在长沙与地方大僚不好处，因而不得不移师衡州。曾国藩显然很怀恋这段同僚相处的时光。张调任山东巡抚的当年重阳节，曾国藩给张写信，详细道出自己"越俎代庖"的苦衷。曾国藩说："听说仁兄已调往山东，从此毗邻京城，坐镇泰山，大展宏图。只是在目前两湖整肃吏治的工作才刚刚开始，各项建设初有起色的时候，仁兄却突然奉调离职，这不仅使刚刚开始的各项工作无法继续，而且即使是一般的平民百姓，也为仁兄的调离而感到惋惜，他们怅若所失，顿失依靠。"

　　曾国藩讲的"顿失依靠"，实际是道出了自己的苦衷，因为他与现任湖南巡抚骆秉章关系还没有"磨合"好。信中接着说：

　　"今年以来，我所经手办理的各项事宜，大半有超越权限，越俎代庖之嫌。但我认为，在当今艰难的时局下，只要是有利于国家，有利于百姓，即使受再大的委屈，我也要努力去做，以期为国家贡献自己微薄之力，以伸张正气，振奋民心。之所以训练乡勇，也并非有什么其他的企图和原因，仅只是因为当今军队，无不骚扰百姓，去年就曾发生潮勇在湖南烧杀掳掠、奸淫妇女的事情。于是在民间就出现了种种流言，说官兵反倒不如贼匪安宁。我对此深感痛恨，担心将失去民心而无法挽回，因此发誓要训练一支纪律严明、秋毫无犯的军队，以挽回民心，根绝流言。每逢三、八两日集中训练的时候，我总要对乡勇训话，苦口婆心，反复开导，只求他们不要骚扰百姓。自四月以后，我有时也命令塔齐布将军带领旗兵，与乡勇一齐操练，塔将仅派他手下将领来听我的训话。我每次对这些人训话，往往有数个时辰之久。虽然不敢夸耀我的训话可使顽石点头，但我的苦心，我的诚意，却确如杜鹃泣血。只希望他们被感化，并幡然悔悟，练只是其名，训却要求其实。听众自然十分轻松，而我这个一讲数个时辰的人肯定十分辛苦。如今那些听过我训话的旗兵仍在湖南，若您不相信我说的话，则可询问。只要他们稍有良心,就不会颠倒黑白,信口雌黄。我之所以这样做,是想感化他们,希望他们不再骚扰百姓,以雪兵勇不如'匪贼'之耻辱,并使旗兵漫无纪律的现象稍有改变。

到六月初,提督鲍起豹来到长沙,他说,军队的任务是防堵'逆匪',因此不要经常训练。在炎热的夏季,军队也不宜过于辛劳。他根据这些理由严厉斥责塔齐布,袒护清将。而中丞您也对我起了疑心,认为我不应干涉旗兵的内部事务。恰在这个时候,我与您保举塔将、弹劾清将的奏折,在同一时间发出,而且您又在这个时候写信来,责备塔将军为何不勤加操练。这样,提督于是怀疑您和我暗地合力排斥他,都是挟持私心而非难公正,难道果真如此吗?这真是天大的冤枉啊!自此之后,在处理旗兵与乡勇之间矛盾的时候,我虽然尽量做到公平,但往往是压抑乡勇而抬举旗兵。我扪心自问,可以说无半点私心,也可以让天下所有人来评判。到初六这一天,发生了兵变,有的人说兵变是暗中有人指使,也有人说既然已经看到了兵变的苗头,为什么不早作防范。君子之行坦荡荡,怎肯费尽心思、机关算尽去与人争狠斗勇?我本是一普通乡绅,为理公事又没有真正有权的职务,全凭名声来震慑'匪徒'。如果名声因此受到损害,那么,奸猾小民将会更加肆无忌惮。这样,我当初的设想与事情发展的结果恐怕难以一致。想到这些,我只得抽身隐退,暂时到衡州驻扎。"

曾国藩的双重身份,并没有给他带来什么优势,反而给他添了不少麻烦。本来地方团练大臣们的地位就很尴尬,他们既不是地方大吏,又不是钦差大臣,只是辅佐地方组织地主武装,协同维护地方秩序。这个举措是清政府的应急手段。而曾国藩却一味蛮干,以钦差大臣自居,支持他的张亮基一走,新任巡抚和地方官便认为他多余了。地方大员对曾国藩不支持,文武官员也就更不配合,不久便发生了争端,几乎闹出了大事。

事情由曾国藩越权干预绿营兵引起。

清朝常例,绿营兵由总督统辖,由各省提督统带,负责训练等事务。团练大臣只能管辖团勇,对地方绿营军营务无权过问,可曾国藩却通过塔齐布对湖南绿营军加以干涉。

塔齐布是满洲镶黄旗人,姓陶佳氏。初由火器营护军提升为二等侍卫,于咸丰元年（1851年）派往湖南任都司，在助守长沙之战时升为游击。曾国藩为湖南团练大臣，见塔齐布生性忠勇，剽悍骁健，无旗人和绿营军官中的腐败习气，很是看重他，于是聘他为教师，训练团勇。塔齐布对曾国藩唯命是从，认真做事，很得器重，二人交往愈加密切。

曾国藩训练团勇很严格，有军事训练、政治教育，同时还要与绿营军一道会操，虽长沙盛夏酷暑之时，也不许停止。曾国藩不许练勇停止会操，绿营兵也就得陪练勇训练，绿营若不参加，何谈会操。于是，便引起湖南绿营骄将情兵的反对。长沙协副将清德早对曾国藩干预绿营不满，于是便利用部队的懒惰情绪，拒绝听从曾国藩的命令，不再参加与团练的会操，也不再听曾国藩的训话。

一次会操时，曾国藩发出了会操的命令，只有塔齐布率领所部前往，其余驻长沙的绿营兵拒绝参加，还群起指责塔齐布诣事曾国藩。曾国藩大为恼火，以清德惰于操练、临阵退却参劾之。清德不服，赴湖南提督鲍起豹处申诉，反控曾国藩以炎热气候强令军队操练，虐待士兵，塔齐布令绿营与练勇会操是破坏营制。

鲍起豹跟清德是一个圈子的，自然会护着清德，惩处塔齐布了。绿营兵在鲍起豹的纵容下，更加嚣张，乃寻衅挑起纠纷，鸣号列队攻击塔齐布的军队。曾国藩出来干预，鲍起豹挑动军队包围塔齐布的营房，捣毁了营房、居室，并攻入曾国藩的团练大臣公馆，枪伤了他的随员和护兵，几乎击中了曾国藩。

曾国藩、塔齐布狼狈逃走，才免于被杀伤。曾国藩的公馆与巡抚衙门仅一墙之隔，骆秉章却装聋作哑。直到曾国藩仓皇跑来，他才不得不同意曾国藩的处理意见，让肇事者赔礼道歉，并不追究鲍起豹和清德的任何责任，也不对曾国藩加一语安慰之词。事后，长沙城里的各级官吏皆言曾国藩干预绿营兵事务，是自取其辱。曾国藩知道长沙再无自己的立足之地，于1853年9月自动离开长沙，移驻衡州。

曾国藩初办团练，以落败暂时告一段落。

很显然，曾国藩出山之初很不顺利，一是他手中没有实权，没有管理地方的职责，但练兵筹饷，哪一项都要与地方官打交道。曾国藩此时性格外露，没有顾忌，因而招人怨、招人忌。二是体制上的矛盾，如文官不统辖武将，这是清朝的定制，曾国藩破坏了，因而就有人名正言顺地反对他。再者，绿营兵是国家正规军，湘军当时称为乡勇，属于临时性质，是无法与绿营军争位置的。曾国藩的性格决定了他督办团练必然会走到这一步。曾国藩这种性格对他的发展是极为不利的，直到咸丰八年再度出山时才有大的转变。

受排挤招兵买马

初办团练遭遇到的挫折让曾国藩清醒了很多，他心里有了初步的打算。离开长沙之前，原想给皇帝上疏，弹劾湖南巡抚、提督的纵兵闹事对他的排挤。后来思之再三，还是决定"好汉打脱牙和血吞"，在与幕僚谈论此事时曾说："我的起兵是被人反激而成的。初办团练之时，借人抚衙而居，令不得行，想杀几个不听令的士兵，全军鼓噪入吾居处，几为所戕。因是发愤练兵万人，居然成就了一支队伍，而有今日。"他是说，居人之室、借人之军，难以立足，必须发愤练成自己的一支军队，才有成功的本钱。这是他离开长沙，到衡州独辟山林的主意。

当年的衡州城，即今天的衡阳市，是湖南衡州府的知府衙门所在地。地处湘水和蒸水的汇合处，是湖南省的名城，仅次于长沙。因为是知府重地，府称"衡州"，所以俗称衡州，而不叫衡阳。此城北临南岳衡山，控水陆要冲，历来是兵家必争之地。

衡州曾是曾国藩的祖籍，曾妻欧阳氏是衡州人，衡州亲友多，是他的第二个故乡，这是他来衡州的重要原因。

因为有长沙的教训，曾国藩这次学聪明了。他来到衡州之初，就盘算着怎么跟地方政府搞好关系。衡州知府陆传应在曾国藩到来之前已有巡抚的札文，照例开城相迎。知府官位仅是从四品，比曾国藩整整低了五级，但曾国藩并不以高压下，照样以"兄"相称，给陆知府的印象颇佳。

经由陆传应的首肯，团练大臣的"署衙"暂设于小西门演武场。这个演武场实际上是一处大祠堂，位于衡州西门外的蒸水滨，是当年吴三桂在衡州称帝时开辟的，场面很大，有现成的阅兵台和"行署"。曾国藩把由长沙带来的一千多名团丁安驻于此，罗泽南、王鑫、李续宾、李续宜、江忠济（江忠源之弟）、曾国葆等人算是他的手下大将了。

初来衡州，又怕被人排挤而出，曾国藩的挫败之心很重，也知处境尴尬，又怕给知府带来压力。所以，处处小心谨慎。

让曾国藩挠头的头等大事，就是自己的名分问题。自己该属于哪个衙门口呢？朝廷并未立定规矩。只说办团练，但团练大臣数十个，各自的品级并不一致，各地也无"团练大臣"的衙门。几经商量，先起名为："钦命团练大臣曾统辖湖南湘军总营务局"。牌子写好之后，曾国藩感到不妥：皇帝诏书写的是"帮办团练大臣"，帮而办之，湖南主要办团练的角色还得是骆秉章；统辖湖南湘军就更不妥了，皇帝没给他这么个衔，也无统辖军队的权力。商量来商量去，还是照旧用长沙时用过的"湖南审案局"五个字。

招牌不变，曾国藩的主意与在长沙时可大不一样了。他不再蛮干，不再仅做维持地方治安的帮手。他要下决心练成一支劲旅，自做统帅，做李泌、郭子仪那样的事业。

团丁安置好之后，他想的是先有一批可靠的军官。于是提笔在手，给郭嵩焘、刘蓉、李元度、陈士杰等人各写了一封信，让他们前来共谋大计。这时郭嵩焘在湘阴募集练勇资金；刘蓉在曾国藩眼里是诸葛亮般的"卧龙"人物，在长沙时他一度随行，后因故返回湘乡；李元度是曾国藩的同窗，平江举人；陈士杰是自己的弟子，以拔贡上京朝考时，曾国藩是他的阅卷考官，现在桂阳州原籍守制。

曾国藩的书信发出后，立即做出反应回信的是江忠源。江忠源当时正带兵在江西与太平军作战，时任湖北按察使。江忠源的信并没有寄到衡州，而是寄到了长沙。江忠源在信中要曾国藩抓紧编练军队，练成一支劲旅开赴江西与太平军作战。绿营军在能征善战的太平军面前的确是不行了，一触即溃。

江忠源的来信解决了曾国藩久未想通的问题：皇帝给各地团练大臣的任务

第六章 临危受命，墨经出山招勇办团练

是"帮办"练团勇，并不是要他们编练到前方作战的正规部队，若是练成一支正规部队，实属越格。实际上，当时各省的团练都不过是数百人的地主武装，湖南的一千余人已是最多的了。这千余人，在巡抚、提督眼里，也如丁如沙。他们的饷项、器械全靠自己解决，已属绝路，若真的编练大部队，更难以想象了。江忠源写信要他招募数千人马，奔赴前线，这正好让他做出新文章：即让江忠源代奏皇帝，批准他在衡州招募勇丁，编练成军，交他指挥。实际上，未待朝廷批准，曾国藩已经开始在衡州招募军队。

首先是李元度应邀到来，还带来了五百名新募的平江勇。一个月后，李续宾、曾国葆、金松龄募来了湘乡二千五百余名湘丁。江忠济、邹寿璋从新宁、宝庆一带也招来一千多人。同原来的湘勇合在一起，共有五千余人。曾国藩把这五千余人分为十营，开始训练。

在曾国藩训练团勇的同时，他发出的邀请函也都有了回复，郭嵩焘、刘蓉、陈士杰相继到来。让曾国藩更高兴的是，郭嵩焘还募得湘阴军饷二十万两，不日即可汇到。他料到塔齐布在长沙不为鲍起豹所容，在军官缺乏之时，写信向骆秉章报告了团丁安置等情况，请他随时派人来视察，顺便向他借调塔齐布、杨载福、周凤山三员抚标军官，骆秉章一一同意。

曾国藩见文武齐备，同郭嵩焘、塔齐布、罗泽南、刘蓉、王鑫、李元度、陈士杰、杨载福、周凤山连续几天商量了训练办法，制定了详细的军事条例。十营兵勇分别由塔齐布、罗泽南、王鑫等人统带。

衡州知府陆传应见到曾国藩一下子招募了这么多人马，认为壮了衡州的声威。曾国藩又常和他商量练勇事宜，于是对曾国藩满投机缘。在初办之时，由府库存银取出十万两，派为练勇之用，权作暂借，曾国藩自然喜悦。也算是出山以来遇上了真正支持他的人了。

于是，衡州城外那块荒废多年的演武场上，突然炮声隆隆，烟尘滚滚，人喊马嘶，杀声阵阵。引得大人小孩前来围观，惊奇地看着这支从天而降的人马。

谁说书生不能治军

　　谚语云：秀才造反，三年不成。军旅之事，自古就是"文人止步"的范围。兵凶战危，其间种种，与文人所学大都格格不入。文人于军事，多是在笔墨之间表示向往之意。如唐代的边塞诗人。即使忧愁多病之身的李贺，也喜欢写"黑云压城城欲摧，甲光向日金鳞开"这样充满战场杀气的文字表达对战争生活的向往。但是唐宋以来以文人出身而在军事领域成功的并不多见，北宋的范仲淹、明朝的王阳明算是特例。在义理考据之学中消磨壮志与才情的清朝士人，更是男儿血性渐凋落，"江湖侠骨已无多"，曾国藩、胡林翼等人能够取得成功，并表现出卓尔不群的军事才干，也就无怪乎蔡锷将军发出感慨了。

　　曾国藩和湘军从一开始就注定成为19世纪中国的一个最重要的文化现象——"投笔从戎"。这可以说是历史上一支真正由读书人领导的军队。这群读书人挺身而出的最大使命，就是为了捍卫中国传统文化。太平天国对于孔孟的态度，让他们为之激愤，也正如此，让他们立下了"上马杀贼，下马读书"的誓言；至于效忠朝廷等，倒成了次要的目的。在曾国藩、胡林翼、左宗棠等一帮程朱理学的忠实信徒看来，太平天国所提倡的"拜上帝教"等，其实就是类似西方文化妖魔化的体现，是直接违背"天理"的行为，而他们有责任和义务在这样的生死抉择中承担自己的使命。正因如此，这支颇有湖南士林风气的儒生在后来艰苦卓绝的生死绝杀中，屡遭挫折而不馁，表现出了与叛道者誓不共存的殉道精神。

　　早在太平军初过湖南时，曾国藩就编写了通俗易懂的韵文，发动和鼓励当地士人及百姓团结起来，共同对抗太平天国。这就是今天可以看到的《保守平安歌》三首：《莫逃走》《要齐心》《操武艺》。其中《操武艺》一首对乡民和团练的军事技术训练，说得有板有眼：

　　　　要保一方好土地，大家学些好武艺。
　　　　武艺果然学得精，纵然有事不受惊。
　　　　石头要打二十丈，石灰罐子也一样。

第六章　临危受命，墨经出山招勇办团练

木板只要五寸宽，箭箭要中靶子上。
石头罐子破得阵，叉钯锚子一齐进。
靶子也立一块板，板上先凿四个眼。
眼内安个小木球，戳在锚子尖上留。
只要枝枝戳得准，保守地方总安稳。
火器虽然是个宝，鸟铳却要铸得好。
火药也要办得真，不然炸裂反伤人。
铳手若是不到家，不如操演不用他。
唯有一种竹将军，装得火药大半斤。
三股麻绳紧紧缠，一炮响动半边天。
件件武艺皆无损，石头锚子更要紧。
石头不花一文钱，锚子耍出一道圈。
若是两个习得久，打尽天下无敌手。
读书子弟莫骄奢，学习武艺也保家。
耕田人家图安静，学习武艺也不差。
匠人若能学武艺，出门也有防身计。
商贾若能学武艺，店中大胆做生意。
雇工若能武艺全，又有声名又赚钱。
白日无闲不能学，夜里学习也快乐。
临到场上看大操，个个显出手段高。
各有义胆与忠肝，家家户户保平安。

　　诗中所述，大都是冷兵器时代的训练方法，也夹杂了一些简单火器的使用，可以说完全没有超出戚继光《练兵实纪》《纪效新书》的范围。曾国藩在两次兼署兵部侍郎期间，曾下过功夫钻研军事，对历代兵书多有研究。而他能在这样一首小诗中把单兵技术训练描绘得如此详细、讲解得如此清楚，已经难能可贵了。

　　与曾国藩一同起事、最初创建湘军的，也都是一批典型的文人，确切地说是一批湘乡文人。谭伯牛把其主要人物曾国藩、罗泽南、王鑫称为"三个性格

迥异的湘乡人",另外一位重量级人物江忠源则是湖南新宁人。

除了"三个湘乡人",当时投在罗泽南门下的还有李续宾、李续宜、刘蓉、刘典、蒋益澧等人,后来都成为湘军营垒中的杰出人物。

"书生治军"是湘军的一大特色。根据罗尔纲在《湘军兵志》中统计,湘军将领中,书生出身的占到百分之五十八;在统领一路乃至多路人马的高级将领中,这个比例更是达到了百分之六十七。

就是这样一群书生联手创建了湘军。不过当时的"湘军"与今天所说的"湘军",意义不尽相同。郭嵩焘称咸丰四年(1854年)"立水陆各十营,号曰湘军",认为一建军便称湘军;胡林翼在咸丰九年致李续宜的一封信中称"湘军万人循固始、商城,出六安"。在这期间,湘军各主要领导人对所统之军尚无统一和公认的名称,他们所称的湘军只是今天意义上的湘军中的一支。至于把曾、左、胡等人所统之部队概称为湘军究竟始于何时,尚待进一步探求,但王闿运在光绪初年撰写《湘军志》时,确已这样做了。湘籍学者梁绍辉认为,"湘军"之名,始于《清代大事年表》所记载的"咸丰三年七月,曾国藩遣湘军驰援江西",也就是说湘军因为出省作战,为了区别于他省军队,才被称之为"湘军"。

曾国藩在后来的奏折中叙述这次出省作战的经过说:"(咸丰三年)五月十八日,江西省城被围,前安徽抚臣江忠源招募湘勇二千,楚勇一千,配以三厅兵八百人,赴江救援。其监护军行者则有夏廷樾、易良干、罗信南、康景辉、杨虎臣等,而罗泽南亦自带一营。七月二十日,军至南昌。二十四日因进兵太锐,先胜后挫,谢邦翰、易良干及罗信南之弟罗信东等同时阵亡,此湘勇出境剿贼、带勇绅士力战捐躯之始也。"

自古英雄多磨难,从来瓜儿苦后甜。湘军一起步就遭受了这样的损兵折将。靠舞文弄墨起家的湘军统帅们,凭耕刨犁耙养家的湘军勇丁们,要想成为大厦将倾的清王朝的中流砥柱,显然还需要经过一番脱胎换骨的磨炼。

湘军规模初创成

如果把湘军作为一个总体或者集团来对待，那么，湖南新宁应该是湘军的发祥地；如果把范围缩小到由曾国藩创建，并由他指挥的那一部分湘军，那么，湖南衡阳则是它的发祥地。

从曾国藩咸丰三年八月二十七日到达衡阳的那一天开始，到他于咸丰四年正月二十八日从衡阳出征的时候结束，他在这里待了整整五个月。

咸丰三年（1853年），中国近代史上的第一支新式地主武装湘军产生了。按最初的计划，只想编练一万人，但因曾国藩的号召力很强，军饷发的也高，很快便超过了这个数字。

陆师的编制是：塔齐布、罗泽南、邹寿章、周凤山、储玫躬、曾国葆、朱孙诒、邹士琦、杨名声、林源恩各领一营，每营五百人，共是五千人。王鑫一人原领六营，约二千四百余人，曾国藩命其缩编为三营、一千五百人统带，王鑫不服，率军投湖南巡抚骆秉章而去。

水师的筹建稍晚于陆师。1852年底，太平军进攻益阳、岳州，得到大批船只，遂建水师。后由武汉攻南京，千船万舸，蔽江而下，控制了千里江面。迫于应付太平军的水师攻击，咸丰三年，清政府饬令湖南、湖北、四川造船练兵。湖南巡抚骆秉章自认建水师困难，没有进行。而郭嵩焘亲见太平军的水上作战，往来迅捷，遂建议江忠源再度上书，要求清廷拨款造船，编练水师。咸丰准奏，命令广东购置洋炮，两湖、四川造战船，建立水师，对抗太平军。

咸丰三年（1853年）冬初，曾国藩奏请拨款四万两，在衡州建立造船厂，日夜赶造战船。他请来广西同知褚汝航、岳州守备成名标督造船只，从广西速购大批木材。到咸丰四年初，湘军水师成军，共有战船三百六十一号，有拖罟（gǔ）大船一号、快蟹四十号、长龙五十号、舢板一百五十号、改装渔船一百二十号。船上共装大炮四百七十门，新式洋炮三百二十门。

水师成军之初，人数与陆师相等，也编为十营，官管由褚汝航、夏銮、胡嘉垣、胡作霖、成名标、彭玉麟、杨载福、龙献深、邹汉章、诸殿元十人担任。

水营的招募从时间上看虽不太迟，但招募过程却很曲折。本来湖南之衡州、郴州、桂阳、永州一带多有习水性之人，也乐于应募，但曾国藩却不愿在那里招募。其原因一是陆师多在湘乡一带招募，水师也想在那里招募；另一原因是湘南一带多次发生起义，会党势力很大，曾国藩也不敢在那里招募。湘乡的壮丁多已参加了湘军和地方团练，又不习水性，所以不愿受招。但曾国藩利用各种关系，日夜说服动员，正好湘乡一带发生旱灾，百姓受灾生活困难，湘军的待遇又好，所以才纷纷投军，使水营也较快成军。

水师的营官招募也很困难。在刚刚开始创立的时候，曾国藩并不知道筹措水师需要做哪些工作，于是就四处咨询，幸赖彭玉麟、杨载福出为营官，才使水师成军，二人终成湘军名将。

彭玉麟是清末的一个传奇人物，年轻时被传为刚直而又多情的"奇男子"，投军之时被称为"不怕死，不要官"的名将。

彭玉麟，字雪琴，衡阳人，即衡州西北蒸水之滨的衡阳县人。幼年丧父，家贫，随舅父去安徽芜湖读书。外祖母有一养女小梅，与玉麟年龄相仿，舅父无子女，玉麟与小梅犹如亲兄妹，深受长辈的喜爱。玉麟与小梅虽辈分有别，玉麟称之为小姨，但全家上下只此一对小男女，并无辈分之别。玉麟与小梅青梅竹马，两小无猜，相处甚洽。玉麟每天上学，小梅都给他准备好文房四宝，送出门外；每天放学，小梅总去接他；晚上玉麟读书，小梅为他掌灯、添油；玉麟爱画画，小梅为他研墨、铺纸。

时间一天天过去，玉麟和小梅一天天长大，纯真的情谊在这对小男女之间坚实地、一点一滴地滋长起来。他们虽都知道双方并无血缘关系，可是名分上的小姨与外甥怎好成亲呢？爱情的力量太不可思议了，玉麟17岁那年，衡阳传来凶信，祖母病故，他是长孙，必须回去尽孝。就在那苦苦分离之际，爱情之花抽蘖而出，小梅羞面如花，赠给玉麟一个鸳鸯荷包。玉麟紧握小梅的双手，吐出了藏在心里好久的爱慕之情，坚定地说："等着，我来娶你！"

可是，彭玉麟回到衡阳，家境贫苦，母亲靠纺线供玉麟读书，无法拿出返回芜湖的川资。一别七年，直到外祖母病故才再次去芜湖时，这时小梅已经埋骨斗笠岭很久了。

彭玉麟在外祖母和小梅的坟前呼天抢地，悲恸欲绝。他以泪水和墨，写了

悼念小梅的诗,其中一首是:

> 少小相亲意气投,芳踪喜共渭阳留。
> 剧怜窗下厮磨惯,难忘灯前笑语柔。
> 生许相依原有愿,死期入梦竟无由。
> 斗笠岭上冬青树,一道土墙万古愁。

此后,他誓不再娶,母亲每逼问,唯一语:"男儿功名未成,何谈婚事。"好在弟弟已成家,并生有儿女,母亲遂不再催问。但是,彭玉麟仅在十几岁时中了秀才,以后再未赴考。开始在衡阳绿营副将手下充掌书记,又为一富商看守仓库。有空即读《公瑾水战法》,又最爱画梅,几案箱笼,所处皆满。到曾国藩练湘军那年,彭玉麟已三十七岁了,仍是单身汉。

咸丰二年(1852年),耒阳地区发生武装暴动,急迫时,守城官募兵无以应,当时彭玉麟仍在耒阳富商家受雇,当机立断,发主人库存募勇守城。事息,城官保为绿营把总,彭玉麟一笑置之,并不受赏,被传为士林中少见之英杰。

曾国藩打听到彭玉麟的为人处世,尤其是此人熟读《公瑾水战法》,生在蒸水之滨,水性好,跑马射箭、枪法、拳术也都有功底,曾临战之功而不受奖赏。于是派人请他参加湘军,做水师将领。几次派人去请,彭玉麟也不受命。后曾国藩仿效刘备三顾诸葛的故事,亲往彭玉麟处相请,曾国藩见这位年近四十的汉子,依然长身玉立,英迈娴雅,十分敬佩。乃温言相劝,多方激励,方请得彭玉麟出山,做了水师的一个营官。

杨载福,又名杨岳斌(投军后因避咸丰之名载淳讳而改),湖南善化(今长沙)人。祖、父皆行武,有战功,父为游击官衔。居湘江滨,水性极佳。早年入行伍,参加镇压李沅发起义,升为千总。曾国藩办水师,把杨自长沙绿营中调为水师营官。

彭玉麟、杨载福入水师,为湘军水师的建设大出其力,成为湘军水师齐名的两个统领。彭、杨等水师营官每日抓紧指挥练习水战,至1854年2月,湘军水师终于练成。

此时,太平军先于咸丰三年二月(1853年3月)在南京建都,5月出师北伐和西征。西征军沿江西进，攻占安庆、九江、汉口、汉阳，江忠源向皇帝奏报，请咸丰下旨让湘军出师作战。几次催促，曾国藩皆以水师未成，船炮不齐，编练未就而拒不出战。咸丰几度下旨催逼，曾国藩提出一个三江、两湖数省军队统一部署、联合行动的战略计划，遭到咸丰的斥责。原来，咸丰此时并不知曾国藩的长远谋略，亦不知湘军水陆的实际情况，催他作战，也只是以为湖南乡勇可用，让他配合绿营。岂料曾国藩不仅不出，反提出数省合防的战略计划，便以为他口出狂言，下旨斥责说："今观汝奏，直以数省军务一身克当，试问汝之才力能乎否乎？平日漫自矜诩，以为无出己之右者！"曾国藩接旨，既愤激，又惶恐。愤激者，以为两年前自己的犯颜直谏，咸丰仍耿耿于怀，且不理解他编练军队的"血诚"；惶恐者，太平军势力浩大，绿营军三年的惨败，他若率师作战，是否能胜，确无把握，若一旦失败，就真的是贻笑天下了。

所以，越是这么想，皇帝越是催得紧，他越是不出战。

然而不久，自己的师友江忠源、吴文镕先后败死，内外压力和愧疚之心使他再也稳不下神了。

吴文镕是曾国藩考进士时的阅卷大臣，是他的恩师。先为贵州巡抚，太平天国进攻长江数省，调为湖广总督。西征军攻武昌，吴多次向曾国藩求援，亦向咸丰大力推举曾国藩的水陆师情况，曾竟不赴援。咸丰四年一月十五日（1854年2月12日），吴领军在黄州堵城与太平军大战，军溃，吴文镕投水自杀。

吴文镕死前还给咸丰上疏，认为皖湘数省，只还有曾国藩一军可战；并写了一封遗书给曾国藩，让他好自为之。

后来，长沙有个叫黄冕的人给曾国藩提议道："长江上下千里，港汊极多，敌船容易藏匿。因此，最好每营都添十艘小战船（即三板），这样就便于在港汊中搜寻敌船。"曾国藩对此非常赞同，于是就开始对水师的编制进行了如下的调整：每营配制快蟹一艘、长龙十艘、三板十艘。人员配制如下：快蟹配二十八名桨工、八名橹工；长龙配十六名桨工，四名橹公；三板配十名桨工。正是这样的水师配制，才能够使曾国藩日后在对太平军作战中取得胜利。

治军严明，打造曾家军

曾国藩初办团练时，手无一兵一卒，但他却在最后成为江忠源的楚勇、罗泽南的湘勇等势力的精神领袖，并在湘军的逐渐发展过程中，大批湘籍非湘籍的人才为曾氏所用。除了志向、思想相通之外，曾国藩待人之道也起了很大的作用。他"待人以诚，待人以恕"，但在关键时刻却丝毫不会心慈手软。

在曾国藩移驻衡阳前编练湘军的时候，王鑫本来是曾国藩非常赏识的一名将领，一直准备要重用他。但王鑫在曾国藩将营地搬到衡阳后，曾受命回湘乡募勇。王鑫回到湘乡后，十分张扬，出入都要敲锣打鼓，乡人为之侧目，又将勇丁多招至三千人。更令曾国藩气愤的是，王鑫带着这三千勇丁到长沙，竟与湖南巡抚骆秉章来往密切，并渐渐流露出自成一军，不再听曾国藩指挥的倾向。

曾国藩于是断然要求王鑫除原带一营外，新招者只留二营或三营，营官由曾国藩处任命，并按统一营制编练。但骆秉章却不令裁撤，命其加紧操练，驻省听调。这样，王鑫更拒不听命，从而导致曾、王彻底决裂。王鑫从此自定营制，自派营官，在组织上、制度上独立于曾国藩之外，自成一军。人们以后也习惯地称之为老湘军，以别于曾国藩统辖的湘军。

曾国藩在关系到自己以及湘军的前途命运的大事时，每次都不妥协，这次也不例外。于是，在1853年12月，他终于与王鑫摊牌，就两人间的关系做一个了结。他给王鑫发去一封最后通牒式的信函，提出王鑫必须在遵守湘军的营伍制度与脱离曾国藩的湘军系统之间做一个明确的选择。

曾国藩向王鑫提出了五条要求，并声明，如果对方接受，则合力并进；如果不能接受，则从此分道扬镳。

曾国藩所强调的不可更改的五条之中，最为关键的就是要求王鑫自己只能统带其中的一营，其他各营需要由曾国藩另行委派营官统带，各营勇丁的数量也必须遵守湘军统一的营制，不得自行其是。勇丁在招募入营后，必须经过至少两个月的训练，才能开赴战场打仗。一句话，王鑫必须听从他的指挥，否则，他就不承认王鑫继续做他的部下。

王鑫此时以为自己追随湖南巡抚骆秉章比跟着曾国藩走更有前途，便对曾国藩的警告不予理睬。骆秉章也趁机拉拢王鑫，表示他所统带的三千勇丁可以不裁撤，并继续驻守在省城长沙。曾国藩看到局势已无可挽回，便忍痛与王鑫一刀两断，将他逐出教门。

曾国藩明白：与王鑫式的决裂如果连续发生，将对湘军，特别是对曾国藩个人产生严重的影响。为防止其重演，曾国藩断然割断与王鑫的一切联系，把他逐出教门；且在致自己的老师吴文镕书中，对王鑫大加攻击，使吴不再调王军北援，失去进一步发展的机会。事实上，王鑫也由于不能援鄂，省内又财政困难，不得不将所部三千四百人，减去一千。这样，就对后来可能的效法者，起了警戒作用。同时，曾国藩更刻意讲求笼络和控制部属之方，利用同乡、师生、亲朋等关系，结成以他为中心的集团，并对个别敢于步王鑫后尘的人，给予打击。

放权可以做大自己的事业

曾国藩在用人和笼络部下方面颇为用心。他待人以诚，宽厚仁慈，但如果部下犯了原则性的错误，他也绝不会心慈手软。如此恩威并施，自然会赢得人心，严肃纪律。

曾国藩为了保全、发展、壮大自己的实力，很懂得珍惜人才，即使在弹劾别人时，也是小心翼翼，谨慎持重。他明白楼高易倒、树高易折这个道理。为了拉拢人才，留住人心，他让自己做到了该放权时就放权。

对于鼓励人才，曾国藩有一条很重要的体会："人才尤应惜之，褒之则若甘雨之兴苗，贬之则若严霜之凋物；称许不绝于口，揄扬不停于笔，人谁不欣欣向荣！"因此，他认为，规模要宏大，就需要放权，让别人自主发展。但是，什么时候让手下去另谋发展，却是大有讲究的。在这个问题上，曾国藩的做法是：局面小时，坚决维护手下队伍的团结统一，对另立门户者坚决予以打击。因为在这时自立门户，无异于分裂队伍，瓦解自己；但是当自己的发展具备了一定规模，是自立于世的时候，一定要让手下另谋发展。这不仅是所谓"利己利人""达己达人"之道，更是自己事业的扩大。因为另谋发展以后，总还是自己的属下，可以为自己节制；即使完全独立，也总还是可以互相有所照应。

尊重、服从上级领导同谋求自身的独立发展，这在各种不同的社会制度下都是不易妥善处理的重大问题。在专制制度下，情况更为棘手。曾国藩高出同时代人的卓识之一，是局面做大时公开鼓励下属谋求独立发展。这并不是说，曾国藩主张不分是非，倡导互相吹捧的庸俗风气。

相反，他力主吏政和治军都必须严格。但在方法上则必须着眼于表扬和鼓励，而在批评缺点错误的时候也必须注意选择适当的场合，照顾对方的自尊。他的这些主张同现代心理学有惊人的暗合之处。例如，马斯洛就认为："除了少数病态的人之外，社会上所有的人都有一种对于他们的稳定的、牢固不变的、通常较高的评价的需要或欲望，有一种对于自尊、自重和来自他人的尊重的需要或欲望。"阿德勒个性心理学的基本观点之一则有：不断追求优越是人们行动的内驱力，它引导着个人和种族不断进步。

在放权方面，曾国藩始终表现得很开明，并适时加以鼓励，湘军的力量发展很快，成为一个庞大的集团势力，而且始终保持着相对的统一性，至少也以曾国藩为其共同的精神领袖。这使曾国藩的事业规模迅速扩大，到十年后，湘军集团中督抚大帅，纷出并立，与曾国藩地位相当相近者就有二十余人。这些军队与督抚协调行动，互相配合照应，更使曾国藩的声望如日中天。

看来鼓励手下独立发展，既有一个襟怀问题，也有一个时机问题。放权也是如此。

自先秦荀子等人开始，就鼓励后人超越前辈。不过，真正见诸行动，特别是军事和政治领导者，却历来是鲜见的特立独行。中国传统文化中，虽不乏尊重个人独立人格的论述，那也不过是吉光片羽。专制制度下的上下关系以顺从为主要特征，且已上升为美德。曾国藩却力倡"自立门户"，"自辟乾坤"，把传统文化中尊重个人的因素发挥尽致。为此，他甚至主张，宁用"好逗才能，好出新样"而能"遇事体察"者，不用"好讲资格，好问样子，办事无惊世骇俗之象"的官气十足之辈。这固然与他领导的镇压太平天国的战争跌宕起伏,生死相循,不能不充分发挥部属的主动性和创造精神有关,也显示了他罕见的胸怀。

对李鸿章、左宗棠等人,都体现了他鼓励下属谋求发展的精神。李鸿章赴上海练淮军,曾国藩说:"少荃去,我高枕无忧矣。唯此间少一臂助,奈何?"李鸿章再请,曾国藩不但欣然同意,还送上马扶一程,令李鸿章终生铭记。

李鸿章所募淮勇到安庆后,曾国藩"为定营伍之法,器械之用、薪粮之数,悉仿湘勇章程,亦用湘军营规以训练之"。1862年2月22日,李鸿章移驻安庆北门城外营内,曾国藩亲临祝贺。李鸿章深知淮勇实力单薄,难膺重任。他知道自己的部队除张遇春一营外,均系新勇,战守难恃,往征异地,若无精兵宿将,立有覆败之虞。因此,他恳请曾国藩调拨数营湘勇,以加强战斗力。曾国藩既害怕淮勇不堪一击,又打算凭借湘军榜样"为皖人之介",以陶铸淮军风气,因而允其所请,陆续调拨湘勇八营,归其节制。其中有曾国藩新兵两营,由韩正国统带,充任李鸿章亲兵;开字两营,借自曾国荃,由程学启统带,程系陈玉成部太平军叛徒,其部下多籍隶两淮;林字两营,由滕嗣林、滕嗣武统带,乃系江苏巡抚薛焕使之在湖南招募而来,原为四千人,经曾国藩裁汰至千人,编入淮军;熊字营由陈飞熊统带,坦字营由马先槐统带,均系奉曾国藩之命在湖南所招,原由湘军部将陈士杰率领,随同李鸿章援沪,因陈氏不愿前往,遂拨归淮军。所有这些,就是淮军初创时期的基干队伍,共计十三营,六千五百人。后来李鸿章陪同曾国藩检阅铭、鼎、树、庆和程学启、滕嗣林等营,标志着淮军正式建成。同源相生者,只能患难相助,不会同根相残。他认为湘、淮本是一家,淮军由湘军而派生,"尤有水源木本之谊"。

对于左宗棠,虽然左在多种场合曾对曾国藩有微言,两人也几年不通音讯,但收复新疆,他第一个荐举左宗棠。同样说明他的胸襟。

第七章

英雄要打脱牙齿和血吞

曾国藩

第七章　英雄要打脱牙齿和血吞

踌躇满志，血祭出师

　　无论从哪方面来说，书生出身的曾国藩在骨子里其实是不太适合用兵的。"兵不厌诈"，两军对垒，要求用兵者一定要奇谲、狡猾，极富心机，不按常理出牌。但曾国藩呢，他只是一个有着巨大坚韧力、脾气倔强的读书人。虽然曾国藩有着丰富的学养，也有关于天地人的巨大感悟，但这样的智慧，更多的是人生哲学范畴的。在本性上，曾国藩并不是一个具有创造力且诡计多端的人。这样的人格特征，决定了他在战争开始阶段的艰难——在战争之初，这个书生既缺乏用兵者所具有的大胆和亡命，也缺乏那种举重若轻、爱拼能赢的心理承受能力。

　　1854年2月，曾国藩终于率领着他的湘军出山了。在衡阳一座宗祠的广场上，曾国藩抖擞精神，对着黑压压的人群，声嘶力竭地宣读他的"出师表"。对于一万多水陆湘军来说，从军数月，很多人是第一次见到这个被誉为"湖湘最有学问的人"的面容，他们好奇地踮起脚尖，远远地眺望着这个神秘的人物。人们明白，看来天下真的危在旦夕了，要不，这么多面色苍白的读书人怎么会一个个拿起刀剑呢？那个中等个子的小老头儿跟他们说着同样的方言，他的声音有点嘶哑，却言语激越，富有激情，同时也杀气腾腾、声嘶力竭。尤其是曾国藩的面容，更显阴森可怕。曾国藩的演讲极富煽动性，在场的每一个人，都像干柴一样被曾国藩点燃了，也被打动了。他们挥舞着手里的长矛和大刀，山呼海啸，像巨浪一样汹涌起伏。

　　作为传统的知识分子，曾国藩当然是极注重名分的。"名不正则言不顺"，行军打仗，一定要"师出有名"。这篇《讨粤匪檄》是曾国藩亲手写就的，也是经过湘军中诸多大儒润色过的。檄文的结构严谨紧凑，第一段痛斥太平军的残暴，以地域观念打动长江流域的人，煽动他们联合起来攻陷太平军；第二段痛斥太平军破坏伦理秩序，以护卫理学观念打动知识分子；第三段痛斥太平军毁污庙宇，以神道观念打动一般乡民。作为桐城派的嫡传弟子，曾国藩最看重的是文章的气韵和义理，这些，都在这篇檄文中得到了淋漓尽致的体现。曾国藩很得意的是，这篇檄文堪比当年陈琳为袁绍讨伐曹操所写的檄文以及唐朝骆宾王的《讨武檄文》。虽然文章中没有"喑呜则山岳崩颓，叱咤则风云变色。以此制敌，何敌不摧；以此图功，何功不克"等赫赫警句，但"上有日月，下有鬼神，明有浩浩长江之水，幽有前此殉难各忠臣烈士之魂"等句子，也称得上恢宏大气、铿锵有力。值得一提的是，这一篇铿锵有力、惊天动地的檄文，比任何有关的描写更鲜明更刺眼地把曾国藩一向隐遁于昏暗之中的性格彰显了出来，曾国藩内心激荡的浑圆之气喷薄欲出：

  为传檄事。逆贼洪秀全、杨秀清称乱以来，于今五年矣。荼毒生灵数百余万，蹂躏州县五千余里。所过之境，船只无论大小，人民无论贫富，一概抢掠罄尽，寸草不留。其房入贼者，剥取衣服，搜括银钱，银满五两而不献贼者，即行斩首。男子日给米一合，驱之临阵向前，驱之筑城浚壕。妇人日给米一合，驱之登陴守夜，驱之运米挑煤。妇女而不肯解脚者，则立斩其足以示众妇；船户而阴谋逃归者，则倒抬其尸以示众船。粤匪自处于安富尊荣，而视我两湖、三江被胁之人，犹犬豕牛马之不若。此其残忍惨酷，凡有血气者，未有闻之而不痛憾者。
  自唐虞三代以来，历世圣人，扶持名教，敦叙人伦，君臣父子，上下尊卑，秩然如冠履之不可倒置。粤匪窃外夷之绪，崇天主之教，自其伪君伪相，下逮兵卒贱役，皆以兄弟称之，谓唯天可称父，此外凡民之父，皆父弟也；凡民之母，皆姊妹也。农不能自耕以纳赋，而谓田皆天王之田；商不能自贾以取息，而谓货皆天王之货；士不能诵孔子之经，而又别有所谓耶稣之说、《新约》之书；举中国数千年礼仪人伦诗书典则，一旦扫涤荡尽。此岂独我大清之变，乃开辟以来名教之奇变，我孔子、孟子之所痛哭于九原。凡读书识字者，又乌可袖手安坐不思一为之所也。

自古生有功德，殁则为神，王道治明，神道治幽，虽乱臣贼子，穷凶极丑，亦往往敬畏神祇。李自成至曲阜，不犯圣庙；张献忠至梓潼，亦祭文昌。粤匪焚郴州之学宫，毁宣圣之木主，十哲两庑，狼藉满地。嗣是所过郡县，先毁于庙宇，即忠臣义士，如关帝、岳王之凛凛，亦皆污其宫室，残其身首；以至佛寺、道院、城隍、社坛，无庙不焚，无像不灭，斯又鬼神所共愤怒，欲一雪此憾于冥冥之中者也。

本部堂奉天子命，统师二万，水陆并进。誓将卧薪尝胆，殄此凶逆，救我被虏之船只，拔出被胁之民人。不特纾君父宵旰之勤劳，而且慰孔孟人伦之隐痛；不特为百万生灵报枉杀之仇，而且为上下神祇雪被辱之憾。是用传檄远近，咸使闻知。倘有血性男子，号召义旅，助我征剿者，本部堂引为心腹，酌给口粮。倘有抱道君子，痛天主教之横行中原，赫然奋怒以卫吾道者，本部堂礼之幕府，待以宾师。倘有仗义仁人，捐银助饷者，千金以内，给予实收部照，千金以上，专折奏请优叙。倘有久陷贼中，自拔来归，杀其头目，以城来降者，本部堂收之帐下，奏授官爵。倘有被胁经年，发长数寸，临阵弃械，徒手归诚者，一概免死，资遣回籍。

在昔汉、唐、元、明之末，群盗如毛，皆由主昏政乱，莫能削平。今天子忧勤惕厉，敬天恤民，田不加赋，户不抽丁，以列圣深厚之仁，讨暴虐无赖之贼，无论迟速，终归灭亡，不待智者而明矣。若尔被胁之人，甘心从逆，抗拒天诛，大兵一压，玉石俱焚，亦不能更为分别也。

本部堂德薄能鲜，独仗忠信二字为行军之本。上有日月，下有鬼神，明有浩浩长江之水，幽有前此殉难各忠臣烈士之魂，实鉴吾心。咸听吾言！檄到如律令，无忽！

文章宣读后，曾国藩又命令手下人大量誊抄，四处张贴。显然，他对于这篇檄文是很满意的。然后，潇潇雨雪之中，曾国藩带着他的一万七千名子弟兵，浩浩荡荡地由水陆两路北上了。骑在战马上的曾国藩壮怀激越，熟读历史的他深深地知道，自己正在做的，是一件前无古人的事业，这一拯救数千年道统的使命甚至具有某种神性的意味。一切，都有一种从未有过的悲壮。

首战岳州，损兵折将

　　1854年的春节到了，曾国藩行色匆匆，特意抽出几天时间于二十七日从衡阳回了趟湘乡。他在家中受到妻儿家人的簇拥。在热闹纷杂之中，曾国藩与他的父亲做了一次密谈。他告诉父亲曾麟书，正月底，他将率领湘军正式从湖南出发，与太平军打仗去了。其父听到这个情况，便告诫他，现在为朝廷办事很不容易，打仗的事更是急不得，要一步一步地来。又说了许多体贴他的话，并叮嘱他一定要注意爱惜自己的身体。

　　过了大年初二，他就打点行装赶往衡阳。临行前又到母亲的坟头去叩了一次头，烧了几炷香，希望其母能在阴间保佑他出师大捷。正月初五，曾国藩抵达衡阳。此时湘军水师已基本成型，只是没有经过操练。一周以后，曾国藩接到了军机处廷寄的上谕，命他"着即遵旨，迅速由长江驶往安徽"。此时，曾国藩派出的探卒不断传来他不愿听到的消息，先是庐州失守，江忠源死难，随后又说吴文镕出战黄州堵城大败，曾国藩已没有等待的时间。

　　咸丰四年正月二十八日，曾国藩自衡州起程，顺水而下，至湘潭与待命在此的水军四营会师。师行至长沙时又装载军械几千件，子药二十余万。尽管长沙离衡阳并不十分遥远，但自从半年前曾国藩率部离开长沙以来，他一次也没有来过这里。其间也有人向他提出，应该回长沙，他却始终认为没有这个必要。现在，他的湘军已经编练完成了。这支部队虽然还未经过战斗，但它已是湘、鄂、皖、赣四省境内规模最大的一支清军。他的手中有一支湖南任何一位文武大臣都不敢轻视的部队，有了与长沙官场进行对话的资本。同时，他马上就要率部与太平军作战，这绝不是儿戏，更不是一件可以斗气的事，他有大量的事情需要与长沙官场中人进行磋商。所以，他的心里虽然仍在咒骂长沙官场中的一些人，但他还是主动与他们协调关系来了。

　　二月初二，曾国藩在衡山上奏清廷，称自己"才智浅薄，素乏阅历"，"本不足统此大众。然当此时事艰难，人心涣散之秋，若非广为号召，大振声威，则未与贼遇之先，而士卒已消沮不前矣。是以与抚臣往返函商，竭力经营，图

第七章　英雄要打脱牙齿和血吞

此一举。事之成败，不暇深思，饷之有无，亦不暇熟计，但期稍振人心而作士气，即臣区区效命之微诚也。此次'东征'，虽师行仓促，但从船舰装备上看还是做了精心准备。计有拖罟一号、快蟹十号、长龙五十号、三板艇一百五十号，皆仿照广东战舰之式，又改造钓钩船一百二十号雇载辎重船一百余号。所配之炮，共有五百余位。所募之勇，陆路五千余人，水师五千人。陆路各军编列字号，五百人为大营，不满五百者为小营。水路分为十营，前、后、左、右、中为五正营。正营之外，又分五副营。正营旗用纯色，副营旗用镶边。所备之粮台，带米一万二千石，煤一万七千石，盐四万斤，油三万斤，军中应需之器物，应用之工匠，一概携带随行。合以陆路之长夫、随丁，水路之雇船、水手，粮台之兵员、丁役，统计全军约一万七千人。"

曾国藩率领约两万人马的水陆两师，从衡阳启程，开始着手准备东征的事情。途经长沙，当年的官场对手们看到此时的曾国藩如此风光，个个都来巴结奉迎，握手言欢，说了不少旗开得胜之类的恭维话。曾国藩此行的目的地是岳州，所以他只在长沙城驻了两天，就再次出发向岳州去了。

当时，守卫岳州的是石达开的堂弟石祥祯，他手下有三万人马。曾国藩率领军队行进，走到离岳州城还有三十里远的时候，探马来报，说岳州城里太平军已经消失了踪影。曾国藩心里十分高兴，以为太平军一定是对湘军的声势感到害怕，所以就望风而逃了。这样，曾国藩不费吹灰之力就占领了岳州城。初战告捷后，曾国藩立即将功劳报给了咸丰帝。

当时的曾国藩，已经被胜利冲昏了头脑，没有仔细推敲就认为胜利得来的如此之易，领兵打仗不过如此。统帅既然如此，部下也随之放松警惕，全体湘军中滋生了一种骄傲情绪，由此而招致了紧接下来的失败。

曾国藩占领岳州后，王鑫、李续宾带领一共一千名湘军的两个营向武昌进发。一路上风平浪静，众士兵连一个太平军也没有看到。其实，到这个时候，将官们应该感到事情的蹊跷了，但是他们没有往更深处想，只认为自己骁勇善战，威名远扬，早把那些太平军吓跑了。湘勇们因此便放松了警惕。这天夜里，他们宿营在羊楼司。夜间也没有派兵巡逻。

谁知到了半夜，罗大纲亲自率领五千名太平军士兵，从周围的山里冲出，呐喊着向羊楼司冲杀。湘勇们从梦中惊醒，还没有做抵抗就丢掉了几百条性命。王鑫、李续宾于忙乱之中只好仓皇南逃。

祸不单行，三月初七日，岳州一带狂风大作，掀起了洞庭湖汹涌的波涛。泊在水面上的湘勇水师根本无法对付如此的大风大浪，因此溺死了许多人，同时也严重损坏了许多船只，战船、辎重船漂沉二十四艘，撞伤数十艘。军心不免动摇。接着，就在太平军于临湘羊楼司大败王部后，三月初十（4月7日），太平军就把岳州攻占了。

曾国藩在太平军的浩大声势面前，不敢进行长时间的战斗，只好带着随从自岳州城中仓皇出逃。幸好水师船只前来接应，跑到船上的曾国藩才逃过了此劫。在无可奈何的情况下，曾国藩只好命令部队暂时退回长沙，恢复军心，以再做打算。

连上两奏折自请治罪

面对败绩，曾国藩已经感到没有颜面面对皇上，因为上次的奏折中自己已夸下了海口。在长时间的充分考虑之后，曾国藩向咸丰帝上了两份奏折，第一份奏折就是《岳州复失水勇退回长沙防剿折》。

这份奏折的主笔人是当时的湖南巡抚骆秉章。身在长沙的骆秉章对于当时接战的实际情形并不了解，是曾国藩给他提供了具体情况。从这份奏折中可以看出，曾国藩已经彻底掩盖了兵败的狼狈情形，只是具体描绘了湘勇奋勇杀贼的情形。这样，退出岳州城的原因是因为粮草和枪弹不够，已无法再守城；败回长沙，是因为要保卫长沙的安全。反正咸丰帝自己并没有到过前线，也只好听任曾国藩说了。

第二份奏折名为《岳州战败自请治罪折》。对于曾国藩的两份奏折，咸丰帝显得十分宽宏大量。虽然他严厉指斥了曾国藩，同时又给了他将功赎罪的机

第七章　英雄要打脱牙齿和血吞

会："曾国藩奏水陆各军接仗情形，并自请治罪一折，此次岳州水军虽获小胜，唯因陆路失利，以致贼匪复行上窜。曾国藩统领水陆诸军，调度无方，实难辞咎，着交部严加议处。仍着督带师船迅速进剿，克复岳州，即行赴援武昌，毋得再有迟误。曾国藩所统各勇为数过多，既须剿办粤匪，又须搜捕土匪，即如所奏，有拔赴平江、通城者，有拔赴临湘、蒲圻者，又有不能依限前进者，散布各处，照料既不能周，剿捕自难得力。一有败衄，人无固志，似此何能力图进取？此时肃清江面专恃此军。曾国藩初次接仗即有挫失，且战船被风沉损多只，何事机不顺若是？现在湖北待援孔亟，曾国藩以在籍绅士专顾湖南，不为统筹大局之计，平日所以自许者何在？"

虽然咸丰皇帝没有怪罪曾国藩的意思，但是曾国藩在接到咸丰皇帝的圣裁后，自己反倒觉得非常惭愧。他自感没有脸面再和城内的官绅打交道，因此，他没有进城，而是驻扎在长沙城外。这时，曾国藩的脑子里只有一个想法：如何抓住时机，将所有的太平军全部消灭，一来洗雪心中的愤懑，二来也可以让自己不再在皇帝和湖南官绅面前丢颜面。

靖港一带，汊港纷歧，水陆两路而旁通湘江西岸之宁乡、益阳、湘潭等县，于是太平军决定一面以水军进逼长沙；一面以陆军取道宁乡攻占湘潭，对长沙采取包围的形势。有人说，"陆营现已失败，当趁军心未散时率水军进攻，水陆交攻，或可转败为胜。"曾国藩认为颇有道理。

曾国藩召集诸将议战。当时，太平军攻占岳州、湘潭后，兵锋正直指省城长沙。曾国藩若进入长沙无疑是自困城中。于是有人认为应先攻靖港，夺取太平军屯驻地；但也有人反对说，"若靖港失败，退还城下，即入死地"，应该攻湘潭，如果不胜，保复广州，即使长沙被攻陷，也可再夺回来。曾国藩见众人你一句、我一语地争论不休，也没了主意。这时水师十营官将，公推彭玉麟决定攻守战略，彭取上策，定先攻湘潭并亲率五营先期出发，约定次日曾国藩率五营殿后。

重振旗鼓攻湘潭

太平军岳州一役的胜利起到了意想不到的效果。它大大鼓舞了太平军的士气，同时对湖南境内的各股反清势力也是很大的鼓舞。在这大好形势下，太平军做出了向长沙进军的决定。为了给夺取长沙奠定一个坚实的基础，太平军决定先将离长沙九十里的湘潭和离长沙五十里的靖港这两个地方攻克。在太平军的凌厉攻势下，清廷绿营军纷纷逃窜。湖南的清军在走投无路的情况下，只得投奔曾国藩的湘军。而在岳州之战中惨败的湘军，死伤七八百人，又被曾国藩淘汰掉了一千余人，因此，只剩下七八千人可以供曾国藩调动。所以当时太平军的作战方略是：首先将曾国藩的湘军歼灭，再攻取长沙城。

曾国藩听说了太平军水陆并进，将要逼进省城的消息后，大惊。这时太平军的陆军已散落分布到岳州、湘阴各地，他们的战船也密集在了临资口、樟树港、乔口、靖港等处。由于连续多日北风凛冽，大雨不断，水军不能去剿灭太平军。曾国藩把各陆水军布置在靖港港外，建好坚固的炮台，以等待时机攻打。

有人说："陆营现已失败，当趁军心未散时率水军进攻，水陆交攻，或可转败为胜。"曾国藩认为颇有道理。三月二十四日，大风刚刚有所平息，曾国藩便命令各营水师驶入靖港，如此反复，共击中了船中以及岸上的太平军二百多人，击沉了三只船，另外还有一只火药船。太平军知道省城水陆两边都防守甚严，不敢公然闯入，便想由陆路绕过宁乡，直接向湘潭进攻。曾国藩先派湘军营官伍宏鉴、魏崇德、郭鸿焘率领湘军近千人建立营房，以防止太平军的进攻，并嘱咐这些营官，太平军的气势极为嚣张，一定要防守谨慎，但不要主动出击，待到塔齐布率兵到达时，再筹划进攻追剿的事。

三月二十五日，太平军分三股力向魏崇德所在的军营进攻，湘军在营内向太平军施放枪炮，击毙了几十名太平军。接着太平军分十几路，形成四面围逼之势。湘军奋力拼杀，杀了百余名太平军。但太平军愈来愈多，愈来愈勇，湘军死亡至数百人，败退下来。

三月二十六日，塔齐布率领一千三百余名士兵前去增援，太平军闻讯后连忙撤退，直奔湘潭而去。塔齐布、周凤山听说了这一消息，也绕道直奔湘潭。但就在三月二十七日，塔齐布还未到达湘潭时，太平军就发动了攻打湘潭的战役。

湘潭，作为湖南省的重要城市，物产丰富，城内粮草充足，但守城将士却只有五百人。因此，只要太平军一攻湘潭，湖南巡抚骆秉章就必定会从曾国藩那里搬救兵，这样，就可以在湘潭城下将湘军一举歼灭了。咸丰四年三月二十七日下午，率领着七千人马的太平军将领林绍璋赶到了湘潭城下。当时守卫湘潭的长沙协石营守备崔宗光在此之前根本没有得到半点消息，当他得知兵临城下后，仓皇之中率领五百守兵匆匆赶上城头。但这些守兵根本没有任何斗志，一见拥有如此浩大声势的太平军将士，全部都不战而降。于是，太平军没有多久便攻克了湘潭城。

湘潭失陷后，曾国藩与骆秉章的想法便出现了分歧：湘潭的失陷让骆秉章很着急，他赶忙亲自找曾国藩，希望他能够把湘潭夺回来。但是，当时曾国藩因为求功心切，并不急于收复湘潭。他的想法是：朝廷给他下达的命令是要他到武昌去，岳州之败，他忍辱退回长沙，已经感到非常没有面子。此次如倾巢对付湘潭的太平军，胜利了倒还可以，如果失败了，还有何脸面再活在世上？况且太平军分兵攻打湘潭，就必然会在岳州一带造成军事上的弱势，若能乘虚越过岳州，前往武昌，在皇上面前岂不是可以挣回面子？而且，若先攻湘潭，不免会让人感到曾国藩这一招是退避之举。但是曾国藩手下的幕友陈士杰、王运等人却大多和他持有不同意见，他们认为湘潭是大商埠，军需所资，先把湘潭夺下是理所应当的；若是先北上攻克武昌，失败了再退到省城去，便是置自己于死地。陈士杰持此主张最力。他告诉王錱："今独可悉兵援湘潭，即不利，犹得保衡、永，图再举；若不顾根本，但图进取，一败俱死矣。"王錱向曾国藩转达了这一意见，曾国藩才恍然大悟。陈士杰不但自己对曾国藩力加劝说，而且约请杨载福、彭玉麟一同向曾国藩上书攻湘潭的好处所在。恰恰这时，十营水师的营官都来见曾国藩，他们一致力谏曾国藩攻取湘潭。

在强大的压力下，曾国藩不得不做出一举攻克湘潭的决定，于是派补用副将塔齐布、蓝翎守备周凤山率领一千三百多人进军湘潭，又派候补知府褚汝航等五营水师前往。同时决定第二天自己亲自领两千多人增援。

靖港惨败欲投水寻死

当曾国藩一心一意将心思放在攻克湘潭上时，当天晚上，突然接到了长沙县乡团士绅的报告：说是在靖港的一个太平军头目将过生日，准备在镇上大摆太平宴。乡团称靖港的太平军人数不过数百人，而横在江上的敌船也不过几十艘。船虽不多，但影响了湘江水上商运，请曾大人能够派湘军过去将此伙蟊贼一网打尽。并称靖港的团丁已经暗中预先架设好了浮桥，机不可失。

岳州之败和宁乡的失利，使曾国藩脸上无光，他太需要一次胜利来鼓舞军心了。再加上，需要一次大捷来影响正在湘潭奋战的湘军。

他估计太平军的西征军主力驻扎在湘潭、岳州、武昌。像靖港这样的小地方绝不可能有数量很多的太平军。长沙城中可供使用的湘军水陆勇加起来有五千人左右，当然不能全部拖出去。曾国藩认为如果只有一千多人的小股太平军，去一千湘勇足矣，消灭长毛应该是小菜一碟。于是他亲点水师一千多人，选陆勇八百人准备出发。

曾国藩亲率湘军战船四十艘顺江而下。

是日，刮南风，水流湍急，几十里水路须臾即到。但有一个麻烦，进则疾驶如飞，退回则寸步难挽。曾国藩的指挥船驻在靖港上游一点的白沙洲，大队湘军水师战船则直扑靖港。当他们到达太平军营垒时，才发现是一座空城。

只听得一声炮响，太平军从铜官山上杀出。芦苇荡中数百条渔船冲出来。

湘勇忙叫："开炮！开炮！"

但是，湘军水师大战船的炮口都是朝着远处，对于近距离的渔船却没有办法，一通乱轰，不得要领。而太平军则发挥他们近距离的优势，用抬枪鸟铳朝湘军水师战船射击。湘勇纷纷毙命。水师气馁，乱成一团。

"撤！"

但是，进则易，退却难。湘军水师战船只好朝对面的铜官渡口撤退。

只听得又是一声炮响，铜官山上又有太平军杀出。

李续宾骂道："他娘的，到底有多少长毛呀？情报出了问题？"

第七章 英雄要打脱牙齿和血吞

这个一向以打硬仗恶战著称的湘军陆师名将也没了底。

曾国藩在上游闻警,急开船下来指挥。这时水师早已失去了战斗能力。李续宾命令陆师从岸上冲锋,抵挡铜官山上杀下来的太平军。但是陆师见水师溃败,也心慌,但见漫山遍野是黄巾红巾,个个胆战心惊,未及交手,即已气馁,纷纷朝江边溃退。那里有一浮桥,可退向另一个方向。

看到湘军如此训练缺素,多年的努力付之流水,曾国藩大愤,亲自冲过浮桥,来到岸上,督师进击。他想,湘军人数也不在少数。他令执旗官插起一面令旗,于岸边浮桥附近划一道线,鼓起三角眼大喝:

"有过此旗者,斩!"

但是溃退的湘勇如潮水,他们绕过令旗,朝浮桥上奔。浮桥是乡团临时用旧门板和床板铺的,这么多溃勇冲上来,桥也垮了,死伤数百人。

此次靖港之战,曾国藩的失利完全是因为不小心掉入了太平军设置的圈套。太平军算知曾国藩自岳州败后,一心只想求得战争的胜利,所以故意在靖港设下埋伏。靖港位于沩水流入湘江的入口,水流很急,船只有靠很大力气才能逆流而上。河的对岸是铜官山,山上茂盛的树林对设埋伏非常有利。因此太平军乘岳州之胜后一举拿下了靖港。当曾国藩准备进攻靖港时,他们在表面上只看到了几百太平军,而两万人马的太平军大部队则正隐藏在铜官山中,等着好好打一个大胜仗呢。

曾国藩见战事已经无法再继续进行下去,便混在侍卫群中匆匆上了拖罟(gǔ),盲目地随着溃船退回到来时的地方。不料,天公不作美,西南风突然刮了起来,本来水流就十分湍急的江面,这会儿要想逆流行舟更是不可能。曾国藩眼见兵败如山倒的惨状,耳边又听到有人到处在喊活捉"曾剃头",心中想着此次败绩真是有生以来的奇耻大辱,觉得活着也没有什么意思了,便步出船舱,两眼一闭,就向湘江跳去。身边侍卫根本就来不及进行阻拦。

正当曾国藩行将一命呜呼之际,一个人从船尾座舱中跳了下来,一把抓住了曾国藩,并将他拖上船去。此人名叫章寿麟,字价人,虽然做的是曾国藩的幕僚,却有着出众的武艺。原来,李元度等人见曾国藩执意攻打靖港,又将遗疏和遗嘱都交给他,料定曾国藩在靖港获胜则已,如果不胜则只有死路一条。曾国藩一死事小，他一手操练的湘勇及手下的幕僚又要去投奔谁呢？于是便悄悄地嘱咐章寿麟注意曾国藩的一举一动。

曾国藩被救上船后，心里感到非常恼火，便指着章寿麟骂道："你来干什么！"为欺骗曾国藩，章寿麟只好说："我是来报信的，刚刚接到战报，说湘潭那边的战争已取得胜利。"曾国藩明明知道他说的不是真的，但此时的他既然有台阶可下，也便不再说什么了。

此时，太平军在湘军炮火的阻拦下，已无法对曾国藩的逃军进行追击。曾国藩借此时机，狼狈万分地逃回了长沙市郊南湖港。

靖港之战是太平军给湘军戴的一个笼子。指挥太平军靖港之战的是石祥祯。

石祥祯，广西贵县人，石达开的从兄，封国宗。参加西征，攻南昌，占九江，横扫鄂南大片土地，克汉阳、汉口，被任命为征湘军指挥，占岳州、靖港、宁乡。这次他与林绍璋各领一军，一个打湘潭，一个守靖港。待林绍璋湘潭得手后，再上下合击长沙。

陷绝境众人落井下石

曾国藩战败于靖港，自感没有颜面，想投水自杀，但被章寿麟救起，只能仓皇逃回水陆洲。然而，就在逃回水陆洲的这天傍晚，巡抚衙门西花厅里，正在举行着一场盛大宴会，给陶恩培饯行。前几天，陶恩培接到上谕，被提升担任山西布政使，限期进京陛见，要到山西接任职务。陶恩培心里的得意之情自是溢于言表。一来升官，二来长沙是兵凶战危之地，离开自是好事了。出席宴会的官场要员，以及在城里有头有脸的人物，都殷勤地向陶恩培致意。只见觥筹交错，奉承话不绝于耳。正当骆秉章要带头敬酒的时候，一个戈什哈（满语，清代高级官员的侍从护卫，简称"戈什"，总督、巡抚、将军、都统、提督、总兵等官属下均设有此职）匆匆进来，告诉了他们靖港之役的战况。骆秉章不免感到震惊。陶恩培却分外快活起来。他是蒙恩荣升，而曾国藩却是兵败受辱。孰优孰劣、孰是孰非，完全呈现在世人面前。骆秉章的酒杯在半空中停了下来，陶恩培主动把杯子碰过去，微带醉意地说："中丞，难道这很意外吗？说实话，这早已是我意料中事。曾国藩这种目空一切的人，怎么可能不彻底失败呢！"

骆秉章苦笑着将杯中之物喝尽。此时，没有人知道他心里在想什么。想起去年那些日日夜夜担惊受怕的日子，骆秉章心里不免产生了害怕的感觉。鲍起豹喝得醉醺醺的，满脸通红，他将拿在手里的鸡腿放下，嚷着："怎么样，诸位，曾国藩这个人早就被我看透了。一个书生，没有一点本事，却总是目空一切，瞧不起别人。上百万两银子抛到水里不说，现在把太平军也引到长沙了，这还让我如何实施自己的用兵计划？"

说罢鲍起豹突然站了起来，对身边的亲兵大声吼道："传我的命令，将城门关闭，加强警戒，准备香烛花果，明天一早我就得到城隍庙里把菩萨请来。"

鲍起豹下达的军令，让西花厅里的气氛更加紧张。才过了几个月的平安日子，现在战争又要打起来了，大家再也没有心思喝酒吃菜，叽叽喳喳地开始讨论战情。干瘦的老官僚徐有壬非常气愤，他说："练勇团丁，剿点零星土匪尚可，跟长毛交战怎么会胜呢？我去年有意将他们和绿营区别开来，免得让绿营兄弟脸上过不去。若不加区别，一体对待，大家说说，朝廷还有何颜面？他曾国藩还不满，还要负气出走，还要在衡州大肆招兵买马，想要把绿营军给取代了，真是不自量力！也是朝廷一不小心被他给骗了，结果弄成这样，真是把我们湖南文武官的脸都丢尽了。"

唯独左宗棠坐在那里什么话也不说。他既为鲍、陶、徐等人的中伤而感到闷闷不乐，也对曾国藩如此不争气感到恼火。忽然，鲍起豹又冲大家嚷道："骆中丞，我们联名弹劾曾国藩吧！此人在湖南待了一年多，好事未办一桩，坏事却做了那么多。这种劣吏不弹劾，今后还有谁对朝廷尽忠呢？"

陶恩培、徐有壬马上对他的意见表示赞同。骆秉章稳重，他认为鲍起豹的行为太过鲁莽："曾国藩兵败之事，自然会有朝廷来管。至于弹劾一事，我们现在不必急于一时，待朝命下来后再说吧！"

左宗棠坐在一旁感到非常生气，心里骂道："这班小人可真会落井下石！"

看看时候不早了,陶恩培想如果今夜不走的话,万一长毛围住了长沙,他就无法脱身了;如果城被攻破,自己再不小心身亡,那就冤枉透顶了。他站起身,对骆秉章和满座宾客拱了拱手,说:"恩培在湖南数年,感谢各位的关照。今日离湘,我实在是不忍心。而且现在就要开始战争了,真恨不得朝廷收回成命。恩培真希望能在长沙和全城父老一起与长毛决一生死。但是事已至此,今夜就得启航。恩培对各位的深情厚意感激不尽,就在此与骆中丞、徐方伯、鲍军门和各位告别了。"

说罢,陶恩培竟掉下了几滴眼泪。不知是因为感动于陶恩培的深情和忠心,还是因为害怕即将到来的战争,有几个官员都偷偷地洒下了几滴眼泪。骆秉章说:"分手也不能在这里,我们都一起把陶方伯送到江边的船上去吧。"

当灯笼火把、各色执事前后簇拥着几十顶绿呢蓝呢大轿走到江边时,曾国藩正呆呆地在船舱里坐着,望着北流的江水出神,心里却在盘算着另外一件事:湘潭并没有胜利的消息传来,看来湘潭之战大概也失败了。长毛确实会打仗,难怪他们会在两三个月时间里,从长沙一路到江宁都畅通无阻。突然,他看到迎面浩浩荡荡走来一列轿队,心里觉得奇怪:如此浩浩荡荡的队伍深夜来到江边,看来是湘潭之战大获全胜,骆秉章带着文武官员们一起都来向他表示祝贺的。自从岳州败北逃到水陆洲已经过了两个月的时间,除了左宗棠来过几次外,他还没有接受过一位现任官员的拜访。徐有壬、陶恩培等人好几次到江边送客,都到了他的船边,也不肯多走几步来拜访他,想不到今夜大出动。但他又不大相信,对康福说:"你到岸上看看去,可能是骆中丞他们来了。消息确实了,就上船来告诉我。"

康福走后,曾国藩赶紧把帽子戴上,把靴子穿好,收拾停当。一会儿,康福进舱了,带着一脸的怒气说:"骆中丞倒是来了,但却不是为了来看我们。"

"他们为什么要到江边呢?"曾国藩不理解,既然不是向他来贺喜,深夜全副人马到江边,却又为何呢?

"据说因为陶恩培荣升山西布政使,今夜刚在巡抚衙门里举行的宴会结束了,骆中丞、徐方伯等人亲自来把他送到船上。"

原来是死神而非救星,这位"重病之人"再也提不起精神来,颓然倒在船舱里，吓得康福忙把他背到床上。曾国藩想到自己辛苦到如此程度，亲自出征，尽忠国事，等待他的却是失败、冷落；陶恩培嫉贤妒能，安享尊荣，尸位素餐，却官运亨通，甚至还得到了提拔。不平、愤怨、失望、痛苦，一时全部涌上胸膛。他失望地睁开自己的眼睛，对康福说："帮我叫贞干来！"

曾国藩口中的贞干即曾国葆，曾国葆的贞字营在这次战斗中死伤最重，听到大哥叫他，便无精打采地走进曾国藩所在的船舱，走到床边问："大哥，你现在感觉好一些了吗？"

"你带上几个手下，一起去城里买一副棺材来。"

国葆听到此言大感吃惊，带着哭腔说："大哥，你千万不能再想不开了，你要想开点！"

曾国藩鼓起眼睛大吼道："你还啰唆些什么，叫你去你就去！"

与大哥相差十七岁的国葆对兄长的敬重从来都甚于对父亲。他尽管打心眼里不愿意，也不敢跟大哥说个"不"字，只得说声"好，我就去"，就从船舱里退了出去。

出舱后，他马上将此事告知康福、彭毓橘，吩咐他们务必寸步不离守着曾国藩。

左宗棠义激曾国藩

曾国藩坐在舱中，透过船上的窗户，望着仅三百步之遥的江边。那里灯火通明，满面春风、一脸得意的陶恩培与各位送行的文武官员、名流乡绅——拱手道别。下人们一担接一担地把各衙门和私人送的礼物抬到陶恩培的座舱中去。陶恩培的大小老婆们，一个个披红着绿、花枝招展地被人搀扶着走上跳板，一扭一摆地向船舱里面走去。半个时辰后，陶恩培才慢慢地走到了甲板上，众人皆道"珍重"，于是官船缓缓启动。然后，一顶接一顶的绿呢蓝呢大轿气派十足地被抬着走进了城里。此时的曾国藩已万念俱灰,甚至已经下定了死的决心。但既然他是奉了皇帝的命令才这么做的,就不能不把兵败之事向皇上和盘托出。以下就是他所写的遗折:

为臣力已竭,谨以身殉,恭具遗折,仰祈圣鉴事。臣于初二日,自带水师陆勇各五营,前经靖港剿贼巢,不料开战半时之久,便全军溃散。臣愧愤之至。不特不能肃清下游江面,而且在本省屡次丧师失律,获罪甚重,无以对我君父。谨北向九叩首,恭折阙廷,即于今日殉难。论臣贻误之事,则一死不足蔽辜;究臣未伸之志,则万古不肯瞑目。谨具折,伏乞圣慈垂鉴。谨奏。

写完后,他又把奏折仔细检查了一遍,改动两个字;稍做思考之后,又在奏折后面附了一片,对塔齐布的盖世英勇大加称赞,说他深受士兵们的爱戴,请皇上把重任委派给他,并将罗泽南、彭玉麟、杨载福等人一一推荐给皇上。

遗折遗片写好后,曾国藩心里反而平静了许多。他想起还有几件后事应该向弟弟交代,于是又在另一张纸上写道:

季弟:吾死后,赶紧送灵柩回家,愈速愈妙,以慰父亲之望,不可在外开吊。受赙内银钱所余项,除棺殓途费外,到家后不留一钱,概交粮台。国藩绝笔。

写完遗言,曾国藩感到心里轻松了许多。现在他在思考,他究竟应该选择哪一种死法:投水还是上吊?

就在这时,左宗棠也坐着蓝呢大轿跟在藩司徐有壬的绿呢大轿之后而来。他本不想跟大家一起把陶恩培送到江边,只是因为想看看靖港败退下来的湘勇是否改变了原有的阵营,因此才跟随骆秉章出城。他看到水陆洲一带破烂的帆船、桅杆以及稀疏的灯火,心中甚是不忍,决定明早再单独前来安慰曾国藩一番。猛然间,他见前面有几个人抬着一口黑漆棺材向江边走去,在旁边却是曾国葆在指挥这一行人!他心里一惊,难道曾国藩已经一命呜呼?不然,为什么亲自监抬棺材的人竟是曾国葆呢?他吩咐停轿,待后面的轿队过去之后,他便命令轿夫飞速奔向曾国藩的大船。

曾国藩见进来的人是左宗棠,跟他打了声招呼。左宗棠见并不是自己想象的那样,这才放心了,开门见山地质问:"你在白沙洲投水自杀,这件事是真的吗?"

曾国藩并没有否认此事。

左宗棠又问:"我方才见贞干指挥人抬了一副棺材冲江边方向走来,这副棺材是为谁预备的?"

曾国藩斜着眼睛回答:"当然是留给鄙人自己用的。"

左宗棠突然心头升起一股无名业火,大叫:"好哇!你可真是一个不忠不孝不仁不义的曾涤生,为什么你不要做大丈夫,却做出愚夫村妇才做的事。你若真的死了,我也绝对不会放过你,我会劝说伯父大人不让你埋在曾氏的祖坟里。"

曾国藩万万没想到,左宗棠不但不劝慰他,反而给他一顿痛骂,训得他无地自容,就反问道:"你为什么说我不忠不孝不仁不义?"左宗棠一屁股在曾国藩的床边坐下,声色俱厉地说:"二十八岁你就进入了翰林院,三十七岁授礼部侍郎衔,官居二品,诰封三代。你享受到的皇帝的恩情,如天地之深厚,河海之深长。太平天国犯上作乱,朝廷有难,你接受皇上的命令,开始训练团练。指望你保境安民、平乱兴邦,你刚刚出师,就因为一点点的挫折而有自杀的想法。置皇上殷殷期望于不顾,视国家安危为身外之事,你的忠又在什么地方呢?"

听过左宗棠的一番言论,曾国藩身冒冷汗,惨无血色的面孔开始有了些红晕,却依旧微闭着两眼,躺在床上什么话也不说。左宗棠继续说:"令祖星冈公多次说过,男儿的奇耻大辱便是懦弱无刚。你将祖训书之于绅,发愤自励,同时也以此勉励自己的弟弟们。京中桑梓,谁不知道你曾涤生自强不息奋斗了这么多年,是曾氏克家兴业的孝子贤孙。现在受了一点点的挫折就不想活了,这不就是懦弱无刚么?上有为你伤心的老父,下有因你而失望的子弟。你死之后,有何颜面见九泉之下的星冈公?令尊大人在你出山前夕,庭训让你将孝转化为忠,实望你为国家做出一番轰轰烈烈的事业,使芳名千古流传,使曾氏门第世代有光。要是你今天自杀了,使父、祖心愿化为泡影,那么你又怎么称得上是孝子呢?"

左宗棠的一番话表面上是谴责,实际上却是对曾国藩的信任,使得浑身僵冷的曾国藩渐有活气。他曾经自比为今世诸葛亮,是因为对自己能够建功立业、流芳千古有充分的信心啊!他从心里感激左宗棠的好心,但嘴上的话依然有气无力："国藩自尽，实因兵败，我也是不得已呀！"

左宗棠瞪了一眼曾国藩，对他的辩白根本不予理睬，依然侃侃而谈："从四处赶来投在你麾下的一万水陆湘勇，他们都是你的子弟。他们对你的依赖之心有如子女对父母、幼弟对兄长一样，眼巴巴地盼着你带他们攻城略地、克敌制胜，希望自己也能有升官发财、光宗耀祖的机会。现在，你看看孤苦无依的他们。要是你对他们全然不顾，使湘勇成为无头之众，你水陆两师的士兵只能落魄回乡，过无穷无尽的苦日子。这一年多来的辛苦都白费了，功名富贵也将全都化为竹篮打水一场空。作为湘勇的统帅、子弟的父兄，又怎么可以说你有仁义之心呢？众多朋友，在你的邀请之下，放弃自己的事情来做你的助手。郭筠仙募二十万巨款资助你。他们的目的是什么呢？图的是你平天下巨憝，建盖世勋名，跟着你的人才能沾着光，青史上留个名字，也不枉变个男儿在人世间走了一遭。你如今想一个人一了百了，却不想因此会扰乱了多少朋友的心。你的义又何在？这不忠不孝不仁不义八个字，要是你今天撒手西去了，便如同铜打铁铸，你曾涤生的大名就永远离不开这个污点了……"

左宗棠还没有说完话，曾国藩霍地从床上爬起，紧握他的双手说："古人云'涣乎若一听圣人辩士之言，然汗出，霍然病已'，我今天就是这个样子啊。国藩一时糊涂，幸亏吾兄对我如此责骂，否则险些做下贻笑万世的蠢事。眼下兵败，士气不振，还请吾兄给我指条出路。"左宗棠微露笑容说："宗棠生怕仁兄因为一时的气愤而做下傻事，所以不惜忠言逆耳。涤生兄，我想你一定是因为看见今夜江边送陶恩培荣升而心情变得更郁闷。其实，这些不算什么，像陶恩培那样的行尸走肉，根本就不被我左宗棠放在眼里。漫说他今日只升个布政使，即使他日后当了宰相，也无非是一个会做官的庸吏罢了。太史公说得好：'古者富贵而名磨灭不可胜记，唯倜傥非常之人称焉。'如果没有干出一番惊天动地、轰轰烈烈的丰功伟绩，让英名永载史册，再高的官位又有什么值得羡慕的呢？至于世俗的趋炎附势，我们只需冷眼旁观，更不必放在心上。孙子云：'善胜不败，善败不亡。'胜败乃兵家常事。失败不可怕，一蹶不振才是最让人害怕的，人应该学会不屈不挠。昔汉高祖与项羽争天下，高祖还不是数次惨败，最后垓下一战，自刎的人却是项羽。诸葛亮刚开始辅佐刘备的时候，

第七章　英雄要打脱牙齿和血吞

弃新野，走樊城，败当阳，奔夏口，几乎没有地方可以容身，最后才造成了三足鼎立的局势。这些都是仁兄熟知的史事，依我看来，今日靖港之败，谁又能说不是为日后的大胜做准备呢？此刻湘勇虽然溃不成军，异日或许能够灭洪杨、克江宁呢！"

慷慨激昂的议论，意气风发的神态，使曾国藩感到勇气似乎增加了百倍。他握着左宗棠刚劲有力的双手，许久都没有说出一句话。

左宗棠摸摸口袋，突然有件事浮上心头，说："昨日朱县令来长沙，说他前些日子见到了伯父大人。伯父大人临时提笔写了两行字，让朱县令带来给你。我今日幸好把它拿了过来，你拿去看吧！"

左宗棠把一张折得整整齐齐的纸条从衣袋里掏了出来。曾国藩看时，果然是父亲的字迹："儿此出以杀贼报国，非直为桑梓也。兵事时有利钝，出湖南境而战死，是皆死所，若死于湖南，吾不尔哭！"父亲的教诲，更令曾国藩感到无比心酸。今日若真的死了，还有什么颜面去见列祖列宗！他颤抖着重新把父亲的手谕折好，放进贴身衣袋里，心情才感到轻松了一些。

左宗棠所说之辞虽然大大触动了曾国藩的心思，但曾国藩却依然死志未改。因为一是处于太过惨酷的境地，作为一个奉理学为圭臬的士子，就算是他的脸皮再厚，也觉得没有颜面再在这个世上活下去；二是靖港惨败，朝廷肯定会严加追究，说不定朝廷定的罪会让他生不如死。因此，曾国藩左思右想之下，还是一心一意地想死。

然而，吉人天相，也是曾国藩不该就此而命丧黄泉。正当他准备好一切谢天下的工作，想要自裁时，塔齐布所领的收复湘潭的军队居然让人意想不到的十战十捷，将林绍璋的太平军给打败了，从而一举收复湘潭，太平军死伤几千人。湘军所取得的第一个胜利一下子就把曾国藩从死亡线上拉了回来，并很快将他从失败的阴影中拯救了出来。

但是，无论从哪个角度来说，靖港之败，都给曾国藩以后的军事生涯留下了十分深刻的教训。他以后能够带领湘军取得金陵之战的最后胜利，这是一个很重要的基础。"大难不死，必有后福"这句话正好反映了曾国藩此时的状况。

终于打了第一个胜仗

　　可以这么说，靖港之战是由曾国藩指挥的湘军的第一次失败。虽然岳州之战中，湘军也失败了，但是那次战役中，双方并没有直接交锋。许多史书却说湘军被"全歼"，这是夸大其词的。那次曾国藩只带了湘军的大部作战，而中坚力量被彭玉麟、塔齐布率攻湘潭，进攻靖港的湘军也仅被消灭部分而已。那次作战，曾国藩究竟带去多少人马，被歼多少，走失多少，由于湘军对此讳莫如深，至今也没查清楚。就说曾国藩的自杀吧，他活着时谁也没敢实说，直至曾国藩死后，亲自救他的章寿麟作了个《铜官感旧图》，请《湘军志》的作者王闿运作诗配之，李元度和左宗棠分别写了序。章寿麟所"感"就是曾国藩当年在靖港败后，船行至铜官渡投水寻死的情景。此后，世人才知靖港大败，曾氏自杀的事情真相。曾国藩二败返回长沙，城里的官绅对他的攻击比第一次更加猛烈了。以布政使徐有壬为首，幸灾乐祸，煽风点火，齐拥至巡抚衙门，要求起草奏折，状告湘军的惨败，曾国藩的无能，要求解散湘军，惩办曾国藩。湖南提督鲍起豹更是放声大骂曾国藩，说湘军劳民伤财，把"粤匪"引到了湖南，是"引狼入室"，下令关闭长沙城门，不让曾国藩及湘军一人进城。

　　曾国藩二度返回长沙，情绪极为低落，他不吃不喝，不洗不理，蓬头跣足，万念俱灰，还想寻死。他叫来弟弟曾国葆，让他去做一口棺材，曾国葆不干，苦苦相劝。曾国藩大声命令："这是军令，不听者斩！"曾国葆只好派人去买来一口黑漆棺材，停放在江边。

　　曾国藩还给咸丰写了遗折，说明自带湘军进攻靖港，开战不久，全师溃败，难酬当初为国报效之愿，决心一死报主恩，以谢丧师败北之罪。并推荐罗泽南、彭玉麟、杨载福等人，让他们继续率部征讨"粤匪"。同时又写了一个遗嘱，让曾国葆立即送其柩回家，不可在外开吊，费用自理，不可花公家的一分钱，湘军所余之资，概交粮台。

　　正当曾国藩选择如何自杀的方法时，一直防护他的曾国葆推舱而入：

第七章 英雄要打脱牙齿和血吞

"大哥！湘潭水陆大胜，湘潭大胜！"

"真的？"

正徘徊于生死路口的曾国藩，哪敢相信这突如其来的喜讯。

"真的！长毛全军覆没，贼首林绍璋只身逃脱。这是塔齐布的亲笔信。"

曾国藩双手颤抖，好不容易打开了塔齐布的信，读着读着，激动之情难以控制，两行泪水夺眶而出。

湘潭之战是一场大仗，也是一场硬仗。

原来，林绍璋率军占领湘潭，目的在由南北两路夹攻长沙。但当湘军自长沙出师后，他自知后援断绝，成了孤军。

由于他的战斗经验较差，一时不知如何是好，诸将意见也不一致，相互争吵，乃至殴斗。正在太平军内部混乱之际，湘军前锋塔齐布攻至城外。林绍璋派兵在城北堵击塔齐布，自己退入城中。随后，湘军水师彭玉麟、杨载福、褚汝航也兵临城下，与太平军水师在城外湘江中大战。湘军之火力远胜太平军，湘军炮船用英、美洋炮轰击太平军木船，木船起火，焚烧甚惨。湘军初战胜利，于是展开水陆大战，陆师攻城，水师以利炮助战。在湘军凌厉的攻势下，太平军大败弃城而逃。临逃之前，"老兄弟"开枪痛击"新兄弟"，"潭城分党哄斗，自相戮者，约计数百之多"。

湘潭之战自四月初一（4月27日）至四月初五（5月1日）。经过六天激战，湘军十战十捷，太平军阵亡万余人，逃溃亦近万人，船只被烧被夺二千余只。是太平军自广西出战以来最大的一次失败。自然也是湘军出师了不起的一次胜仗，成为双方军事的一个转折点。太平军的西征军自此由胜转败；湘军的士气、声望则大振而起。

湘潭之战的胜利消息传到京师，引起咸丰皇帝对曾国藩和湘军的真正重视。清军与太平军作战，几乎每战必败，像湘军在湘潭之战上的胜利，实在太罕见了。自此之后，清政府对湘军刮目相看。黎庶昌《拙尊园丛稿》记载："湘军初练，某大学士言于朝，以为曾氏回籍自练军队，一呼数万，志不在小，非朝廷之福。而湘潭战后，皇帝特召编修袁方英（湘潭人）问所破贼状，皇帝听了大悦，当日授袁为松江知府，曾国藩之志方得以明。"

遂后，咸丰发出一系列上谕，嘉奖湘潭大捷。同时下旨严责鲍起豹失城丧土之咎，革职拿办；培齐布被任命为湖南水陆提督。尤让曾国藩感到高兴的是，准他单衔奏事，湖南省文武百官，除巡抚一人之外，曾国藩视军务需要皆有权调遣。

这些上谕从根本上转变了曾国藩在湖南的政治地位。上谕先发至巡抚衙门，骆秉章接旨后，立即带着藩、臬两司等一班官员，拥着一抬绿呢空轿，亲自来接一直住在城外船上的曾国藩，对他百般赞誉，硬是把曾国藩请入轿内，住进省抚衙门。曾国藩再三推辞，带着郭嵩焘、刘蓉、陈士杰等一班参谋住进原来的湖南审案局里。骂他最凶的徐有壬当晚单独拜会曾国藩，恳切检讨过去的态度，主动提出湘军在衡州向陆知府借的十万两白银，由省库拨还，还答应湘军以后的粮饷，"鄙人尽力筹措"。

曾国藩脚跟站稳后，立即着手总结岳州、靖港、湘潭三次作战的经验教训。他认为一年来编练的湘军，到实战之中有的敢战、有的一触即溃，要在湘军中树立"不怕死"的精神，现在正是该严厉整顿的时候。经过调查，三次战斗，塔齐布、彭玉麟、杨载福所率之营能战能防，临败不溃，于是嘉奖了这些有功的官兵。而那些溃败之营，尤其是靖港之战不听指挥、拼命逃跑的官兵，上自营官，下至伍卒，一律裁撤。第一个拿来开刀的是曾国葆的一营，在靖港战役中最先逃跑，除去最后跟着曾国藩撤退的一些官兵外，一律撤去不用。曾国葆本人也被撤去营官，开缺回籍。曾国葆哭着找曾国藩要求留下。曾国藩认为正人必先正己，军令已出，不能再行收回，让他回家告诉曾国荃与曾国华，在籍各招五百壮丁，用心操练，储备待用。

曾国葆先被撤职，其他各营整顿顺利，共裁团丁三千余人。塔、彭、罗、杨四部则大量增募，仅塔齐布一军即达七千人，罗泽南部增至一千余人。整顿后的湘军共有陆师二十营、水师二十营。水陆师各设统领二人，陆师由塔齐布、罗泽南充任；水师由彭玉麟、杨载福充任。将战斗中表现勇敢的两员猛将，鲍超和申名标，提拔为营官。

这次整顿，在湘军史上称为"长沙整军"，是极为重要的事件。湘军以后的能战,同这次整军有极大关系。每天清晨,长沙城外的演武场上,陆师在塔、罗的指挥下认真训练;水陆洲畔的江面上,彭、杨指挥水师演练攻守。曾国藩每天穿戴整齐,亲临检视、训话。还亲自编写了《得胜歌》,请人谱曲,让官兵每天演唱,鼓舞士气。

好汉打脱牙齿和血吞

靖港失败后,曾国藩把自己关在长沙城外,七昼夜不与人说一句话,陷入深刻的反省与思考中。胜败乃是兵家常事,但此次失败成为曾国藩"咬牙立志"的关键一次。曾国藩后来说,他平生有"四大惭",即四大耻辱,而靖港之败是其一,他说:"甲寅年岳州、靖港败后,栖于高峰寺,为通省官绅所鄙夷",但他经历"此一磨折",后来才有成功。他还说,他一生"打脱牙之时多矣,无一次不和血吞之",靖港之败亦是"打脱牙之时"。而"打脱牙和血吞"不是目的,"生平咬牙立志,徐图自强"才是目的。

曾国藩善于从失败中总结教训。他认识到,此次失败,也在于水军未经操练,军纪不严。不但打败仗时溃不成军,即使彭玉麟统帅打湘潭取胜时,部下也大肆抢掠。

湘军始建之初,水陆师不仅缺乏实战经验,组织指挥系统上也未能做到层层节制。而临阵作战时,论胆量技勇,兵不如勇,论纪律则勇不如兵。因此曾国藩认识到,必须有得力人员协同管带,加强文武官员的层层节制,才能相互维系。过去,湘军每营仅有一二绅士主持,故纪纲不密,维系不固。靖港之役,就错在"但知轻进之利,不预为退步之地"。而水师之弊,在于没有经战阵之兵勇,全是招募船户水手,编组成军,训练未满一月就拉上前线,故临阵胆怯。因此,曾国藩此后很重视老兵的作用,水陆兵勇编组时,务须新老兵勇互相搭配。

在指挥系统方面,重要的变化是增加统领一级。过去,湘军陆师的编制最高为营一级，由曾国藩直接统辖调遣。营以上设立统领，统率二营或数营。陆师以罗泽南、塔齐布等为统领，水师以杨岳斌、彭玉麟等为统领，由统领指挥营官，曾国藩则指挥统领。这样，在湘军中便出现了旅、团一级的编制，而在实战中，指挥也确实灵便，兵力使用相对集中，比较能适应战争形势的变化。在水师方面，一方面咨札李孟群招募两广水勇一千名，于五月抵达长沙；另外，咨调陈辉龙率广东水师四百名前来参加湘军水师。这支水师配用湖南舵工、水手，以利控制。尤其是在装备上多加洋炮，现在只来六百尊，不足分配。因此，曾国藩又奏请清廷让两广总督购买夷炮数百尊解来长沙。长沙整军后的湘军水陆师，共计一万五千名左右，其战斗力远较衡州出师时强大。曾国藩还认识到，此次靖港之败，也由于赏罚机制没有建立起来。他感到，古人用兵，都是先明功罪，但今天多是患难之交，投奔大营来并非是为利禄驱使，因此所订法条难于施行，所以"两次致败，盖由于此"。有鉴于此，这次他驻扎在长沙城南门外的妙高峰上整顿营务。规定：凡是临阵脱逃的将领，不再录用。湘乡团练最早的组织者原湘乡知县朱孙诒，因在宁乡、岳州战役中临阵脱逃，被曾国藩断然逐出湘军。曾国藩的弟弟曾国葆也在被裁之列。

经过长沙整军，湘军实力大增。"规模重整，军容复壮矣"。咸丰帝的上谕又称"肃清江面之举，仍借此一军，以资得力"。因此，湘军士气也受到鼓舞。六月，修造战船的工作已经完成，广东总兵陈辉龙也到达长沙，添造浅水拖罟二号，李孟群到广西招募的水手一千余名也回到长沙，与曾国藩所募水勇日夜操练。

水陆两师会战城陵矶

靖港之战和湘潭之战，让曾国藩吸取了不少经验，同时也得到了许多教训，对湘军进行了重新整顿，用有生气的兵员代替素质较差的兵卒，同时赏功罚罪，使湘军焕发出原有的生机。恰巧在这个时候,曾国藩接到咸丰帝的谕旨:"曾国藩添募水陆兵勇及新造、重修战船,既据奏称已可集事,则肃清江面之举,仍借此一军,以资得力。塔齐布胆识俱壮,堪膺剿贼之任。着骆秉章即饬统领弁(biàn)兵迅速出境。曾国藩与该署提督共办一事,尤应谋定后战,务期确有把握,万不可徒事孟浪,再致挫失也。"

于是,曾国藩便遵照咸丰帝的命令,带兵出征。

经过曾国藩的整顿,湘军的战斗力有了相当大的提高。加上曾国藩在打了两次败仗之后也摸索出了一些用兵之道,所以此次出征可以说是非常的顺心遂意。自咸丰四年五月曾国藩带兵从长沙出征以后,至七月一日,接连攻克了常德、澧州,并再次攻占了岳州城,曾国藩为此感到一些欣慰。这次胜利让咸丰帝也极为高兴,他在上谕中称:"此次克复岳州,大获胜仗,湖南逆踪业就肃清,江路已通,重湖无阻。即着塔齐布、曾国藩会督水陆兵勇,乘此声威,迅速东下。力捣武汉贼巢,以冀荡平群丑。"

曾国藩见水师接连获胜,便带领手下战将陈辉龙到了岳州。这时太平军虽然屡次遭到失败,但仍盘踞在城陵矶下游一带,又在汉口布置了数千只战船,连缴数十里。

城陵矶在岳州和武昌两地之间,处于川湘交界之地,自古以来都是兵家必争之地。当时太平军的秋官又正丞相担任城陵矶的守卫,而攻打城陵矶的清军水师,有一部分归曾国藩直接训练和掌握。另有山东登州镇总兵陈辉龙也统领着一营的清军水师,广西保升道员褚汝航统领的另外有一营清军水师,由广西保升同知夏銮统领的清军水师一营,广西升用道员李孟群统领的一营,加起来共有四千多名水师兵勇。其中李孟群营有广西水勇一千名,陈辉龙营有四百多名的广东水兵,剩下的以湖南人居多。这些人大多归曾国藩管制。这批水兵虽然船多械足,但在经过了几次战斗之后,军队之中骄傲的情绪逐渐滋生。曾国藩进攻的步伐非常缓慢。因为他的大部队还没有到达岳州,他在等待时机。塔齐布也提出了类似的看法。但陈辉龙因为自四月下旬到达这一带后,便因船炮不齐、粮饷不足坐等了两三个月,待到启程后,又因为风大而耽搁住了。他特别着急,想快点儿把太平军斩尽杀绝。褚汝航、夏銮也都怂恿曾国藩出兵,并且要求一同前往。曾国藩觉得陈辉龙已经在水师营中干了四十多年，经验极其丰富，一定是瞅准了进攻的最佳时机。况且褚汝航他们也是多次建立战功的名将，每次都善于把握时机。

七月十六日辰刻，陈辉龙、褚汝航、夏銮分别带领各自的清军水师向城陵矶进发。这时李孟群还未到达岳州，但他的前队广庆水兵也跟随着陈辉龙的部队。左营彭玉麟、右营杨载福也准备好进行援助。这时还风平浪静，等到了城陵矶时，恰好与太平军遭遇。陈辉龙等一起向太平军发起进攻，枪炮齐发，轰毙了数十人，烧毁了太平军数只战船。这时风势已大，广东提标水师右营游击沙镇邦，对水师最忌讳的事情全然不顾，乘风追击。陈辉龙见风势愈大，打算插旗收队；又害怕游击沙镇邦的炮船有危险，便又督催拖罟（gǔ）赶往救护。没想到船太大，竟在漩涡激流中搁浅。两广兵勇也被风吹得七零八落，互相拥挤。太平军的战船就在这时候突然杀过来，将他们重重包围。广东弁（biàn）兵的战船以及广西何越王廷的船只，欲前去救护，又因风力太盛，互相拥挤在了一起，无法使用枪炮。当太平军的船只逼近时，兵勇陷入重围，进退不得，被杀害了许多，余下的都跳水得以逃生。陈辉龙、沙镇邦都阵亡了。褚汝航见陈辉龙情况危急，出于情义，便赶去相救。无奈太平军的兵力越来越强大，清军渐渐有些支撑不住。褚汝航赤手空拳杀了几名太平军，夏銮也与太平军进行正面交锋，均被重创，落水殉难。广东署千总何若沣、广西候选府经历唐嵘，一同遇害。这时提督陆营虽带领部队到达了城陵矶，但无法渡过港口，也就无法前去救援。清军水师大败，死伤无数，还损失了几员大将。

水师的失利让咸丰帝非常恼火，严厉斥责了曾国藩。据称，咸丰帝看完奏折以后，感到非常愤怒，他指责"曾国藩系在水路督战，于陈辉龙出队时，不能详慎调度，可见水上一军，毫无节制。即治以贻误之罪，亦复何辞？""唯曾国藩前经革职，此时亦不必交部严议。仍责令督饬水师将弁（biàn）奋力攻剿，断不可因一挫之后，遂观望不前。"

不过，虽然话是这么说的，此次水师在城陵矶打了败仗，指挥不力的曾国藩应负很大一部分责任。他的指挥不力并不是没有原因，首先是没有足够丰富的水师作战的经验；其次是对手下的将领过于依赖，认为他们毕竟也统带了几十年的水师，从心理上认为他们在具体作战方面一定胜于自己，所以在驾驭时不免放任了他们。

不过，曾国藩由此也得到了不少的好处，首先就是这些清军水师统领战殁后，他便依靠水师一统天下；其次就是他认识到在任何时候能依靠的人只有自己。并且陆军最终攻克了城陵矶，所以咸丰帝也没有过于责备。

平定湖北风光无限

咸丰四年七月中下旬，清军在攻下城陵矶之后，乘胜追击，湘军水师沿江扫清了太平军的残部，攻占了蒲圻，接着乘机攻占了沿江的重要港口，在距武昌六十里的金口安营扎寨。塔齐布、罗泽南率领的陆军，在八月下旬，攻下了武昌远郊的纸坊。曾国藩准备进攻武汉。长江、汉水把武汉分割成了三部分，其中数武昌的位置最为重要，攻打武汉，实为攻打武昌。

共有两万名太平军驻守在武昌，拥有几千只船舰，并且还在武昌城外修筑了坚固的防御工程。但是这些船舰都是由民船改装而成，并不适合作战。而且武器装备简陋，用的都是土炮，也缺乏有经验的将领。再加上太平军已两次遭到惨败，信心极其不足。

而湘军的情况则与之恰好相反，总兵力在两万左右，武器装备也甚为精良，而水师虽在城陵矶惨败，但陆军却获大胜，并最终攻下了城陵矶。曾国藩此时也是信心十足，增加了水师的兵力，使船舰更加坚不可摧。

根据双方的特点，结合武汉三镇的形势，曾国藩制订了水师作战的详细计划，采用了集中优势兵力各个击破的军事战略。他派水师清理江面，把太平军与武汉三镇的通路给切断了，再与陆军联合，用炮火向太平军的营垒发起进攻；陆军的绝大多数力量来攻击武昌，魁玉带领的湖北兵围攻汉阳。

8月21日，水陆两军同时向太平军发起进攻。水师共分两路，他们发挥火力优势，将太平军的五百多艘船舰击毁烧尽；塔齐布率领的陆军将洪山攻下，使位于武昌南面重要高地和"陆路汇总之处"得到控制。罗泽南率领的军队也在同一天将花园营垒攻下。这时，守城的太平军混乱极了，许多人纷纷弃城逃跑。第二天，清军水师又击毁了数百只船舰，攻下了武昌和汉阳城外太平军的所有大小营垒。黄再兴大为吃惊，不敢恋战，第三天凌晨便弃城出逃。汉阳守军也在同一天弃城东走。第四天，水师又乘机对未撤离的汉水太平军船队进行围攻，数千只船舰，有的被烧毁，有的被击沉，无一能够幸免于难。

短短的四天中，湘军中只有二百多人伤亡，却一举将武汉重镇攻下，使太平军损失了两千多艘船舰，数千名士兵。代价微，战绩巨，实出乎意料。如此大胜，使整个满汉统治阶级甚受鼓舞。这次胜利，从武汉三镇掳掠了大量财物，许多湘军将领和士兵得以加官晋级，更以为太平军已是日薄西山，没有几天活头儿了，他们便把从军作战当作风险小而又可以名利双收的捷径。所以以极大的热情投入到新的战役中，图谋更大的收获。

曾国藩也信心倍增，他辞谢了署理湖北巡抚的任命，全心全意带领军队东下，并制订了从三路进军的计划，他准备先破田家镇，再进攻九江。三路军马先后在9月上、中旬发动进攻。在长江北岸，魁玉、杨昌泗带领的绿营军为主力，但这一军队素质较低，太平军把他们堵在了蕲州一带，动弹不得。塔齐布、罗泽南率领的两军是南路湘军的主力，分别向兴国和大冶两地进犯，既使东进没有了障碍，又使武昌南面的防御工事得到巩固。接着两军向半壁山和富池口分头进逼。中路的水师偶尔与太平军的舰队战上几个回合，不分上下。

田家镇、半壁山是太平军的防守重镇，湘军东下九江也必须途经这里。太平兵在田家镇设有重兵防守，并在那里修筑了坚固的土城；同时在半壁山派重兵防守；江面上有两道连接两处的铁链，小船和木排布置在江心，木排上设有木城，里面守有重兵。太平军在这里集结了大批兵力，大约有四万人，并派燕王秦日纲前来亲自率领。虽然太平军兵力强盛，部署严密，但后方力量却十分薄弱，秦日纲不敢主动攻击，只是一味地消极防御，处境十分尴尬。

综合双方势力以及形势发展情况，曾国藩做出了先以主力部队进攻兵力较少的半壁山的决定。在上次防御中，太平军利用地形的险峻以及防御工事的坚固来对付清军，但这次他们变通了策略，转而采取在营垒之外进行野战的方法。

10月1日，当罗泽南率领的军队行到半壁山前二三里处时，太平军便前去主动迎击，驻扎在田家镇的大营也派军队渡江前去援助。经过一天大战，太平军死伤无数。而罗泽南率领的湘军却注意审时度势，虽太平军多次来营前求战，罗泽南却命令全军休整，第四天才与太平军开战。秦日纲虽然亲自率领军队，但并不能挽回败局，反而死伤更多，以至于丢掉了半壁山大营。罗泽南与已攻占昌池口的塔齐布军联合起来，收复了南岸；接着湘军水师又在13日向太平军大举进攻，使太平军的江边防守被击破，焚毁了数千艘船只。

半壁山被破、江心铁链也被清军给摧毁了，驻扎在田家镇的太平军一下子就失去了战斗的勇气，加上蕲州的太平军也听到消息而撤退了，于是，太平军只好将田家镇主动放弃，沿江下撤。

攻克城陵矶、平定湖北以后，曾国藩在以后的日子里感到无限风光，自此以后，屡攻屡克的他大有一鼓作气将金陵拿下的攻势。

第八章

曾国藩

屡战屡败,屡败屡战

第八章 屡战屡败，屡败屡战

屡败屡战勇气佳

小成功靠朋友，大成功靠敌人。朋友的帮扶固然有助于取得成功，而来自敌人（或竞争对手）的生存压力则可以激发出一个人的全部斗志和潜能，进而促成巨大的成功。从这个角度说，苏东坡的那句名言不妨改动一下：古来之成大事者，不唯有多方相助之友，亦必有泰山压顶之敌。

曾国藩就是这样。在1852年以前，他不可谓不成功，二十八岁就中进士、点翰林，在穆彰阿、唐鉴等师友的指点扶助下，十多年间先后从翰林院庶吉士累迁侍读、侍讲学士、文渊阁直阁事、内阁学士、稽查中书科事务、礼部侍郎及署兵部、工部、刑部、吏部侍郎等职，步步升迁到二品官位时年仅四十来岁，在仕途上可谓青云直上了。当时官场人物所称羡的"无灾无害到公卿，不谥文忠，便谥文恭"的美好前景，对于他而言已经不是什么问题。太平天国起义的爆发改变了曾国藩的命运。从奉命担任团练大臣，到率领湘军北进东征，直到1864年攻破天京，在整整十二年的时间里，曾国藩都在与太平天国作着拼尽全力的搏斗。太平天国覆亡，曾国藩出将入相，位极人臣，公卿旧部，遍于天下，被奉为中兴大清的第一人、立德立功立言三不朽的"古今完人"。曾国藩因太平天国而起事，也因太平天国而成功，这个"敌人"成全了他。不过这个"敌人"也太强大、太与众不同了，曾国藩的成功也来得太艰难。

有一个传闻，说曾国藩率湘军对太平军作战屡次失利，在向朝廷写奏折汇报时颇费心思。一群秘书绞尽脑汁也想不好如何措辞，而曾国藩只改动了两个字就解决了这个难题：把奏折中的"屡战屡败"改为"屡败屡战"！两字的顺序之别，意味便截然不同，前者论理该罚，后者论情该奖。曾国藩用文字游戏糊弄中央，在北京的统治者当然不会不明就里，然而只要曾国藩还在用心地"剿匪"、还在忠诚地向中央汇报和请示工作，这也就够了。何况玩弄文字游戏也是满族统治者自己的拿手戏，1860年咸丰皇帝北逃承德被说成是"谒陵"，1900年慈禧带着光绪西逃西安被说成是"巡狩"。相比之下，曾国藩的舞文弄字只能算是小把戏了——何况这个传闻本身就不可信。

"屡战屡败""屡败屡战"确是湘军与太平军作战的实情。太平军虽然没有正规化的训练，也没有西方列强那样的"坚船利炮"，但这些昨天还在耕田砍柴、挖煤撑船的劳动者们，一旦被一种模糊而令人向往的宗教信仰武装起来，被建设人间"小天堂"的目标调动起来，被从书本上学来的古老办法组织起来，就突然有了巨大的势不可当的冲击力量。他们拿着简陋的兵器，用着陈旧的战术，甚至用笨拙的办法，一次次打败了清政府派来的正规军，以惊人的推进速度占领了南京，并建起了与北京的朝廷分庭抗礼的天国政权。他们又善于在战斗中积累经验，善于用火攻和水战的优势打败清军，善于利用先进的武器装备。他们的军事领导人，虽然没有经过正规的军事训练，但是一经战阵便展现了惊人的军事天赋，杨秀清、石达开、陈玉成、李秀成等，都可以跻身中国历史上最优秀的军事家之列，即便是火攻、诈降、围魏救赵等古老的战法和计谋，都能被他们灵活地用来对抗清军。

面对着这样的对手，曾国藩不得不"屡战屡败""屡败屡战"。他晚年曾总结自己一生中处境最为困难的三个时期，一是刚出征时的靖港之败，一是兵败湖口与坐困江西时期，一是祁门大营遇困前后。而这三个时期又是湘军"屡战屡败""屡败屡战"的典型代表时期。

咸鱼翻身，攻占武昌

湘潭失守以后，太平军迅速调整了战略布置。原来守战湘潭的将领林绍璋经靖港、岳州迅速撤到常德一带，向正在西进的曾天养部靠拢，曾天养听到湘潭失利的消息后，也立即南下，两军会合一起回到岳州，在那里筑垒挖壕；修筑工事，准备迎接湘军的进攻。

在长沙经过一番休整，湘军战斗力提高了，元气基本恢复。这时太平军在湖北省势力发展很快，沿江军事重镇武昌，在太平军的强大攻势下岌岌可危，曾国藩急忙奉皇帝的命令由湖南开赴湖北，协助镇压太平天国运动，援救武昌。

1854年7月上旬，曾国藩率领整顿后的水陆大军从长沙出发，准备经洞庭湖进入湖北攻取岳州。这次曾国藩带的军队除了湘军本身扩充外，还有胡林翼带的两千兵勇，陈辉龙带来的六百五十名广勇，以及李孟群带的广西水勇一千人，在曾国藩将要出兵时，武昌城被太平军攻下。

7月16日，塔齐布率领部下七千人占领新墙，前锋直逼岳州城。罗泽南、周凤山率领数千人作为后援部队。7月24日，太平军迎战失利，曾天养率领部下连夜退守城陵矶要塞。城陵矶在岳州东北二十里处，扼洞庭湖口，地势十分险要，是由湖南进攻武昌的必经之地。

8月9日，曾国藩的水师将领陈辉龙、沙镇邦、褚汝航、夏銮四人不顾水军大忌，乘风顺水，率部飞舟直奔城陵矶下，正好落入太平军早已设好的埋伏圈内，结果全军覆没，只帆未返，四人也落水而死。这次战役，湘军水师损失又近一半，曾国藩闻报后"伤心陨涕"。

太平军水战取胜后，曾天养于8月11日率兵登陆，准备扎营结寨，凭借险要地势据守于此。曾国藩见到这种情况，急忙令塔齐布从陆路进攻。曾天养仓猝迎战，塔齐布是曾国藩手下最为得力的一员悍将，精于马术，善于骑战，仍保留着旗人入关时的那种彪悍气质。这一战是短兵相接，打得异常激烈。曾天养在马上发现塔齐布后，想擒贼先擒王，大叫一声便单枪匹马冲进敌阵，挺枪直取塔齐布。但由于湘军人多势众，曾天养的坐骑不幸被塔齐布刺中，自己也落马堕入敌营，虽然又刺死敌兵数名，但终因势单力薄，寡不敌众，最后壮烈牺牲。曾天养一死，太平军立刻处于群龙无首的局面，顿时人心动摇，军中大乱，再也无心与湘军争锋，只好向武昌退去。

这一战之后，湘军水陆并进，挥师东下。沿途几乎没有遇到什么大的反抗，气焰逐渐嚣张起来，简直不可一世。过去的战船周围一般都用牛皮等物围上，用以防对方的箭矢、枪弹等，起到保护自己的作用。但由于湘军打了几次胜仗，便目空一切，非常狂妄，于是他们都扯去防御用的牛皮等物，赤膊裸胸站在船头，无所顾忌，仿佛亡命徒，极其凶狠强悍，好战远远强于绿营兵。曾国藩后来回忆起这段情景时，不无得意地记述过这件事。湘军陆师由塔齐布、罗泽南指挥，从岳州出发，经过羊楼司、崇阳、咸宁、金口一路直抵洪山、花园一带。

花园、洪山一带是武昌城的天然屏障。太平军在这两处都设有重兵防守，而要想拿下武昌，必须先通过这两个地方。

当水师走到金口时，曾国藩便下令停止前进，这时，塔齐布、罗泽南率领的陆路人马也恰好抵达金口。曾国藩召集湘军水陆各路将领共同商讨破城之策。罗泽南建议兵分两路，一路由塔齐布带领进攻洪山，另一路由自己带领围攻花园，防止那里的太平军分兵从后路包抄塔齐布一师。曾国藩采纳了这个方案。

1854年10月12日，湘军从金口出发，当天就摧毁了太平军的花园、洪山防线。第二天进至鲶鱼套，并将武昌城附近的所有营垒焚毁殆尽。这样，武昌重镇就完全暴露在湘军的包围之中。

而负责守卫武昌城的太平军将领黄再兴、石凤魁等人，要么是文官，要么是洪秀全的皇亲国戚，都不懂带兵打仗，眼看湘军两万人马气势汹汹地兵临城下，立刻丧失信心，惊慌失措，连夜带领亲信人马匆匆逃到田家镇。合称武汉三镇之一的汉阳守将，见武昌失守，便也弃城逃溃。如此一来，武汉这一对太平天国至关紧要的军事重镇，就这样被他们轻而易举地送给了湘军。更为可恨的是，这群败类只顾自己逃命，竟没有预先通知停泊在水中的大批水师。武昌、汉阳失守以后，这些水军就被完全封锁在汉水中，遭到了彻底毁灭，守城的士兵也有一大批没有来得及撤走，他们大多都被湘军当场杀害或赶到湖水中淹死了。

这样，太平军经营多年的水师毁于一旦。一年多西征的成果也被葬送掉了一半。

占领武昌城后湘军充分暴露了他们残忍、暴虐、嗜杀的特点。曾国藩也把他曾剃头、曾屠户的名号发挥得淋漓尽致。当天他便亲自下令，对敢于反抗的太平军和居民一律剜目凌迟。而罗宗南甚至诱迫和怂恿他的部下士兵生吃被俘太平军的血肉心肝。武昌城内一时成了阎王的地狱。

盛名之下要头脑清醒

当时，咸丰皇帝正被太平军搅得晕头转向，六神无主，不料湘军竟能异军突起，如此迅速而轻易地拿下武汉这个军事重镇。消息传到北京时，他高兴得简直不知如何是好。

10月26日，当曾国藩的捷报送至咸丰帝的龙书案前时，这位饱受太平天国困扰的天子欣喜异常，龙颜大悦之后，立刻下旨任命曾国藩为署理湖北巡抚。第二天，他还眉飞色舞，兴冲冲地对军机大臣祁隽藻说："不意曾国藩一书生，乃能建此奇功。"祁隽藻听后小心翼翼地进言道："曾国藩不过一在籍侍郎，犹匹夫耳。匹夫居闾里，一呼百应，恐非朝廷之福"。咸丰听了这番话后，立刻像被矢中的，很快从兴奋中清醒过来。他沉吟良久，想起汉人掌握兵权，如果再让他拥有地方实权，将来实在不好驾驭。弄不好还会像当年康熙年间的吴三桂、尚可喜、耿精忠一样，为番作乱，于是严奉祖训，另下一道圣旨收回成命，赏给曾国藩兵部侍郎的头衔，办理军务，在以后的六七年间，也一直都是让曾国藩处于客军虚悬的地位，始终不肯授予他地方实权。

更为可笑的是在接到皇上赏给"署理巡抚"职务的圣旨时，曾国藩曾高兴万分，以为自己从此可以掌握地方行政实权，行兵募饷不再受地方官员的掣肘。但自己是墨绖（dié）出山，尚有母孝在身，如果自己毫不谦让地接受了这个职务，怕遭别人耻笑。于是还假意推辞一番，说攻克武昌都是部下的功劳，自己实在没有什么功绩，接受这一职位实在内心有愧；另外母丧未过，自己如果远就官职，恐怕会"外得罪于名政，内见讥于宗族"。因此，请皇上收回成命。然而，曾国藩的这一辞谢奏疏还没送到北京，大梦初醒的咸丰帝就已改变了主意，收回成命。接着，咸丰又倒打一耙，说曾国藩在上奏时官衔后面没有署上巡抚，有违旨之罪，要对他"严行申饬"。

曾国藩辛辛苦苦攻占武昌，还不如远远观望的荆州将军和署理湖北都督杨霈。他们都得到重赏，而自己在受了一番嘲弄之后，又被莫名其妙地扣上了抗旨不遵的罪名，这不能不引起曾国藩的深思。一桩往事，又涌上他的心头。

在自己由衡州出兵之初，由于湘军粮饷缺乏，朝廷又不给银钱，只有自己想办法筹借。向当地几个有名的大官绅发出倡议书，希望他们能捐出一部分钱来，以解燃眉之急。

当时衡州城首富杨江向曾国藩提出条件：自己可以捐银二万两，但曾国藩必须代他向皇上奏明，允许为他的祖父在原籍建乡贤祠，并允诺事成之后再向湘军捐五万两银子。

杨江的祖父杨健是衡阳人，嘉庆年间中进士，授户部主事，累官郎中，外任府、道、运司、藩司。道光初年，外任湖北巡抚，道光二十五年在衡州病逝。当时有人上奏请求让他入祀乡贤祠，道光皇帝因为他在任湖北巡抚时贪污受贿，官声恶劣而没有允许。曾国藩当时也知道这件事，深知此事不可为。

但转眼一想，现在军情紧急，饷银难得，道光帝已换成了咸丰帝，说不定皇上可以体谅。于是就上了一份奏折，以为自己纯粹是为国家做的一时权变之策，皇上必能理解自己一番苦心。

但自己刚誓师不久，就接到皇上的一封上谕，说自己这种做法"大干律令，革职严办"，最后因为自己要率领湘勇北上剿贼，故改作降二级留用。

想到这里，曾国藩心里明白透亮了，皇上是信不过自己这个带兵的汉人啊！从此，曾国藩看透了朝廷对他的猜忌心理，时时怀着警惕之心，处处谨慎言谈、书信都小心措辞，生怕哪天会被什么人抓住了把柄。

攻占武汉以后，曾国藩本想停兵休整，好好经营一下湖北。再以湖北、湖南为基地，进取江西、安徽，稳扎稳打，一步一步地逼向太平天国的首都天京。

于是，他在 10 月 21 日上书咸丰皇帝，提出攻占武汉后，立即东下的可虑之处有三点：一是经过从岳州到武汉三镇的一系列战斗之后，湘军人员、武器都有很大损耗，需要经过一个较长时期的休整和补充，才能巩固和提高战斗力；二是太平军虽然遭到重创，但仍有相当实力，再加上他们又得到湖北、江西广大群众的支持，湘军如果孤军深入，就有可能陷入太平军的包围之中；三是湖北经济尚未恢复，不能建立粮饷基地，湘军东进所需的粮饷仍需湖南供给。这样一来，远离后方，供应困难，就有可能因缺乏粮食军饷而导致军心不稳，前功尽弃。

应该说，在取得了几次大的胜利之后，曾国藩的头脑还是清醒的。仍能保持着小心谨慎、不骄不躁的作风，客观冷静地审时度势。但咸丰帝却急于求成，完全低估了太平军的力量，拒绝接受曾国藩的意见，命他迅速东下，早日肃清江西，而将善后工作交给杨霈处理。他这一番盲人骑瞎马的乱指挥，完全打乱了曾国藩的原定计划。迫使他脱离后方，锐兵轻进，孤军深入，缺乏后援，在江西数年之内处于进退维谷的困境。

恶战长江天险田家镇

武昌失守，让坐镇天京的杨秀清又惊又气。他立刻命令燕王秦日纲前往田家镇布置战守事宜，并将黄再兴、石凤魁等人锁拿天京问罪。面对湘军的嚣张气焰和咄咄逼人的攻势，秦日纲等太平军将领决定利用长江两岸的有利地形，布置重兵防守，阻止曾国藩率军东下。

田家镇是一个有几千人口的大镇，水陆交通便利，自古以来就是长江北岸上的一个整体市井。与田家镇隔江相对的半壁山，孤峰挺拔，雄峙在大江南岸。这里是长江最险的一处隘口，江面仅有一里多宽，江流湍急，易守难攻，历来是兵家必争之地。太平军曾在这里击败清军将领江忠源。

太平军除了在这里设有重兵，准备与湘军决一死战之外，还在田家镇的上游蕲州设了阻止曾国藩东下的第一道防线,派著名的青年将领陈玉成在那里驻守。在田家镇,秦日纲则在半壁山层层筑垒,沿江安设大炮。另外还在半壁山与田家镇之间的江面上横拦铁索六条,铁索之下按一定距离排列几十只小船,船上安放枪炮,用来保护铁索。

这样,太平军就把田家镇一带布置得宛如铜墙铁壁一般。曾国藩要想经过半壁山、田家镇,顺江东进,那比登天还难。

时值深秋,江水碧透,骄阳灿烂,曾国藩顺水扬帆率师东下。

一路无事,船行至蕲州不远的道士滩时,曾国藩下令停船。与此同时,塔齐布率领的陆师也驻军铁领口,静候待命。

曾国藩察看完地形,见陈玉成驻守的蕲州江面战船不多,陆军大部分驻军江南,似乎随时准备援助大冶、兴国两城。于是心生一计,命令罗泽南和塔齐布各率领陆师一支,分别进攻兴国和大冶两城,引诱陈玉成派兵援助。然后,自己率领全部水师乘此机会,猛冲过蕲州。

第二天,塔齐布首先率领兵马向兴国进攻。陈玉成得报后,果然率领人马前去增援。但行至半路,忽又闻报说罗泽南又带兵进攻大冶,陈玉成无奈,只得又分出人马前去增援大冶。当陈玉成赶到兴国时,塔齐布已攻下兴国。陈玉成十分懊恼,又匆忙率兵赶往大冶。谁知刚到半路,就遇到从大冶溃败下来的士兵报告说大冶已丢。陈玉成气得两眼冒火,只得率部快快退回蕲州。

就在陈玉成离开蕲州的时候,曾国藩会合李孟群的水师共二十营约一万人,在呼啸呐喊声中冲破蕲州太平军水师防线。

下一轮的战斗首先在长江南岸的半壁山展开。罗泽南、塔齐布在攻克兴国、大冶之后,合军进攻半壁山。11月20日,罗泽南率兵先到半壁山下,接着,塔齐布也到了。湘军与太平军在半壁山下展开大战。由于湘军自湘潭一役以来,连打胜仗斗志正盛,再加上经过曾国藩的一番整顿,湘军中所剩的大多都是不要命不怕死的亡命之徒,所以个个不思退缩,凶悍异常。而太平军则正好相反,连吃败仗,有一部分士兵对湘军心存畏惧,士气首先就矮了半截。所以刚一交起手来,太平军虽然占尽地势之利,但仍处于劣势。结果,太平军迎战失利,退至山顶。

11月23日,太平军又增加了新的援军。援军由燕王秦日纲和北王韦昌辉的弟弟韦俊亲自指挥,分两路向湘军发起反攻。但一天苦战之后太平军再次败北。这一次的失败,太平军不得不退至田家镇,半壁山要隘被湘军占领了。

半壁山是军事战略要地。太平军丧失半壁山后,地利优势就完全丧失了。能阻止湘军东进的屏障就只剩下半壁山、田家镇之间的铁索了。因此,田家镇一战的关键是在水师方面。

11月27日,占领半壁山的塔、罗两师与冲过蕲州防线的杨载福、彭玉麟水师会商后,决定将水师兵分四路,与太平军水师在江面展开决战。第一路由各营中挑选出来的凶悍残忍之徒充任敢死队,负责破坏太平军的拦江铁索;第二路由彭玉麟率领,其任务是负责攻击太平军战船,压抑对方炮火,掩护第一路破坏铁索;第三路由杨载福率领,其任务是在铁索断后冲向下游,烧毁太平军的战船;第四路由李孟群率领,负责保护老营和后方辎重船只。

12月2日,曾国藩下令首先放炮击沉太平军护索小船。一声令下之后,数炮齐发,炮弹尖厉呼啸着飞向太平军的小船。护索的太平军小船慌忙迎敌,但由于先失战机,湘军火力强大,还没来得及装上炮弹,就都被湘军击沉了。接着,湘军选出的那些敢死队员,驾着20条快蟹向铁索冲去。每条船上都放着一口大锅,锅里盛满油脂,燃上大火,将油脂烧得滚沸。湘勇们忍受着炙人的高温,将船驶至铁索旁边,再将铁索拉到火焰上煅烧。等到烧得差不多时,便用铁钳将铁索夹出来放在预先准备好的铁墩上,几个人手执板斧猛砍一番,将铁索砍断。不到两个时辰,六根铁索全被烧熔砍断。

拦江铁索一断,杨载福急令船队顺江而下,抢先赶到武昌截断太平军船队的归路,然后再溯江而上,沿途放火,使太平军水师数千船只顿时化为火海。箭在飞、火在烧、刀枪相碰;鼓角雷鸣;湘勇为升官发财,个个不顾生死,凶狠狰狞。太平军为活命谋生,人人奋勇硬斗,强蛮顽梗。田家镇一带发生了一场亘古未见的恶战。只见双方死伤的人一个个掉进水里,未死的在江浪中拼命挣扎,已死的随波逐流。江水已被鲜血染红,半壁山似在低首垂泪,长江水也在呜咽悲号。

太平军自西征以来,水师船只不下万艘,湘潭、岳州、武昌几次大战均被焚毁不少，而尤以这次大战损失最为惨重。田家镇战役以后，太平军九江以上的船只荡然无存，水师也基本瓦解了。湘军水师得手以后，塔齐布、罗泽南陆师也赶来助攻，太平军险要尽失，士气大丧，不得不于12月3日撤出田家镇，向西退却。

第二天，陈玉成也带兵弃蕲州城而走，与从田家镇撤出的太平军会合后一直退回九江。

田家镇之战，湘军虽然获胜，但遭到巨大伤亡。曾国藩战后清点人数船只时，说行军以来没有"丧失如此次之惨者"，言毕放声大哭。

九江石达开计胜曾国藩

田家镇大捷之后，曾国藩的湘军已经完全控制住了长江上游，再加上基本摧毁了太平军水师，曾国藩等人非常高兴，来不及停下休整队伍，就立即令彭玉麟率领水师；塔齐布率领陆师，浩浩荡荡向长沙中游的重镇九江进发，叫嚷着要肃清江面直捣金陵。

田家镇战败的消息传到天京，杨秀清急忙派遣太平天国的优秀将领石达开、罗大纲赶赴西线指挥。当他们率军星夜兼程赶到九江时，前线太平军又告失利，连连退却。这样，太平军只好南渡长江，合力据守九江、湖口两城。

九江是长江上的重镇，在保护南京方面的作用非同小可。因此，洪秀全非常重视保卫九江的工作。当时林启容是九江的守将，领有一万人马，严密把守九江。为了确保在战斗中不把九江丢掉，洪秀全又命令翼王石达开带领四万人马奔赴九江增援。而当时的湘军驻扎在离九江十里远的竹林店，属于九江上游，一共驻扎有二万人马的水陆两师。此时的湘军兵力虽不如太平军，但他们的水师装备精良，在前一时期连连得胜，所以士气很高，曾国藩很有信心。

但是，由于林启容守御得法，湘军在很长时间内没有攻下九江，并且伤亡严重。因此，曾国藩急于摆脱目前的困境。当时的水师统领彭玉麟给曾国藩献上一计，提出以小股部队继续攻战九江，大股部队则从九江绕过去，以湖口和梅家洲为攻击目标，为湘军东进打通道路。

湖口是长江中的一个码头，鄱阳湖在它的南边，长江在北边。梅家洲是一个江心沙洲，它正对湖口。梅家洲与湖口之间的江面是一般船只通行的地方。

曾国藩认为彭玉麟的建议比较符合时宜。然而，令曾国藩没料到的是，石达开对湘军此举早就料到了。当时有一万名太平军驻守在梅家洲，而湖口周围有大批太平军水师埋伏在那里。

石达开向众将分析：我们以险阻击湘军，已收成效，但要想破敌，就得出击，而打出城池与曾妖硬拼并无把握。湘军水师强大，我军战船数量不多，装备也远逊于彼。欲破湘军，必先败其水师；而破其水师，只能智取。

诸将向石达开询问智取之计。石达开说：曾妖的水师船只有长龙、快蟹、舢板三种。长龙与快蟹都是大船，行动缓慢，不利于前锋战斗，而利于指挥、运兵、运械；舢板行动轻捷，利于战斗。二者相互配合，取长补短，相得益彰，过去的几仗，皆仗大小船只的配合而取胜。今天我们用计让二者分开，使其分则两败，才是破敌良策。

诸将又问如何方能使其大小战船分开。石达开说：用计之事，我来布置。但自此之后，九江、湖口、梅家洲各军只许坚守。湘军来攻，一概置之不理。听我用计安排。

曾国藩几番进攻，皆遭挫败。休整了两日，不见敌军动静。于是，再令各路出击。诸军因有前番的教训，只是远远地开枪开炮，不敢再涉险境。即使如此，九江等城，亦不见太平军的任何反应，连冷枪也不打一发。各路军马折腾了两天，疲惫地返回营地。入夜正要休息，湘军水师的宿营江面突然枪炮齐鸣，并有无数小船冲入江中，把火箭、火球射向湘军水师船上。湘军水师欲战无从战、欲睡无法睡。连续几夜，弄得湘军惊恐不安，将帅们心焦气躁。

石达开见时机成熟，便开始用计。

咸丰四年十二月十二日（1855年1月29日），一串四十余只的太平军船队突然出现在江面上，这个情况被湘军斥侯看在眼里，报告给曾国藩。曾国藩立即与诸将商量对策。按照常规，湘军水师远胜太平军水师多倍，他们不该出动四十余只船在长江上行动，既然行动，必有原因，曾国藩本应小心对付。但适逢湘军既骄又躁之时，也不做深入推想。反正是石达开的船队，出来了就得打。曾国藩也认为再无攻敌良策，不能失此机会，便命萧捷三等率舢板一百二十余只攻击太平军船队。

萧捷三又气又急，想冲上敌船消除连日的躁气，命令湘勇快速追赶。太平军的船队都是轻便小船，见湘军大队来攻，也拼命前驶。双方你逃我赶，比赛速度，转眼划至湖口。眼看就要追上，萧捷三正准备命令前锋开炮。只见太平军船队向右一转，一齐向鄱阳湖驶去。萧捷三仗着自己的船多，不假思索，也指挥水师进了鄱阳湖。谁知湖口外连长江，内接鄱阳湖，入口极窄，如同一个大肚口袋的袋口。

双方船队进入鄱阳湖后，太平军立即封住湖口水卡，修上工事，安装大炮，将其死死地锁在湖内。如此一来，湘军水师被肢解为外江和内湖两部分。留在长江水面的长龙和快蟹大船，失去快船的护卫，完全陷入被动挨打的境地。

曾国藩等到傍晚不见萧捷三的消息，正在焦急，突然有大队太平军船只向湘军水师攻来。湘军的大船离开了舢板，犹如鹰隼失去了翅膀，在敌船的进攻中，只能笨拙地移动。太平军轻便的小船在湘军的大船夹缝中，穿梭般划来划去，投出串串火把、火球。不一时，便烧毁湘军大号船、中号船四十余只。曾国藩、彭玉麟仗着大船炮火猛烈，打得太平军快船无法靠近，才免遭灭顶之灾。

太平军船队胜利撤走后，曾国藩急忙调回在武穴养病的杨载福，又调回罗泽南、胡林翼各部，集中力量，再攻九江。就在罗泽南回九江的当天夜里，即咸丰四年十二月二十五日（1855年2月1日）夜间，太平军对湘军水师发动了更大规模的进攻。石达开命数十只小船满载各种火器，钻入湘军船队中间放火延烧。当夜月黑风高，咫尺难辨敌我。太平军小船夹在湘军大船之间，大船的炮火完全失去效用。大火燃起，湘军战船纷纷向上游逃跑。曾国藩的主帅船行动不便，落在后面。太平军认得这是湘军统帅的船，便高呼："活捉曾妖！"纷纷跳上指挥船，与曾国藩的亲兵展开了白刃格斗。太平军蜂拥而上，亲兵死伤越来越多。曾国藩眼看着船上的厮杀，自己无能为力，心胆俱裂，四肢痉挛，料想此次必死无疑。突然，他见到一名高大的太平军战士向他冲过来，便猛地推开舱门，跳入黑沉沉的大江之中。幸好一名贴身警卫发现了他，也飞身跳下，将他拖出水面，送到正要逃跑的一条小船上，划向江边。

大家七手八脚为曾国藩换衣服，搓手脚，使他慢慢清醒过来。曾国藩睁开眼睛，遥望江面滚滚的烟雾，听着不时响起的枪炮声，看到自己精心建起的水师遭到毁灭性的打击，被击毁的船只歪歪斜斜散在江边，情景甚是凄凉。他深感大势已去，再难收拾，全身发冷，胜过沉在冰冷的江水里。眼前浮现出湖南官绅对自己冷嘲热讽的嘴脸；浮现出咸丰皇帝对自己的怒斥。

这时，罗泽南、刘蓉等将领都围着曾国藩，看着他呆呆痴痴的神情，不知他有何想法，也不知如何劝起。突然，曾国藩站了起来，大声说："给我一匹马！"大家不明白他的意思。因为曾国藩平日是不骑马的。自湘军水师建起后，他更不骑马而总是坐在最大的指挥船上。他这时刚被从江里捞出，身体虚弱，如何能骑马呢？"大人！抬您回营吧！"亲兵以为他的船被俘获，要乘马回营了。

"牵马过来！"曾国藩又一次高声命令。

亲兵不敢违命，给曾国藩牵过一匹马。曾国藩让人把自己扶上了马。他跨上马背，突然一挺腰，双腿用力一夹，战马纵身奔驰而出。罗泽南、彭玉麟同时跳起，抓住马缰。怒马长啸一声，扬起前蹄，停了下来。

"曾大人，千万想开！"彭玉麟几乎是哀求了。

原来，曾国藩是学春秋晋国大将先轸的样子，骑马跑进敌营，让太平军把他杀死。大家扶起从马上摔下来的曾国藩，苦苦地劝慰，方才使他打消再次自杀的念头。

湘军水师遭到致命打击，留在鄱阳湖内的快船无法出湖作战，陆师也屡受挫败，太平军取得了长江上游的重大胜利。湖口战后便乘胜反攻，水陆沿江而上，势如破竹，连下黄梅、广济、蕲州、黄州，咸丰五年正月初七日（1855年2月23日）重占汉阳城。清政府闻讯急令曾国藩回师武汉。曾接到严旨，只得派胡林翼、王国才两部及彭玉麟、李孟群水师援救武汉。然而太平军对武汉包围甚紧，湘军力量单薄，加之新败，因此未能救得武汉。二月十七日（4月3日）武昌终被太平军攻克，湖北巡抚陶恩培被打死，湖广总督杨霈逃走。

关于九江之败的具体情形，曾国藩在给皇帝的两封奏折中做了具体的阐述，它们是：《内河水师三获胜仗折》及《水师三胜两挫外江老营被袭文案全失自请严处折》。从这两份奏折的内容看，一是曾国藩已经不再像靖港之战以后的他那样畏惧失败；二是在奏折中很巧妙地交替描写胜败的场景，让咸丰帝无法对此次战役的实际情况和失败的严重程度有很好的把握。

正因为曾国藩这两份极有水平的奏稿，所以他文中请求皇帝把他交给刑部严加处理的要求并未让咸丰帝多加重视。咸丰帝的上谕中就明确表示了这一点："水师锐气过甚，由湖口驶至姑塘以上，长龙、舢板各船与外江师船隔绝，以致逆氛顿炽，两次被贼袭营，办理未为得手。曾国藩自出岳州以后，与塔齐布等协力同心，扫除群丑，此时偶有小挫，尚于大局无损。曾国藩自请严议之处，著加恩宽免。"

至此，湘军苦战攻克的长江重镇全部为太平军重新夺取。曾国藩进退两难，被咸丰下旨痛骂了一顿，仍命他克日攻下九江，东下取南京。曾国藩只好照办。

曾国藩在战场中"长于策略，短于指挥"，也正因为如此，他的两次亲自指挥均以失败告终，尤其以靖港之败与九江之败最为深刻，而且两次都差点让他送了命。但是，九江之败是发生在湘军为朝廷立下赫赫战功，取得了一系列军事胜利之后，因此，它对曾国藩来说影响并不是特别大。但是，从另一个角度来说，九江之败却破坏了曾国藩夺取南京的计划。而且，自此之后，曾国藩坐困江西，他的军事生涯也大不如前。这对他来说是深刻的教训。

曾国藩跌入人生谷底

曾国藩在与太平天国军队长时间的对峙中，从未犯下低级错误，很少头脑发热，急不可耐，将自己的命门暴露在敌人手中——这一点是非常让人钦佩的。之所以出现这样的情况，与其说是曾国藩会打仗，倒不如说是他具备战争的素质——每当危险来临的时候,曾国藩总是变得像一条蛇一样更警觉、更缄默,也更冷峻。虽然他有时候表现得十分焦躁,但他总是全力控制自己的情绪,尽力使自己像冰一样冷静,像竹子一样坚韧。这样的性格造就了他与他的军队始终有一种坚忍不拔的特质。敌人在这样的对手面前,往往会望而却步,经常性地陷入气馁之中,无法产生胜利的自信。

田家镇大捷之后,曾国藩及湘军跌入了战争的谷底。这个时候,太平军在翼王石达开的统率下进行了第二次西征。曾国藩从田家镇继续挥师东进,踌躇满志地迎战。两军的主力聚集在长江江西段一带,都摆出了决战的架势。曾国藩全力进攻九江未果,只好掉转方向,把主攻目标对准湖口,想凭借水师的优势拿下湖口,再攻九江。可是,老天爷仿佛是要故意为难曾国藩,他在这次战争中,遭受了最为惨烈的失败。

从春天到夏天的那段时间里,太平军的进攻连连得手,湘军连战连败,形势急转直下:1855年4月,太平军秦日纲、陈玉成部攻下了武昌,湖北巡抚陶恩培情急之下自杀身亡;8月,湘军悍将塔齐布久攻九江不下,忧愤而死;紧接着,胡林翼又在汉阳附近遭遇败绩……那段日子里,曾国藩困守在鄱阳湖边南昌和南康两府的狭小地区,文报不通,联系中断,即使传来的,也是一些不好的消息。

此时,连家书和奏折都很难送出去的曾国藩,其处境已极为危险。他不得不在家书中频繁地使用暗语,甚至,用蜡丸将家书密封起来,派人化装送出。即使如此,曾国藩的信差还是有好几次被太平军俘获,遭到杀身之祸。每天,曾国藩所看到的,都是鄱阳湖中单调的情景:一望无际的沼泽地,一只又一只野鸭钻入水中;或者,几只大胆的麻雀在残缺的芦苇当中飞来飞去;间或草丛中有一些动静,仔细看去,原来是水蛇在苔藓上静悄悄地滑行,然后游离于枯树上发出沙沙的声响……到处都是风声鹤唳,空气紧张得令人窒息,仿佛随时都可以杀声震天、刀光剑影……曾国藩后来在回顾这一段经历时写道:"方其战争之际,炮震肉飞,血瀑石壁,士饥将困,窘若拘囚,群疑众侮,积泪涨江,以夺此一关而不可得,何其苦也。"湖湘大儒王湘绮撰写《湘军志》,阅读当时文件时,朦胧之中好像见到曾国藩的窘状:"闻春风之怒号,则寸心欲碎;见贼船之上驶,则绕屋彷徨。"那正是曾国藩当时境况的真实写照。

战局并没有随着时间的推移而出现任何转机。到了1856年，战局进一步恶化，太平军在江西的军事形势发展到最高峰，他们控制了十三府中的八府五十四州县。3月，湘军周凤山部在江西樟树镇大败，南部大门洞开，曾国藩不得不离开湖口，亲赴南昌收集溃勇，调集水陆各军全力防守省城。4月，更恶劣的消息不断传来：先是太平军大破朝廷绿营江北大营；然后，一则消息如晴天霹雳般传来，让曾国藩捶胸顿足——湘军将领罗泽南在武昌身亡！罗泽南算是曾国藩的嫡传弟子了。本来，罗泽南一直在湖北战场。曾国藩江西战败之时，给罗泽南写了一信，让他火速调兵来江西救援。罗泽南收到曾国藩的信后，立即救援江西，走到一半时，因武昌被围，湖北形势急迫，罗泽南又不得不掉转方向回湖北解救。武昌被太平军攻下之后，罗泽南火急火燎，决定不顾一切将武昌城夺回。攻城之时，武昌大雾弥漫，城内太平军敢死队一下子涌出，对攻城部队一顿乱砍乱杀，湘军不明形势，乱作一团。罗泽南左额中弹，三天之后不治而亡。听到罗泽南的死讯，曾国藩泪流满面，这是一个名将啊！德高望重，智勇双全。在湘军中，罗泽南与彭玉麟是曾国藩最欣赏的。这两个人无论是人品还是才学，都堪称三湘翘楚。罗泽南还曾是曾国荃的老师。虽然罗泽南一直不太愿意离开湖南作战，但因敬重曾国藩，还是跟曾国藩出了湖南。从湘军组建开始，罗泽南几乎就没有打过一次败仗，即使是在曾国藩"屡败屡战"之际，罗泽南也是无坚不摧，屡战屡克："罗泽南破贼于城陵矶""罗泽南率师北渡""罗泽南克通城县""泽南破贼于贵溪"……只要罗泽南出马，总能转危为安……用罗泽南换回一个武昌城，实在是大大的损失，曾国藩不由得号啕大哭。

曾国藩以团练大臣的身份创建湘军，又用了很多乡绅读书人带兵打仗，无论怎么说，都被当时一些官员视为越轨行为。由于长时间在军事上没有起色，曾国藩和湘军遭遇了组建之后的低谷。屡屡受挫的情况下，明枪暗箭不断向他袭来。当然，让曾国藩感到最伤脑筋的，还是来自于朝中的压力——那些遗老遗少们不断向咸丰上奏折说他的坏话，说他如此一个迂腐的书生，哪里懂得打仗呢？只是以打仗之名，沽名钓誉，甚至心怀不轨。身心俱疲的曾国藩陷入了进退维艰的地步。

塔死罗走，山穷水尽

我们再回过头来看看太平天国这边。太平军在石达开的率领下，于湖口九江袭击湘军水师大获成功之后，全军上下极受鼓舞。鉴于这种情况，太平军便决定兵分三路沿长江上行，逐步夺回失去的重要城镇，并且发动战略性反攻，打击湘军的军事后方，重新夺回长江航线的控制权。

这样，太平军在石达开的指挥下，兵分三路溯江而上。东路人马由小池口向北进发，接连攻下黄梅、广济，将湖广总督杨霈一直追到汉口，中路由九江逆水西上，沿途攻占蕲州、黄州，直捣武汉。西路由富池口出发，经兴国抖攻武昌之背。

咸丰五年（1855年）2月23日，太平军重新占领汉阳，并对武昌发起进攻。这一下清政府立时慌了手脚，急忙下令曾国藩派兵回师助剿，援救武昌。曾国藩遂派胡林翼、彭玉麟等人率领湘勇水陆两路先后回师援鄂。

经过一个多月的苦战，4月3日，太平军终于第三次攻克武昌，此次为首的将领是韦俊。接着，太平军控制了湖北省的大部分地区，使湘军的后方极不稳定。这时，曾国藩更加相信去年（1854年）9月份攻占武昌后不待后方巩固，经济恢复就立即挥师东下的战略方针是错误的。但此时的曾国藩也害怕如果立即退兵回攻武汉，会引起士气低落，军心动摇。所以，他宁可顿兵坚城，被动挨打，也不肯撤出江西回争武汉。这就势必造成了坐困江西的局面。

在攻克武昌的过程中，湖北巡抚陶恩培被击毙城中，总督杨霈仓皇逃出城去。这一消息传到京城之后，朝野震动。咸丰皇帝龙颜大怒，立即撤了杨霈的职，任命荆州将军官文为湖广总督，胡林翼为湖北巡抚。

太平军重占武昌后，从武昌到江宁，长江两岸的重要集镇，全部又由太平军控制。江面上，挂着绣龙杏黄绸缎蜈蚣旗的太平军战船来往航行，畅通无阻，太平天国鼎盛的时期到来了。

起初，湘军陆师在江西约有一两万人左右，分别由塔齐布、罗泽南、李元度统领。塔齐布手下的人最多，约有六千五百人。罗泽南次之，约带领三千五百人。李元度手中的人最少，只有平江勇两千人左右。这李元度本来是曾国藩的一个幕僚，眼睛深度近视，从来没有带兵打过仗。由于曾国藩湖口惨败之后，手下无人，李元度便自告奋勇要率领二千人马，前去彭玉麟内湖水师的驻地南康府与水军相互依护。曾国藩由于无人可用，便答应了他的请求。但这支队伍人数不多，战斗力也不强。曾国藩在江西主要依靠的还是塔齐布、罗泽南两部。

湖口惨败以后，曾国藩又不愿回师武汉。无奈之中，只得继续围攻九江。他认为只要湘军能够坚持连续攻城，九江定可不日而下。于是集中优势兵力，加紧攻城，昼夜苦战。而太平军守将林启荣仿佛看穿了曾国藩的心思一样，只是构筑工事，坚守不出，硬是把一座九江城守得铜墙铁壁一般，使曾国藩的一切手段都无法得逞。

就在曾国藩为九江战事一筹莫展的时候，更大的打击随之而来。由于久攻九江不下，塔齐布于8月3日呕血而死。

塔齐布盛年溘然去世，这对于曾国藩来说是不能想象的事。正是曾国藩将塔齐布由一名都司衔署理抚标中营守备，仅一年多时间内，便迅速提升为湖南水陆提督。塔齐布知恩图报，尽心尽力为曾国藩打了几场漂亮仗，为湘勇大壮声威。曾国藩不能没有塔齐布，他需要塔齐布为自己带兵打仗。他更需要他为自己制造一个满汉亲密无间的形象，以消除朝野内外的各种猜忌、嫉妒以及形形色色的流言蜚语。如今在这江西战局进退维谷、晦暗不明的时候塔齐布竟然长逝了。这对曾国藩的打击很大。

就在这时，太平军又由湖北回师江西，很快攻占义宁并全歼了曾国藩向南昌派去的援兵。江西省城大为震动。曾国藩急派罗泽南前去援救义宁，以阻止太平军由鄂返赣。

罗泽南见江西战场无所作为，就想带领一支人马到湖北去建功立业。于是他多次和曾国藩商量，要回师武汉。他认为争取整个战局主动权的关键不在于能否攻下九江、湖口两镇。太平军上控武汉，下据江宁。九江是其中游要塞，太平军必然拼死据守。即使一时被湘军攻克，太平军也要尽力夺回。况且湘军永远无法摆脱在江西被动挨打的局面。要想改变目前的不利形势，唯一正确的补救办法是立即由他带领一部分主力西撤，巩固湘军的后方。

对于罗泽南的分析，曾国藩不能不佩服他的眼光独到，深谋远虑。但就曾国藩目前的处境来说,他实在不愿意让罗泽南走。塔齐布已死,罗泽南再一走,曾国藩失掉了两个最得力的助手。这无疑是砍去了他的左膀右臂。但曾国藩必定还是有军事头脑的,在处境极为不利的情况下,仍然着眼大局,冷静地分析局势,为湘军的长远利益着想。因此,虽然曾国藩极不愿意,但还是忍痛割爱,让罗泽南率领他的部下回援武昌。

塔齐布死了,罗泽南又走了,曾国藩心里感到一种从未有过的空虚,一连几天都是心绪不宁。如此一来,曾国藩手中所剩的仅有塔齐布死后留下的由周凤山带领的五千余兵马,李元度的平江勇及困在内湖的一部分水师。

罗泽南领兵西进过程中,连攻数镇,直逼武昌城下。这时湖北巡抚胡林翼正在为战事苦恼。由于他手中没有一支能征善战的军队,所以连吃败仗。现在罗泽南率兵来援,无异于雪中送炭。于是对罗泽南委以重用,极力笼络。这样,胡林翼以罗泽南的这支军队为骨干,仿照湘军那样,不断从各地招募勇丁扩军的同时,还对原先的绿营兵加以整顿。这样,湖北的军事力量逐渐强大起来,成为长江上下兵力最强的一个省份。

与湖北的情形正好相反,曾国藩在江西的处境日益狼狈起来,太平天国在湖北的军事形势稳定之后,石达开便留韦俊在武昌据守。自己率部回师江西,乘江西军事力量较弱的时机,加大攻势。从1855年11月起,石达开就联合天地会各路义军,接连攻下瑞州、临江、袁州等一系列州府,最后发兵围攻吉安。曾国藩见状,只得从九江撤围,调周凤山前去援救吉安。当时吉安形势危急,南昌也是兵力空虚,曾国藩是既怕省城有失,又怕太平军再陷吉安。因此,名为派周凤山援助吉安,其实是派他驻兵樟树镇不动,观望形势。石达开趁周凤山举棋不定、犹疑不决的时候,一举攻破了吉安府城,接着又连锅端了周凤山的樟树镇大营。周凤山大败而逃,湘军纷纷溃入南昌城内。一时间江西官场舆论哗然,纷纷指责曾国藩、周凤山调军无能,指挥不当。

樟树镇大败清军之后,石达开又乘胜追击,直逼南昌城。曾国藩此时被困在城内,焦急万分,甚至连与外界的联系都已中断。曾国藩写封家书都得用蜡丸隐语,化装潜行,其处境就可想而知了。太平军围住南昌,曾国藩昼夜不能安睡,被搅得焦头烂额。最后,不得不上书朝廷请求派罗泽南前来解围。然而他万万没有想到,就在他的这封求援文书发出不到十天,他昔日的部下因为在围攻武昌过程中被太平军击中头部,医治无效而死。

面对这种情况,曾国藩处于绝望的顶点。

塔死罗走,屡受挫败,坐困江西,曾国藩与他的湘军似乎真到了山穷水尽的地步。他在给皇帝的奏折中诉说当时的情形是:"每闻春风之怒号,则寸心欲碎;见贼帆之上驶,则绕屋彷徨。"

东山再起,重建水师

饱尝尽丧水师之痛的曾国藩,每每看到蜷缩在岸边的东倒西歪的长龙、快蟹,再想起被锁在鄱阳湖中的舢板,心中总是痛苦不已。

水师是曾国藩的命根子。在一定程度上,曾国藩觉得水师比陆师更亲近。因为水师的将领都是由他一手提拔上来的。在曾国藩的内心深处,他实际上是把水师视为自己的嫡系部队。现在水师遭此重创,曾国藩绝不会让它就此一蹶不振。

为重振水师,他命令在湖北新堤的造船厂,不分昼夜,不惜任何代价尽快为他修复旧船、赶造新船。上次派彭玉麟回师湖北,其实际目的也是派彭玉麟到金口修复船只,另外让他到湖南去招募新勇,扩充水军。对于那些被困在鄱阳湖内的舢板,他更是心急如焚。因为这些舢板没有辎重大船随行,不但无法冲出鄱阳湖,甚至连自身的生存都出现了很大困难。为了解决这一问题,曾国藩亲自跑到江西省城南昌,与巡抚陈启迈商量,央求他为湘军造长龙船三十号,交给内湖水师使用。经过一番努力,到1855年7月份,湘军的外江水师又扩充到十营五千人,基本上恢复了原来的规模。同时,内湖水师也扩充到八营四千人,供给吃饭问题也基本得到解决。曾国藩急忙令彭玉麟化装成商贩,经过太平军的控制区,与内湖水师取得联系。然后由他带领这支队伍驻扎在南康府,伺机冲出湖口，与外江水师会合。

这期间，江内水师也增加了战船，解决了供应和军饷。开赴湖口，攻击湖卡。7月，湖内水师统领萧捷三在湖口战死。曾国藩调彭玉麟从湖北赶往江西。彭玉麟此时正在湖南省亲，闻命启程，扮作商人穿越太平军控制的地区，步行数百里赶到江西南康府接任水师统领任。自此以后，湘军水师正式分为内湖水师和外江水师，分别由彭玉麟和杨载福统带，成了湘军水师的定制。

为适应湘军的水战，太平军也在九江设立船厂，制造战船。至咸丰六年三月（1856年5月），已经制造了数百条战船。这样的发展形势让曾国藩感到不安。他怕太平军水师过于强大，自己无法对付。于是命令杨载福伺机歼灭之。太平军水师因为是初建，很难抵挡湘军的攻击，所以他们避开了外江水师的力量。杨载福选了三百名死士冲入太平军水师营中，把他们的船只全部烧毁，长江水域又全部为湘军水师控制。曾国藩的努力终于没有徒劳。

经过此番调整，湘军的实力更加雄厚。水师力量的加强是明显的，陆师力量留在江西由曾国藩直接指挥的部队比原来减弱了一些。但罗泽南部开赴湖北，胡林翼以这支湘军为主体不断扩充，使这支部队的力量不亚于曾国藩亲自指挥的陆师。胡林翼原为曾国藩的部下，他的军队主力是曾国藩的部队，他与曾国藩关系密切，在"中兴名将"中地位与曾国藩相埒（liè），被人称之为"曾胡"。他们的部队一在长江上游，一在长江中游，相互照应，互为掎角，成为太平军的两个死对头和主要敌人。他们在以后鄂、皖、赣、湘数省的作战中相应契合，成为了太平军失败的主要原因。

坚如磐石挺难关

一般情况下，能做事的人总是能得到领导的垂青，有什么要求也很容易得到满足，因为他为领导解决了问题。此时的曾国藩，却是被他的领导——咸丰帝冷落了。在江西，由于战事的不顺利，湘军在给养上也遭遇到了很大的麻烦。最初，曾国藩筹饷的基本办法是留下比中央财政所能提供的更多的资源，也就是说，曾国藩会同地方大员制定出了一些新的收入政策，来保证军饷的发放。主要措施包括：

设置一些不受户部直接控制的新的地方岁入项目，将这些所得截留；

部属一旦就任抚督之后，便将岁入权集中在自己手中，避开户部的干预，将其中的一部分用于湘军的供给；

卖官鬻爵——在湘军兴办之初，湖南巡抚骆秉章为了支持曾国藩，把这一项权力交给了曾国藩。这样，出售官衔所得成为早期湘军主要经费来源之一。

随着湘军人数的增加，到了后来，这三项措施用到了极致，也无法保证军队的供给，湘军欠饷情况非常严重。因为欠饷，军士们士气低落，开小差的，图谋不轨的，不乏其人。内部军心不稳让曾国藩尤为担心。由于曾国藩没有地方大权，他所带的湘军在江西又属外来军队，所以，很多当地官吏都视曾国藩的湘军为额外负担。用得着时，供给还算及时，用不着时，供给就变得拖拖拉拉。打了胜仗没有奖励，如果战败，则备受讥笑，供给更是不用说了。曾国藩虽然挂了一个兵部侍郎和团练大臣的头衔，但那些大大小小的地方官一直存有戒心，经常阳奉阴违，硬磨软抗，有时甚至还为曾国藩设下陷阱，让他自己往下跳……这些乱七八糟的事情叠加在一起，千头万绪，让曾国藩困顿无比。虽然曾国藩的意志一如既往的坚定，但每每遇到这样的麻烦，也感到束手无策，忍不住长吁短叹，甚至会激起愤怒。

"彭寿颐事件"和"毕金科事件"是最让曾国藩愤怒的两件事。

当初，曾国藩初入江西时，陈启迈任江西巡抚。陈启迈是湖南人，并且跟曾国藩一样，也曾为翰林院官。按说，他们既是同乡，又是同年，陈启迈应该格外关照曾国藩，但事实并非如此。陈启迈经常跟曾国藩过不去，动不动就以不给饷来要挟。曾国藩为了顾全大局，一直忍气吞声。比如，陈启迈不经曾国藩同意，擅自调动湘军，忽东忽西，忽南忽北，朝令夕改，制造摩擦；羁押湘军营官副将周凤山于长江县；刑辱参将李成谋于芷江县……这些，曾国藩都忍了。孰料，陈启迈越做越过分。有一次，万载县有一个叫彭寿颐的举人，在乡下办团练，对抗太平军很有成效,打过几次小胜仗。曾国藩很赏识此人,想把这支民间力量纳入湘军。陈启迈听说后,故意以一个莫须有的罪名,将彭寿颐押进大牢,严刑拷打。曾国藩实在气极了,他很快收集了陈启迈许多罪名,向朝廷参了一本。罪证确凿之下,朝廷将陈启迈革职查办。不料,新上任的巡抚文俊仍跟曾国藩过不去——事后看来,地方大员跟曾国藩的冲突,主要来源于利益。巡抚是一个省的当家的。不当家,哪知收支的艰难呢!一个当家的跟一个要钱的人产生矛盾,也是再正常不过了——湘军有一支驻守在江西樟树一带,领军的叫毕金科,文俊很长时间不给这支湘军供给。眼看毕金科部弹尽粮绝,快支撑不下去了。文俊让人传话,如果毕金科部能拿下景德镇的话,马上就给他们发饷。在这种情况下,毕金科和他的部属只好以死相拼。在数万守城的太平军面前,毕金科带领一千多人攻城,无异于以卵击石。结果毕金科部全军覆没,毕金科本人也战死。消息传到曾国藩这里,曾国藩恨得咬牙切齿,这明显就是借刀杀人啊!数年之后,曾国藩攻克景德镇,特地在毕金科丧命的地方立下石碑一块,亲自撰写碑文。文中对于毕金科遭受陷阱一事,仍旧忿忿不平。

在江西长达两年多的时间里,曾国藩就是以如此的坚韧,全力地"挺"了下来。一般来说,个性藏在可测之镜的下方。只有在紧急时刻,才真正立体地显露峥嵘;而军事上的比拼,跟很多其他东西一样,在最关键处,往往浓缩成为个人性格的比拼——在那段时间,一种决不放弃的精神支撑着曾国藩和湘军。在这样的对峙中,曾国藩将自己的操守和习性发挥到了极致。一种强大的张力支撑着他,让他如磐石一样顽强,直至转机到来。

曾国藩等到了天国内讧这一天

历史总是在不断地交替上演。终于,在1856年6月以后,岌岌可危的曾国藩迎来了转机,太平军又一次失去了良机——由于清军绿营的江南大营围攻天京甚急，太平天国东王杨秀清命石达开领军东援解围，太平军的主力从江西撤回了江苏。湘军的危急局面得到了缓和，曾国藩又有了喘息的机会。这个时候，湖南又一次显示了它后方基地的作用。在湖南巡抚骆秉璋和左宗棠的指挥下，刘长佑、肖启江统率五千湘军前来增援江西。不久，曾国华又从湖北率一支人马绕道湖南进入江西境内；曾国荃也从老家招募了一支湘军前来支持……身处绝境的曾国藩发自肺腑地感叹：天助我也！这样，曾国藩结束了自己被包围的局面。在江西，与太平军的战斗重新陷入胶着状态。

1856年9月，一个令曾国藩及其部署都瞠目结舌的消息被狂奔进南昌大营的探子传来——天京内讧！韦昌辉杀掉了杨秀清——先是东王杨秀清逼宫，假托天父下凡附身，要求洪秀全封自己为万岁。洪秀全一气之下，秘密指令北王韦昌辉迅速从江西前线回到天京，杀掉了东王杨秀清，并且大规模屠杀东王部属！太平军陷入内乱！

苦陷困境多时、一向冷静无比的曾国藩这一回几乎控制不住自己的情绪了——他变得欣喜若狂：像一个濒临死亡的落水者，攀上了一根漂过来的树枝；又像一条本来已经上岸的鱼，一个翻身，又潜回了水中。曾国藩用颤抖的声音一个劲地刨根问底，一直问到探子张口结舌无言以对为止。中军大帐一片沸腾，所有湘军将士都幸灾乐祸、兴奋无比。然后，都以一种鄙夷的口气谈论着太平天国。太平天国的争权夺利、自相残杀，不仅削弱了自己的力量，也让命门暴露在光天化日之下，让人们对于这个政权有了更清楚的认识。湘军看到了希望的曙光，也增添了胜利的信心。

不久，接二连三的消息陆续传来：太平天国翼王石达开从湖北前线赶回天京，阻止韦昌辉的进一步屠杀；韦昌辉与石达开发生了争斗，石达开弃城出走；韦昌辉杀了石达开全家，进一步威逼天王洪秀全；石达开在皖南起兵讨韦，天王又杀了韦昌辉，太平天国另一员大将秦日纲死在纷乱之中；事件平息后，石达开又奉诏回天京辅政，天王继续不理朝政，天王的兄长安王、福王对石达开的疑心很重，翼王石达开再一次弃城逃往安庆……

太平天国的元气因此次内乱而大伤。太平天国上上下下对于洪秀全的个人崇拜遭遇到了信任危机，人们开始怀疑洪秀全的神话。这让太平天国政权阶层

第八章 屡战屡败，屡败屡战

受到了重大的打击。这个新成立的"政教合一"的组织不得不收敛起锋利的进攻态势，开始坚壁清野、固守城池。此时的太平天国没有丝毫力量再进行攻城略地之举了。几个月后，在苏南战场的清军江南大营死灰复燃。1857年，清军张国梁部攻克镇江，威逼天京。在江西，石达开回天京之后，曾国藩开始全面反攻。江西太平军力量几乎全部瓦解，仅存湖口、九江等地，成为孤立的据点。在湖北方面，太平军守卫武昌城的是韦昌辉的弟弟韦俊。韦昌辉被杀后，他方寸大乱，斗志全无，弃城而逃后投诚了湘军。胡林翼重新占领了武昌。武昌的失守让战局立即得到改变。1856年底，湘军水陆两路再次顺江东下，连陷黄州、蕲州、大冶、兴国等。1857年1月，又攻下黄梅。在湖北，太平天国丢失了大量地盘，基本丧失了战斗力。紧接着，李续宾统率湘、楚军一万多人，直抵九江城下。很快，九江城被攻陷，太平军一万多人阵亡。

洪秀全面对太平天国兵败如山倒的颓势，在用人方面做了调整。1857年，洪秀全从香港召回了洪仁玕，又让李秀成、陈玉成、李世贤等青年将领挑起了大梁。李秀成、陈玉成等执掌军权之后，混乱的局面得到控制。双方的军事形势又呈对峙平稳局面。这段时间，双方就像互相搏击的野兽一样，一边舔着自己的伤口，一边绞尽脑汁寻找对方的破绽，谋划着给对手致命一击。曾国藩就像一条阴险的眼镜蛇一样，全力对自己的部队进行整编改进，补充了大量先进的枪支弹药。

曾国藩一直是一个战略高手。虽然具体战术的制定和执行，不是他的强项，但他有高屋建瓴的视野，能凭借敏锐的观察力和智慧，从大势上看到太平军的薄弱之处。在曾国藩看来，太平天国的本质还是"流寇"。对于这样的对手，一定要避其锋芒，消耗其锐气。如果湘军能得到有效的坚持，太平天国肯定会不战自乱。因为它的实力和倚仗的信仰，无法支撑它去打持久战。也因如此，曾国藩在整个战略思想上，更接近于稳扎稳打、步步为营；更热衷于拼消耗、拼实力、拼时间。自此以后，湘军一直贯彻着曾国藩的战略思想：不轻易打仗，一旦扎下营寨之后，先把自己的防守立于不败之地，把营寨布置得固若金汤。曾国藩甚至对湘军营盘围墙建设都做了硬性要求。要求营盘的围墙一般要有八尺高、三尺厚；墙外面必须有深沟，深沟八尺宽、六尺深，墙外两道，墙内两道等等。这样的营寨扎在哪里都是一道坚固的堡垒。应该说，曾国藩的战略思想对于太平天国的打击是致命的。一支离开了本土，在组织路线和指导思想上都支离破碎的军队，是很难长久维持的。

战争就这样在僵持中陷入了死局。这种死局对每一个人都是严峻的考验。满耳金戈铁马过后，那种单调和乏味一直缠绕着双方，连鸟鸣猿啼听起来也让人心惊肉跳。日子就这样一天天地过去了，总是一成不变的练兵，一成不变的讲话。然后，端坐于大帐之中，看远处遥不可及的地平线，一成不变的树木和森林；近处则是一个个神色紧张的老面孔，迷茫委顿，眼神黯淡，一个个连走路似乎都变得绵软起来。那些当年生龙活虎、豪气冲天的年轻人，现在都双颊瘦削，在战壕中像幽灵一样游荡。这是怎样的一场战争啊，直接的厮杀是少的，更多的时候，就是等待，等待战斗，等待胜利，也等待死亡……久而久之，似乎每一个人都感到厌倦了。不知道这样的战争什么时候结束？为什么要打这一场战争……在曾国藩看来，这一支部队已越来越少抖擞精神、严明纪律了。这样的局面，离曾国藩预计的相差很远。

奔父丧返乡定居

这样的日子让曾国藩感到极度的困难和苦恼。但是，他本人也不知何时才能结束。正当他为此而苦恼之时，一个意外的消息让他摆脱了困境——其父曾麟书于咸丰七年二月四日（1857年2月27日）逝去。闻此噩耗，曾国藩反而感到是天赐良机，立即向咸丰帝陈报丁忧，并要求开缺守制。他不等谕旨允准，便与弟弟曾国华自江西奔丧返乡。在陈情奏折中，除以孝道为由，坚决要求开缺外，还说此时返乡守制并不影响大局。因为自咸丰六年（1856年）秋，太平军内部发生内讧之后，整个战局发生了逆转。在江西方面，湘军逐步夺回了被太平军占领的广大地区；武汉也被胡林翼和李续宾攻克；湖北绿林军和李续宾湘军联合东下；长江上游沿江城镇又被夺了回来。大军来到江西，与曾国藩湘军一部又包围了九江。江西的吉安、瑞州等要地虽还在太平军手中，但也都被湘军包围了。所以，曾国藩说此时返乡，把军队交代给部下也可以放心。

只准三个月假，不允开缺。这是曾国藩到家多日后才收到的从江西转来的皇帝的批复。但是，三个月假期未满，咸丰帝就下旨命他立即返回江西军营。曾国藩再次上奏，要求给假三年。在这个奏折中，他向咸丰帝表白了不愿再回军营的理由。他说：自古带兵者，从未有他的困难大。领兵打仗却没有军权，自己"虽居兵部堂官之位，而事权反不如提镇"。湘军总是出力不讨好，虽然负担了两湖、江西的抗敌重任，但却没被纳入正规军，没有自己的编制，领兵人员都没得到武官的实缺。自己要为湘军将领申请个奖赏，还得征得地方官同意，由地方官上奏。并且，湘军无军饷，行军作战，奖功恤死，都得向地方官讨钱。而地方掌握了政权与财权，视湘军为累赘，打击、排挤、陷害者比比皆是，就是无人给军饷。他虽担起了出省作战的命令，并无出省作战的资格，地方官也没接到皇帝给的接待湘军的旨意。军中连个正式印信都没有，湘军在别的省客位虚悬，处处受刁难。曾国藩在折中明确表示了在江西带兵，不给个巡抚实职或钦差头衔是无法维持下去的。如果还像前几年那样，就让江西巡抚和提督、将军去带兵作战好了，他不会再回去了，就让他留在家里尽孝道吧。

咸丰帝看了曾国藩的奏折，见他直接伸手要实权，考虑再三，最终没有答应他的要求。咸丰帝认为，太平军的势力一天天衰落下去，已经没有往日的威风，没有曾国藩，别人照样能打赢太平军。此时让曾国藩又有军权，又有督抚大权，是非常危险的事情。所以，咸丰帝顺水推舟，批准了曾国藩在籍守制三年的请求。这样，曾国藩便离开了湘军，开始了乡居的生活。

韬光养晦，大彻大悟

曾国藩在籍守制三年的请求得到咸丰帝批准后，他就过起了乡居生活。事实上，他并没有守制三年，而只有一年半的时间。曾国藩自咸丰七年二月二十九日奔丧至家，至咸丰八年六月初七日再度出山由湘乡动身赴浙江，前后总共一年半。这一年半时间，名曰"乡居"，实则是曾国藩一生思想、为人处世巨大转折的时刻，就像练武功的"坐关"、佛道的"坐禅"一样。曾国藩经乡居之后，为人处世简直判若两人。

曾国藩回湘乡为父守丧以来，不断地回忆这些年带兵打仗的往事，每一次回忆，都只能多给他增加一分痛苦。一年多里，他一直是在痛苦中度过的。在这痛苦的过程中，他不断地反省自己在修身养性方面的种种弱点，思考自己处处碰壁的原因。经过这一番痛苦的自省过程，曾国藩终于认识到了自己以前在为人处世上的错误。以前，他对于官场的欺诈、虚伪、无所作为、贪污腐败等作风极为反感，做事丝毫不讲情面。因此处处与人发生矛盾，受到舆论的讥讽。经过这次深思之后，曾国藩认识到，仅凭匹夫之勇，意气行事是不行的。官场多年来形成的恶习已几乎牢不可破，以自己一人之力完全改变这种风气，无异于痴人说梦。所以，一年以后曾国藩再次出山时，就完全改变了以前的处世方式，变得圆滑世故起来。相对而言，他比以前更善于做官了。

自省本来就是一件痛苦的自我解剖过程。认识到自身的弱点，对一个人来说并不是快乐的事。因此，虽然曾国藩这时对自己以前的做法已然悔悟，但他依旧很压抑。

这一年多的乡居生活，与其说是曾国藩想要在家守制倒不如说是出于无奈。虽然说是他自己请求的，而事实上，这并非他的本意。后来，湘军没有他的领导竟然捷报频传，更让他难以忍受。由他一手提拔上来的湘军将领都纷纷升官加衔：胡林翼官至巡抚加太子少保衔；李续宾赏加巡抚衔，甚至连杨载福都官至提督并封赏黄马褂。而原来那个湘军的创始人和最高统帅，似乎被所有人都遗忘了。曾国藩醒悟：看来，对付太平军的能人多的是，皇上并不需要自己。

眼看着自己辛辛苦苦建起来的军队让别人驱使着，成为别人显身扬名、建功立业的工具，曾国藩不仅有被冷落的感觉，更有被别人利用、愚弄的感觉。然而，在籍守制是自己的请求，自己这是哑巴吃黄连——有苦说不出。这样一想，曾国藩的心情越发烦闷。

与此同时，社会舆论对他的攻击也随之而来。曾国藩以前与人相处，每遇到意见与人不同时，对别人总是连加讥讽、嘲笑不已。这一次他却是委军奔丧在前，伸手要权于后，权未到继而坚卧不起。这就与他自许理学家的身份很不相称，更与往日忠君报国的言辞大相径庭。因此，他的行为招来了社会上不同人士的责难与报复，成为众矢之的。其中，最让他难以忍受的，就是老朋友左宗棠的攻击。左宗棠听说曾国藩不待皇上批准，就匆匆回籍奔丧的事后，毫不掩饰地肆意谩骂曾国藩自私无能，临阵脱逃，说他以前自我标榜的忠敬诚信，全是虚伪的谎言。左宗棠带头如此攻击简直成了批判曾国藩的催化剂。一时间，长沙官场哗然和之。这消息传到蛰居在家的曾国藩耳中时，他因为自知心亏理短而无词可辩。这给他本就憔悴不堪的身心又一次沉重的打击。从此以后，遂得不寐之疾。夜夜失眠，噩梦不断，让曾国藩痛苦不堪。正因为如此，曾国藩对左宗棠一直耿耿于怀。曾国藩与左宗棠虽然在镇压太平天国运动的问题上能够同舟共济，相互配合，但个人感情上却嫌隙甚深，无法泯灭。

不知不觉中，盛夏已经悄然进入湘中，火热的南风像从巨大的火炉中喷射而出。午夜之后，仍有令人心焦的蝉鸣，蝈蝈也无休无止地叫着，好像有意同彻夜不眠的曾国藩过不去。他时而躺在床上，时而在室内外踱来踱去，时而又辗转反侧，反复而痛苦地回忆、检查自己的前半生。自入仕途，他以孔孟入世救世，对自身的修养严厉酷冷，一丝不苟；对社会抱有"以天下为己任"的坚定胸怀。持身严谨，奋发向上，关心国事，留心民情，因而赢得君王信任和同僚的尊崇，十年京官春风得意。正是抱有这种信念，以一文官而白手建军、治军，五年来一身正气，两袖清风，出生入死。但是，为什么皇上反而不信任自己？为什么上至枢垣，下至府县，都那么忌恨自己？

为了解决这些问题，他又日夜苦读，重阅《左传》《史记》《汉书》《资治通鉴》，希望能从这些书里找到解决问题的诀窍。然而，这些书他已读得烂熟了，重新翻读，只能找到自己过去的思维印迹，并未发现新东西。

据说，在百思不得其解之时，曾国藩曾想要走入空门。然而，深厚的儒家根基使他终于拔不出尘世间的双腿。但因为他要遁入佛门，使他认真阅读了以前看过，但并不相信的《道德经》《南华经》等老庄的著述。这些书虽讲的是出世之学，但曾国藩重读，却为他的立身处世指点了迷津。同样的处世之学，孔孟主张直率、诚实；而申韩（申不害、韩非）等法家却主张以强碰强，硬对硬；老庄则主张以柔克刚、以弱胜强，"天下之至柔，驰骋天下之至坚"，"江河所以为百谷之王者，以其善下"。下反而是王，弱反而能强，柔则是至刚。把老子的言论对比自己过去的行事，曾国藩发觉自己处处直截了当，用的是儒家的至诚和法家的强权，表面上痛快干脆，似乎是强者，结果处处碰壁，实质上是失败者，是弱者。到头来弄得上上下下处处是敌人，前前后后处处是障碍。过去也知道"大方无隅""大象无形""大巧若拙"，但一直没有真懂，所以自己的行事恰好似有隅之方，有形之象，似巧实拙。真正的大方、大象、大巧是无形无象、鬼斧神凿的。"大柔非柔，至刚无刚"太妙了！读到这里、想到这里，曾国藩如同从黑夜里一下子走进了光明世界，豁然开朗。

自此之后，曾国藩行动做事，由前时的方正，变为后来的圆通。他自己承认，"昔年自负本领甚大，可屈可伸，可行可藏，又每见人家不是。自从丁巳、戊午大悔大悟之后，乃知自己全无本领，凡事都见得人家几分是处，故自戊午至今九年，与四十岁前迥不相同"。曾国藩这里把家居的两年自称为"大悔大悟"之年，他自认为前后行事"迥然不同"了。

曾国藩大彻大悟后的巨大改变，使他的朋友都有所感觉。胡林翼就说他"无复刚方之气"。出山之前，他对清廷上下的官场习气很是反感，"与官场落落不合，几至到处荆榛"，而再次出山之后"改弦易辙，稍觉相安"。其中原因人多不知，只在他的至亲密友中私下告知他自己学问思想方面的变迁，行为处世方面的变化。曾国藩对自己的"大彻大悟"既是痛苦的，又是得意的。苦在被迫放弃了自己前半生的信仰与行为，得意在毕竟发现了做人处世的"真正"秘诀——"大柔非柔，至刚无刚"。

第九章

曾国藩

再度出山,血雨腥风九死一生

第九章 再度出山，血雨腥风九死一生

变圆通再度出山

　　由于诸事不顺心，曾国藩的心情愈来愈烦躁。常常是看什么都不顺眼，动不动就因为一点小事迁怒弟媳，责骂弟弟，弄得曾府上下，人人提心吊胆，不知道哪天会惹得曾国藩大怒。

　　正当曾国藩在家苦恼万分、懊悔不迭的时候，前线局势也有了很大变化。1858年3月，离开天京之后的石达开率领万人大军由饶州、广信一带转入浙江，很快攻占了常山、江山等地区，并对衢州发起围攻。曾国藩的老朋友胡林翼趁机上书咸丰皇帝，奏请让曾国藩再次带兵赴援浙江。胡林翼让曾国藩再次出山，主要是想让他助自己一臂之力，早日平乱。再者，也可以回报曾国藩以前的推荐之恩，为老朋友谋得一处地方实权。清政府考虑到湘军是曾国藩创立的，湘军将领都听他的指挥，只有他才能统一指挥各路湘军，曾国藩在湘军中的地位无人可以取代，由他出来领兵，可以加强湘军各方面的联系，尽快剿灭太平军。所以就同意了胡林翼的奏请，谕令曾国藩再出山统兵。

　　曾国藩接到谕旨之后，真可谓久旱遇甘霖，连称"圣恩高厚"，"感激之忱，匪可言喻"。对皇上这次命他再度领兵，他感激涕零。于是，他这次再也不敢提什么统兵大员非位任巡抚不可以成功的旧话，向皇上讨价还价，索取抚督大权了。曾国藩于1858年7月13日接到命他急速援浙的圣旨，17日就从家动身，其间不敢有丝毫耽搁，深怕皇帝改变初衷，收回成命。临走之时，他抑制不住内心的喜悦，兴高采烈地对他的弟弟曾国荃说起了一段故事：他父亲年轻的时候，有一次到南岳烧香拜菩萨，在上封寺求得一签，签上写着："双珠齐入手，光彩耀杭州"。曾麟书异常高兴，曾经对夫人说："我将来必有两个儿子在浙江做官。"这次皇上命他带兵入浙，曾国藩忆起了这段往事，便断定这是他和其弟曾国荃入浙的吉兆。

二度出山，曾国藩对前途又充满了希望。他相信，凭自己的才干和抱负，经过一年多痛苦的自省，自己必然能以更为圆熟的技巧、老到的功夫，在东南这块血与火的政治舞台上，演出一幕迥异往昔的精彩之剧来。

曾国藩离家之后，首先是奔赴长沙去见骆秉章与左宗棠，商量出师计划。左宗棠在曾国藩心目中的地位是很重的，虽然去年左宗棠骂得他最厉害，现在回忆起来还心有余怒，但认真想想，左宗棠骂得也不错，自己的确不该在那时负气离开湘军；向皇帝伸手要官的行为既不符自己的初衷，也徒取其辱。所以，自己一定要以老子的"大柔非柔"，以屈求伸的态度处理好与左宗棠及诸文武官员的关系。此时，四十七岁的左宗棠仍是以举人的身份在骆秉章的幕府中襄理军务。虽然如此，他的名声却很高。早在三年前，左宗棠在家自办团练之时，其名声已誉满江湘。御史宗稷辰向朝廷推荐人才时，左宗棠的名字被排在第一位。咸丰帝打听了左宗棠的情况后，便记下了他的名字。后来咸丰帝接见郭嵩焘，君臣又议论了左宗棠。当咸丰帝知道左宗棠常以未中进士感到自憾时，便宽慰他："不必非要以文章功名建功，而要在国家用人之际立业。"

曾国藩到了长沙，在骆秉章的预先传话之后，去见了左宗棠。曾国藩以无比真挚的态度与左宗棠交谈，毫无掩饰之情，使左宗棠很是感动，也一下子消解了左宗棠心里的不满，拉近了两人之间的距离，和好如初了。他们谈了很久很久，从用兵谈到做人，从做人谈到学问。左宗棠那气冲斗牛的气派，以天下苍生为己任的凛然正气，也不时感染着曾国藩。但此时的曾国藩已不再是一年前的曾国藩了，那种儒道融糅的老练、神鬼莫测的神态，连左宗棠也感到曾国藩的再次出山，已非昔日可比了。

的确是这样，曾国藩到长沙的几天里，主要是遍拜各衙门，连小小的长沙善化县衙他也亲自造访。堂堂湘军大帅，如此不计前嫌、谦恭有礼的举动，使长沙官场人人都感到再次出山的曾国藩像换了个人，是以无不表示全力支持湘军，消灭"长毛"（太平军）。经过曾国藩的一番拜访、联络，赢得了湖南省大小官员的好评，他们表示要兵给兵、要勇给勇、要饷供饷。

曾国藩经与骆秉章、左宗棠商量，决定委派湘军张运兰部四千余人、萧启江部四千余人、吴国佐部一千五百人入浙，首先抓紧备饷、备械。曾国藩在长沙逗留十几天，随后乘船又到武昌。在武昌亦如长沙，衙衙拜访、官官恭问。胡林翼自不必说，武昌城里的官员也无不表示对曾国藩的支持，同湖南一样，为湘军供饷供械。

随后，曾国藩沿江东下，到了黄州府下游五十里处的巴河。这里驻扎着彭玉麟的数营水师，湘军大将彭玉麟、杨载福、李续宾、鲍超、李元度、杨国栋、彭寿颐、曾国华等人都集中在这里，等着与曾国藩商量军机。

在彭玉麟的座船上，曾国藩与这些阔别一年多的部下见了面，他们商量了下一步的行动。曾国藩提出：湘军的最终目标是攻下江宁。所以军事重心不能离开长江两岸的数省，力量要由西向东使，不能因为石达开的南窜就被动地跟着他走。目前浙江紧张，只能派部分兵力，配合地方绿营监视，不能轻易言战。所以，下一步的作战方案是：曾国荃的吉字营继续围攻吉安；李续宾、彭玉麟、曾国华、鲍超等营进入安徽战场，落足点是安庆；其余部队由曾国藩本人率带，奉旨驰援浙江。

计议已定，诸军按计而行。曾国藩亲率萧启江、张运兰、吴国佐各部援浙；李续宾拨出所部朱品隆、唐义训的一千余人任曾国藩的亲兵护卫营。曾国藩命部队到江西河口集结，自己则去了南昌，拜会江西巡抚耆龄。耆龄深知曾国藩再次出山的来头，也不像陈启迈、文俊那样为难曾国藩，并主动承诺为湘军供应粮草、军饷，这就使湘军军饷基本得到解决。

咸丰八年八月（1858年9月），曾国藩命部队由河口出发到江西广信府铅山集结。此时，石达开已由浙江南走福建，曾国藩率部在赣闽两省之间的弋阳、双港、金溪等地驻守。九月间，在江西建昌暂驻，准备由云际关入福建。此时，刘长佑军已驻新城，准备出关入福建，曾国藩即命张运兰、萧启江由广昌、杉关入闽，而他的大营一直驻在建昌，再未移动。

曾国藩遇到了新对手

曾国藩再次出山，一路风顺，完全改变了家居前的困守地位。因此，他计划一年之内全歼太平军。但是，天有不测风云，世事的发展总是让人难以预料。迅猛发展的军事形势，再次打破了他的美梦。

在曾国藩再度出山，奔赴湖南、湖北、江西，协调湘军与地方政府的关系，重新调整湘军阵容，计划攻皖援浙的战略行动之时，太平天国也在理顺天京变乱、石达开出走之后的政治与军事关系。

石达开出走后，洪秀全对他做了大量争取的工作。洪秀全认识到当时岌岌可危的形势，决心振发一番，扭转危局。他罢免了不得人心的两个兄长（仁发、仁达）的职务，任命陈玉成、李秀成、李世贤、韦俊为前、后、左、右军主将，并启用林绍璋、蒙得恩一起管理朝政。尤其是对陈玉成几位年轻主将的任用，大大加强了太平军的战斗力量。林绍璋、蒙得恩等人的政治素质和领导能力当然远远赶不上杨秀清等前期领导人，但他们的起用，一度稳定了天京变乱以来领导层的混乱局面，为太平天国后期的斗争，创造了一个好的起点。

陈玉成和李秀成成为这些新提拔者中的佼佼者。两人都是太平天国起义时就参加太平军的广西老兄弟。1858年时，陈玉成只有二十一周岁；李秀成稍大些，也不过三十五岁。两人年纪虽不大，文化程度也不高，但多年的战火考验已把两人锻炼成了有勇有谋、能征惯战的将领，资格也比较老。太平天国在石达开出走后还能支撑七年，此二人功绩不可不提。

1858年8月，李秀成、陈玉成等太平天国重要将领在安徽枞阳召开军事会议，决定分进合击，集中兵力打破清军的江北大营，以解天京之围。随后太平军和清军展开大战，陈玉成军自湖北和安徽挥师东进，破庐州（今合肥），然后与李秀成军会合，先在乌衣击败德兴阿和胜保军，接着又在江浦击败江南大营来援的冯子材部，而后乘胜进军，一举攻占浦口；清军被歼二万余人，江北大营全面崩溃，解除了来自天京江北的威胁。

江北大营一垮，天京的压力减轻，陈玉成便可以集中力量对付步步进逼的湘军了，处在湘军最突出部分的李续宾部就陷入了危险的状态中。

正在这个节骨眼上，胡林翼又因母丧丁忧。

重出江湖失靠山

曾国藩这次出山的最高目标在攻克天京，彻底镇压太平天国运动。因此，他这次重新领兵之后，并没有盲目地听从咸丰皇帝的指挥，把湘军的所有兵力都布置到浙江去。而是先仔细地分析了一下形势，认为太平天国据守长江下游，要想攻克天京，只能从长江上游各省着手。现在清军已基本控制住了湖北、江西等省，太平军势力较强的只有安徽一省。如果湘军能再控制住安徽省的局势，那么，天京迟早要成为一座孤城。所以他这次出兵首在争夺安徽。自己入浙，只带领一部分战斗力并不太强的人马随去，而把湘军的精锐之师交给李续宾、弟弟曾国华率领，攻打庐州，进逼安庆。

1858年8月，曾国藩奉命按原定计划率领一部分湘军入浙，但他刚行到江西广信府时，又接到咸丰皇帝的紧急上谕，说石达开已从衢州撤围，南走福建，命他率部改道福建。曾国藩又不得不辗转南行，直奔福建而去。

奉曾国藩之命进军皖中的李续宾部，在陈玉成攻克庐州后，收到咸丰皇帝立即夺回庐州的命令。迅速向庐州靠拢，驻兵三河镇。

1858年8月19日，胡林翼之母去世。此时的曾国藩已隐约感觉不妙，因为自曾国藩丁忧家居后，湘军全靠胡林翼护持。胡母去世，按规定胡应丁忧，胡若离湖北，湖广总督官文绝不会像胡林翼那样关照湘军。曾国藩虽然再度出山，但因没有地盘，没有地方实权，还是非常需要胡林翼的关照。曾国藩在写给吉安前线的曾国荃的信中说："水陆数万人皆仗胡公以生以成，一旦失所依倚，关系甚重。"胡林翼离武昌回湖南，曾国藩在给左宗棠的信中又说："润公已到家否？渠再造江、汉糜烂之区，变为富强，意量之远，魄力之大，中枢似尚知之未尽。守制不出，自是正理，然以时势、物望揆之，又似非得终请者。弟处之事，自润公出位，全局皆呆，恒自哂也。"

令曾国藩最不安的，就是负责进攻皖北的李续宾一军。李续宾部现归湖北方面指挥，而皖北另一路对抗太平军的清军钦差大臣是满人胜保，胜保与太平军作战连连失利，却忌妒湘军的战功。因此，曾国藩在又一封给左宗棠的信中说，安徽战事由胜保指挥，李续宾可能会受牵制。如有为难之处，只有胡林翼能够扶助并让他安全。曾国藩又写信给李续宾和曾国华，告诫他们小心行动。希望南路湘军攻占安庆后，湘军水师可以直达桐城。叫他们不要孤军向北，并特别嘱咐要与水师相依，才比较安全。写了此信后，曾国藩还不放心，又写信给驻守后路的李续宾的弟弟李续宜，告诉他，李续宾处兵力虽强，但千万不可分军，分则力单，一败则整个形势将为之牵动。

曾国藩的担心倒不完全是他有先见之明，而是与他丰富的军事经验和求稳求慎的军事思想有关。曾国藩用兵，常不求取胜，先求立于不败之地。他说："用兵之道，最忌势穷力竭四字。力，则指将士之精力言之；势，则指大局大计及粮饷之接续，人才之继否言之。"又说："悬军深入而无后继，是用兵之大忌。""危急之际，尤以全军保全士气为主。孤军无助，粮饷不继，奔走疲惫，皆散乱必败之道。"后来，清末民国初著名的军事家、湖南邵阳人蔡锷还把这些话收集到《曾胡治兵语录》中。按照曾国藩的做法，每进攻一个地方，攻城须有攻城的部队；另外一定要有负责打援的部队；要有隔断附近太平军各个据点的联络的部队；还要有一支机动部队，按现在的讲法，就是战略总预备队。虽然湘军大多是以少敌多，但一般是要在这些工作落实之后再发动进攻。

但是，此时已由不得曾国藩了。咸丰帝闻报庐州（今合肥）失守，非常焦急，他最担心的是太平天国越过长江流域向北发展，再与捻军会合，威胁京师的安全。这时，胜保又几次秘密上奏，说李续宾赴援迟缓，贻误军机。因此，咸丰帝十天之内七次下诏，命李续宾迅速赴援。其实，咸丰帝完全是瞎指挥，从湘军的出发地皖西南的太湖一带到胜保驻地定远或庐州，都有数百里。李续宾所部只有八千人，即便冲过太平军的重重防线，也根本无法攻下庐州。

三河喋血，李续宾全军覆没

李续宾部本是湘军攻占九江的主力，连续征战，并没有得到休整，胜利之后也有些浮躁。当太平军与清军北大营决战之时，李续宾便奉命乘虚向庐州方向一路进攻，9月21日占安徽太湖，27日占潜山，10月13日经血战占桐城，随后占舒城，进攻三河镇。

三河镇距庐州五十里，是太平天国的粮饷重地，庐州、天京都要依赖三河的粮饷接济，所以三河对太平天国极为重要。三河若失，不仅庐州危险，安庆也受威胁。因此，当三河守将吴定规向陈玉成求援时，陈玉成立即奏明洪秀全，请命李秀成也率部增援。于是，陈、李两军又一次合军作战，等于是倾太平天国主力来攻李续宾，李续宾部立即陷于危险之中。

李续宾本人也觉察出了孤军深入的危险，并且一路每克一城，都要分兵留守，当向三河方向进攻时，他身边的部队已不足五千人。有部下说：安庆未复，军行无后继，腹背受敌，此危道也。并建议回军桐城，与其他清军一同攻安庆，这样各军相距不超过百里，可以互相救援。但李续宾却因为屡奉咸丰帝诏旨催促，不便退军。他离开舒城前向咸丰帝奏报说："臣所部八千人，因克潜、太、桐城及此间留防分去三千余人，数月以来时常苦战，未尝一日休止，伤损精锐，疮痍满目，现已不满五千人，皆系疲乏之卒。三河一带，悍贼虽多，自揣足以制之，若遇大股援贼，则兵力亦恐难支。要当尽其所能，以报皇上之恩遇而已成败利钝，非所计也。"

这话颇有些"风萧萧兮易水寒，壮士一去兮不复还"的味道。为防万一，他致信湖北请续派援兵。当时三河附近尚有两支机动部队：一为李续宾之弟李续宜，率四千人驻湖北黄冈；一支为唐训方，率三千人驻湖北英山。当李续宾求援信到武昌时，官文却说风凉话道："续宾用兵如神，无所用援。"李续宾虽然求援，但不愿示弱，遂进攻三河。三河外围，太平军筑有九座堡垒。11月7日，一番血战，湘军攻占了这九座堡垒。在这场战斗中，太平军伤亡七千人，湘军也伤亡一千余人，可见战况惨烈。但是，湘军并没有攻下三河镇，太平军守军退入城内坚守。而与此同时，陈玉成的援军已经到达三河附近东、南的白石山和金牛镇，连营数十里，对李续宾形成反包围并切断其后路，后路湘军由西面的舒城增援三河的通路也被切断。稍后李秀成也率军来到白石山，另外还有捻军与太平军配合。太平军的人数，有的说有十万，有的甚至说有三十万。

这个时候，李续宾想退兵也来不及了，但他还要作困兽之斗。11月14日，李续宾挥军进攻陈玉成前锋，陈玉成前锋败退，李续宾命军追击。次日黎明，湘军已追过陈玉成主力大营。这时，突然大雾迷漫，对垒双方近在咫尺，却只闻人声，不见敌面。两军犬牙交错，混战起来。

在这样的情况下，李续宾已无法有效指挥。驻守白石山后的李秀成，听到炮声，立即率兵赶到并加入战斗，守在三河镇内的太平军也从城中杀出，四千多湘军陷入重重围困之中。沙场上刀枪飞舞，炮声隆隆，血肉横飞。这场惨烈的大战一直持续到深夜。李续宾战死，曾国藩的弟弟曾国华也一道战死。湘军个别营盘又坚持三昼夜，最后只有几十个残兵败卒逃出。

三河战后，陈玉成、李秀成又挥军进攻舒城、桐城、潜山、太湖。驻守这几个地方的湘军已成惊弓之鸟，再加上李续宾已死，缺乏得力的指挥，遂一路败退。清军都兴阿部也撤安庆围，一直退到宿松，湘军在安徽只占有一角。

三河战役，对于湘军来说，是犯了孤军深入、轻敌冒进的错误，与咸丰帝的瞎指挥、湖广总督官文以及安徽方面胜保的忌妒也有关系。但湘军的战术缺少灵活性也是其失败的原因之一。如果太平军处在李续宾的处境，很可能会迅速大规模地撤退以避免被歼灭的危险。湘军善于稳扎稳打，却不善于大规模机动作战。太平天国方面常常作大范围、长距离的运动战，除了株守金陵一条不变外，常常是打得赢就打，打不赢就走。此次击破江北大营及三河之战，都是大规模的运动战。三河战役，太平天国方面可以说是成功运用了集中优势兵力打歼灭战的军事原则，而且不是集中一般的优势兵力，简直是集中了太平天国的全部精锐。李续宾，号迪庵，与曾国藩同为湘乡人，罗泽南最得意的学生。罗泽南临死前，遗嘱罗部湘军由李续宾统带。这是一支真正的百战之师，是湘军的精锐。曾国藩作《李忠武公神道碑》，说李续宾为人"含宏渊默，大让无形，稠人广坐，终日不发一言。遇贼（指太平军）则以人当其脆，而己当其坚。粮仗则予人以善者，而已取其瘵者"。王定安《湘军记》写他选士卒"以知耻近勇、朴诚敢战为尚所屯军地，百姓耕种不辍，万幕无哗，秋毫不犯。大小六百余战，克四十余城。"

正因为李续宾是湘军第一勇将，属部又是湘军精锐，所以李续宾的惨败，死亡人数虽然不算很多，给湘军的打击却是非常沉重的。曾国藩写给刘蓉的信说："三河之败，歼我湘人殆近六千，不特大局顿坏，而吾邑士气亦为不扬。未知此后尚能少振否？"

胡林翼当时正丁忧在家，一天忽然一士兵快马赶来，报告李续宾三河之败，胡林翼看完败报，突然呕血晕倒，过了好久才苏醒过来。其家人惶骇不已，胡林翼稍后在一封信中说："三河溃败之后，元气尽伤。四年纠合之精锐，覆于一旦，而且敢战之才、明达足智之士亦凋伤殆尽。"

不仅李续宾所部是湘军的精锐，李续宾本人也与曾国藩有着特殊的感情。在曾国藩父丧家居，被剥夺指挥权的时候，李续宾和他的弟弟李续宜仍然视曾国藩为湘军最高统帅，对湘军的军事行动都进行请示汇报。由于清廷迟迟不肯让曾国藩出山，李续宾甚至表示要辞职回家。现在，这一支劲旅就这样全军覆没了，一个对自己忠心耿耿的部将就这样惨死沙场了。眼看自己的处境刚刚好了一点点，就出了这样的事情，曾国藩可谓心痛如刀绞。曾国藩挽联中写道："八月妖星，半壁东南摧上将；九天温诏，再生申甫佐中兴。"曾国藩又为曾国华撰挽联道："归去来兮，夜月楼台花萼影；行不得也，楚天风雨鹧鸪声。"

五年以后，李续宾的弟弟李续宜病死。曾国藩在挽联中还念念不忘三河之败的事，其中上联是这样写的："我悲难弟，公哭难兄，旧事说三河，真成万古伤情。"

三河败后，曾国藩嘱咐李续宜收集他哥哥剩下来的军队（少部分拨归多隆阿指挥），加上李续宜原带的军队，李续宜部又成了湘军主力之一。另外，咸丰帝又"夺情"命胡林翼出来署理湖北巡抚。都兴阿因病休养，由副都统多隆阿统率都兴阿所部后，多隆阿遂成为出色的湘军大将。鲍超和多隆阿在安徽宿松东北战胜陈玉成部太平军，稳住了阵脚。

苦心栽培得意门生

1859年1月，正当曾国藩为三河之败心情郁闷时，李鸿章——可以说是他平生最得意的门生来到建昌大营。

李鸿章（1823—1901年），号少荃，安徽合肥人。曾国藩认识李鸿章是在京师做官时。

李鸿章的父亲李文安与曾国藩同时考中进士，在那个时代叫做"同年"，同年之间有一种特殊的关系，就好像现在的老同学一般。李鸿章自幼天资聪颖，才华横溢，功名心也非常强烈。李文安曾经给曾国藩讲过这么一个故事：

李家以前养过一缸好金鱼，李文安有一天偶然跟家人开玩笑说："如果今年金鱼产子多，那么门徒中进学的就多。后来果然这一年金鱼产子很多，李文安于是就扳着指头数这个可以进学，那个可以进学，谁知第二天起来一看，一缸金鱼全部让人弄死了。"李鸿章坦然承认是自己干的，李文安问他："金鱼与你无冤无仇，你为何将他们全部害死。"李鸿章理直气壮地说："这么多人进学，唯独我不进学，此鱼不可留。"那年他才十一岁。从这件事上，李文安看出儿子虽然心高志大，但胸襟未免太狭窄，手段也太刻薄了。

1843年，李鸿章入京参加乡试（考举人）。意气风发的李鸿章赋诗道："丈夫只手把吴钩，意气高于百尺楼。一万年来谁著史，三千里外欲封侯。"第二年，他顺利考中了举人，此时的李鸿章只有二十一岁。当时曾国藩的文章道德学问在京师已经小有名气，李鸿章进京不久，就以同年之子的身份拜访了曾国藩，并拜曾国藩为师。

曾国藩一见李鸿章，便判断他将来是个可成大器的人，再加上很喜欢李鸿章的诗文，因此，李鸿章得到了曾国藩的悉心指点。指点的内容，除了作诗作文外，主要是义理、经世之学。师生二人气味相投。李鸿章在家信中，常称曾国藩为"曾夫子"，并说他与曾国藩"朝夕过从"。

因为有这层关系，江忠源出任安徽巡抚时，曾国藩就想起李鸿章，让江忠源到安徽后与李鸿章联系。他在给江忠源的信中说："李少荃编修，大有用之才，阁下若有征伐之事，可携之同往。"当时曾国藩还在衡阳训练湘军，李鸿章之兄李瀚章已入曾国藩幕府，为曾国藩管军饷，等于是曾国藩的财政大臣，曾国藩在写给李瀚章的信中说："令弟少荃，自乙、丙（1845、1846年）之际，仆即知其才可大用。"

1852年曾国藩离京后，李鸿章便与他的老师分别了。他回到安徽办团练对抗捻军，但几经辗转，始终没有找到一个更好的靠山。现在是专门来投靠曾国藩的。曾国藩因为他头脑清醒，能够洞察全局，又能随机应变，所以不断对他委以重用。不久，李鸿章便成为曾国藩门生中的第一人，步步高升。

1853年，太平军自武汉顺流东下，攻占当时安徽的省城安庆。咸丰帝命工部左侍郎吕贤基赴安徽办团练，与太平军对抗，李鸿章奉命随同帮办。此时的李鸿章刚到而立之年，满腹经纶，又兼血气方刚，非常想借此机会建功立业。不料，在安徽的几个带兵大臣都不是成事的材料，吕贤基是书生出身，根本就不懂带兵打仗之道，对军队调度无方，不久便兵败身死。江忠源刚到安徽，还没有得到喘息的机会，就遇到太平军围攻，也兵败身死。其他领兵大员则多是带兵打仗无能，互相倾轧则绰绰有余。李鸿章辗转数年，没有多大成就，很不得志。

曾国藩早知道他这位学生的才干，这时仍在曾国藩幕府的李瀚章又推荐其弟。于是曾国藩多次致函邀李鸿章来帮忙。

号称曾国藩四大弟子之一的薛福成还记述了这样一件事："傅相（李鸿章）闻曾文正公督师江西，遂问道往谒焉。谓文正笃念故旧，必将用之。"不料"居逆旅几一月，未见动静。此时在文正幕府者，为候补道程桓生尚斋、前翰林院庶吉士陈鼐作梅、今江宁布政使举人许振袆仙屏。陈鼐与傅相本系丁未同年，傅相使往探文正之意，不得要领。鼐因言于文正曰：'少荃以昔年雅故，愿侍老师，藉资历练。'文正曰：'少荃翰林也，志大才高。此间局面窄狭，恐艨艟（méng chōng）巨舰，非潺潺浅濑所能容。何不回京供职？'鼐曰：'少荃多经磨折，大非往年意气可比，老师盍姑试之？'文正许诺。"

薛福成还说，这是曾国藩知道李鸿章才气不羁，故意这样做的，目的是要稍挫李鸿章的傲气。

《曾国藩及其幕府人物》的作者李鼎芳还把此事作为曾国藩历练人才的

办法。

　　薛福成记述的这件事为许多书籍多次引用，但此事的记载可能有相当的误差。据曾国藩致曾国潢等的家书，李鸿章系阴历十二月初十日（1859年1月13日）抵达曾国藩大营。而据曾国藩的日记，此前十一月二十五日（1858年12月29日），曾国藩听说李鸿章已过广信，即将来营会晤，正为曾国华和李续宾新丧悲伤的曾国藩"为之欣喜"。李鸿章到曾国藩大营的当天下午，曾国藩便与之"久谈"，晚上又与李鸿章、王闿运谈至三更。次日，又与李鸿章谈江南大营统帅和春及继江忠源任安徽巡抚的福济（时已调京）的情况。此后数日，曾国藩天天与李鸿章叙谈，并且不是一般的闲谈，如十三日（1859年1月16日）曾国藩在他的日记中记录他们的所谈内容为"论江南北各路军务"。

　　李鸿章到曾国藩营刚好一个月，曾国藩便命他赴淮北招募训练骑兵，以便将来对付常与太平军联合作战的捻军。事情虽因淮北局势动荡而没有办成，但这充分显示了曾国藩对李鸿章的器重，似乎没有故意冷落以折李鸿章傲气的举动。

　　不过，薛福成记述的另外一件事是可信的："傅相入居幕中，文正每日黎明必召幕僚会食，而江南北风气与湖南不同，日食稍晏，傅相欲遂不往，一以头痛辞。顷之差弁陆续而至，顷之巡捕又来曰：'必待幕到齐乃食。'傅相披衣踉跄而往，文正终无言，食毕，舍箸，正色谓傅相曰：'少荃，既入我幕，我有言相告，此处所尚，唯一诚字而已。'遂无他言而散，傅相为之悚然。"李鸿章有才子气，不拘小节，当时又年轻，贪个懒床是完全可能的。此事后来李鸿章也对别人说过。

　　曾做过李鸿章下属的曾国藩的孙婿吴永，在《庚子西狩丛谈》中写道："公（李鸿章）平素最服膺曾文正，启口必称'我老师'，敬佩殆如神圣。"又记述李鸿章亲自讲述在曾国藩幕时的事情："文正公你太丈人，是我老师。你可惜未曾见着，予生也晚呵！我老师实在厉害。从前我在他大营中从他办事，他每天一早起来，六点钟就吃早饭，我贪睡总赶不上，他偏要等我一同上桌。我没法，只得勉强赶起，胡乱盥洗，朦膛（méng zhī）前去过卯，真受不了。迨日久勉强惯了，习以为常，也渐觉不甚吃苦。所以我后来自己办事，亦能起早，才知道受益不尽，这都是我老师造就出来的。"

李鸿章还说："在营中时，我老师总要等我辈大家同时吃饭；饭罢后，即围坐谈论，证经论史，娓娓不倦，都是于学问经济有益实用的话。吃一顿饭，胜过上一回课。他老人家又最爱讲笑话，讲得大家肚子都笑疼了，个个东歪西倒的。他自家偏一些不笑，以五个指头作把，只管捋须，穆然端坐，若无其事。"

经过曾国藩大营的熏陶，李鸿章果然形成了严谨的生活习惯。吴永记述他亲见李鸿章的起居工作习惯道："公（李鸿章）每日起居饮食，均有常度。早间六七钟起，稍进餐点，即检阅公事；或随意看《通鉴》数页，临王圣教一纸。午间饭量颇佳，饭后更进浓粥一碗、鸡汁一杯。少停，更服铁水一盅，即脱去长袍，短衣负手，出廊下散步；非严寒冰雪，不御长衣。予即于屋内伺之，看其沿廊下从彼端至此端，往复约数十次。一家人伺门外，大声报曰：'够矣！'即牵帘而入，瞑坐皮椅上，更进铁酒一盅。凡历数十百日，皆一无更变。"

曾国藩让李鸿章负责文书，稍后命其批稿、起草奏折。李鸿章有才气，所处理的文牍令曾国藩非常满意。数月后曾国藩对人说："少荃天资于公牍最相近，所拟奏咨函批，皆有大过人处，将来建树非凡，或竟青出于蓝，亦未可知。"李鸿章则对人说："从前历佐诸帅，茫无指归，至此如识南针，获益匪浅。"

曾国藩的幕府，实际上是一个不挂牌的人才培训基地。很多人都像李鸿章一样，在曾国藩这里得到历练，得到提高，然后走向全国承担军政重任。果然，李鸿章来到曾国藩幕府不到半年，曾国藩便让他与曾国荃同去攻打景德镇。曾国藩不是叫他带兵打仗，也不是叫他做参谋，而是交给他一项极为特殊的任务。曾国藩在信中如此说："阁下此行，其着意在察看楚军各营气象，其得处安在？其失处安在？将领中果有任重致远者否？规模法制尚有须更改者否？——悉心体察。"曾国藩让他做的，全是大政方针，是关乎全局的问题，是把他当作大才来历练的。信中还说："阁下宏才远志，自是匡济令器，然大易之道，重时与位，皆有大力者冥冥主持，毫不得以人力与于其间。"一方面肯定李鸿章的才干，一方面又叫他不必急于马上出人头地，而是要耐心等待时机。

一个人，一生的事业能否成功，不仅仅要靠个人天分和才干，还要有相当的机会和客观环境。如果世上没有伯乐，纵然有千里良马，也只能埋没于乡间田野之中。何况千里马既需要人发现，也还需要有人加以训练，才能成为真正的千里马。李鸿章是幸运的，他是千里马，曾国藩是伯乐。曾国藩这个伯乐发现了李鸿章这匹千里马，并且，曾国藩还善于养马、驯马。李鸿章是个有才干的人，但如果他继续在安徽游荡而不是到曾国藩幕府，他可能一辈子也做不了什么大事。经过在曾国藩幕府的历练，他的生平事业就此开始了。

曾国藩找到了太平军的死穴

　　李鸿章是个人才，而且将来肯定能成大器，这是曾国藩早就看出来的。所以，曾国藩如果有什么大的行动，他肯定会让李鸿章参与，听取他的意见。此时，曾国藩留驻武昌，与胡林翼商定了进兵安徽的计划之后，向咸丰帝上奏进兵的折本就是由李鸿章谋划的。

　　折本内容强调进兵安徽的重大军事意义，他说：金陵之所以久攻不下，是因为陈玉成掌控安徽。陈玉成开辟并护持住金陵与安徽的通道，以安徽为金陵的后方，并在三河、浦口、庐州叠挫清军。因此，要想攻破金陵，必先驻重兵于滁（州）、和（州），阻住金陵与安徽的通途、割断芜湖的粮道，金陵则不攻自危。而要想把重兵驻到滁、和，就得围攻陈玉成的驻军之地安庆，兼攻安徽的首府庐州，迫使陈玉成进行决战。攻陷安庆、庐州，攻克金陵就没有大问题了，首当其冲的就是要消灭陈玉成的安徽军队。曾国藩采纳李鸿章的策略，自然是切中要害的。当时太平军的战略要地的确在于天京与安徽之间的相互毗连，在于陈玉成往返天京与安徽，以滁、和、安庆为屏蔽，不断阻击湘军与胜保等部的进犯，才保住天京的安全不动摇。曾国藩把进兵安徽、攻陷安庆当作打败太平军的中心战略，到底让他抓到了太平天国的生死关键了。

　　咸丰九年九月（1859年9月末），曾、胡商定了三路进兵计划：都兴阿、多隆阿、鲍超、杨载福沿江东进，围攻安庆为第一路；曾国藩攻太湖、潜山、桐城为第二路；胡林翼取道英山、舒城、六安为第三路。咸丰帝听了别人的建议，害怕湘军会把安徽的太平军逼向淮北，令曾、胡改变战略计划，而曾、胡并未接受，曾国藩反而亲领围攻安庆的第一路军，第二路军调多隆阿、鲍超担任。

三路军的作战任务是：第一路为主力军，攻占安庆；第二路切断庐州与安庆的联系，阻止太平军援安庆；第三路阻止太平军西进，攻取湘军的后方。咸丰九年十月二十四日（1859年11月18日），曾国藩从巴河出发，率第一路军万余人马经黄梅进驻宿松，派李榕、朱品隆率兵进攻太湖的太平军。此时，第二路军多隆阿、鲍超、唐训方、蒋凝各部二万余人马已进驻太湖城外。当各路人马会齐，便发起对太湖的进攻，打响了湘军反攻安徽的第一仗。

湘军入皖早为太平军所注目。当战争在太湖发生后，陈玉成于咸丰九年十二月（1860年1月）率大军增援太湖，扎营七十余座，包围进攻太湖的湘军。胡林翼闻讯也迅速由黄州进驻英山，并向曾国藩告急，建议集中兵力打击陈玉成的援军。曾国藩同意了胡林翼的建议，但并没有放弃进攻安庆的计划，他提出让李续宜、曾国荃增援太湖，李、曾二支人马尚远在湖南和江西，无法马上应援。因此，进攻太湖和阻击陈玉成的援军，仍旧只有多隆阿、鲍超率领的第二军，另有曾国藩派去的朱品隆、李榕的少量湘军。

鲍超是带领第二路军的主要将领之一。他在太湖之战中发挥了关键作用，因此名声大震。鲍超，四川奉节人，字春霆，是湘军中的一个传奇人物。其父为绿营士兵，在鲍超幼年时即战死军中，其母亦丧。他十余岁时到四川峨眉山清虚观为道士打柴挑水。因他为人爽直、做事卖力，深得道长喜爱。在清虚观几年，竟学来了道长的真传武功。道长欲留他在观里，但鲍超却要凭着自己的一身本事干出轰轰烈烈的事业来，到了成年后便下山投了清军。当时正值太平天国在广西起义，鲍超被发往广西，选入向荣的亲兵营。永安一战，他身负重伤，留在了广西，并在此成家，与一位韦姓女子结了婚。鲍超伤好之后，他想领着妻子到湖南追随向荣，但没有追上，却遇上了曾国藩在招兵。当时，鲍超几乎陷入了走投无路的地步，他已经身无分文，还带着妻子。曾国藩试了他的武功和谈吐，知此人未识一字，却有一身莽力和武艺，就安排他做了湘勇的教练。后来，鲍超进入塔齐布的军营，数战之后，以勇悍闻于湘军。后编练湘军水师，曾国藩让他做了水师哨官，是杨载福长江水师的前锋船。并参加了洞庭、岳州、金口、武昌、田家镇等战役。鲍超每战皆立功，破田家镇拦江大锁，他的功劳尤大。战后，被提拔为营官。

曾国藩家居期间，鲍超留湖北，属胡林翼。多次战斗，功劳卓著，胡林翼对他十分器重，认为"布衣知己，尝以弟呼之。"并改鲍超所部水师为陆师，招长沙勇三千，号"霆军"，转战安徽、湖北等地，屡与陈玉成及捻军作战。在太平军的心目中，他是一个最为凶恶的强敌。这次参加会攻安徽，鲍超以参将衔为第二路军主要将领，率众六千余人。

陈玉成领兵援太湖，鲍超主动要求打援。多隆阿让他率本部人马到太湖东北的小池驿驻扎，阻止陈玉成进兵太湖。仗打起来后，鲍超抵挡了陈玉成的全部援军，战斗进行得异常残酷。他离诸军距离很远，成了一支最孤立、最突出的挨打部队。他屡向多隆阿要求增援，多皆置之不问。结果，在没有援兵帮助的情况下，他带领将士们孤军奋战，部队死伤过半，后被陈玉成团团包围。

鲍超坚忍不拔，在包围圈里往往率队主动出击，使陈玉成的数万军队一时战不胜他。一次夜间，他乘太平军连日围攻疲惫之时，率军摸进敌营，发起突袭。太平军在睡梦中突遭袭击，不知是何军杀来，几被其击溃。幸赖陈玉成挥军迎战，才免于溃败。

正在太平军围攻鲍超之时，胡林翼突然派金国琛、余际昌率兵一万多人从太平军背后袭击。鲍超趁机率部从城内杀出，陈玉成腹背受敌，自顾不暇。多隆阿见状，立即派兵烧毁陈玉成的粮库。这样一来，陈玉成于1860年2月16日不得不放弃太湖，连夜撤走。

鲍超的苦战并没有付诸东流，这一苦战有力地阻住了陈玉成的大军，使太湖一战取得胜利。战后，鲍超及其"霆军"声名大振。咸丰闻报，加封提督衔，并赏假回籍养伤、省亲。待他假满之后，曾国藩、胡林翼令其募勇万余人统带，成为湘军中最主要的一支大部队。

太湖是安庆的门户，门户一开，湘军便长驱直入。这时的安庆仅剩下枞阳一线与桐城相通。曾国藩后来利用卑鄙的手段收买了韦俊，这位曾经两次攻克武昌的骁将顿时成了太平天国的罪人。1860年6月，韦俊在湘军水师彭玉麟、杨载福的配合下攻陷枞阳，安庆完全暴露在湘军的眼前。

曾国藩有意要成全曾国荃，命他带领曾家军的嫡系部队进驻集贤关，兵临安庆城下，形成围攻之势。从此，安庆内外隔绝，成为一座孤城，处在了湘军严密的包围之中。

受重用署理两江

正当曾国藩全力围攻安庆的时候，天京战局发生了重大变化。拜上帝会的最早成员之一，洪秀全的族弟洪仁玕从香港辗转来到天京。洪秀全此时正感到身边无人，洪仁玕的到来令他万分高兴，遂封为干王，总理朝政。

1860年初，为解天京之围，忠王李秀成、英王陈玉成等太平军将领策划了一场大的军事行动。李秀成率兵由苏南入浙，大兵猛压杭州。浙江巡抚罗遵殿慌忙向江南大营统帅和春求援。和春派总兵张玉良带兵二万，由江宁赶赴救杭州。张玉良刚走到半路，李秀成突然率兵北上，猛扑江南大营。此时，陈玉成也率兵强渡长江，两军会合。数日之内，连破江南大营外围要地，将江南大营紧紧包围起来。和春、张国梁拼死抵抗。九昼夜的激战过后，江南大营彻底瓦解。和春、张国梁仓皇逃出，太平军乘胜追击，接连攻下苏州、常州。和春自缢，张国梁落水而死，江苏巡抚徐有壬自杀，两江总督与其他江苏官员逃往上海，一时形成了树倒猢狲散的局面。江南七万绿营全军覆没，清政府在南方的绿营武装已基本瓦解，再也没有力量组织对天京的包围了。

江南大营的覆灭对清政府来说是个沉重的打击，让湘勇出力，绿营兵坐收渔利的想法彻底破灭。从此，只得一心一意依靠湘军剿灭太平天国了。

这样的消息对清政府来说，几乎要崩溃了，但对曾国藩来说，这无异于上天帮自己出头。他和幕府得知这一消息后，欣喜万状，左宗棠、李鸿章、胡林翼等人无不欢欣鼓舞，认为自己的出头之日已到。

事实也是如此，原两江总督何桂清逃走之后，咸丰一怒之下将其革职，后来由肃顺推荐了曾国藩。咸丰皇帝下诏令曾国藩为两江总督，速往江苏署理两江事务。肃顺精明干练，魄力宏大，敢于重用汉人。他认为要想剿灭太平天国，就必须依靠胡曾这帮汉人，无论是曾国藩，还是胡林翼、骆秉章等汉人，之所以能够得到皇上重用，都与肃顺的极力保荐分不开。曾国藩第一次墨绖出山就曾深得肃顺的推荐。现在又仰仗他，登上两江总督的宝座，这对于苦于得不到抚督大权而苦恼的曾国藩来说，真可谓是莫大的恩典。因此，曾国藩从心底感激肃顺。然而，一向以老成持重著称的曾国藩并没有因一时的冲动与肃顺有任何私下联系。后来慈禧太后发动宫廷政变，处死肃顺时，从肃顺家中搜出许多阿谀追随的信件，其中独独没有曾国藩的，这使慈禧大为感叹。因此，曾国藩在慈禧掌权时期，仍能得以重任。

就在曾国藩总理两江不久，胡林翼又上奏皇上，保奏左宗棠。

左宗棠本来在湖南巡抚骆秉章的幕府中充任幕僚，很得骆秉章的信用，骆秉章对他可以说是言听计从。每次骆秉章的部下向他请示汇报工作时，他总是令其问"左师爷"去。因此，湖南官场对左宗棠唯命是从，把左宗棠"敬若神明"。左宗棠本来就恃才傲物，狂妄自负，这一来就更加目中无人。有一次，署理湖南提督，永州镇总兵樊燮（xiè）找骆秉章议事，向骆秉章行完礼后，见左宗棠也在座，于是就向他行了一揖，问了声"左师爷"好，然后落座。左宗棠见樊燮未向他行跪拜大礼，心中极不高兴，厉声责问樊燮说："湖南武官，无论大小，见我都要请安，你为何不向我施礼请安。"樊燮也怒了，大声反驳道："朝廷体制并未规定武官要向师爷请安，武官虽轻，也不比师爷贱。何况樊某乃朝廷任命的正二品总兵，岂有向一个幕僚请安的道理。"左宗棠一时语塞，勃然大怒，破口大骂，从椅子上跳起来，冲过去将樊燮痛打一顿，幸好被骆秉章拉开。打过樊燮之后，左宗棠还气愤不过，又以骄倨的罪名将其革职。樊燮一个堂堂二品武职大员，竟被一个举人如此侮辱，如何能忍受？立即上诉于湖广总督官文，添枝加叶地把左宗棠如何无视朝廷命官、骄横跋扈、独断专行的情形向官文诉说了一遍。官文对左宗棠早就不满，便趁机向咸丰帝上了一个折子，将樊燮所说的罪状罗列了几条，又给左宗棠戴了一顶"劣幕"的帽子，说他把持湖南为

第九章 再度出山，血雨腥风九死一生

非作歹。

咸丰看到官文的折子，立即派人前去核查此案，并授权查案人员：倘若真有不法之事，将左宗棠就地处决。胡林翼、骆秉章等人立刻慌了手脚，一边出面保奏，一边在京城活动，请肃顺出头保荐。肃顺说必须有内外大员的保奏，皇上问起时才好说。一时间，保荐左宗棠的奏折雪片般地向咸丰飞来，以至于有了"国家不可一日无湖南，湖南不可一日无左宗棠"这样的称赞之辞。肃顺也乘机推荐，左宗棠不仅性命得以保全，而且受封四品卿衔，帮助曾国藩办理军务。

得到了梦寐已久的两江总督的职位，同时又有了胡林翼、左宗棠、李鸿章等人的支持，曾国藩开始站在与太平军作战最高统帅的高度，思考以后的用兵计划。

首先他清醒地意识到，朝廷从江浙入手，通过苏州、常州包围天京，从天京下游进攻的决策是行不通的，要想攻克天京，必须从长江上游向天京包围。即继续执行自己复出时定下的进军皖中的计划，拿下安庆，消灭陈玉成的部队，步步进逼天京。所以他拒绝了清政府让他率兵攻下苏州、常州的要求，只把大营扎在安徽、江西、浙江三省之间的祁门，一心一意围攻安庆。

安庆自1853年6月为太平军占领后，是仅次于天京（今南京）的政治、军事中心。1858年5月九江失陷后，又成为天京上游唯一的重要屏障，一旦有失，湘军便可直窥天京。1860年夏，正当太平军二破清军江南大营和东征苏州、常州之际，湘军统帅曾国藩和湖北巡抚胡林翼统率湘、鄂军水陆师五万余，自湖北大举入皖，连陷太湖、潜山、石牌（今怀宁），直逼安庆。道员曾国荃率湘军陆师万余人相继进扎安庆北面的集贤关，与提督杨载福部湘军水师四千余人担任围城任务；副都统多隆阿、按察使李续宜率湘鄂军二万人驻扎桐城西南挂车河、青草塥，阻击太平军援军。6月20日，杨载福水师攻陷安庆东路要地枞阳镇（今枞阳县），安庆被合围。

是年秋，曾国荃督军在安庆城外掘长壕两道，前壕围城，后壕拒援。时安庆由天安叶芸来、谢天义、张朝爵率二万余人驻守。太平军二破清军江南大营后，天王洪秀全等决定俟东征苏，即沿长江上取湖北，迫使湘军回撤以解安庆之围。

9月下旬，洪秀全从江、浙战场调集兵力，分五路由大江南北并进，其部署为：英王陈玉成率军从长江北岸西进，经皖北入鄂东；忠王李秀成率军从长江南岸西进，经皖南、江西入鄂东南；辅王杨辅清、定南主将黄文金率军沿长江南岸趋赣北；侍王李世贤率军经皖南入赣东；右军主将刘官芳率军攻祁门曾国藩大营。五路中，陈玉成、李秀成为主力，取钳形攻势，预定于次年春会师武汉，以调动围攻安庆之敌。其他三路主要是牵制皖南和江西的湘军，并伺机歼敌。

咸丰皇帝出了道难题

  历史总是在关键时刻出现让人意想不到的问题。正当曾国藩大权在握，以为可以一展夙愿，顺利攻克安庆、进逼天京之时，北京一场意外的变故又将曾国藩拉入了难以自拔的焦思苦虑之中。原来，英、法联军进逼北京，咸丰皇帝带领嫔妃、大臣仓皇出逃，严令曾国藩派鲍超赴京救驾。

  英国侵略者通过1840年鸦片战争在中国取得了大量特权后，并不满足。为了取得更大、更多的特权，他们自1854年就开始提出修改条约的要求，遭到了清政府的拒绝。尔后，英国侵略者便和法国勾结起来，于1856年10月发动了第二次鸦片战争。从此，他们由南而北，由小而大，不断挑起战争。1860年8月，他们从北塘登陆，打败了僧格林沁的骑兵，攻占天津。后来又击败胜保的部队，兵临北京城下。咸丰大惊，慌忙带着一班大臣、妃嫔逃到热河，留下恭亲王奕訢在京师与英法侵略者谈判。同时，他还接受胜保的奏请，在逃往热河的途中，接连发布上谕，令各地抚督、将军迅速带兵来京勤王。其中第一道上谕就是发给湘军统帅、两江总督曾国藩的。咸丰帝要他速派鲍超率兵两三千人"兼程前进，刻日赴京"，交胜保调遣。

  接到这道上谕，曾国藩一面为皇上蒙尘而担忧，一面又对派鲍超救驾而犯难。

  当时曾国藩的处境也不好，太平军刚好攻克徽州。曾国藩孤守祁门，自身凶吉未卜，他还要靠鲍超保卫祁门，扫清通往天京的道路，哪有心思发兵北援。但假若拒不发兵，抗旨之罪，谁能担当得起？抗旨罪名已是不轻，更何况又是这非常变故之际、皇上蒙难之时。抗旨不发兵，自己平时口口声声标榜的忠君爱国岂不都成了假话，万一皇上震怒，天下共责，不待杀头灭族，自己就早已身败名裂、万人共诛了。

因此，面对这道圣旨，曾国藩落入了进退不是、左右两难的境地。

于是，他急忙与胡林翼、左宗棠等人商议，又命幕僚们献计献策。

胡林翼、左宗棠等也都不愿派鲍超北援。鲍超是湘军中有名的能征善战之将，他所率的霆字营是湘军围攻安庆所剩的最为重要的一支机动兵力，并且是唯一敢与陈玉成对抗的军队。倘若将他派走，势必影响安庆战局，何况他们也不愿意将这一支命根子一般的军队送给屡战屡败、草包一般的胜保率领。然而，北援毕竟又事关勤王之举和抵抗外国侵略者的行动，假如托词推诿，拒不发兵，不仅有可能被加上"不忠"的罪名，而且有可能被扣上"卖国贼"的帽子。因此，他们商量来，商量去，仍想不出一个两全齐美的办法。曾国藩的幕僚们也都主张北援，全无上善之策。曾国藩一连几天，急得像热锅上的蚂蚁，整夜不能入睡。

就在曾国藩苦思焦虑不得善策的时候，李鸿章悄悄地走进了曾国藩的房内。首先，他告诉曾国藩，此时入京勤王已属空话，对皇上实际上并没有一点好处。洋人进逼北京，并非是想对皇上不利，他们只不过是想通过战争取得在华的更大利益，只要许给他们好处，肯定自行退兵。接着又献计曾国藩，让他假意请奏鲍超为一介武夫，不能担此重任。入京勤王之事，必须曾国藩、胡林翼两人中的一个带兵前去。而这样的事，自己又不敢确定，因此上折请皇上定夺。这样，从祁门到北京奏折最快也要半个月。一来一回，恭亲王早已和洋人达成协议，到那时勤王一事肯定无人再提。

李鸿章短短数语，一个小小的按兵请旨的妙策，就把困惑了曾国藩几天的难题轻而易举地解决了。是的，一个月之内，恭亲王奕䜣必能和洋人谈妥退兵的条件。到那时，入京勤王一事早已成为过丘之水，曾国藩一阵轻松。李鸿章如此轻松地提出了这个万全之策，从此更受曾国藩器重。

事情果如李鸿章预料的那样，曾国藩于10月18日上书咸丰，请求降旨任命由谁带兵入京。11 月 16 日，曾国藩接到皇上圣谕说："和议已成，鲍超、胡林翼、曾国藩均毋庸北援。"

驻守祁门，九死一生

曾国藩选定祁门作为驻节之地，主要是看中它东连休宁、徽州；南达江西景德镇，既有天然大山可以屏蔽老营，又可与浙江、江西互通声息。然而等他到了祁门，只见四周山势陡峭，与外界相连的仅有那条连接休宁、景德镇的东西官马大道。除此之外，有一条小路勾通北面的两个小镇大赤岭、大洪岭。另外有一条小河，河面狭窄，只能浮起坐两三个人的小船，大船不能进来。这里人烟稀少，土地贫瘠。倘若东西方向的那条大道被堵，祁门与外面的联系即断，县城则陷于绝境。看到这些曾国藩有些后悔了，但驻守祁门的事已上报朝廷，所以只得暂时驻下。

跟随曾国藩驻扎祁门的众幕僚一见祁门地形，纷纷劝他离开，另觅合适之地。曾国藩拒绝不听。李鸿章也跟着到了祁门，他在祁门四周勘察了一番，也劝曾国藩，说祁门地势形同釜底，是兵家绝地，要他迁居别处，以免将来受困。曾国藩执意不听，一意孤行，还大骂要走的人贪生怕死。从此，再也无人敢提离开祁门的话。

1860 年 12 月 1 日，当曾国藩还在为北援问题惴惴难安的时候，李秀成忽然率领二次西征军的主力部队进入皖南。太平军攻破羊栈岭进克黟县，距离曾国藩的祁门大营仅八十里路，中间没有任何遮阻。这时曾国藩身边只有三千防兵，情形十分危急。曾国藩大惊之下，急忙调鲍超前来援救。

几天之后，援军未见踪迹，曾国藩自料难逃活命。这才后悔没听李鸿章等人的话，以至于铸成今日大错。于是写好遗书，交代了一些后事，祁门大营的纸上谈兵的军机参赞们，舞文弄墨的书记文案们，以及计账算数的小吏们，此刻也都惊慌失措，乱成一团。有些胆小怕死的人瞒着曾国藩，偷偷从外面买来几条小舟，将自己的行李物品都收拾好，一包一包地都放在船上，单等着曾国藩兵败以后逃命。曾国藩见状，恨不得将那些蛊惑军心的人都抓来杀死，然而他冷静地一思考，觉得那样做只能使人心更散。于是心生一计，欲擒故纵，贴出一份告示。告示上说对愿意离开祁门的人，可以发给工资和路费，绝不强留。等祁门之险过后，愿意回来的仍可回来，曾国藩将以诚相待，不计前嫌。这一招果然奏效。那些准备走的幕僚反而不好意思走了，又偷偷地把船上的东西搬回。就这样，曾国藩表面装作很平静的样子，与众幕僚提心吊胆地苦苦支撑。

不久，鲍超率部来援，将李秀成击败。李秀成一战失利之后，随即撤兵南下，曾国藩又一次死里逃生。

这一场惊险过后，曾国藩稍微稳定下来，便找导致这场祁门之灾的罪魁祸首——李元度算账。

李元度是曾国藩最早的幕僚之一，在曾国藩几次处于最困难的时期，甚至一些老朋友都要离开他的时候，李元度始终不渝与曾国藩同甘共苦地过了六七年的艰苦岁月。对这些，曾国藩曾经很感激李元度，甚至有"三不忘"之说：即靖港惨败后对曾国藩细心慰护；九江惨败后率领平江勇护卫水师保护大营；樟树镇惨败后，独立支撑到援军赶到。因此，李元度无论对曾国藩还是对湘军，都起过巨大作用。

但李元度擅长文学却不擅带兵，对部下更是任人唯亲，一味放纵，他所领军队的战斗力并不强。只是，由于曾国藩对他心存感激，徇情袒护，李元度才一再得以重用。

这次曾国藩进军皖中，仍保奏他为徽宁池太广道。让其带兵驻守徽州，为自己把守祁门的门户，从中足见曾国藩对他的重用。但曾国藩也深知他不会带兵打仗的底细。因此，驻守徽州之前曾一再告诫他，遇到太平军攻城，只可固守，绝不可出城迎战。但李元度却将曾国藩的告诫视如儿戏，根本不放在心上。当李世贤率太平军进攻徽州城时，他轻率出城迎战，后来见湘军情势不妙，又率先逃跑，至使全军奔溃，徽州失守，危及祁门。李元度逃走之后，又不及时返回大营，而在浙江、江西边境犹豫徘徊，数月不归。最后其回到大营之后，也不束身戴罪，反而理直气壮地向粮台索要欠饷。等到饷银拿到手，李元度一言不发，径自率兵回湖南去了。

李元度这种目无军纪的行为使曾国藩大为恼怒，同时又无比失望，决心参劾李元度。谁知参劾李元度的折子还没拟好，知情的幕僚和文武参佐们纷纷进来为他说情，说曾国藩这样做太绝情绝义，不顾前情了，其中李鸿章的反对尤为激烈，指责曾国藩忘恩负义。如果一意孤行参了李元度，会让湘军全军将士寒心，但曾国藩为了表现自己不徇私情、赏罚严明，对众人的求情一律不允，坚持不让步。李鸿章见自己求情不下，又遭曾国藩训斥，随即告辞，离开曾国藩的幕府扬长而去。

其实李鸿章早就不想在祁门待下去了，他是个机敏异常的人，从刚到祁门，他就知道驻扎此地是一个绝大的军事错误。这次太平军围困祁门就是个很好的证明。另外他也清楚，太平军绝不会甘心这次的失败，倘若再来一次包围堵截，祁门一定会被连锅端。李鸿章有自己的一番远大抱负。他只能依靠老师同上青云，而不愿与老师共存亡。现在正给了他一个离开祁门的绝好时机。因此，李鸿章趁机溜掉。

果然，没过多久，太平军又分三路向祁门攻来。曾国藩四面楚歌，再一次陷于惊恐之中。可惜这次太平军主将黄文金在与鲍超、左宗棠军激战时不幸负伤，只得退回皖南。然而，度过这次危机不久，又发生了更为严重的情况。先是李世贤从江西婺源向左宗棠部展开进攻，1861年3月又击败王开琳部，迫使湘军退回景德镇。与此同时，刘官芳等人又进攻出入祁门的交通孔道历口，距曾国藩大营仅二十里路。曾国藩又一次惊慌失措，急忙派兵增援。刘官芳退军，曾国藩刚想出一口气，江西方面又传来噩耗，李世贤攻破景德镇，兵锋直指祁门。曾国藩文报不通，饷道中断，内外隔绝，又一次濒临绝境。此时他只得移驻休宁，并派兵攻打徽州城，企图从这里打开一条能通往浙江的粮道，以求死里逃生。然而此时湘军已乱，不听指挥，根本无法组织起攻势。接着，太平军又跟踪而至追到休宁。曾国藩无奈，只得又退回祁门。此时，曾国藩再一次到了绝望的顶点，再次写好遗书安排后事，准备应付最坏的情况发生。他在给儿子曾纪泽的信中称这次境遇与几年前湖口惨败的情形相仿。

恰在此时，李世贤在乐平与左宗棠交战失利，于是放弃景德镇，东走浙江。湘军的粮道恢复，曾国藩再一次逃了活命。这一次对曾国藩的打击很大，从此之后，无论多么重要的战事，曾国藩再也不肯亲临战场督战指挥了。

自兵驻祁门以来，曾国藩没过上一天安稳日子，时时感到危机四伏，无日不在惊涛骇浪中度过。因此，自进攻徽州溃败之后，他再也不敢逗英雄，硬充好汉在祁门待下去了，乘左宗棠乐门取胜，军情稍有好转之机，立刻顺坡下驴，赶紧离开祁门这一险地。后来移驻东流，把大营设在靠江岸停泊的大船上，由水师护卫，曾国藩才放下心来喘口粗气，再不用过那种担惊受怕的日子了。

第十章

百炼终成钢，荣耀达巅峰

曾国藩

第十章　百炼终成钢，荣耀达巅峰

攻陷天京屏障安庆

　　安庆位于安徽省西南部，长江下游北岸，有"万里长江此封喉，吴楚分疆第一州"之美称。安庆是长江下游的第一个城市，也是万里长江安徽段的第一个城市。其东与安徽省池州市、铜陵市隔江相望，南以长江与江西省九江市相连，西界湖北省黄梅、蕲春、英山三县，北接安徽省六安市、巢湖市，也是太平天国的首府天京的重要屏障。湘军要进军天京，必须先把安庆攻下，一旦安庆被攻下，天京的形势必将危急。因此，太平天国一直派重兵对安庆进行防守。咸丰十年（1860年）闰三月，曾国荃带领着一万多名湘军，开始准备进攻安庆。咸丰十一年八月，围困近一年半的安庆城在湘军的猛烈攻击下终于失守了。

　　对于湘军来说，攻下安庆的意义极其重大，它极大地传播了湘军的名声。

　　当时，太平军对安庆这个战略重地非常重视，因为它既保护了东边的天京，又是粮食等物资的供应枢纽，还是与捻军联络的据点。当时，约有八万多人的湘军，正在长江南北两岸分七路指向安庆、芜湖等地，打算上游胜利以后，以高屋建瓴之势攻占下游。他们计划宏大，来势凶猛，给人势在必得的感觉。然而，他们的计划却有很大的弱点，即他们在后方湖北、江西所剩的兵力空虚。这个弱点立即被洪仁玕看破了。洪仁玕最早信拜上帝会，但到咸丰九年三月（1859年4月）才辗转从香港来到天京，被洪秀全封为干王，总理朝政。1860年春，为解除江南大营对天京的包围，他建议太平军实行"围魏救赵"的策略，先攻打湖州和杭州，引诱清军赴援，然后迅速回师，对江南大营进行全力攻击。洪秀全、陈玉成、李秀成、李世贤等对他这一意见非常赞同。果然太平军于5月间一举消灭了江南大营。洪仁玕看破了湘军后方空虚的弱点后，再次建议故伎重演，乘虚直捣江西、湖北，进夺武汉，这样就能把湘军的兵力分散，从而解除对安庆的包围。

于是，陈玉成在北，李秀成在南，两人都顺着长江西行，约定于第二年4月在武昌会师。1860年9月30日，陈玉成率五万大军从天京出发，经庐江、桐城，攻占了湖北蕲水、黄州，于1861年3月17日直接向武昌进犯。此时的武昌城基本上算是一座空城，城内守卫不多，只有官文带领三千人进行防守。太平军攻城的消息一传来，城内大乱，许多有钱人家都逃走了。本在病中的胡林翼慌了手脚，立即带领军队回去救援，但又要顾及安庆前线加重了病情。咸丰十一年（1861年）八月初一日卯刻，湘军夺得安庆后，曾国藩在《克复安庆省城片》这一奏折中写得很客观："楚军围攻安庆，已逾两年，其谋始于胡林翼一人画图决策，商之官文与臣，并遍告各统领。"可惜，胡林翼已经躺在了病床上，无法进入已夺取的安庆。他于八月二十六日亥刻与世长辞，年仅五十岁。曾国藩得知此事，沉痛地写道："赤心以忧国家，小心以事友生，苦心以护诸将，天下宁复有似斯人者哉！"刚好咸丰帝在七月十六日先于胡林翼驾崩，国丧刚过，故曾国藩在给胡林翼作挽联的时候，感到非常遗憾。挽联是这样写的：

　　逋寇在吴中，是先帝与荩臣临终憾事；
　　荐贤满天下，愿后人补我公未竟勋名。

再说曾国藩住在长江南岸，分析长江北岸的形势，预计彭玉麟、李继宜回师湖北后，大批折回的太平军又将回转来对桐城、怀宁两地的清军大举进攻。他生怕正包围安庆的曾国荃定不下心来，乱了阵脚，故急于咸丰十一年二月初七、初八给曾国荃接连写了几封信，叮嘱他必须先坚守五六天，等待鲍超部渡过长江增援他。二月二十二日又写信给曾国荃，对太平军进攻武昌的战略目的进行了准确的分析："群贼分路上犯，其意无非援救安庆。无论武汉幸而保全，贼必以全力回扑安庆围师；即不幸而武汉疏失，贼亦必以小支牵缀武昌，而以大支回扑安庆，或竟弃鄂不顾。去年之弃浙江而解金陵之围，乃贼中得意之笔。

今年抄写前文无疑也。"接着,他又对坚守安庆有着怎样的重要意义进行了反复的说明:"无论武汉之或保或否,总以狗逆回扑安庆时官军之能守不能守,以定乾坤之能转不能转。安庆之壕墙能守,则武昌虽失,必复为希庵所克,是乾坤有转机也;安庆之壕墙不能守,则武昌虽无恙,贼之气焰复振,是乾坤无转机也。"他向曾国荃指出了应该怎么做:"弟等一军关系天地剥复之机,无以武汉有疏而遽为震摇,须等狗逆回扑,坚守之后再定主意。"能否保住上游武汉的有利形势,对于曾国藩、胡林翼来说,确是他们能否坚持在下游谋略安庆,再图金陵的战略方针的关键所在。所以曾国藩于二月二十六日在给他两个弟弟的信中又说:"贼纵有破鄂之势,断无守鄂之力。江夏纵失,尚可旋得;安庆一弛,不可复围。故余力主不弛围之说。"

太平军守安庆,其策略在于守险不守陴。安庆之险在集贤关,因此太平军便将重兵都投入到了集贤关,以阻止迫近安庆的湘军。曾国荃则采用长壕法对付太平军,即在安庆城的城墙之下挖了两条很深很宽的壕沟,湘军居于两壕的中间,内壕的作用是围攻安庆,外壕的作用是抵抗增援的太平军,曾国荃也因此被人们称作"曾铁桶"。当时,安庆城内的一万多名太平军已被四万湘军围困了一年的时间。湘军在城外挖了三道长壕,使城内太平军很难从包围中突破出去,城外太平军也很难冲到城内增援城内部队。陈玉成虽然在菱湖筑垒十八座,又派了一千多士兵到城内帮助防卫,还向城内送去粮食,一时间把安庆的局势稳定住了,但由于从各地前来增援太平军的部队,包括从天京来援的洪仁玕、林绍璋部,从芜湖来援的黄文金部和捻军,从庐江来援的吴如孝部,都在挂车河、练潭一带遭到了湘军多隆阿等部的狙击,无法会合。陈玉成在集贤关内孤军奋战,对曾国荃的围军根本无能为力。

湘军从咸丰九年底太湖之役吸取了经验,这次采取的方法依然是围城打援。曾国藩一而再,再而三地教给曾国荃一个个围城窍诀,教他必须恪守"坚静"二字。他说:"凡军行太速,气太锐,其中必有不整不齐之处,唯有一'静'字可以胜之,不出队,不喊呐,枪炮不能命中者不许乱放一声。"他嘱咐两兄弟要在拼命坚守上既达成共识,又通力合作。他还对战事进行了一般性的概括总结,说:"凡办大事,半由人力,半由天事。如此次安庆之守,壕深而墙坚,稳静而不懈,此人力也；其是否不致以一蚁溃堤，以一蝇玷圭，则天事也。"

　　就在这个时候，曾、胡既布置多隆阿部在桐城一线对于东面来的林绍璋援军继续狙击，又从长江南岸调来鲍超部对于西面来的陈玉成援军进行狙击，还派胡达轩三营、成大吉七营分别进驻石牌和集贤关外，拖住太平军的后腿。他们的目的是要将安庆夺回来，而行动方向却是对太平军援军的有生力量进行打击和削弱。这个围城打援的战略，最初是胡林翼在太湖之役中提出的。他说："用兵之道，全军为上，得地次之。今日战功，破贼为大，复城镇为下。古之围者，必四面无敌；又兵法，十则围之。若我兵困于一隅，贼必以弱者居守，而旁轶横扰，乘我于不及之地，此危道也。然不围城，则无以致贼而求战。"这一策略无疑是非常正确的，它不但使湘军在太湖之役中取得了胜利，也使湘军最后在争夺安庆这场战斗中取得了胜利。

　　当曾国藩听到五月初一日"杀三垒真正悍贼千余人"的消息时，他立即判断说，陈玉成部必会因此而气势大衰，并说："平日或克一大城、获一大捷，尚不能杀许多真贼，真可喜也。"他特别注意刘林，认为这个人英勇善战，并因为尊敬他的为人，称他为先生，"爱其人，故称翁"。并对曾国荃等人嘱咐说，不要让刘林这人跑掉了。

　　刘林被俘获后，杨岳斌将他肢解，并割下首级送到安庆城下示众。刘林部覆灭后不久，集贤关内的八千多名太平军，也因孤立无援，先后在战场中丧了命。至7月，安庆城外所有的太平军据点都被消灭了。

　　陈玉成部因为多隆阿在挂车河的狙击，无法援助城内的太平军，只得与洪仁玕、林绍璋、吴如孝、黄文金、杨辅清等率领的四万多名太平军，从湖北蕲州绕道过去，经宿松、石牌，于七月十五日再次向集贤关发动进攻。这时，安庆城内很长时间缺少粮食，但太平军战士还是列队西门上，遥遥地呼应着增援部队。陈玉成率部苦战了好几天，抱草填壕，虽血肉横飞，仍然不停止冲锋活动；城内饥饿之卒，几乎连举刀枪的力气都没有了，还奋勇杀出。可惜最终还是无法越过湘军的深沟高垒，不能会师。八月初一湘军轰倒北门城墙，蜂拥而入，城内到处都有人在屠杀、抢劫。

　　陈玉成等遥见城内火光冲天，又带领部下进行了两次冲锋，却都失败了，方引军西去。多隆阿则挥军追击,一路攻杀,使陈玉成的军队多数溃散,不复成军,太平天国的一支主力部队就此覆灭。湘军水陆配合,趁势攻占了安徽大部地区,迅速向东推进,直指天京城。

天京陷落,太平天国灭亡

　　安徽战事的结束,以安庆的失陷为标志。安徽战事结束后,湘军与太平军作战的主战场逐渐转移到江苏和浙江。太平军在与湘军争夺安庆一役中,死伤惨重,共有三万多名太平军在此次战役中丧生。城内叶芸来、吴定彩等一万多人都被清军杀害。后来,洪仁玕写道:"我军最大之损失,乃是安庆落在清军之手。此城实为天京之锁钥而保障其安全者,一落在妖手,即可为攻我之基础。安庆一失,沿途至天京之城相继陷落,不可复守矣!"

　　湘军在安庆之战中大显身手,使其名声大振,然而他们在安庆之战中的杀戮却是极其残忍的。

　　早在咸丰十一年五月,太平军刘林部在安庆城外赤岗岭的战斗中败于湘军,其中有三个垒、千余名的太平军投降了清军。曾国藩听到这个消息后,感到非常兴奋,便写信给曾国荃,问他有没有把这些人都杀了:"不知刘林一垒究竟如何,其已降之三垒,已杀之否?"当他听说已经杀死了全部投降的太平军的时候,感到非常高兴:"此次杀三垒真正悍贼千余人,使狗党为之大衰,平日或克一大城,获一大捷尚不能杀许多真贼,真可喜也。"

　　历朝历代的战争中,优待俘虏、缴枪不杀都是大家遵守的规则,也是一支仁义之师应该做到的。而在曾国藩的心目中,他宁愿斩草除根,也不愿意优待俘虏,因为这种方法省事又实用。这对曾国藩来说是一条反动逻辑。他让别人也接受他的反动逻辑。据唐浩明撰写的《曾国藩》文中记载,在曾国荃带兵打仗之初,曾国藩即教他对于所有的太平军俘虏,都要格杀勿论。

如咸丰十一年六月十二日给曾国荃的信中他就特别指出，既已带兵，就不应该害怕杀人太多：

"既已带兵，自以杀贼为志，何必以多杀人为悔？此贼之多掳多杀，流毒南纪；天父天兄之教，天燕天豫之官，虽使周孔生今，断无不力谋诛灭之理；既谋诛灭，断无以多杀为悔之理。幅巾归农，弟果能遂此志，兄亦颇以为慰。特世变旧新，吾辈之出，几若不克自主，冥冥中似有维持之者。"

因此，当安庆城被攻陷后，曾国荃就杀光了守卫安庆城的太平军。曾国藩掩饰不住内心的兴奋，把这个好消息告诉给了朝廷，并且在奏折中多次提到了"无一人得脱""围杀净尽""实无一名漏网"等词。

从1862年到1864年，曾国藩三路出兵，除曾国荃围住了天京以外，其他两路李鸿章、左宗棠，也都很快占领了天京周围的重要城镇。这样，天京遂变为一座被湘军严密包围的孤城。

由于天京局势危急，1863年12月20日，忠王李秀成应洪秀全之命到天京负责守城，由于他经验丰富，恪守职责，率领太平军在粮食、弹药供应不足的艰难条件下，粉碎了曾国荃一次又一次的进攻。曾国荃久攻不下，心急如焚，好像一只饿猫眼见一块肥肉却吃不到口一样着急。

见到这种情况，曾国藩是忧心忡忡。他既想让自己这个心高气傲的弟弟单独攻下天京，抢占头功，能受到皇上重赏，好让曾家脸上有光彩。但又怕弟弟一人兵力单薄，围城有什么闪失，假如久攻不下，反被城中的洪秀全、李秀成击退。自己十几年的心血岂不白费？功亏一篑是他最不愿意见到的。所以，曾国藩很想派兵增援弟弟，早日将天京拿下，以酬夙愿。

曾国藩深知九弟的脾气，从安庆出兵的那时候起，曾国荃就想独占头功，不愿有任何人插手围攻天京一事。多隆阿率部远征陕西就是这个原因。还有后来鲍超、杨载福等部都曾参与过围城，但终于又都先后离去，也是这个原因。其间还有几支奉命前来协攻的部队，也都被曾国荃拒绝。其实，曾国藩也不想外人来分一杯羹，也想自己兄弟独吞天京这块肥肉。早就听说天京城内金银堆积如山，天王府都是用金子造的。但天京已围了一年多了，仍不见丝毫进展，曾国藩心里很着急。最后，他终于决定让李鸿章前去相助。

第十章 百炼终成钢，荣耀达巅峰

曾国荃由于在攻破安庆时尝到了甜头，这次他是铁了心的要独占攻陷天京的头功和天京的巨富。当他获知李鸿章的淮军就要来助攻天京时，立即将这一消息转告给手下的将士们，为了煽动起他们攻城的积极性，曾国荃厉声问其部下："有人要来抢功了，你们答应吗？"曾国荃手下的那帮将领、士兵，对天京城内的财富也是垂涎已久，现在听曾国荃这么一说，立即大骂李鸿章，表示要齐心协力，在李鸿章到来之前攻破天京。

曾国荃见状大喜，立即组织人马攻陷天京城外的地堡城，扯下了天京城的最后一道屏障，接着又组织人力，在天京城下猛挖地道，日夜兼工，轮班开挖。1864年7月18日，地道挖成。

曾国荃摆出破釜沉舟的架势，亲自坐镇天城堡指挥，决定第二天通过地道炸城，下令退者即斩，最先入城者记头功。

1864年7月19日，曾国荃下令点火。一声惊天动地的巨响，靠近太平门一带的城墙出现了一个二十多丈宽的缺口，一时烟焰冲天，抢先冲向缺口的四百多名湘军全部死于烟尘之中。缺口两边聚集着数千名太平军将士，一时间炮弹、枪子、石块、刀箭都向缺口处飞来，湘军此时早已杀红了眼，呼啸一声，不顾前面危险，踏尸而过，乘机涌入城中。

湘军入城后，对天京实行了"烧""杀""抢"的政策，血洗天京城。首先对天京城进行焚烧。太平军大多依靠巷战，一幢幢房子就成了他们的据点，湘军为对付太平军，干脆把房子也烧掉了，并且把城中财宝劫掠一空。赵烈文曾这样描述湘军在天京城大肆掳掠的情形，"萧孚泗在伪天王府，取出金银不赀，即纵火烧屋以灭迹。"甚至连曾国藩本人也认识到了这一问题的严重性，他说："至伪天王府一看，规模俱仿宫殿之别，而焚烧无一存者。"大火在天京城一共烧了八天，如若没有6月24日的大雨，大火不知道到何时得以平息。经过这番大火，天京城几乎成了一片废墟。曾国藩的女儿曾纪芬是这样描述的："九月朔日，全眷赴宁，初十日入督署，亦故英王府也。方师之入城也，搜捕余党，悉焚其巢穴，巨厦多为煨烬，洪秀全所居之天王府更为无沦矣。唯陈玉成以先死，其府独空，遂未被灾，故暂以之为督署。"

湘军入城后大肆屠杀生灵百姓。曾国藩在奏折中这样写道："三日之内，毙贼十余万人，秦淮河尸首如麻。凡伪王、伪王将、天将及大小酋目约有三千余名，死于敌军之中者居其半，死于城河沟渠及自焚者居其半。"

当然，这里面有曾国藩为邀军功而虚报数字的可能性，但也从另一个方面说明了湘军确实杀人如麻。

湘军在把天京城攻下五天后，即6月21日，整个金陵城中，"尸骸塞路，臭不可闻"。在23日时，"精壮长毛除抗拒时被斩杀外其余死者寥寥，大半为兵勇扛抬什物出城，或引各勇挖窖，得后即行纵放。""其老弱本地人民不能担又无窖可挖者，尽情杀死。沿街死尸十之九皆老者，其幼孩未满二三岁亦斫戮以为戏，匍匐道上。妇女四十岁以下一人俱无。老者无不受伤，或十余刀，数十刀，哀号之声达于四远。其乱如此，可为发指。"

可见，湘军在天京城杀戮的很多都是平民百姓，并且其中的大部分是老、幼、病、残、孕者，极其惨无人道。

经过一个多月的大烧、大杀、大抢，参加攻城的每个湘军军官和士兵，上自曾国荃，下至无名小卒，全都发了大财。他们不仅将城内的金银财物洗劫一空，甚至连建筑物上的木料也拆下来，从城墙上吊出，用船运回湖南。顿时，整个长江中，千船百舸，联樯而上，满载从天京抢来的财物、妇女，日夜不停地向湖南行驶。曾国荃更是"老饕"之名满天下。

湘军在天京城还大肆强掳和奸淫妇女，使妇女的身心受到极大迫害。赵烈文曾说："妇女四十岁以下一人俱无"，可见湘军对待妇女之残忍。许多湘军将领都是好色之徒，总兵李臣典把天京城攻下一个月便一命呜呼，原因是"恃气壮气盛，不谨疾之由"。

由此可以看出，曾国藩对于自己一手训练的湘军，是鼓励他们纵火杀人的。那么对于抢劫呢？他则是默许的。

经过一个多月的浴血奋战，天京不复存在了。太平天国也在这场炮火中作了历史性的永诀。

六朝金粉，秦淮名胜，在这场血与火的洗礼中加进了更为沉重的历史内涵。不以成败论英雄，天京陷落了，太平天国灭亡了。

第十章 百炼终成钢，荣耀达巅峰

曾国藩为什么要杀李秀成

　　曾国藩的湘军攻下天京城后，烧、杀、抢、掠，对天京城进行了毁灭性的破坏，对太平军的俘虏尽数杀戮，这在历朝历代的战争中都是罕见的。这其中，曾国藩擅作主张杀害太平天国将领忠王李秀成一事，尤其值得单独列出来记述。

　　封号为忠王的李秀成出身于一个贫苦农民家庭。他幼年和父母一起"寻食度日"，生活十分艰难。1849年，二十六岁的李秀成加入了拜上帝教。1851年9月参加太平军。由于李秀成作战机智勇敢，他从一名普通的士兵很快晋升为青年将领。1853年太平天国定都天京后，杨秀清亲自提拔他为右四军帅。不久，又升为后四监军。同年10月，李秀成随石达开赴安庆抚民，因其"逢轻重苦难不辞"，"修营作寨，无不尽心"。所以，在1854年春，再提拔为二十指挥，派往庐州镇守。李秀成是太平天国后期的重要军事将领。

　　1855年秋，天京地区形势日趋紧张。清将吉尔阿和总兵张国梁，率兵围困镇江，威胁天京。1856年2月，李秀成和秦日纲、陈玉成等去救咽喉之地镇江。进兵至汤头时，为清兵张国梁所拒。李秀成巧出奇兵，带三千人乘黑夜越过汤头岔河，与陈玉成、吴如孝内外夹攻，重创清军，遂解镇江之围。太平军乘胜渡江至瓜州，连破清营一百二十余座，占领扬州。

　　1856年6月，李秀成又配合石达开参加破袭江南大营的战斗。李秀成等进驻天京城外东北燕子矶观音门。石达开部进占黄马群，把湘军切成两半。20日，太平军与清军统帅向荣发生激战，攻破孝陵卫满、汉营寨二十余处。杨秀清亲自派人从城内策应。最后向荣败走丹阳，自缢而死，江南大营土崩瓦解。

　　发生于1856年9月的天京变乱，使太平天国的革命事业遭到了严重的挫折。在"朝无佐政之将"的情况下，洪秀全重新建立了领导核心。李秀成于1857年10月被升为副掌率，提兵符令，进入了领导核心。但这时的洪秀全不肯信"外臣"而"专信同姓"。李秀成极力劝告洪秀全，要"择才而用，定制恤民，申严法令，肃正朝纲，明正赏罚……"李秀成的犯颜直谏惹恼了洪秀全，洪秀全将李秀成一度罢官，经过陈玉成和在朝文武的据理力争，才又恢复了李秀成的职务。

1858 年，洪秀全恢复前期五军主将制，李秀成为后军主将。同年，清军进逼天京，洪秀全任命李秀成主持天京解围的战斗。8 月，他约集太平军各地守将在安徽枞阳召开军事联席会议，共同研究解除天京之围的作战方案。会后，陈玉成东进破庐州、克滁州。李秀成在滁州东南乌衣与陈玉成合兵击败清军主力德兴阿、胜保部，紧接着奔袭浦口，摧毁江北大营。清军都统德兴阿部被歼一万多人。

正当陈玉成和李秀成乘胜扫荡苏北战场时，曾国藩率领湘军在安徽发动大规模进攻。李秀成配合陈玉成取得三河大捷，歼敌李续宾部六千人，沉重打击了湘军的气焰，稳住了长江上游的局势。

三河大捷后，李秀成与陈玉成又合兵解六合之围，拔清军营盘六十余座。在李秀成、陈玉成和清军拼死奋战，不断为太平天国事业立下显赫战功的时候，洪秀全却封从香港回到天京还不到一个月、尚无尺寸之功的族弟洪仁玕为干王，总理朝政。接着封陈玉成为英王。清廷利用这一时机，指使叛将李昭寿寄书给李秀成劝降，此信被天京卫戍部队查获。洪秀全得知此事十分震惊，立即采取了严厉的防范措施，将李秀成的母妻押当，并下令封江，不准李秀成回天京。此时，困守浦口的李秀成内无军饷支兵，外无援兵相救，却仍坚持与清军进行艰苦的战斗。李秀成的勇敢作战和忠贞不渝的表现，解除了洪秀全的疑虑。洪秀全亲书"万古忠义"四字送给李秀成，并晋封为忠王，以表彰他对太平天国革命事业的忠诚和卓越贡献。

1860 年初，太平军采用"围魏救赵"的战略围歼江南大营。李秀成奉命率精兵从浦口出发奇袭杭州。他对部下说："官军精锐，悉萃金陵，其饷源在苏、杭。今金陵城外长壕已成，官军内围外御……攻之难得志，不如轻兵从间道疾捣杭州，杭州危，苏州亦必震动，金陵大营惧我绝其饷源，必分师奔命以救之。我睊（jiàn）大营虚弱，还军急击，踏破大营，则苏杭皆我有也。"李秀成在进军杭州，攻占安吉、长兴后，突然兵临杭州城下，吓得杭州官绅惊慌失措，守城无策。3 月 19 日，李秀成攻占杭州。江南大营统帅和春果然中计，忙派总兵张玉良统兵一万三千余人援救杭州。清军于 23 日赶到杭州城下，第二天，太平军迅速回师，各路大军分进合击江南大营。天京城内太平军也分头出击，连抛火罐，清军营"火药轰处，人声鼎沸，登时大乱"。在太平军内外夹击下，连破清营五十余座，数万清兵全部溃散。和春等清营大员"不及衣履，仓皇奔镇江"，"京围立解"。

第二次攻破江南大营之后，洪秀全于 1860 年 5 月，在天京召开了高级将领会议。在李秀成的积极支持下，会议采纳了洪仁玕提出的东下苏杭，先夺取江南富庶地区，尔后西上奔袭武汉的战略计划。担任东征主将的李秀成率兵攻丹阳，占常州，进无锡，克苏州。太平军在苏常战场取得节节胜利的时候，湘军乘机掘了三道长壕加紧围攻安庆。

1860 年 9 月，洪秀全调集各路将领组织第二次西征，会攻武汉，援救安庆。陈玉成部走长江北岸由安徽入湖北，攻武昌北面。李秀成部走长江南岸，经江西入湖北，攻武昌西南。两军约定在 1861 年 4 月会师武汉。陈玉成在 3 月进抵距武汉一百六十里的黄州，因英国出面阻挠和南路军未能按时赶到，便率主力折回安庆。而李秀成原本不想参加西征，主张守住东南新地盘，只是在洪秀全的严诏督责下，才不得已于 10 月下旬留下主力，自己带部分兵力进入皖南。12 月，大军逼近祁门。曾国藩惊恐万状，"军中皇皇，莫知为计"，忙写下遗嘱，准备后事。可惜，李秀成没有探明敌情，误认为祁门驻有重兵，所以就放过祁门绕道江西，这才使曾国藩虚惊一场，死里逢生。

1861 年 6 月 15 日，李秀成攻下武昌县，逼近武汉。因得知陈玉成部在集贤关等处作战失利，他径自撤军，退出湖北。由于李秀成对西征的消极态度，因而造成了会剿失约，武汉会师的计划落空了。在安庆形势十分紧张、太平军广大战士浴血奋战的危急关头，李秀成又率军从安庆附近撤回江浙，而不回军去协力援救。他这种不顾大局的行动，引起太平天国将领们的不满和指责。洪仁玕在给他的信中指出，他对长江上游"弃而不顾，徒以苏杭繁华之地，一经挫折，必不能久远。"后来，安庆的失陷，李秀成是应负一定责任的。

1861 年 9 月，李秀成回师江西，进入浙江，12 月攻克杭州。在李秀成经营苏杭地区期间，任用了不少清朝的官僚、豪绅、团练头目在太平军中当官。一些地方原有的地主政权甚至照旧执政，不仅允许地主收租，而且还设局催租，保护地主的封建剥削。这不仅说明李秀成缺乏必要的阶级警惕，甚至是敌我不分，认敌为友。

　　1860年，李秀成在占领苏常地区之后，率军直指上海。盘踞在上海的英法侵略者勾结地方官绅，出资雇用美国人华尔组织的洋枪队，抵抗太平军的进攻。李秀成在青浦一战大破洋枪队，"杀死鬼兵六七百人"，华尔身中五枪，狼狈逃回上海。1862年，太平军再次进攻上海。李秀成发出布告警告侵略者，要他们"各宜自爱，两不相扰"，"倘不遵我王化而转助逆为恶，相与我师抗敌，则是飞蛾扑火，自取灭亡。"太平军在重创英法干涉军和洋枪队之后，主动转移。5月中旬，在太仓破清营三十余座，乘胜收复嘉兴。8月，在浙江慈溪战斗中，太平军打死了"常胜军"头子华尔。由于中外势力的联合进攻和李秀成率主力回援天京，致使苏浙战场转入防御，根据地日渐缩小。1863年12月苏州失陷，第二年3月，太平军从杭州突围北撤。

　　1862年10月，李秀成进攻天京城外雨花台湘军大营。太平军把湘军打得晕头转向。李秀成部开掘地道，炸毁湘军围墙，太平军冲入湘军阵地展开肉搏战。后来由于太平军云集天京，棉衣、粮食供应都遇到困难，李秀成才决定撤军。接着，洪秀全又命他执行"进北攻南"的计划，希图把战火引入湘军后方，伺机消灭他们以解京围。但由于天京告急又回师援救。经过这次南北奔波，使李秀成损兵折将，锐气大伤，失去太平军将士数万人。

　　李秀成两次援解京围的失败，使天京的保卫战更加艰苦。李秀成向洪秀全提出："京城不能守，曾帅兵困甚严，壕深垒固，内少粮草，外救不来，让城别走"的建议。又说："不如舍天京，尽弃苏浙两省地，御驾亲征，直趋北方，据齐、豫、秦、晋上游之势以控东南。其地为妖兵水师所不能至，洋鬼势力所不能及，然后中原可图，天下可定也。"但此时的洪秀全断然拒绝了这一正确建议。

　　1864年6月1日，洪秀全病逝。6日，十六岁的幼主洪天贵即位。7月19日，湘军挖地道用火药炸塌城墙，冲入城内。太平军一万多人与湘军展开肉搏战，一部分战死，其余在混乱中突围。李秀成将他的好马让与幼主掩护其突围，结果他自己因"马不能行"，在天京城外东南的方山被清军擒获。

　　李秀成同陈玉成一样是广西滕县人，因为他非常重信义而远近闻名，并擅长用兵，军中无人不佩服。李秀成被捕后，被曾国荃审问，李秀成回答说："别再白费力气了，给我纸笔，我写出来就是。"他坐在囚笼中，每天写七千多字，一共写了十天的时间。据说，曾国藩曾承诺，若李秀成投降就不杀他，而且，李秀成在他的供状中也已经表示愿意投降，答应只要饶他不死，他可让太平军停止战斗："蒙九帅（曾国荃）恩给饭食，中堂驾由皖来，当承讯问，我心悔已迟，是以将国中一切供呈。我为姓洪之将，外众将兵俱是我辖，我愿将部下两岸陆续收全投降，而酬高厚，以对大清皇上，以赎旧日之罪。在我主在邦，我为此事，是我不忠，今主死国亡，我兵数十万众在外，我不能卫天国，又听我兵害民，皆我之罪也。若我有此本事，收降我之部将，再有反复变心，仍正国法，如办不成，亦正国法。若中堂不信我有此本事，仍镇在禁，容我写信劝去。我在皖省居中，好办两岸之事，请示中堂，意下如何。"虽然李秀成写下了这样的悔过书，但曾国藩并没有答应他的要求，也没有兑现当初的承诺。最终，李秀成被凌迟处死。

  李秀成为什么没有逃过劫难，曾国藩为什么出尔反尔？归结起来，大概有以下理由：

  李秀成的名望是首因。洪秀全死后，李秀成实际上已经代替了洪秀全的地位。如果不把他杀了，一旦让他脱逃，他依然会领导几十万仍在各地战斗的太平军，这对朝廷是不利的。而且，对于这位太平天国的重要领袖，曾国藩也不可能掌握对他生杀予夺的大权，而只有朝廷才有做出决定的权力。

  其次，是由于太平军将士对李秀成的拥戴。《太平天国战纪》中曾经有这样的记载："松王陈得风已降国荃，见秀成在房，向之拜。国荃叱之，得风曰：'吾为母而降，事泄当死，蒙王不杀，今无以为报，故拜耳。'秀成被杀，年四十。"李秀成虽然已经落入了湘军手中，其手下将士仍然非常敬重他，由此我们可以看出李秀成对将士的影响力。

  第三个原因，就是李秀成对天京之战的一切都了解得很详细，而曾国藩的奏折大都偏离事实，在诸如天京城守兵、财富、湘军的烧杀掳掠等问题上，李秀成都了解得非常清楚。一旦他将这些事实泄露给朝廷，曾国藩将不可避免地面临灾难。这是曾国藩杀李秀成最重要的原因。虽然李秀成写了十天的供词，每天写七千多字，但是最终保留下来的才有两万多字。那么，另外那部分供词到哪里去了呢？很明显，那些内容被曾国藩删节了。

清军在抓到了李秀成后，曾国藩在《奏报攻克金陵尽歼全股悍贼并生俘逆酋李秀成洪仁达折》中这样写道："至伪忠王李秀成一犯，城破受伤，匿于山内民房。十五夜，提折萧孚泗亲自搜出，并搜擒王次兄洪仁达。7月20日，曾国荃亲讯，供认不讳。应否槛送京师，抑或即在金陵正法，咨请定夺。"29日，朝廷在给曾国藩的上谕中说："其逆首李秀成、洪仁达等，均系内地乱民，不必献俘；第该逆等罪恶贯盈，自应槛送京师，审明后尽法惩治，以泄神人之愤。着曾国藩遴派妥员，将李秀成、洪仁达押解来京，并咨明沿途督抚，饬地方文武多派兵役小心护送，毋稍大意。"

从朝廷给曾国藩的回复中，我们可以很清楚地看到：清廷要求曾国藩将李秀成、洪仁达押送京师，沿途要小心护送。然而，曾国藩为了掩饰自己在天京城的事情，却跟朝廷玩了一个小小的把戏，即在朝廷的谕旨下达前就处死了李秀成。

终生荣耀到达极点

一将功成万骨枯，这是唐代曹松《己亥岁》中的诗句，描写的是安史之乱后的战争战乱殃及江汉流域，兵荒马乱、生灵涂炭的现实。其实，每一次战争，每一个将军的成名，无不上演着这种历史剧。湘军对太平天国的镇压也是如此，借助无数中国人民的生命，那些湘军将领们实现了升官发财的美梦。

7月23日，湖广总督官文、陕甘总督杨岳斌、兵部侍郎彭玉麟、江苏巡抚李鸿章、浙江巡抚曾国荃等会衔，一起向朝廷奏请了攻克天京之事。这一爆炸性消息，使清廷内外都感到欣喜异常。捷报发出后才六天时间，即7月29日，曾国藩便收到了朝廷赏他的太子少保衔，封一等侯爵，并且是不更替的世袭制；赏给曾国荃太子少保衔，封一等伯爵。此外，主将李鸿章被赐予一等伯爵头衔，李臣典被授予一等子爵头衔，萧孚泗被封一等男爵，彭玉麟、杨岳斌、鲍超、骆秉章等，均由朝廷赏赐一等轻车尉世职，杨、彭二人还加太子少保衔。一共有一百二十多名湘军文武官员都得到加官晋爵。曾国藩及其湘军将领们个个都得到了晋升，同时他们还得到了太平军留下的无数金银财宝。

曾国藩谋划多年的梦想终于成为现实，朝廷给了他无数的奖赏。抚今思昔，他想起了那些效命疆场的将士们，想起了他的众多幕僚朋友对他尽心尽力的帮助，想起了昔日曾给予他帮助的人。而他初创湘军时的合作者，如左宗棠、李鸿章均已高官厚禄，彭玉麟、曾国荃也都坐到了一省行政首脑的职位，而李元度则因为自己的阻碍一直都没有加官晋爵。在这种情况下，他于同治三年（1864年）给朝廷上了一道密折，希望朝廷批准他对李元度重新任用。

李元度，湖南平江县人。字次青，又字笏庭，自号天岳山樵，晚年更号超然老人。清朝大臣，学者。生于道光元年（1821年）。四岁丧父。十八岁中秀才。二十三岁以举人官黔阳县教谕。

咸丰二年（1852年），曾国藩在湖南办团练，李元度应召入幕。后随军陷武昌、汉阳。咸丰五年，曾国藩于湖口、九江战败，退守南昌，他返湘募平江勇一军赴援。咸丰八年（1858年）七月，领兵七百人防守江西玉山，与太平军激战获胜，加按察使衔。

咸丰十年（1860年）八月，李元度受命防守徽州（今安徽歙县），为太平军侍王李世贤攻克，因被革职拿问。旋以浙江巡抚王有龄疏调，又回籍募勇八千援浙，号"安越军"，由平江、通城追击忠王李秀成军至瑞州（今江西高安），起复原官，加布政使衔。次年九月领兵入浙，与左宗棠败李世贤部于江山、常山，授浙江盐运使，升按察使。不久，曾国藩以其前有徽州失守获咎、不候审讯等情加以弹劾，奉旨发往军台效力。后经左宗棠、沈葆桢、李鸿章等联名奏保，得免遣戍，放归乡里。

同治初，贵州苗民、教军与号军举旗反清，李元度重被起用。同治五年（1866年）三月，率新募平江兵勇两千人，随各路进入贵州。两年之间，攻陷苗、号军村寨九百余座。事平，授云南按察使。旋开缺回籍。

其实，曾国藩对自己这样接连不断地打击李元度，也不是没有感到后悔过。

他在不同时期的反省程度是不一样的，前期是歉疚中夹着怨恨，到后来则是彻底觉得自己对不起李元度。如在同治元年三月初二日，因为李元度给曾国藩写了一封贺禀，曾国藩想起以前自己和李元度的关系也非同一般，他对自己对李元度的参奏难免有一些后悔之意："旋与幕客久谈，因李次青来一贺禀，文辞极工，言及前此参折不少留情，寸心怦怦，觉有不安。"但他只是在偶然间才有了这种想法，其时他还是有些恨李元度的，如他在同年3月28日给曾任自己幕僚的彭申甫的信中，就说他与李元度已经不可能再和好如初了，信是这样写的：

"阁下拳拳次青，具征金石不渝之谊。弟于次青结契甚深，初不减于阁下。前岁被参之后，始作《小桃源记》，径自回籍，犹可曲谅。厥后脱卸未清，遽尔赴浙，则乖睽深矣。顷于二月二十二日遵旨复奏，仍参革职。至三月初六日接奉惠书，反复追维，耿耿不安。自问平生不多负人，与次青许与之素，而乃由吾手三次参革，仆固寡恩，渠亦违义。今夙缘已尽，无颜再合。渠果发愤为雄，誓洒此耻，或遂切实建立事功，则虽默伤乎私谊，犹将裨益于公家。若更浮沉，不图自立，则非鄙人所敢知也。"

到同治元年五月，曾国藩在第三次向朝廷参劾了李元度之后，他逐渐改变了以前的那种心态，他在5月28日写给彭申甫的信中，已称自己不可能忘了他与李元度之间的友情。

曾国藩与李元度在官场上的恩恩怨怨，清楚地表明了曾国藩做官的一条重要原则，对于顺应他的下属，他会加以提拔，而对于忤逆他的，他一定会严加惩治。一直以来，他都想着李元度的情谊。庄子曾说过："生也有涯，知也无涯。"但曾国藩认为，李元度对自己的恩情是"无涯"的，是终生难忘的。他表示，自己的朋友很多，而唯李元度与彭玉麟二人最为知己，交情最厚。但是，这个交情最厚，使自己有"无涯之感"的朋友竟背他而去，教他如何不痛心疾首？

裁撤湘军，功成身退得善终

攻克天京，曾国藩兄弟功勋盖世，为了显示天恩浩荡，天京城内余烬未熄，尸骸尚存，清政府就对这班功臣们颁发了赏赐。曾国藩官封太子太保，授爵一等侯，世袭罔替。曾国荃官封太子少保，一等伯。其他攻城的将领也都有爵尉封赏不等。汉人封侯，清朝仅此一例，兄弟同日封伯侯，可以说是旷古无有的殊荣，曾国藩对清廷感激涕零。

然而就在殊荣背后，清醒冷静、目光深邃的曾国藩还是看到了自己危机四伏。

曾国藩出身贫寒，只是汉族的一个中小地主身份。这在重满轻汉的清朝，其地位是相当低下的。他后来之所以能平步青云，跻身六曹，除了有自身的努力外，主要是靠穆彰阿的举荐和提携。道光皇帝死后，穆彰阿被罢，曾国藩也就失去了靠山，所以在整个咸丰年间，他一直都很不得意。创建湘军之初，就不断受到某些大臣的攻击，在攻克武昌之时，又失巡抚一职，后来一直没有得到他梦想的封疆大权，致使处处碰壁，心灰意冷，几乎愤然不问世事。1860年太平军攻破江南大营之后，清朝绿营武装基本瓦解，不得不转而依靠湘军，任命曾国藩为两江总督，慈禧掌权以后采取了更灵活的政策，让他督办四省军务，身负昔日五位钦差大臣的职权。其目的不外是为了调动他的积极性，事权归一，易于成功。但是自从进军雨花台以来，曾国藩迅速扩军，其嫡系部队由两万速增至五万。各路湘军总数三十万人，曾国藩能够直接指挥的就有十二万之多。三千里长江无一船不挂曾字旗。这就不能不使清政府心生疑惧。卧榻之侧，岂容他人安睡，历代君王都是如此。

其实如今贵为甲侯，权绾两江，声动四海，名重五岳的曾国藩也不是没有想过做中国历史上第二个赵匡胤。但就条件来说，无论是政治条件还是军事条件，他当时都不具备：首先是政治上，他虽然因为镇压了太平天国运动而获得地主阶级人士的一致赞扬，但其威望远没有达到能与清政府分庭抗礼的程度。其次在军事上，虽然眼下湘军兵力在苏、浙、赣、皖南等地，占绝对优势，但官文、冯子材、都兴阿都环伺四周。尤其是僧格林沁的蒙古铁骑虎视眈眈，只要湘军稍有反叛端倪，他们便会四面包围。还有湘军内部的左宗棠、沈葆桢等人，位列督抚，战功显赫，对曾国藩的不满情绪早已暴露，而朝廷又竭力笼络，有意扩大内部裂缝，从而达到分化湘军的目的。李鸿章虽然与曾国藩的关系亲密，但他对曾国藩并非一片愚忠，他只会与其共荣，不能与其同辱。一旦曾国藩起兵，李鸿章只会按兵不动，坐观战局，一有不利，立刻便会倒戈。

对于这些情况，曾国藩看得比谁都清楚。尤其是也看清了自己的九弟曾国荃，即使起兵能侥幸成功、黄袍加身，也难保这个心高气傲、倔强狠恶的曾老九，不会做烛光斧影千古之谜的赵光义。

因此，考虑再三，权衡得失，曾国藩只能走自剪羽翼的道路，以清除清政府的戒心，保住自己功臣之名、侯爵之位，成为一代中兴名臣。

为此，曾国藩采取了一系列措施。首先他裁撤了一部分湘军。其次，又奏请朝廷停解厘金。接着又陈请曾国荃因病开缺，回籍调养。这三项围绕兵权问题而采取的措施大大消除了清政府的戒备，缓解了他与清政府的矛盾。

这样，曾国藩在占领天京不到一个月的时间内，就将自己嫡系五万人裁撤一半，仅留下二万人驻金陵（天京，今南京）、芜湖、金柱关等地。为了重振封建教化，笼络江南士子，曾国藩又下令修复江南贡院，并于当年举行乡试，得到了江南大部分知识分子的拥护。

第十一章

曾国藩 做圣人是一辈子的修行

第十一章　做圣人是一辈子的修行

接谕旨领军镇压捻军

　　历朝历代的封建王朝统治期间，均有前朝的余党残兵来反对他、攻击他，清朝统治时期也有很多。本书中所提到的，除了洪秀全领导的太平天国运动外，还有捻军。"捻"是康熙年间以来一直存在于民间的群众反清团体，主要活动于山东、河南、江苏、安徽一带，由于受到清政府的残酷镇压，它的活动一直处于秘密、半秘密状态。1851年太平天国运动爆发后，捻军大受鼓舞，乘机而起，在各地组织军队，发动起义，反对当地贪官酷吏的暴政，杀富济贫，成为太平军的忠诚盟友。

　　太平天国被镇压以后，捻军也闻讯沮丧，军心动摇，组织涣散，濒于瓦解状态。僧格林沁和官文乘机进攻，捻军的主力部队被歼，只剩下两支小队伍。一路退到陕西南部，一路在赖文光的领导下转战于湖北、河南等地区，继续坚持斗争，给清政府以极大威胁。

　　赖文光，广西人。1851年跟随洪秀全参加金田起义。刚开始他只当文官，1856年天京事变以后，他弃文从武，开始带兵打仗，隶属于陈玉成部下。后来在太平军围魏救赵的计划落空后，他逐渐成为西征太平军和捻军的最高领导人。赖文光文武兼备，在极端困难的条件下，很快将张宗禹、任化邦、牛宏升为代表的蒙城、亳州群众团结在了自己的周围，并吸收了一部分兵败后的太平军将领，组织了新的领导集团结盟发誓，为恢复太平天国而战。赖文光总结了捻军和太平军各自的优缺点，重新整编了一支纪律严明的军队。他采取大规模运动战对付清军，并在战斗中大量获取清军的马匹、装备，逐步改步兵为骑兵，建立起了一支精锐的骑兵部队。改编后的捻军,连骑逾万,如狂飙,组织严密,作战灵活,对清政府的统治构成了严重的威胁。

清政府为此非常苦恼,为了对付这支劲旅,清政府先派僧格林沁率部围攻。僧格林沁乘着蒙古贵族的虚骄之气,以为很快就可将捻军消灭,于是采取穷追不舍的战术。捻军利用他急于求成的心理,故意避而不战,只是每天行军一二百里,拖着他兜圈子。僧格林沁一心想与捻军作战,早日将其消灭,于是日夜行军,一月之间奔驰不下三四千里路。捻军因为行动迅速,走走停停,故意挑逗清军。僧格林沁大怒,日夜追击,疲惫不堪,刚开始还能精神抖擞,后来就累得连马缰绳也举不起来了,只得在脖子上挂条布带子把手臂吊起来,以便驭马。有时僧格林沁连饭都来不及吃,饿了就喝几口随身带的酒继续追赶。

僧格林沁尚且如此,其他将士们就可想而知了。有马骑尚且被累成那样,步行的士兵们的劳累程度就可想而知了。士兵们有时几天都吃不上一顿饭。很多士兵并不是死在对阵中,而是因为吃不上饭,过度劳累而丧命。

赖文光看准了僧格林沁的弱点,便充分发挥自己的长处,消磨清军的斗志,将他们胖的拖瘦,瘦的拖死。

最后,僧格林沁步兵掉队,骑兵离散,他自己则率领少数精锐骑兵,脱离大部队,死死追踪。捻军抓住时机,布下天罗地网,将僧格林沁的部队一举歼灭,其本人也被当场击毙。

僧格林沁的覆灭,使清政府极为惊恐,他们本想让僧格林沁单独将捻军镇压下去,以提高蒙满贵族的威望,以对抗新起来的湘系、淮系地方汉族军阀。但后来,见僧格林沁无力镇压捻军,又想故技重演,让曾国藩、李鸿章等出力,僧格林沁坐收其功。但僧格林沁狂妄自大,愚顽不化,根本看不起曾国藩这帮汉人,对清政府的好心力加排斥,清政府只好作罢。现在僧格林沁全军覆没了,清政府大惊之下于1865年5月26日到5月31日,短短的五天之内,连发五道谕旨,任曾国藩为钦差大臣,率领所部各军,星夜出发前往前线督战。

此时的曾国藩早没有当年那么强烈的功名之心了。他已经是五十四岁的老人了,已经是功成名就,位列甲侯了。虽然自己不想出战,但是皇帝既然下令,焉有不出之理。

第十一章 做圣人是一辈子的修行

1865年6月18日，曾国藩怀着忐忑不安的心情，拖着老病之躯，由南京登州率裁军以后剩的六营湘军和李鸿章的淮勇二万多人北上。9月23日，抵达徐州前线。

在对付捻军的问题上，曾国藩并没有像僧格林沁那样对他们穷追不舍。捻军的特点是以骑兵为主，长于流动作战和游击战，行动迅速。他针对捻军这样的特点，提出了"重镇设防""布置河防"，并结合"查圩"的政策。

所谓重镇设防，就是以重兵把守安徽临淮、山东济宁、河南周家口、江苏徐州四个重镇，并在捻军经常出没的蒙城、亳州等地驻扎少量兵力对其进行阻击。这样，捻军每到一处，各镇驻兵就可以迎头击之。清军以逸待劳，每每打得捻军措手不及。

所谓布置河防，就是东以运河为防线，西以沙河、贾鲁河为防线，由曾国藩派水师与淮军会防。曾国藩企图用这个方法阻止捻军进入山东、河南西部，在运河与沙河之间的地区将捻军消灭。

由于捻军东奔西至，飘忽不定，曾国藩在与捻军的交锋中发现，自己只将兵力驻在几处截击很难奏效，于是又出新招，只留一部分作战能力不强的军队驻守各镇，其他战斗力强的军队大多数为游击师，对捻军进行拦截和追击。这样，又将重镇防守和拦截追击结合起来，不让捻军有从容歇脚之地。

为了对付捻军，曾国藩想到了各种办法，他还把重镇设防、布置河防与"查圩"相结合。"查圩"，就是以清查户口的形式来切断捻军同老百姓的联系，肃清潜在的革命力量，使之不能在老百姓中立足，从老百姓那里得到补给，这是曾国藩搬用他在湖南办团练时的老方法。曾国藩规定，老百姓见到捻军到来必须坚壁清野，断绝供应给他们粮食。而在湘军、淮军到来时，则要源源不断地把粮食等物品供应上来。对于那些参加捻军或与捻军有联系的，注入"莠民册"，情节严重的不仅要杀头，还要连坐，即一人犯罪，牵连好几家。对于那些从来没有和捻军有过联系的注入"良民册"。

曾国藩严令各地查圩的人以"通贼"的罪名多抓人，多杀人。

剿捻无功受冷落

尽管曾国藩绞尽脑汁，制定出来这样一条自以为十全十美的战略方针，但他所率领的湘军、淮军在战场上还是节节失利，根本无法阻挡捻军神出鬼没的攻势。1866年9月，赖文光与张宗禹部在河南中牟会师，将曾国藩苦心经营近一年的千里河防摧毁，曾国藩剿捻宣告失败。

曾国藩剿捻不利让他的政敌们有了可乘之机，他们以此为借口，对曾国藩大加攻击。清政府见他连战无功，也连连降旨对他严加斥责。曾国藩忧愤成疾，上疏请求辞职。清政府也怕他在剿捻过程中再一次强大起来。于是改派李鸿章为钦差大臣，节制湘军和淮军，接替曾国藩的职位负责剿捻，曾国藩仍然留任两江总督。

曾国藩这次剿捻的失败，完全是人为因素造成的。首先是参加剿捻的湘军，其精神状态已远非昔日可比，他们攻克天京时就已锐气全消，纪律松弛，日渐腐败。当听到要随曾国藩北上剿捻时，他们一来耐不住北方的天气寒冷，二来也没有什么进取心，不想再受行军打仗之苦了。所以纷纷请假，竟然没有一个人自愿到北方去打仗。由此可见，如此一支疲懒之师，怎么能对付得了纵横飘忽、英勇善战的捻军呢？

其次，曾国藩这次领兵剿捻所率军队是由湘军和淮军两部分组成。湘军固然腐败，淮军也不受曾国藩的调遣。他们实际上受李鸿章的支配，对于曾国藩的命令，淮军诸将当面应承，背后却写信给李鸿章要求改变前命，挑肥拣瘦，推三阻四。李鸿章把部队交给曾国藩，虽然二人有师生之谊，但仍不放心。他的部将每次向他求情，他都写信给曾国藩进行干预。这样，曾国藩后来不得不把要向淮军将官下达的命令，预先写信通知李鸿章，然后再由李鸿章下达。这样一来，命令从下达到执行的时间大大加长，往往贻误战机。

事实也证明了曾国藩的战略方针并没有错。李鸿章后来就是力排众议，坚决执行曾国藩的河墙战法，将捻军束缚在一个较小的范围之内，使他们无法发挥纵横驰骋、流动作战的优势，最终被聚而歼灭。但是，再好的战略，如果没有得到很好的执行，也是没有任何意义的。曾国藩虽然制定出了一套比较正确的作战方针，但由于人心不齐，无法得心应手地指挥军队，也就无法抓住战机，夺取胜利。曾国藩在没有实际的军队指挥权的情况下进行剿捻，注定是要以失败告终的。

1866年12月25日，曾国藩派人将钦差大臣关防送到驻徐州的李鸿章处，算是把剿捻的事正式移交给李鸿章。

1867年7月，左宗棠分兵三路入陕，合先已入陕西的刘松山及其他清军，压迫西捻军到陕北，想把西捻军聚歼于陕西。不料西捻军利用年底天气寒冷，黄河封冻的时机，踏冰冲过黄河。1868年2月，西捻军进军直隶，抵近保定，京师震动。左宗棠随着率军到直隶，李鸿章率淮军也来参战，清廷命由李鸿章总统各军。几经周折，捻军于4月又渡运河到了山东、直隶交界一带。李鸿章再次用歼灭东捻军的办法，把西捻军压缩在黄河、运河和直隶沧州以东的减河这三角以内。恰好这时各河水涨，清军将运河水灌入减河，又将黄河水灌入运河，结果清军水师能够驶入黄河、运河，捻军被围死在这三角地带。1868年8月，捻军起义最后失败。

捻军不是在曾国藩手里剿灭的，但是所用的战略，实际上还是曾国藩的重点防御，另以游击之师追剿的办法。防河的地点虽然不同，但做法与曾国藩的几乎一模一样。

自1851年太平天国开始起义，至此时捻军被剿平，天下大乱整整十八年。几乎所有的省份都遭受战乱：广西、湖南、湖北、安徽、江苏、浙江、福建、广东、贵州、四川、河南、山东、陕西、山西、直隶，这还仅仅是清军与太平天国及捻军交战的主要战区，不包括其他小规模战事波及的地方。人民遭受的苦痛是文字语言所难以形容的。现在，动乱终于基本结束，清统治者自己也说这是"同治中兴"。

按照以往的历史，战乱之后，和平来临，该是休养生息、恢复经济的时候了。但是，曾国藩、李鸿章、左宗棠等"中兴名臣"，又遇到了更大的难题，那就是携带着洋枪洋炮东来的西方列强的步步进逼。这不仅是曾国藩等人和大清王朝面临的难题，也是几千年以来中国从来没有过的难题。何去何从，这是一个问题……

开启洋务运动的先河

以学习西方,"求强""求富"为标榜的洋务运动,自19世纪60年代搞到90年代,进行了内容繁多的活动。诸如创办军事工业、兴办军事学校、编练新式军队、开办民用工业、开办新式学堂、派遣驻外使节和留学生等等。这场运动的倡导者是总理衙门大臣、议政王奕䜣;而所搞活动最多,成绩最突出的地方要员要数李鸿章和张之洞。但是,要说最早搞起来的,却是湘军统帅曾国藩。他办起了洋务运动的第一个工厂——安庆内军械所;制造了第一只小轮船"黄鹄号"。李鸿章、左宗棠虽也搞得较早,但毕竟在他之后,而且是作为学生和晚辈秉承师长曾国藩之意而搞的。故此,一提"洋务派",人们便自然按"曾、左、李、张"的顺序历数。是以有人才称曾国藩为"洋务之父"或"近代化之父"的。

洋务运动由军事方面开始,当时迫切要求用新式武器镇压太平天国与捻军等农民起义。咸丰十一年(1861年)初,曾国藩上奏清廷,建议在长江下游设立一个造船厂,造船供应湘军水师,以攻取天京和苏、常,并扩大水军编制。奕䜣、文祥等人研究了这个奏折,认为要办一个船厂,没有几年难以奏效,何况曾国藩要设立的船厂并非新式。因此,不如就便提出向欧美国家购买火轮船,以镇压长江流域的农民起义势力。

经与海关总税务司英国人赫德磋商细节,赫德说只要筹措几十万两白银,便可以购得一支西式舰队。随后,便向长江沿线的几个地方大员曾国藩、官文等发出谕旨,让他们"妥筹具议"。曾国藩经过认真思考,复折表达了自己的意见,总体上认为:购买外国的轮船、火炮,只是救济而已,那就不如遍寻能工巧匠,制造我们自己的船只。将来,不但可以追剿逆匪,还可以抵御外敌入侵。

曾国藩对购买外洋船炮的认识显然与众不同。其不同在于:镇压太平天国农民起义仅仅是眼前之目的,他的着眼不仅在此,而是看到火轮船必然成为交通工具。最好买来外国轮船,雇募科学研究者和能工巧匠模仿研究,达到自己制造。所以说他将着眼点放在学习制造上;他在此时还说过,仅仅为与太平军作战,就用不着购买外国人的轮船。因为太平军主要是陆军,水师的力量早为湘军水师所慑服，哪用得着购买外国军舰？曾国藩还表示，购得外国军舰，一定要完全控制在中国官员手里，绝不能让外国人说了算，免得失去自主权。"师夷制夷"，不能为夷所制，这也是曾国藩初搞洋务的基本思想。

这前后，早期维新派代表人物之一冯桂芬把自己的代表作《校邠庐抗议》送给曾国藩一套。曾氏对其"采西学""制洋器"，发展军事和民用工业等内容很感兴趣，认为是"名儒之论"。此书对他的洋务思想有较大影响。在洋务运动期间，清政府总共开办过二十多个军事工厂，而最早设立的是曾国藩的安庆内军械所。曾国藩攻陷安庆后，下一步就要做攻下太平天国首都天京的准备。要彻底消灭太平军，还不是一件太容易的事。南京城里的太平军不用说，单是李秀成的军队就有五十余万人马。这么多人马，虽然多数是未经过专门训练、武器又极落后的乡村农民，但也确有一部分久历战场的老士兵。尤其是李秀成在上海通过洋人也买了一批新式武器。他们不仅多次打败清军，同时在上海附近同外国军队、同中外混合军队作战，也连连取胜。所以，曾国藩要想扑灭这么一支庞大的、部分以洋枪洋炮装备的太平军，就不得不动一番脑筋，至少也得改良一下武器装备，不能光用刀、矛、鸟枪。

出于这个目的，曾国藩首先在安庆搞起了兵工厂，委派杨国栋负责。杨为筹办军械所到处搜罗人才，先后把浙江海宁著名学者李善兰、江苏金匮（今无锡）数学家华蘅芳、徐寿等人请至安庆。同时，雇了数十名工匠、技师，还设法从广州、上海等地买来一批洋枪、洋炮、开花炮弹的样品，交给这些匠师们研究、仿造。

咸丰十一年十一月（1861年12月），安庆内军械所办成，很快便试制出一批洋枪洋炮。曾国藩把湘军军官和幕僚组织集合在安庆演武场上，试看洋枪洋炮的演射。士兵在军官的指挥下，试放了新制成的后膛枪和开花炮。其威力、射速、射程、准确度、杀伤力的确要比清军在战场常用的鸟枪、抬枪和以火药顶出炮膛的铁沙、石块的大小土炮胜过不知多少倍。军官们个个看得拍手称赞，曾国藩兴奋不已，当场给制造者、演放者颁奖。并向军官们说自己的打算，说要把兵工厂办大，办到南京、上海去，将来还要制造大轮船、造机器、造制造机器的机器。洋人有的我们自己也一定要有，这就叫"徐图自强"。

安庆内军械所的规模很小，也没有使用机器制造，只是利用土法打制、改装、仿造外国人的枪炮子弹。就是使用这些土法仿造的洋枪炮，在战场上起到的作用亦为纯粹土枪土炮难以相比。同治元年（1862年），李鸿章到上海后，亲眼看到了洋人使用的洋枪洋炮，在曾国藩的影响下，也开办了"上海洋炮局"，仿制洋人的开花炮弹。这些枪炮在镇压太平军的战场上，发挥了很大作用。

仅仅试制洋枪炮，曾国藩仍不满足。同治元年（1862年），曾国藩制订了三面并举、五路进军天京的用兵计划：即以曾国荃部湘军从西面、以楚军左宗棠部从南面、以李鸿章淮军从东面同时并举合围天京。五路进军是陆军四路人马：曾国荃所部湘军从芜湖、秣陵为南路，鲍超由宁国、广德进取句容、淳化为东路，多隆阿由庐州、全椒进取浦口、九洑洲为西路，李续宜由镇江取燕子矶为北路，彭玉麟的湘军水师从长江正面，五路攻击太平天国首都天京。曾国藩上奏新成立三支水师，即淮扬、宁国、太湖的计划也由皇帝明发谕旨批准，新增加了黄翼升、李朝斌两个水师统领。太湖属内湖，其水师仍归彭玉麟统辖。

大举进攻天京的计划，尤其是水师的扩建，激励着曾国藩需要使用先进军舰的构想。他以为，既然李善兰、华蘅芳、徐寿他们能仿造出西洋的枪炮弹药，也就一定能仿造出西洋的军舰来。

从同治元年（1862年）开始，曾国藩就命令、鼓励、支持李善兰、华蘅芳、徐寿他们研制军舰，徐寿等人也就真的下力气干了起来。徐寿等人是中国当时第一流的科学家，他们不仅通晓中国传统的科学、制造学等知识，同时对西方的当代数、理、化等知识，也有相当程度的了解和研究。所以，到同治元年七月（1862年8月），他们居然制出了一部轮船的发动机。曾国藩看这部发动机的试验，心情很激动，当场就感慨地说："洋人的智巧奇技，到底被我们中国人学会了！"鼓励徐寿等人再加把劲，制出中国的火轮船来。然而，事实并不像他意料中的那么简单，从发动机到一艘轮船，中间的距离太大了。尽管徐寿、华蘅芳等人绞尽脑汁，还是没能造出他想象的能与外轮相提并论的轮船来。

造船工作屡遭失败，徐寿等人焦急万分，曾国藩一再催迫。这时，华蘅芳等忽然想起了前时在上海认识的广东人容闳。容闳自幼读的是洋学堂，远在40年代就赴美留学，是美国耶鲁大学的毕业生。在当时的中国，这样的洋学生真正是凤毛麟角了。于是，华蘅芳等向曾国藩介绍，认为请得容闳前来，造船、办厂工作一定能有进展。曾国藩详细了解容闳的情况,知道他在五六年前回国,想为国家贡献他所学到的西方科学知识,曾到南京找过洪秀全,向太平天国献过七项"新政建议"。曾国藩揣摩容闳的"建议"有改善政府、改良政治、建设新式军队、创办新式学校、创办各种实业等,确实是一套好主张。幸亏洪秀全等没有采纳,容闳也没有留在南京。若是留下他来,实行了他的"建议",对清政府不能不说是个威胁。曾国藩认为,这样的人才,一定要留为己用。于是,让华蘅芳等立即转达曾国藩邀请之意,让容闳尽快来安庆。

当时容闳正在上海宝顺洋行做丝绸茶叶生意,接到曾国藩的邀请后,他很快就赶到了安庆。

曾国藩同这位留洋生详细地谈过两次话,印象很好。认为容闳的气质的确在中国传统知识分子中难找,他一是精明干练,二是爽朗诚实,毫不掩饰。比如他对曾去找过洪秀全的事,见到曾国藩便自然表示:太平军的"苏福省"人民安居乐业、军队纪律远比清军好,作战也勇敢,自己想为太平天国的成功出力气。但是,太平天国高层领导意识陈腐,洪仁玕有新思想,但也无能为力,所以太平天国也成不了事。自己找不到可以依靠的好政府,只得去上海做买卖。他明确表示:对清政府的各种制度、方针也无任何信心,也不想为清政府做事。正因为找不到一个好政府,所以感到很苦恼。曾国藩却当头便说:"你的七条建议,除去把《圣经》作为教育主课之外,其他六条我都接受。"

曾国藩的态度使容闳很吃惊。他不理解,这位全国闻名的理学名臣,为什么能接受他从西方搬来的那一套。

于是,他们议论如何学习西方的那一套,包括办工厂、办教育、派留学等等。曾国藩还说:"好的政府不是现成的,你不讲改良吗?有缺点的政府,改良了就是好政府了,中国人学习了西方的好东西,中国也就变好了。"容闳对曾国藩的认识深表赞同,感到回国六七年来,今天才找到了理解他的人,决定把自己富国强兵的主张全部拿给曾国藩。

机器没买来之前,轮船的试制工作仍不能停。到了同治二年年末,即1864年年初,中国的第一艘火轮船居然在安庆内军械所制成了,这是中国造船史上的一个创举。这艘轮船的船体很小,重二十五吨,长五十五尺,高压引擎,单汽筒,回转轴长十四尺，锅炉长十一尺，直径二吋。严格讲，这艘轮船还只能算是一个试验模型。但"麻雀虽小，五脏俱全"，这毕竟是中国人自己制造出的第一艘军舰，该舰取名为"黄鹄"号。

军舰造出来了！曾国藩的兴奋比两年前造出第一批新式枪炮还要强烈。他再次集合军官和幕僚在安庆的长江中试航，顺流航速为二十八里，逆水时速约为十六里，曾国藩自认"行驶迟钝，不甚得法"。但曾国藩也认为既然中国能造出轮船来，"以次放大，续造多只"，中国便会有自己的舰队。

不久，湘军攻陷天京，曾国藩把安庆内军械所迁至南京。未及办厂，同治四年（1865年），容闳由美国买回了机器，曾国藩与李鸿章在上海共同办起了洋务运动中规模最大的军事企业——江南机器制造总局。该局不仅能制造枪炮弹药，还设立船坞，制造军舰。到同治七年（1868年），终于制造了一艘真正的轮船，取名"恬吉"。到了光绪二年（1876年），共造出七只轮船，其中铁甲舰一只、炮舰六只。继曾国藩创办安庆内军械所之后，李鸿章、左宗棠等人继续举办洋务。先是军事工业，继是民用工业，使中国的洋务运动迅速开展起来。

整饬革新再操劳

正当曾国藩大力兴办洋务事业，并努力恢复因战乱而残破的江南经济的时候，1868年9月13日（同治七年七月二十七日），曾国藩接到上谕，命他任直隶总督。

整个清代，直隶总督负有护卫京师的责任。因此，除了特殊的情形如对西北用兵、对太平天国用兵外，直隶总督一直是最重要的地方官，其次才是掌握最富庶的江南、供应朝廷财政需求的两江总督。

曾国藩交代完两江总督任内各事后，12月17日才登舟北上。

1869年1月25日，曾国藩抵达京师。自1852年离开都门，到现在已整整

第十一章 做圣人是一辈子的修行

十七年过去了。这十七年风雨沧桑，曾国藩自身已经发生了巨大的变化，中国的变化更是巨大。京城里面，过去熟悉的面孔好多已经不见了，咸丰皇帝已死，新皇帝年纪尚幼。当年的军机大臣已没有一个在位。当初对他有恩的军机大臣、大学士穆彰阿，在咸丰帝即位后被罢免，现在已死去十多年了。

天下大乱稍定，直隶的事情可以说是千头万绪。从哪里着手呢？又该以什么样的态度办这些事呢？曾国藩心中有数。他刚到保定，还没有正式接印，就作了一副州县官厅联，联中这样说："长吏多从耕田凿井而来，视民事须如家事；吾曹同讲补过尽忠之道，凛心箴即是官箴。"第二天，他对这个联语不甚满意，又另撰了一副："念三辅新离水旱兵戈，赖良吏力谋休息；愿群僚共学龚黄召杜，即长官藉免愆尤。"写了之后又不满意，再撰一副："随时以法言巽语相规，为诸君导迎善气；斯民当火热水深之后，赖良吏默挽天心。"这三副联语都表达了曾国藩此时的心情，那就是除了办好练兵等事外，要整顿吏治，希望官员们能够体恤民间的疾苦，认真办事，休养民力，让老百姓有个喘息的时间，恢复残破的社会经济，同时也就是巩固大清朝的统治。虽然年事已高，曾国藩仍想勉为其难，做好这个直隶总督。

整肃军队是曾国藩上任直隶总督后的第一项任务。曾国藩在向两宫皇太后请训的那一天，上过一个"略陈直隶应办事宜"的奏折，其中第一条说的就是练军队的事情。长期以来，特别是第二次鸦片战争以来，直隶的军队衰弱不可用，直隶的防务十分空虚。剿捻战争时，西捻军曾冲入直隶一带，直隶根本无可与捻军一战的军队，全靠外调来的军队。清廷应该也不希望再发生这样的事情。另一方面，京师离海较近，两次鸦片战争中，英、法军队随时可到天津海口骚扰、威胁，而1860年又占领京师，因此直隶急需较有战斗力的军队。

怎样训练、充实直隶的军队呢？曾国藩看重的是淮军。

曾国藩认为，淮军中最好的将领是刘铭传，其所率铭军的战斗力是淮军中最强的。因此，他要用刘铭传所部铭军一万多人拱卫京师。当时刘铭传因为朝廷对剿捻战功的奖赏不公，愤而告病在家。清政府中有人主张战事既已结束，应将勇兵包括刘铭传所部全部裁撤；有人主张另派统领。曾国藩坚持不另派统领，不裁撤铭军，暂由刘铭传部下刘盛藻统带。

但是刘铭传一军只有一万多人，实力尚觉不足。曾国藩认为至少还需要一万人。这一万人的军队不能再靠湘淮军，须另外训练军队，这就是从绿营中抽调出来的军队。

练军是1863年由麓前直隶总督、湘军大蘖将刘长佑开始编练的。1863年，湘军宿藤将刘长佑出任直隶总督，他奏请从绿营中挑选精壮，重新组练一支军队。其组织制度多仿效湘军，由刘长佑从各镇军中挑选营官，由营官在他原来所辖的军中挑选士兵，不足则到附近其他军队中挑选，五百人为一营，二千五百人为一军。到1865年，户部与兵部会议，选练直隶六支军队，定名"练军"。但练兵之事常受户部及京中忌妒湘军的官员的掣肘，而1867年刘长佑又被免职，所以成效不大。

到了曾国藩任直隶总督的时候，战争已经结束，财政状况比过去稍稍好转一些，而直隶在列强虎视眈眈的情形下，必须有得力的军队才行。在这种情形下，曾国藩较多地改革军队。曾国藩的办法，仍是编练练军，而不是振兴绿营。在他的心目中，绿营的制度已经无法振兴。

接任三个半月后，曾国藩初步了解了情况，提出三条建议：

第一条，叫"文法宜简"。他比较湘军和绿营兵的差别说，湘军勇丁"帕首短衣，朴诚耐苦，但讲实际，不事虚文。营规只有数条，此外别无文告。管辖只论差事，不甚计较官阶。而挖壕筑垒刻日而告成，运米、搬柴崇朝而集事"。绿营兵则过分讲求仪式礼节，好像不是军队而是官衙门。出征的时候，行军要用官车，扎营要用民夫劳作，"油滑偷惰，积习使然"。先前所定的练军规条有一百五十余条之多，即使是读书人也无法完全记住，导致"文法太繁，官气太重"。这些都要参照勇营即湘军的办法加以改革，将条规简化，做到简明、易懂、易守，不要排场，不要官气。

第二条，叫"事权宜专"。从前的练军，仍然效仿绿营的办法，统领经常更换。统领之下的营、哨各官，都是由总督指派而不是由统领选拔。统领没有选拔和撤换下属之权，没有管理军饷之权，一旦作战，下属不肯用命。现在要像湘军一样，一营之权，全部交给营官，统领不遥制；一军之权，全部交给统领，大帅不遥制。他说湘军统领所以能够发挥其才干，就在于事权归一，指挥纵横如意，练军就是要仿效这个办法。

　　第三条，叫"情意宜恰"。曾国藩说，现在练军士兵虽然离开他原绿营的队伍，但是是否挑入练军是由其原绿营的营官主持的，不是练军的营官挑选的。主持练军的营官，没有对士兵的提拔和黜革之权，上下隔阂，情意全不相连，当有紧急事变时就不可靠。还有，各营练军有冒名顶替之弊，防不胜防。因为从前绿营军饷较少，士兵常常要做小贩或手艺谋生。练军士兵调到别处训练的练饷二两四钱，在练营领取；而原绿营的底饷，仍在绿营本营领取。士兵便常常在练营附近雇人顶替，将练军军饷给冒名顶替的人。但是一有远征，受雇的人不肯随着远征，于是再雇乞丐、贫民前往。这样兵额一个，但人已三变，怎么能打仗？今后将实行两个办法：一是一旦一个士兵挑入练军，即将其原在绿营的名额裁去。练军增一兵，绿营底营即少一兵；二是无论绿营底饷还是练饷，都在练军发放，从根本上杜绝冒名顶替。这样做实际上是逐渐取消绿营。将来还要仿效湘军的办法，统领选营官，营官选哨官，哨官选什长，什长选勇丁。

　　按照曾国藩拟订的这三条，练军的体制更接近湘淮军了。

　　半年以后，八月二十七日（1869年10月2日），曾国藩又奏定按照湘军的制度，为练军设立长夫之制。每营练军设长夫一百五十人，这一百五十人实际上就是辎重和后勤兵。每月拔营一次，实际就是我们今天说的军事演习。拔营要行二三百里，命士兵像实战那样修垒挖壕，不准像以前绿营那样出行坐车。第二年四月（1870年5月），曾国藩又拟订了《直隶练军步队营制》和《直隶练军马队营制》，其中马队完全抛开绿营，从直隶省农民中选募。

　　由于经费并不充足，曾国藩最初只能练三千余人，三个统领，两个用当地军官，一个用以前湘军的军官彭楚汉。

　　直隶练军人数不多，但影响却很大。在曾国藩的组织领导和筹划之下，练军的制度基本成型了，而其本质就是采用湘淮军的制度。当时各省的绿营已不能再作为作战部队，这已是人所共见的事实，但是各省督抚苦于绿营是国家的"经制"之兵，不好裁撤，也不知如何改造。直隶编练练军之后，各省纷纷仿效。于是同治朝以后，绿营逐渐消亡。另一方面，镇压太平天国和捻军的战争结束以后，湘淮军及各省招募的勇营，除部分裁撤外，都驻防全国各要地，改称为"防军"。于是有清一代的八旗和绿营军制,实际上已经消亡,这也许是曾国藩所始料不及的。曾国藩去世以后,防军、练军曾参加过两次较大规模的反侵略战争,即中法战争和中日甲午战争。

委曲求全处理"天津教案"

自19世纪中叶开始,在中国日趋频繁的"教案",是近代社会的一个突出问题,很让清政府头疼。

何以发生教案,说清楚其中的原因不太容易,有民族侵略与反侵略的问题,也有中外宗教与文化问题。总体上说,自鸦片战争之后,随着西方侵略者入侵中国,西方宗教也与之俱来。第二次鸦片战争发生,中法"西林教案"是导火线之一,结束这次战争的《天津条约》和《北京条约》,对西方来华传教就有了明确条文。此后,西方的教会、医院、教堂、教会学校、教会慈善组织机构在中国就大规模开办起来。中外民族矛盾与中西思想文化的撞击交织、混合发生,随着反侵略斗争的高涨,反"洋教"运动也随之兴起。天津教案爆发前已发生了江苏"青浦教案"、江西"南昌教案"、贵州"贵阳教案"、江苏"扬州教案"、广西"西林教案"等,天津教案比以前发生的教案规模更大,后果也更严重。

第二次鸦片战争后天津成为通商口岸,西方各国纷至天津进行贸易和各种侵略活动,同时也开展教会活动,盖教堂、设教会、开育婴堂、办教会学校等。广大天津人民对西方的侵略活动和宗教文化活动都很仇视,民族冲突随时都会发生。

1840年,英国侵略者用坚船利炮轰开了中国的大门,那些早先来到东方的传教士,便以中国通的身份为侵略者出谋划策。

1844年,《中法黄浦条约》签订,条约中规定,不但外国人可以在通商口岸建造教堂,而且中国政府还有保护教堂的义务。接着,他们又讹诈清政府,取消了自康熙年间以来百余年的教禁,并将原来因为教禁没收的天主教堂一律发还教徒。另外,《黄浦条约》还规定,法国传教士出入中国各地,如果犯法中国官员可以将其缉拿,但要送到法国领事馆听凭他们处理,中国官民均不得殴打伤害或虐待他们。

从此以后,许多披着宗教外衣的外国侵略者就更加肆无忌惮地在中国大地上横行。他们办起了学校、医院、育婴堂,打着慈善的招牌,扩张侵略势力,犯下了许多令人发指的罪行。"天津教案"就是其中的一件。

同治九年六月(1870年),法国天主教育婴堂所收养的婴儿不明不白死亡的达三四十人,那时百姓的孩子也经常失踪。因此百姓中就流行着一种谣言,说是天主堂的神父和修女经常派人用蒙汗药拐了孩子去挖眼剖心。而天主堂坟地的婴儿尸体又有不少暴露在野外,被野狗刨出吃了,"胸腹皆烂,腑肠外露"。百姓见了,更是群情汹汹,说这正是洋人挖眼剖心的证据。

1870年6月19日,有个名叫武兰珍的拐犯,被群众当场捉住,扭送天津县衙。武兰珍供称他是受教民王三的指使,迷药也是王三提供的,并供称他先前曾经迷过一个小孩,得到五块银元的赏钱。这王三是个开药铺的商人,依仗教会势力,欺压善良早就引起公愤。

在这种情况下,通商大臣崇厚和天津道周家勋拜会法国领事丰大业,要求调查天主堂和提讯教民王三与武兰珍对质。

丰大业答应了这一要求,将王三交出与武兰珍对质。结果证明教堂并无挖眼剖心之事。哪知当衙役送王三回教堂时,一出署门,百姓就争骂王三,并用砖石掷他。王三向神父哭诉,神父又转告丰大业。丰大业两次派人要三口通商大臣崇厚派兵镇压。后见崇厚先后只派两人,不肯应命捕人,丰大业怒不可遏,不仅鞭打来人,而且还倒拖其发辫,赶往三口通商大臣衙门找崇厚算账。他脚踹仪门,打砸家具,接连两次向崇厚开枪,幸被推开,没有伤人。但枪声传出,引起误解,街市哄传中法开战,鸣锣聚众,拥往通商大臣衙门"帮打"。崇厚怕出事,劝丰大业等民众散去后再回领事馆。丰不听劝告,狂吼不怕中国百姓,气势汹汹地冲出门去。人们见丰出来,自动让道。不料丰大业走到浮桥时,遇到天津知县刘杰。丰不分青红皂白,就向刘开枪。虽没有打中刘,却打伤了刘的跟丁。这一来犯了众怒，百姓一拥而上，你一拳我一脚，将丰大业打死。发怒的民众索性一不做二不休，赶到天主堂，烧毁望海楼教堂，杀死神父两名，还到仁慈堂，杀死修女十名，又去了法国领事馆杀死两人。就在同一天，还杀死法国商人两名和俄国人三名，信教的中国人三四十名，焚毁英国和美国教堂六座。这次事件中先后打死外国人二十人，这就是有名的"天津教案"。

事件发生后，法国联合英、俄、美等七国向清政府提出抗议，并调派军舰到华北沿海进行武力威胁。怯懦无能的清政府在外国侵略者的恫吓下，立刻派崇洋媚外、厚颜无耻的崇厚充任出使法国的钦差大臣，赔礼道歉，同时命曾国藩以直隶总督的身份处理此案。

曾国藩此时对清政府前途已极为悲观，最怕发生异常变故，尤其害怕外国人打来，清政府又命自己与洋人开仗。曾国藩闻知"天津教案"后，十分惊恐。自从与洋人打交道以来，他深知清朝远非外人对手，因此对外一直主张让步，避免同洋人开仗，通过维护洋人在华利益，换取中外所谓"和好"局面。曾国藩认为，以往教案，仅伤及教士，洋人就出动兵舰相威胁，不达目的不罢休。这次殴毙领事，前所未有，法国必不肯罢休。洋人凶悍成性，天津民风好斗，双方各不相让，很可能构怨兴兵，酿成大变，自己也可能丧命。因此他写下遗嘱，告诉长子曾纪泽，在他死后如何处理丧事和遗物等。基于这种估计，他只得勉强硬撑，硬着头皮前往天津。

7月8日，曾国藩抵达天津。当时天津市民正在怨恨崇厚袒护教会，都希望曾国藩来到之后能一反崇厚的媚外政策，公平办理此案。

但曾国藩早已打定主意与洋人议和，只要能不引起战争，什么条件都答应。

所以曾国藩到了天津之后，立刻下令将罪犯武兰珍和王三释放，接着又将天津道员周家勋、知府张光藻、知县刘杰三人革职。他虽然明知这样做事后必然遭到万民唾骂，舆论谴责，但为了讨洋人欢心，不致使事情闹大，曾国藩不顾同僚亲友的劝告，一意孤行，最后以快刀斩乱麻之势将"天津教案"快速了结。其间搜捕群众，严刑逼供，正法二十人，充军二十五人，赔偿白银四十九万两，又把张光藻、刘杰交刑部治罪，后判为革职流放黑龙江。

由于曾国藩对"天津教案"的处理，遭到全国人民的反对，清政府迫于朝野上下反对投降的呼声，也是为了推卸责任，于 1870 年 8 月 29 日中途换马，改派李鸿章为直隶总督，命曾国藩回任两江总督。李鸿章接办此案后，仍基本维持原议，只将判死刑的由二十名减至十名，四名缓期，其他都全部未动。

"天津教案"办结之后，对曾国藩的谴责更甚，"诟詈（lì）之声大作，卖国贼之徽号竟加于国藩。京师湖南同乡尤引为乡人之大耻"，会馆中所悬曾国藩"官爵匾额""悉被击毁"，并将名籍削去，即不再承认他是湖南籍人。曾国藩闻之引为大恨，中经几许周折，财力兼施，只不过将难堪之处略为掩饰了一下。

中国留学事业奠基者

从某种意义上来说，曾国藩可以称得上中国近代留学事业的开创者之一。

在 1871 年 8 月，他以时任两江总督的身份与直隶总督李鸿章会衔上奏《拟选子弟出洋学艺折》，建议清廷挑选聪颖幼童派往西方各国留学，学习西方长技，培育人才。他在奏折中这样诠释选派目的："……拟选聪颖幼童，送赴泰西各国书院学习军政、船政、步算、制造诸书，约计十余年业成而归，使西人擅长之技中国皆能谙悉，然后可以渐图自强……"在这里曾国藩，非常明确地阐释了选派幼童出国留学的目的在于习西人之长技以为我所用，"仰副我皇上徐图自强之至意。"

曾氏并非仅是签字画圈的官僚，他的派遣留学生也决非仅是决策之功，而更多的是把这作为一种国家自强的重要策略，且颇多创见，对于留学之必要性、目的、功用、选材、方法等都有所论及，甚至连可能遇到的问题都事先提出。

所谓"中国欲取其长，一旦遽图尽购其器，不唯力有不逮，且此中奥妙，苟非遍览久习，则本源无由洞彻，而曲折无以自明。古人谓学齐语者，须引而置之庄岳之间"，认为"盖聪颖子弟，不可多得，必其志趣远大，品质朴实，不牵于家累，不役于纷华者，方能远游异国，安心学习"。而选拔后，则严格要求："随时课以中国文义，俾识立身大节，可冀成有用之材。"学习西方的则应该是军政、船政、步算、制造等学问。其结果"虽未必皆为伟器，而人材既众，当有瑰异者出乎其中，此拔十得五之说也"。又说："总之，图事之始，固不能予之甚吝，而遽望之甚赊。况远适异国，储才备用，更不可以经费偶乏，浅尝中辍。"他希望"以志在必成，虽难不惮，虽费不惜，日积月累，成效渐有可观"。

1872年夏天，经严格考试选拔出的中国第一批出国留学幼童共30人，在上海乘轮出洋赴美国留学。从此揭开了中国留学史的崭新一页，这是国家公派留学的发端。遗憾的是，曾国藩已于此年3月21日晚病逝于两江总督衙门，未能亲眼见到。容闳称："曾之逝世，国家不啻坏其栋梁，无论若何，无此损失巨也。时预备学校开学才数月，设天假以年，使文正更增一龄者，则第一批学生已出洋，犹得见其手植桃李，欣欣向荣。惜夫世之创大业者，造化往往不赐以永年，使得亲见手创事业之收效。此种缺憾，自古如斯。然创业之人，既播其种子于世，则其人虽逝，而此种子之孳生繁殖，固已绵绵不绝。故文正种因虽未获亲睹其结果，而中国教育之前途，实已永远蒙其嘉惠……"即便在衰病时刻，曾国藩仍在容闳赴美准备第一批幼童留学事前与他长谈，指出：出国留学可以为国培育人才，中国有了各方面的人才，外国就不会再欺负中国了。如此长者、如此大臣，又怎能不让容闳思之感怀，追念不已呢？

幼童到美国后，先是两三个人一起散居在美国人家中。儿童很容易过语言关，一两年后，他们就分别到美国的小学、中学学习。中国学生在美国非常勤奋，受到美国人的好评。1876年，幼童们还受到美国总统的接见。这年美国举行博览会，中国学生的作业也在展览之列。当时参观博览会的中国官员李圭，看到了学生的作业，并与学生见面。李圭是位思想比较开明的官员，他对学生们的印象相当好。后来美国大学校长致函中国总理衙门说：

贵国派遣之青年学生，自抵美以来，人人能善用光阴，爱研究学术。以故于各种科学之进步，成绩极佳。即文学、品行、技术，以及平日与美人往来一切之交际，亦颇能令人满意无闻言。论其道德，尤无一人不优美高尚。其礼貌

第十一章 做圣人是一辈子的修行

之周至，持躬之谦抑，尤为外人所乐道。职是之故，贵国学生无论在校内肄业，或赴乡村游历，所至之处，咸受美人之欢迎，而引为良友。凡此诸生言行之尽善尽美，实不愧为大国良民之代表，足为贵国增荣誉也。盖诸生年虽幼稚，然已知彼等在美国之一举一动寄卺祖词国家之名誉极有关拳，故能谨言慎行，过于成人。学生既有此良好之行为，遂亦收良好之效果。美国少数无识之人，其平日对于贵国人之偏见，至此逐渐消灭。而美国国人对华之感情，已日趋于欢洽之地位。

可见这些身在异国他乡的学生，表现相当出色。但是，这些学生却也遇到了不少麻烦，其原因是新旧思想的冲突。

容闳记述道：学生们在美国"终日饱吸自由空气，其平昔所受极重之压力，一旦排空飞去，言论思想，悉与旧教育不侔"，又"好为种种健身之运动，跳踯驰骋，不复安行矩步"，这在美国人中间，本是极为自然的事，如果不这样倒奇怪了。然而在清廷派去的监督看来，这都是不合中国圣教和礼法的事。学生在美国学习期间，清政府更换了几次监督，从第一任正监督陈兰彬，到最后一任监督吴嘉善，大多对学生的这种变化不满，于是便经常打小报告给清廷，说这些留学生的坏话。尤其是最后一任监督吴嘉善（吴子登），第一次见学生就大为光火。原因是什么呢？原来是这些受到美国文化影响、讲究人格平等的学生不行跪拜礼。这还得了！在封建守旧的吴嘉善看来，跪礼是天经地义的事情。如果学生们见他这位监督大人都不跪，那尊卑贵贱、孔孟礼法何在？于是，这位照管学生的监督，成了破坏留学事业的特使。这时候，陈兰彬已经是中国驻美公使，他本对留学生不满，再加上吴嘉善的怂恿，于是陈奏请清廷撤回留学生。而容闳却受他们的排挤而无发言权。在此之前，朝廷中已经发生了几次要求撤回留学生的风潮，都被任直隶总督李鸿章搪塞了过去。这次，如果曾国藩还在，也许还能想办法应付过去，但是办洋务的李鸿章处境也不妙，他顶不住了。

1881年6月，清廷决定将留美学生全部撤回，于是这年夏秋，这些学生分三批回国。这时，留学生在美国学习正好十个年头，距曾国藩去世也是十个年头。回国的留美学生共九十四个，另有十多个学生拒绝命令不归。回国的九十四人中，只有詹天佑等两个人已大学毕业，其他人大多正在大学学习，年纪小的还有在中小学的。回国以后，他们有些再进入新式学校学习，有的到技术岗位做事。以后，他们有的到福州船政局，有的到蓟江南制造局，有的到矿山，也有的到海军。

这些留美学生虽然处境不佳，但也有不少人发挥了相当大的作用。其中唐绍仪当了中华民国第一任内阁总理、詹天佑为中国的铁路建设作出过卓越的贡献、梁敦彦当过外交部长、唐国安任清华大学校长、蔡绍基任国立北洋大学校长、邝国华任江南造船厂厂长、蔡廷干将中国的唐诗译成英文介绍给欧美，等等。

其实就留学事业，尤其是作为国家派遣留学生的角度而言，曾国藩所作所为意义深远且重大，誉其为开创之人当不为过。现在学界颇有称容闳为"中国留学生之父"之说，容闳固然为中国留学生第一人，其于留学事业之贡献和竭力，世所公认。如果就留学作为一项国家政策之制定和推行而言，曾国藩至少可以被称为"中国留学事业的奠基者"。曾国藩之影响和决定性作用远高于容氏。曾国藩作为当国者，其视角、眼光、见识、举措，真可谓对国家之影响深远莫大焉。

必须指出的是，曾国藩是"派遣留学"的重要决策者，但这一思路并不是孤立的，而纳入"自强运动"的整个框架之下。其思路并没脱出"师夷长技以制夷"的基本思维方式，正如李鸿章始终认为的"中国文武制度，事事远出于西人之上，独火器万不能及"，所以派遣留学生也。是去学其技术类的实用学科，这是时代之限制，不必太过苛求古人。曾国藩对西方强盛的认识颇有独到之见，他早就意识到："欲求自强之道，总以修政事、求贤才为急务；以学作炸炮，学造轮舟等具为下手工夫。"他决策派遣留学，是从为国家培养人才的高度来认识这举措，而不是仅以"西洋工匠"的态度来对待留学生。所谓"西人之所强者兵，所以强者不在兵。"曾国藩很早就认识到了这点，从其开制造局到选派留学、组织译书、研究西学等，这些非常人所能为的作为中即可窥见其开风气、开先河之气势。后人评价其具有"先识远见"，确非虚赞之语。

上海之行——生命最后一站

同治十年八月（1871年9月），秋高气爽，日丽江阔。曾国藩会集幕友、门生和徐寿、华蘅芳、李善兰等文士，兴致勃勃地踏上停泊在下关码头江面上的"威靖"号轮船，开始了为期两个多月的军事检阅活动。阅兵之外，他要亲自坐一坐江南制造局新制的轮船，游览一下江南秋景，散散长期郁积在心里的闷气，同时视察江南制造总局。八月十二日，先就近检阅了江宁防军。第二天乘轮东下，巡视了扬州、清江浦、镇江、丹阳、常州、常熟、苏州、松江等地。十月七日到达上海，视察了江南制造局各种机器和轮船，十五日改乘"测海"号轮船回江宁。

一路上曾国藩与容闳、徐寿、李善兰、华蘅芳主要谈了办洋务之事。他们介绍说，容闳去美国买的机器是"制器之器"（即母机），买回后交给李鸿章，李通过丁日昌买下上海一美国旗记铁厂，厂主科尔的技术很好，留厂做工程师，开始了江南制造局的成立与制造工作。

同治六年（1867年），曾国藩要在江南制造局设船坞造船，奏准了造船经费，并把工厂由虹口租界迁至高昌庙，扩大了工厂规模。按照曾国藩的设想，建设了船坞和炼钢厂。同治七年（1868年）造出第一艘兵轮"惠吉"号，下水后曾国藩乘该轮试航，表扬该轮"坚致灵便，可以远涉重洋"，同时让工厂继续努力，要造出"二十余丈之大舰"。按曾国藩的要求，同治八年（1869年）又造出"操江""测海"两艘轮船。这两艘船比"惠吉"号进步在由明轮改成了暗轮，马力由三百九十二匹升高到四百多匹，但其船体反而比"惠吉"号还要小些。"惠吉"是一百八十五尺，"操江"只有一百八十尺，"测海"仅有一百七十五尺长，并没有达到曾国藩要求的标准。

现在，曾国藩乘坐的"威靖"轮是同治九年（1870年）新制的。一边行驶，曾国藩一边与徐寿等诸匠师参观这艘轮船，一边听他们介绍。该轮也是一艘暗轮，终于达到了曾国藩要求的二十丈长度，是二百零五尺，马力也比前三号大，为六百零五匹，载重由前三号的六百吨增加到一千吨，配炮也几乎增加了一倍，由八九门增到十五门。

曾国藩高兴地看到江南制造局造船技术的不断改进，回想他在安庆制造的"黄鹄"号，更觉进步之大了，于是不断夸奖着徐寿等人。但是，他突然感到有一个关键的地方一点也未变化，曾国藩用脚点了点舱板说："从黄鹄号到威靖号，都是用木板制的。打起仗来，木板挡不住炮弹，也容易起火燃烧。而洋人能造出铁甲舰，我们为何造不出？"周围的人听了，没人敢回答。

船到上海后，曾国藩由上海道兼制造局总办秦世泰陪同参观了制造局各厂，并一一参观了"测海""操江"各舰。再次同容闳、徐寿等人说，要他们尽快造出铁甲舰来，并说如果中国能有五十号铁甲大舰，就敢同洋人在大海上争高下了。

第二天，曾国藩宴请制造局里的译员与各匠师，其中有英国人傅兰雅、伟烈亚力，美国人林乐知、玛高温、科尔等。宴会上，曾国藩一一慰问外国人，感谢他们为江南制造局做出的努力。曾国藩许久没有这么高兴了，所以宴会显得很轻松、热烈。傅兰雅等外国人由于一时高兴，竟向曾国藩提出他对外国人、对外国传教士的看法。在座的中国人都为此捏一把汗，生怕触动了曾国藩的伤心之事，惹起他的不愉快。但是，曾国藩却高兴地回答了这一问题。他说，中国、外国都该是一家，"大同"世界，天下都是兄弟，不该有侵略和欺辱。耶稣教，天主教都劝人做善事，不做坏事，也是好教。真正的外国朋友、外国传教士只会帮助中国人，不会欺压中国人，那些仗势欺人的外国人和传教士，不能代表兄弟国家和真正的传教士。曾国藩的回答博得在座外国人的热烈掌声，大家赞扬他的开明，认为曾国藩比那些"清议派"要高明得多，并表示与中国朋友精诚团结，为制造局真诚效力。

曾国藩说，他向江南制造局容闳、徐寿他们下过死命令，要他们一定造出铁甲舰来，希望外国朋友们献智献力。美国人科尔当即表示可以造得出，他还表示论技术"所有轮船、枪炮、机器俱能如法制造"，只要经费、材料能供应上。曾国藩听了非常高兴，举杯表示对他的谢意。

然而，当曾国藩进一步了解江南制造局的情况时，他的情绪又黯然了。科尔、傅兰雅等人告诉他，江南制造局效率太低，浪费太大。他们说，局中工人一千多，设备齐全,经费也充足,如果在外国,这样的条件,工作效率最少还能提高三倍。而江南制造局制造的枪炮武器,成本又要比国外工厂多七成,造一支枪炮比买一支外国的枪炮用钱还要多得多。造轮船虽没有造枪炮这么明显的浪费,但不会比买船节省经费。他们认为,中国有一天还得走上买船的道路。曾国藩同他们探讨,中国的工厂为什么效率会这么低?浪费会这么大?他们干脆回答:这是个经营体制的问题。外国人办工厂,都是厂方自己经营管理,经费自己出,造出的产品,包括枪炮、弹药、军舰,都是作为商品按价出售,以盈利为目的,办厂者才有兴趣,也不会让工厂浪费,会极力提高效率。而中国正好相反,江南制造局全由公款生产,产品又全部直接调拨给军营、炮台,工厂收不回一文钱,也不用替谁负责任,质量好坏都能交差,更不要讲求盈利和效益。这个办厂的路子,决定了工厂的前景,这个体制不改变,工厂总有一天要停办。

曾国藩听了他们的话,脸色阴沉了。这个办工厂的体制,尤其是办军工厂的路子,怕是谁也变不了。军队要枪炮、轮船为朝廷打仗,国家不出钱办厂能由谁出?国家出钱办厂,产品又如何能拿出去卖?然而这么办下去,造武器不如买武器省钱,买的武器质量又好,那办这个工厂不是自找苦吃吗?然而中国不设厂自造武器,一切都靠买外国的,中国哪还有自强的一天!自强必得独立,造武器为的是抵抗外国侵略,但武器一定要向外国购买,这不是自相矛盾吗?哪有既要准备同人打仗,又要花钱买对方的拳头、棍子的!

曾国藩越想越苦恼,几天来制造铁甲舰的兴奋劲一下子烟消云散了。他只觉得浑身乏力,赶紧乘轮回到了南京。

最后的嘱托

曾国藩的身体并不强健。早在京师任官时,才三十出头就有了轻度耳鸣症。与他终生相伴的癣疾,虽然对身体无大妨碍,但却时时令他睡眠不佳,间接损害身体。自率湘军作战以来，戎马金戈，无一时之闲暇。每日早早起床，半夜方睡，又要处理军政要事，又要读书、应酬，他过着非常刻板的生活。如果说这一切还不足以损害他的健康的话，那么，兴兵以来的种种不顺则令他最为心烦。人事的纠葛，与地方官的矛盾，特别是他训练湘军，本是为大清王朝卖命，可是大清王朝的最高统治者却时常不信任他，而宁可信任那些打仗不行、干正事不行，偏偏却整人有方的酒囊饭袋。自上海返回南京后，曾国藩心里一直很悒郁，什么原因自己也想不清楚。

　　同治十年十一月二十二日（1872年1月2日），由李鸿章、马新贻规划重建的两江总督衙门，经过五年的建设落成了。督衙在原洪秀全的天王府的基础上修建，其规模无法与先前的天王府相比，但比起原来的两江总督衙门要阔绰、豪华多了。总督搬进新署（原于盐道衙门办公）应该是一件大的喜庆之事，庆祝、摆宴自不能少，但曾国藩却一点也提不起精神。贺宴上他只是反复说："太奢了！天道忌奢！天道忌奢！"他再三嘱咐总管要在署东开出菜地来，种上蔬菜，他要亲自劳作，以抵几分奢靡。

　　江南的冬日虽温暖如春，但坐在新建的署衙里，曾国藩总觉内心无比空旷、凄寒，随之也觉病情加重，肝区阵阵疼痛，头晕目眩，两脚麻木，失眠，噩梦不断。他意识到自己将不久于人世了，想着要交代点后事，于是赶紧写信给李鸿章。想到李鸿章，心里宽慰多了，他庆幸自己有这么个可以接班的学生。这几年他的事业都由李鸿章接过去了：湘军裁撤了，腐败了，李鸿章的淮军成了支持清朝的顶梁柱；自己打不过捻子，由李鸿章战胜了；"天津教案"自己弄得物议沸腾，而李鸿章却将此案完满了结；洋务事业自己仅仅开了个头，而李鸿章正在大举推行。这样看来，李鸿章真可以算得上是个合格的接班人。"青出于蓝胜于蓝，学生胜于老师，这正体现老师识才育才的本事，若是学生总是不如老师，一代不如一代，事业还怎么前进呢？"当跟前出现对李鸿章的非议时，曾国藩总用这句话制止。他不是借此自慰，心里也真是这么想的。他也佩服李鸿章。他虽对李鸿章的过分热衷功名利禄有些看法，但也总是宽容的。

　　李鸿章接到老师的信，尤其读到"此次晤面后或将永诀，当以大事相托"时，深恐老师或有不测，不能见上最后一面，将成终身憾事，便不顾年关已近，百事丛杂，冒着严寒，长途跋涉，由保定赶来江宁。

师生见面第一件事是进一步会商幼童出洋之事，认真推敲细节，再度联衔上奏，强调这是徐图自强的根本大计，中华创始之举，务必让朝廷重视，以达预期效果。李鸿章根据老师的指点，未经文案，执笔立就。曾国藩看了这二千余字的奏稿，条理缜密，文笔洗练，心里很是高兴，仅改数语便让李鸿章亲自带去呈递。

稿子拟好后，曾国藩兴奋地同学生讲起往事，归纳自己的人生教训，最终向李鸿章交代了两点，让他切记。一是湘军裁撤之事，他自认自己顾虑太多，湘军攻战十几年之久，金陵克捷后，慑于各种压力，竟至于解散了亲手建立的军队，自坏长城，寒了将帅的心，等于实际上的自杀。湘军众将飘如秋叶，而自己也成了剪翼之鸟，以致"剿捻"无功，备受挫辱。幸赖李鸿章所建淮军，攻灭了捻军，成就了大事。他让李鸿章切记自己的教训，当今八旗、绿营再不可恃，保太后、皇上之安，卫神州华夏之固，全仗淮军。今后，淮军有被议论的那一天，千万不要像老师那样，畏首畏尾，只可加强，不可削弱。乱世之中，手里的军队切不可放松，于家于国都是如此。

第二点让李鸿章切记，即数十年办事之难，难在人心不正、世风不淳，而要正人心、淳世风，实赖一二人默运于渊深微莫之中，使其后来者为之应和。他说自己与李鸿章的关系正是这样，自己先正己身，同时培养后人，把这些人作为"种子"，期待这些后人开花结果，应现承前启后，天下应和之目的。所以，他希望李鸿章要早些下手，以一身为天下表率，多多培养"种子"，种子绵延不断，天下应和，世风自然改变。

李鸿章顺着曾国藩的话说下去，想请教曾国藩，哪些人可作为以后培植的"种子"。曾国藩似乎不想交代，思考良久，认为再不说怕以后永无机会。于是说，海内第一号人物当属左宗棠。说他雄才大略，待人耿直，廉洁自守。李鸿章听了感到不解，因为曾、左七八年不通闻问，外人都说他们有矛盾，为何老师竟说他是第一号人物？曾国藩说，左宗棠与他争的是国家大事，不是私情，左"知人之明，谋国之忠"，正是他的长处。李鸿章听了，连连点头。曾国藩认为左宗棠之后当数彭玉麟，此人光明磊落，嫉恶如仇，淡泊名利，重视情义，是天下的奇男子。其次是郭嵩焘,其人之才,天下难有其匹者,而且非书生之才,将来会有发展。再往下数如刘长佑心地端正,沈葆桢很有能量,但心地狭窄。

而后,他们又议论了办洋务之事。曾国藩强调洋务怎么办都好,但一定要抓住一点不放,就是冯桂芬说的:"以中国之伦常名教为原本,辅以诸国富强之术。"

大星陨落金陵城

由于春节将近,年关临近,李鸿章不得不辞别曾国藩赶回直隶。同李鸿章长谈之后,也许是兴奋过度,他的旧病复发了,头昏眼花,耳鸣不止,一连几天不能开口说话。直到大年三十,江宁城的衙门、商号和有钱人家的大门口张灯结彩、楹柱上旧桃换新符,秦淮河更是热闹,红男绿女,画舫丝竹。或许是节日气氛的冲动,曾国藩才感到身体轻松了许多。大年初一早上,他接受了江宁文武的祝贺。第二天他又到退居江宁的老友吴廷栋家拜年,同吴廷栋兴致勃勃地谈经论道。

时间过得很快,转眼来到了元宵节。这个元宵节,是曾国藩度过的最后一个元宵节了。曾国藩清楚地记得,正月十四是道光皇帝殡天的日子。曾国藩是个知恩图报的人,他永远都不会忘掉道光对自己的知遇之恩,每年这一天都要为之烧香行礼。这一天,他勉强行了三跪九叩大礼,觉得十分疲倦,刚一坐下,眼前便浮现二十三年前那一天的情景来。那年自己是三十九岁,礼部右侍郎,二品大员。也是正月十四日,早晨起来正要赶赴穆相穆彰阿的家宴,部里忽传他去圆明园,说是皇上要立太子了。曾国藩听了大吃一惊,他知道皇帝立太子是什么意思,大清朝秘密立储,立太子即是太子登基,也就是皇帝龙驭上宾了。曾国藩还想最后同道光见上一面,赶紧备马前行。然而马车刚到圆明园,便听到一片哀哭之声,他知道再也见不到对自己恩重如山的皇帝了。道光驾崩,咸

第十一章 做圣人是一辈子的修行

丰继位，接着是罢黜穆彰阿，清查穆党。他虽是穆的得意门生，但因穆在得意之时，门生很多，并未一一清算，所以没有牵连到他。然而，道光死后，穆彰阿被罢，咸丰不信任他，也无人替他说话，使他以后办事处处碰壁。每至事机不顺，尤其咸丰、慈禧不时对他进行冷遇、打击之时，他更加思念道光帝和穆彰阿。

一晃二十三年过去了，自己虽然在疆场上、在官场上搏击、沉浮，救了大清王朝，官至极品，地位、名声都无以复加了，但是，对于大清皇朝来说，自己始终是个外人，仍未取得朝廷如道光那般的信任。尤其在功成之后，他反而觉得朝廷对他的猜疑更加严重了，朝中大臣也对他妄加非议。最近的几年简直成了过街之鼠，人人喊打。孤立无助、冷寂萧瑟，使他感到冬日愈加阴寒、荒漠，万念俱灰。"剿捻"无功之时，他就想到辞官归隐，只是感到"无善退之法"，预料到以后官再做下去，将"日趋日下，徒为有识者所指摘"。"天津教案"之后，果然遭到前所未有的羞辱，弄得肝病、眼疾、肾虚、疝气、头晕病、失眠症一起发作。

正月二十三日（3月2日），曾国藩正与人谈话，突然右脚麻木，好半天才恢复。二十六日，他要到城外迎接前河道总督苏廷魁，苏廷魁也是他当年在京师切磋学问的老朋友。在路上，他突然口不能说话，只好回府。

二月初四日（3月12日）是他父亲曾麟书去世的日子，他早早起来在父亲的牌位前行祭，因病情加重，已不能下跪。匆匆祭罢，叫人扶他去签押房办公，但打开一叠公文，只见字迹模糊，看不清楚，勉强看了两件只好作罢。下午，曾国藩感到身子轻松了些，遂让曾纪泽扶他去花园散步，儿子阻而未止，扶他去了花园。慢慢走了一阵，忽然见他右足拖拽，纪泽问："是鞋没穿好吗？"曾国藩说："我觉脚麻。"话一出口便倒在儿子身上。曾纪泽赶忙扶抱，看看父亲，他大吃一惊：只见他张开着嘴，浑身抽搐。纪泽忙唤人把父亲抬进大厅，家人闻讯，纷纷赶至。医生也赶来，为他探脉诊视，连扎数针，仍不见开口说话，只说："老中堂病势危险，赶快准备后事！"

曾国藩至当晚戌时辞世，时年六十二岁。其遗体先葬于长沙南门外金盆岭，两年后改葬湖南善化县伏龙山南麓。

据说曾国藩死的时候，金陵城下着小雨，天色阴惨。忽然有火光照耀城中，属金陵的江宁、上元两县令急忙出来救火，却不明火在何处。只见有红光圆如镜面，向西南方向缓缓飘行而去，良久方隐没。又传说城外有人见到大星陨落金陵城中。这当然是人们把一些奇怪的自然现象附会到曾国藩身上。因为人们相信，曾国藩的离世就如同巨星陨落，是清廷的巨大损失。

是谁成就了"圣人"曾国藩

曾国藩一生，成功显赫到了顶点极处，赢得了众多的美誉，"中兴第一名臣"，"一代官圣"，"古今第一完人"，"中国封建社会最后的一位圣人"，"立德立功立言三不朽，为师为将为相一完人"，等等。拂去历史的烟云，深究其中的原因，是谁成就了曾国藩这样一位"圣人"呢？

从曾国藩个人的角度来看，他是靠着自身的努力和拼搏走向人生顶峰的。他为人谨慎，行事稳忍，严于律己；游走官场，能屈能伸，刚柔并济；艰难时刻，忍辱负重，徐图自强；身居高位，急流勇退，明哲保身。在曾国藩身上，体现了中国古代传统的一切做人原则和做事智慧，正是因为曾国藩始终有自己的处世原则，也正是他凭借着自己极度的自省和坚忍，所以他才能够屹立清时官场不倒数十年，能够虽然权倾一时，功高震主，但也能全身而退，得以善终。

那么，从时势的角度来看，我们又会得到怎样的结论和启示呢？

德国著名剧作家、诗人歌德曾经说，曾国藩是时代的产儿，如果他早生二十年或晚生二十年，他都将是另一种类型。其实，这话从历史的角度说明了曾国藩所处的时代成就了他。常言道：时势造英雄。其实，英雄也好凡人也罢，都离不开他所生存的社会环境。三国时期善于相人的许子将曾预言曹操是"治世之能臣，乱世之奸雄"，同样是这一个曹操，生逢太平治世或者乱离之世，就成了完全不同的两种人。英雄固然也造就着时势，以他们不同于平凡人的所作所为影响着时代的发展和社会的进步，但这种影响力的大小与强弱，以及能否发挥其影响力，都要首先取决于他们所处的客观环境。

曾国藩如果早生二十年或者晚生二十年将会是一种怎样的类型？这已经不容许也没有必要去假设了。历史将他推到了不早不晚的这样一个时代，使他的中晚年（也就是最有作为的时期）碰上了大清王朝最动荡不安、内忧外患最为严重的时代，更重要的是——把他推到了与太平天国殊死斗争的前台。

毫无疑问，从咸丰二年（1852年）墨经出山，以一介书生练兵征战是曾国藩一生当中最为重要的转折点。是风起云涌的太平天国运动影响了他，造就了湘军，不然他的人生真的会是"另一种类型"。

曾国藩是时势造就的英雄，湘军是时代的产物。团练虽然早就已经存在了，但真正走向前台，成为一支举足轻重的战略力量，却是在太平天国运动时期。曾国藩和湘军之前的团练武装，仅限于在各个地区清查户口、维系治安，不过是保甲制度在功能上的延伸，从来没有大规模招募和正规化训练的先例，更不用说独当一面、出省作战（哪怕是越出本府本县的防区）了。传统的团练对付以前的农民起义甚至川楚白莲教起义，都是小菜一碟，他们可以有效地协助绿营兵作战，但对太平军则无能为力。曾国藩早就指出，传统的团练是对付"流寇"的，而太平军不同于传统意义上的"流寇"，而是"窃号之贼"，它具有组织严密、作战勇敢的庞大军事力量；有牢固的固定的控制区域；有可以和北京中央政权相抗衡的天国政权，这些都是以前的"流寇"所不能相比的。在太平军面前，清政府的经制兵——八旗和绿营已经不堪使用也不敷使用，旗绿诸将畏敌如虎，或者望风而逃，或者临敌即溃。太平军从永安突围一路打到南京，都没有遇到像模像样的攻击。倒是江忠源率领为数不多的楚勇在蓑衣渡一战让太平军吃了一个大亏，并迫其改道而进。

太平天国是一面镜子，它在照出清军的腐朽无能的同时，也照出了勇营的大有可为。但凡有识之士，都可以看出，只凭改造八旗和绿营已经不可能、也来不及扑灭太平天国点燃的熊熊烈焰。形成鲜明对比的是，在团练基础上发展起来的勇营武装，既有虎虎朝气，又有着许多经制兵所不具备的优势。特别是曾国藩一手训练出来的湘军，竟然抵挡住了风头正劲的太平军西征，并一举杀出两湖，俨然形成了"踞上游之势"直下南京的局面。

如果说太平天国起义的爆发以及它不同于以往农民起义的特点促成了湘军的产生，那么太平军在长江中下游地区对绿营主力部队的毁灭性打击，同样在客观上帮了曾国藩和湘军的大忙，使他们从战略助攻部队变成了战略主攻部队。

从金田起义开始，一直到江南江北大营第二次被打破，绿营始终是追击和围困太平军的主力，也是与太平军精锐交战的急先锋。1853年，太平天国定都南京（改名为天京）后，江南大营、江北大营一直集中了绿营最为精锐的部队。太平天国在北征、西征时，都不得不对插在两肋的这两把利剑有所忌惮。直到1860年，这股威胁才被彻底清除。这年春，天国的领袖们为了彻底解除清军对天京的包围，组织了第二次攻破江南大营之役。洪秀全亲自召开了军事会议，与干王洪仁玕、陈玉成、李秀成等共同商定破敌之策。会后，李秀成依据干王制定的"围魏救赵"之计，千里奔袭杭州，攻敌必救，诱使江南大营分兵救援。清军果然中计，派兵往救杭州。不料李秀成已经星夜间道返回天京，与陈玉成等部太平军乘敌之虚发起猛烈进攻，一举攻破江南大营，使这把插在天京近边的利剑灰飞烟灭。一时间，数万绿营官兵或死或降，清政府寄予厚望的绿营主力一夜之间损失殆尽。

此前，湘军在长江中游取得一系列胜利后，虽然受到清廷的重用，但它作为"体制外的军队"，始终没有被清政府纳入最可依赖的范围。清政府的如意算盘是，由湘军在长江中游与太平军鏖战，而让绿营在南京地区集结，这样硬仗由湘军来打，胜利果实由绿营来摘取。不料，湘军虽然中游的战事几经曲折，但能打硬仗的湘军终于越打越强，逐渐占了优势；绿营虽然由国家大力供养和扶持，却是扶不起的阿斗、糊不上墙的烂泥，江南、江北大营两次被太平军击破。特别是这一次江南大营惨败，清政府已经很难迅速组织起有力的反攻力量，只能把镇压太平天国的希望寄托在湘军身上。

曾国藩和左宗棠、胡林翼等人也都敏锐地意识到了这一点。左宗棠在湖南听说这一消息后，禁不住感叹："天意其有转机乎！"身边人问他为什么，他说："江南大营将骞兵罢，万不足以讨贼，得此一彻底洗荡，而后来者可以措手。"这"后来者"自然当仁不让地是指湘军了。果然，朝廷很快发来了上谕，任命曾国藩署理两江总督，全权负责长江中下游的"剿匪"战事。由此，曾国藩与湘军步入了一个全新的发展阶段。

这些只是太平天国对湘军"客观上的帮忙"，此外还有"主观上的帮忙"。

罗尔纲先生指出：湘军"之所以如此重要，不在于与太平天国的对抗，湘军陆军远非太平军对手，曾国藩自己也承认他的陆军'全不能战'，太平天国的败亡，实洪秀全'自惹而亡'。"的确，太平天国一次又一次地由于它本身的失策、失和、失误、失政，而为曾国藩和湘军提供了发展、喘息、调整、进攻的绝好时机。这种失误既有军事上的，又有政治上的；既有战术上的，又有战略上的；既有前线的，又有朝中的。

1855年初，在两湖战场大获全胜的湘军在江西遇到了麻烦，石达开主持的西征太平军与曾国藩主持的东征湘军，在九江、湖口一带遭遇了。两强相争，石达开技高一等，先是在湖口、九江一带连破湘军，还俘获了曾国藩的座船，逼得曾国藩险些自杀；同时派军乘虚西进，第三次占领武昌，使湘军第一次东征的成果完全丧失。曾国藩领着湘军坐困于江西，进退失据。先是大将塔齐布病亡，再是罗泽南战死于武昌城下，马继美死于南昌，周凤山兵败被革职，只有刘于浔率领湘军水师驻守南昌、临江，也是师久无功勉强盘踞而已。太平军中到处传唱着这样一首顺口溜："破了锣（罗），倒了塔，杀了马，飞了凤，徒留（刘）一个也无用。"一位封建文人也忧虑地写下了这样的诗句："破锣倒塔凤飞洲，马丧人空一个留。此语传闻真可叹，斯时寇盗大堪忧。"到1856年4月4日，江西太平军已经控制了江西十三府中的八府五十四个州县，而曾国藩和他的湘军被困在南昌和南康两府间的狭小地带，难以打开局面，湘军的使命似乎要宣告终结了。

就在太平天国在军事上达到鼎盛局面的时候，一场严重的内讧发生了，这就是天京变乱。自永安建制起，东王杨秀清的地位就远高出其他诸王之上，西王以下各王"俱受东王节制"。随着定都天京以后革命形势的稳定与好转，杨秀清的野心也一天天膨胀起来，他不再满足于做"九千岁"，而想打破"一人之下万人之上"的局面，取洪秀全而代之，或者把洪秀全完全架空，做真正的天朝领袖。事实上，杨秀清当时已经是天朝真正的当家人了，洪秀全自进入南京城后，便重蹈了历代封建皇帝的覆辙，满足于奢靡享乐，"从此君王不早朝"，把一切军政大权都交给了杨秀清。杨秀清在主政的三年间，充分展现出了他天才的军事、政治才干，天国的建设还算井井有条，特别是攻破了江南、江北大营，西征也取得了辉煌的战绩；同时他也越来越不知收敛，甚至利用自己"代天父传言"的特权杖责天王洪秀全，逼迫洪秀全封他为"万岁"。

1856年9月2日，北王韦昌辉突然率部从江西前线赶回天京，杀死杨秀清及其众多部属。后来韦昌辉滥杀过多，为洪秀全所杀，石达开被召回天京主持大局。但经此一变的洪秀全已经不再相信异姓兄弟，石达开忠而见疑，负气出走，先是到安庆，最后于1857年10月率十余万太平军远征，脱离了天朝体系。

天朝的变乱直接影响了战局，为湘军"突出重围"创造了机会。死于内讧的数万太平军将士中，既有功勋卓著、能征惯战的大将，更多则是从广西跟出来的"老兄弟们"，是太平军的精锐。石达开的率部出走，使太平天国少了一位智勇双全、德高望重的翼王，也使曾国藩和湘军失去了最为惧怕的对手。石达开率所部十多万人独立行动后，再也没有发挥出他那杰出的军事天才，始终没有打开局面，最后在四川大渡河畔兵败被杀。

就在天京变乱的当年年底，胡林翼率湘军重占了武昌。就在石达开率军出走的当月月底，江西湘军攻陷湖口，内湖水师得以冲出鄱阳湖与外江水师会合。1858年5月19日，李续宾督率湘军攻克九江，林启荣与一万七千余名守城将士全部战死，江西战场的主动权落入湘军手中。

如果把太平军与湘军的争战分为三个时期的话，前期的争夺围绕着九江，中期的争夺围绕着安庆，后期的争夺则是围绕着天京。三座城市，沿着长江自上而下，恰好印证着曾国藩所提出的"踞上游之势"破竹而下的战略设想。曾国藩设计虽妙，太平军斗志更坚，每一次争夺战都让湘军付出了惨重的代价，而每一次最后的失败又都是由于太平天国的战略性失误帮了湘军的忙。安庆之战尤其如此。

天国后期的战略方向始终未能统一，从而导致了军事决策上的犹豫不定和朝令夕改。忠王李秀成和英王陈玉成是天王军事上的左膀右臂，陈玉成一直主张集中力量解安庆之围，遏制湘军在上游的攻势；李秀成则主张先进攻苏州、杭州、上海，等到东南的战局稳定之后再回师西援。由于洪仁玕的支持，天王采纳了李秀成的意见。苏杭一带的财富虽然填充了天朝的圣库，西线的形势却一天天恶化起来。

直到1860年9月下旬，天国才意识到形势的严峻，组织各路太平军进行第二次大规模的西征。如果太平军集中主力在皖北战场决战，以部分兵力在外围进行牵制作战，还有希望打破湘军对安庆的包围，但他们在军事行动上却一误再误。李秀成在皖南攻祁门不下，便转道入浙江，又经江西打往湖北，迁延了时日，也错失了消灭曾国藩总部的绝好机会。

陈玉成先是试图直接救援安庆，与多隆阿部接战不利后又绕道西进，直扑武汉。这本来是湘军，特别是胡林翼最为担心的（胡当时任湖北巡抚，有守土之责），但陈玉成在黄州遇到了英国水师提督何伯和参赞巴夏礼，他们声称进攻武汉会妨碍英国的商业利益，警告陈玉成不要这样做。陈玉成便停止了向武汉的进攻，转向鄂北一带作战。这样并不足以牵动湘军回援，对于安庆战局是徒劳的，陈玉成不得不在转战数月后，于1861年4月底重新回到安庆集贤关内外，开始直接进攻围城的曾国荃部。这时李秀成已经从江南杀入湖北，进逼武昌，使曾国藩和胡林翼惶惶难安，曾的幕僚赵烈文判断："李秀成既已至鄂省南境，更进则武昌动摇，安庆之围亦当不攻自解。"可惜李秀成只在鄂省逗留了一段时间，并未继续向武昌进攻。当他听说李世贤部在江西乐平打了败仗、陈玉成则在两个月前从湖北撤退时，便移兵东进杭州经营他的苏福省去了。湘军上下虚惊一场，太平天国解救安庆之围的最后机会已经失去。

同年9月，安庆失陷，次年5月，英王陈玉成被俘后牺牲，天国的日子更加艰难了。太平天国失败后，洪仁玕总结说："如果英王不死，天京之围必大不相同，因为若彼能在江北活动，令我等常得交通之利，便可获得仙女庙及其附近诸地之源源接济也。英王一去，军势军威同时坠落，全部瓦解，清军便容易战胜。"

1860年以后，清军对太平天国的作战逐渐形成了三个主战场：曾国藩直接领导的西线战场，李鸿章部淮军开辟的苏南战场，左宗棠楚军开辟的浙江战场。这样就从战略上形成了对天京的包围态势。太平军各部只有集中兵力，密切配合，才有希望打破包围、争取主动。可是通观这一时期的作战，太平军留给我们的印象是，一方面内部意见不一致，难以形成统一的战略行动和密切的战役配合；一方面被湘军牵着鼻子走，东征西进，在疲于奔命消耗实力、坐失战机。湘军围攻安庆、打天京，都靠的是一股"极乱时站得定"（罗泽南语）的坚韧，太平军却恰恰缺少这种坚韧。安庆失陷后，太平军已经注定了失败的命运，军事上的一切努力都将是徒劳的，何况天朝的大厦早就被内部生出的蛀虫腐蚀得岌岌可危、摇摇欲坠了。

太平天国之兴，在于得民心，所以才会在北上东进的征程中，如滚雪球般迅速壮大了队伍。许多生存无计的百姓携家带眷投入到太平天国的怀抱。太平军过境之处，人们莫不怀念，湘军领导人气得大骂"莠民""兵至为民，贼来从逆"。在江西袁州被湘军围攻时，太平军准备弃城而去，城中绅士竟筹资挽留。

历史上，每当压迫到了难以忍受的地步，也就是鲁迅所说的"想为奴隶而不能"的时代，受压迫者都会把希望寄托在新兴的反抗力量身上，满怀热情地讴歌他们，极尽所能地支持他们。可惜事情的发展常常令他们失望，这些新兴的反抗力量往往比旧势力腐败还快、盘剥还烈。真是"兴，百姓苦；亡，百姓苦"！洪秀全写下了《原道觉世训》，颁布了《天朝田亩制度》，却并没有条件也并不想去落实，"天下多男人尽是兄弟之辈，天下多女人尽是姊妹之群"，"无处不均匀，无人不饱暖"，这些话只是说说而已，岂能真正实现？打进南京城时，洪秀全的后宫里就已经有八十多位"姊妹之群"了，他的天王府富丽堂皇不让于任何一代骄奢的封建帝王，他的专制独断不弱于任何一个昏聩的前朝皇帝。登上王位后，洪秀全曾一口气做了五百多首《天父诗》，其中一句就是"只有臣错无主错"。宣扬人人平等的太平天国中，有着比历代封建王朝有过之而无不及的森严等级制度，"凡东王、北王、翼王各王驾出，侯丞相轿出，凡朝内军中大小官员兵士如不回避，冒冲仪仗者，斩首不留……凡检点指挥各官轿出，卑小之官兵士，亦照路遇列王规矩，如不回避或不跪道旁者斩首不留。"

天朝后期，贪污腐化已经到了无以复加的程度，单是各种大大小小的"王"就封了二千七百多个。李秀成号称"万古忠义"，同治二年（1863年），洪秀全让他拿出十万饷银，他果然"将合家首饰及银两交十万"。忠王尚且家藏如此巨富，可见建国之初的"圣库"政策已经名存实亡，其他庸碌各王腐化敛财的情况不复可问矣！天朝渐失民心的情况不复问矣！太平天国后期的一首民谣唱道："太平天国万万年，军师旅帅好买田。卒长司马腰多钱，百姓可怜真可怜。"太平天国后期主要领导人洪仁玕在自述中痛心疾首地指出："今日大局竟致如此……并非丧在妖军之手，却在自己之手！"

真是"何其壮观也哉"！只是我们应该记住，这个"千载一时"的壮观场景是曾国藩和湘军共同创造的，也是太平天国的领袖们全力配合、双手奉上的。历史的教训，正寓于其中。

附录一　曾国藩生平大事年表

1811年（嘉庆十六年）11月26日（农历十月十一日）生于湖南省双峰县荷叶乡天平村，乳名宽一。

1815年（嘉庆二十年）五岁。在家识字读书。一年后入家塾"利见斋"。

1826年（道光六年）十六岁。春，应长沙府试（童子试），名列第七。

1830年（道光十年）二十岁。就读于衡阳唐氏宗祠，师从汪觉庵。一年后转入湘乡涟滨书院。改号涤生。

1833年（道光十三年）二十三岁。秋，参加湘乡县试，考取秀才。

1834年（道光十四年）二十四岁。春，入岳麓书院。秋，参加乡试中第三十六名举人。冬，入京准备会试，途径长沙，始与刘蓉相交。

1835年（道光十五年）二十五岁。4月，会试落第，留京寓长沙会馆读书。

1836年（道光十六年）二十六岁。春，恩科会试再次不第，出京返家。至长沙，与刘蓉、郭嵩焘在湘乡会馆相聚两个月。

1838年（道光十八年）二十八岁。会试中第三十八名贡士。试后改名国藩。殿试取在三甲第四十二名，赐同进士出身。朝考列第一等第三名，道光帝拔置第二名。授翰林院庶吉士。年底乞假返家。

1839年（道光十九年）二十九岁。夏，出衡阳，谒杜工部祠、石鼓书院。秋，出邵阳，察访武冈、新化、兰田、永丰。12月，子纪泽生，离家起程赴京。本年起始作日记，持之以恒，至终不辍。

1840年（道光二十年） 三十岁。5月，庶吉士散馆，列二等十九名，授翰林院检讨。7月，得病，经欧阳兆熊、吴廷栋治疗、护理，两月始愈，三人遂成好友。

1841年（道光二十一年） 三十一岁。8月，偕倭仁往谒理学大师唐鉴，请教治学之方，检身之要。"考德问业"，"为义理所熏蒸"。11月，任国史馆协修，遍鉴前史，辨具得失。是年，喜读胡林翼赠送的《陶文毅公文集》。写作《里胥》，直道民间疾苦，鞭笞腐败吏治。

1842年（道光二十二年） 三十二岁。致力程朱之学，每日必做日课：早起、主敬、静坐、读书不二、读史、谨言、养气、保身、日知所亡、月无忘所能、作字、夜不出门。

1843年（道光二十三年） 三十三岁。4月，升任翰林院侍讲。7月，钦命为乡试（四川）正考官。8月，补授翰林院侍讲。12月，充文渊阁校理。

1844年（道光二十四年） 三十四岁。8月，郭嵩焘引江忠源来见，结为师生。派充翰林院教习庶吉士。

1845年（道光二十五年） 三十五岁。10月，升翰林院侍讲学士。李鸿章入京会试，以年家子投其门下受业。

1846年（道光二十六年）三十六岁。1月，充文渊阁直阁事。自书其书舍曰："求阙斋"。夏秋间，养病城南报国寺，与同寓刘传莹就汉学、宋学深入研讨，知学须返本务要，"执两用中"。

1847年（道光二十七年） 三十七岁。7月，升授内阁学士、兼礼部侍郎衔。11月，钦派武会试正总裁，殿试读卷大臣。

1848年（道光二十八年） 三十八岁。3月，子纪鸿生。10月，辑录古今名臣大儒言论，按修身、齐家、治国三门，分三十二目，辑成《曾氏家训》。

1849年（道光二十九年） 三十九岁。2月，升授礼部右侍郎。9月，署兵部右侍郎。

1850年（道光三十年） 四十岁。4月，上《应诏陈言疏》，直揭官场"委靡因循"、官吏"畏葸""柔靡"。"今日所当讲者，唯在用人一端耳"。7月，兼署部左侍郎。

1851年（咸丰元年） 四十一岁。1月，洪秀全在广西桂平金田村组织起义。5月，上《敬陈圣德三端预防流弊疏》，咸丰帝"怒掷其折于地"欲罪之。

1852年（咸丰二年） 四十二岁。1月，上《备陈民间疾苦疏》。7月，任江西乡试正考官。行抵安徽太湖县小池驿，得母讣闻，回籍奔丧。10月初抵家。太平军出广西、入湖南，9月攻长沙，10月取决岳州。

1853年（咸丰三年） 四十三岁。1月21日，接帮办湖南团练旨。经郭嵩焘力劝出保桑梓。30日，抵长沙与湖南巡抚张亮基商办团练。3月19日，太平军攻占江宁，定都为天京。9月，奏准移驻衡州练兵。11月，建衡州船厂赶造战船。派人赴广东购买洋炮，筹建水师。

1854年（咸丰四年） 四十四岁。2月25日，奉命率师出征太平军。发布《讨粤匪檄》。命褚汝航为水师总统、塔齐布为陆军先锋，统率17000人，挥师北上。5月，兵败靖港，投水自裁获救。

7月25日，重整水陆各军后，出师攻陷岳州。10月14日取武昌。咸丰帝令其部署理湖北巡抚。七天后收回成命，改赏兵部侍郎衔。12月2日攻陷田家镇。

1855年（咸丰五年） 四十五岁。2月12日夜，石达开总攻湘军水营，烧毁湘军战船一百余艘。曾国藩座船被俘，"文卷册牍俱失"，"公愤极，欲策马赴敌以死"，罗泽南、刘蓉力劝乃止。

1856年（咸丰六年） 四十六岁。7月，坐困南昌。9月2日，杨、洪内讧（天京事变）后，太平军元气大伤。10月，曾国藩在长募勇组建吉字营入援江西。

1857年（咸丰七年） 四十七岁。2月27日，其父去世，偕弟国华回籍奔丧。7月，两次上疏，请求在家终制，获咸丰帝准许。是年建"思云馆"。

1858年（咸丰八年） 四十八岁。5月19日，李续宾、杨岳斌率水陆两军攻陷九江。弟国华入李幕。7月13日，接上谕命其出办浙江军务，17日起程。8月5日，抵武昌。与胡林翼会商进兵、筹饷之策。11月15日，李续宾、曾国华死于三河之役。12月，作《爱民歌》以训湘军。

1859年（咸丰九年） 四十九岁。1月，李鸿章来建昌晋谒、留营襄办军务。是月，曾国葆改名贞干入湘军，为其兄国华报仇。2月，作《圣哲画像记》。11月，拟四路进兵之策，攻取安庆。

1860年（咸丰十年） 五十岁。5月，辑录《经史百家杂钞》26卷，"取精用宏"，"尽抢四部精要"。6月，左宗棠来营，留住两旬，商讨东南大局；奉命以兵部尚书衔署理两江总督。7月，委授两江总督，并以钦差大臣督办江南军务。10月18日与胡林翼、李续宾商筹北援之策。上疏请求带兵北上扫夷勤王、以"雪敷天之愤"。12月，祁门大营两度被困，太平军距大营仅二十里，"危险万状"。

1861年（咸丰十一年） 五十一岁。8月23日，是《复陈购买外洋船炮折》："购买外洋船炮，则为今日救时之第一要务。"9月5日，湘军攻陷安庆。25日，移住安庆。11月20日，奉旨督办四省（苏、皖、浙、赣）军务，其巡抚、提镇以下悉归节制。12月，在安庆创办内军械所。年底，定三路军进军之策："以围攻金陵属之国荃，而以浙事属左宗棠，苏事属李鸿章，于是东南肃清之局定矣。"

1862年（同治元年） 五十二岁。1月31日，奉旨任两江总督协办大学士，曾国荃补授浙江按察使。2月14日，左宗棠率军由江西入浙江。4月，李鸿章率军抵上海。5月，曾国荃率军进驻雨花台，会同彭玉麟的水师围攻天京。7月18日，为借兵助剿事再疏力陈利害："岛人借助剿为图利之计……而中华之难，中华当之"，绝不能让洋人以助剿来"蹂躏中国之土地"。9月，为死于战乱而未及安葬的桐城儒生方东树、戴钧衡六人立石修墓，妥为安葬。12月，其弟曾国葆病死于雨花台湘军大营。年底，华衡芳与徐寿父子试制成中国第一台蒸汽机，曾国藩见后，于当天日记中写道："窃喜洋人之智巧我国亦能为之，彼不能傲我以其所不知矣！"

1863年（同治二年） 五十三岁。1月28日，安庆内军械所造出的我国第一条木壳小火轮，曾国藩登船试航后，喜而命名"黄鹄号"。5月7日，致函总理各国事务衙门，谓"洋人本有欺凌之心，而更授以可凌之势；华人本有畏怯之素，而逼处可怯之地"，反对购买要由海军上校指挥控制的船舰。6月13日，石达开兵败大渡河。9月，与容闳见面，商筹建立一个可以灾圃旎器的工厂。12月3日，交容闳六万八千两银赴美购买机器。

1864年（同治三年） 五十四岁。1月，派李凤苞测量江浙外海各岛屿沙线。5月，江浙藏书遭兵动多有毁损，定刊书章程，即于安庆设书局，刊刻各种经史。

6月3日，洪秀全病逝天京，其长子继位。7月19日，湘军攻陷天京，太平军宣告失败。7月，曾国藩赏加太子太保、一等侯爵。曾国荃赏太子少保、一等伯爵。8月15日，奏准裁撤湘军二万五千人。10月，行辕移驻安陵。11月，奏准停征厘舍、亩捐。12月，主持修复江南贡院，补行江南乡试，会考江南优贡。

1865年（同治四年） 五十五岁。1月，选汉唐以来各臣奏疏17首，编《鸣原堂论文》。3月，主持修葺种山、尊经两书院。收养八百孤寒子弟，并从自己养廉银中捐款课奖。5月26日，接上谕：率军赴山东剿捻。6月，主持整理《王船山遗书》完稿，共三百二十卷，交金陵书局出版。6月18日，北上剿捻之策：重镇设防，划河圈围，清野查圩，马队追踪。9月，经扬州、清江浦抵徐州。一路调兵布防堵围，沿途又张榜招员。10月，将金陵制造局迁往上海虹口，和李鸿章原设的炮局及购自美国人的铁厂合并，再加容闳购回的百多部机器建成江南制造总局。12月，核定长江水师永远章程及营制营规。

1866年（同治五年） 五十六岁。3月，由徐州赴济宁，沿途谒孟、孔、曾诸圣墓。9月24日，捻军突破防线，进入山东。连续二次请假，在营调养。10月，奏陈：剿捻无效，病难速痊，请开协办大学士、两江总督之缺。12月，回任两江总督。

1867年（同治六年）五十七岁。3月，在江南制造总局下设造船所试制船舰。同时拟设译书馆。5月，会同李鸿章将江南制造总局由虹口迁高昌庙，征地扩迁，规制大增。6月，补授体仁阁大学士。

1868年（同治七年）五十八岁。4月，奉上谕改授为武英殿大学士。5月31日，至上海视察江南制造成总局。8月，奉命调任直隶总督。9月，江南造船厂试制的第一艘轮船驶至江宁，曾登船试航，取名"恬吉"。12月，抵京师，陛见那拉氏与同治皇帝。

1869年（同治八年） 五十九岁。2月27日，奏陈直隶应办事宜，以练兵、饬吏、治河为至要。6月，奏请按湘军制改造直隶练军。8月，作《劝学篇示直隶士子》，提出儒学有义理、考据、经济、辞章四科，唯义理为治学根本。12月，奏陈："直隶清理积狱……计审结并注销之案四万一千余起，多作尘牍，为之一清。"

1870年（同治九年）六十岁。4月，肝病日重，右目完全失明。奏准病假一月。5月续假一月。6月，"天津教案"发生，奉命前往处理。7月11日，抵津。出令放告，要求津民据实检举揭发。23日，法国公使罗叔亚来见，要求杀天津道员、知府、知县为法领事抵命，并以战争相威胁，曾国藩严词拒绝。24日，奏陈：挖眼剖心，全无实据；津民生愤，事出有因。8月，奏陈：本案凶犯已拿获九名，唯罗叔亚意欲"三员议抵"，断难允求。府、县本无大过送交刑部已属情轻法重。9月，两江总督马新贻遇刺身亡，曾国藩调任两任总督，李鸿章调补直隶总督。10月17日，起程南下。11月3日，六十大寿，御赐"勋高柱石"匾额。24日，作家训日课四条：一曰慎读则心安，二曰主敬则身强，三曰求仁则人说，四曰习劳则神钦。

1871年（同治十年）六十一岁。8月19日，挈李鸿章联衔会奏《拟选子第出洋学艺折》。9月，视察水陆各营防务、训练情况。11月抵上海，23日在沪设宴庆祝六十一岁生日。

1872年（同治十一年）六十二岁。2月27日，领衔上奏：促请对"派遣留学生一事"尽快落实。并提出在美国设立"中国留学生事务所"，推荐陈兰彬、容闳为正副委员常驻美国管理。在上海设立幼童出洋肄业局，荐举刘翰清"总理沪局选送事宜"。3月1日，时发脚麻之症，舌謇不能语。3月12日，午后散步署西花圃，突发脚麻，曾纪泽扶掖回书房，端坐三刻逝世。是月，清廷闻讣，辍朝三日。追赠太傅，谥文正。6月25日，灵柩运抵长沙。7月19日，葬于长沙南门外之金盆岭。次年12月13日，改葬于善化县（今望城县）湘西平塘伏龙山。与夫人欧阳氏合葬。

附录二 曾国藩传世语录

1. 一念之善,吉神随之。一念之恶,厉鬼随之。知此可以役使鬼神。

2. 闻人善则疑之,闻人恶则信之,此满腔杀机也。

3. 无为名尸,勘破幻妄也。无为谋府,无思也。无为事任,无为也。无为知主,地知也。然须定得性了,方行得四者,不然实行不去。庄子曰:"吾以无为为乐矣,又俗之所大苦也。"大颠曰:"众人而不思不为,则天下之理几乎息矣。"应事接物只是一个情字为累,若无情则无累矣在,故曰圣人无情。

4. 君子贵通天下之志,疾恶太严则伤公明之体。

5. 凡人言及非人非理事,我虽不与谋,若从旁附和一句,便自有罪。故处此有三道,以至诚感悟之,上也。去其太甚,次也。漠然不置是非于其间,又其次也。

6. 事涉刻薄者,即所持甚正,亦不可自我开端。

7. 凡处事但自家踏得田地稳,一任间言语。

8. 伤化毁俗者,虽亲虽贵,必疏而远之。清公贞修者,虽微虽贱,必亲而近之。

9. 善人固可亲,未能知,不可急合。恶人固可疏,未能远,不可急去。

10. 小人如虎狼蛇蝎,殆又甚焉。虎狼之威,蛇蝎之状,皆知其足以害己,深避而预防之。小人则心如虎狼,其貌驺虞,念如蛇蝎,其言鸾和,人不知其将害己而狎之,鲜弗及矣。

11. 称人之善,我有一善,又何妒焉?称人一恶,我有一恶,又何毁焉?

12. 闻人之善而掩覆之，或文致以诬其心。闻人之过而播扬之，或枝叶以多其罪，此皆得罪于鬼神者也，吾党戒之。

13. 论人情只往薄处求说，人心只往恶边想，此是私而该底念头，自家便是个小人。古人责人，每于有过中求无过。此是长厚心，盛德事。学者熟思，自有滋味。

14. 古人爱人之意多，今人恶人之意多。爱人，故人易于改过，而视我也常亲，我之教益易行。恶人，故人甘于自弃，而视我也常仇，我之言必不入。

15. 将古人心信今人，真是信不过。若以古人至诚之道感今人，今人未必在豚鱼下也。

16. 水激逆流，火激横发，人激乱作，君子慎其所以激之者。愧之则小人可使为君子，激之则君子可使为小人。

17. 君子称人之善而非誉也，折人之过而非毁也，毁其劝善而改过也。小人不然，善则忌之，过则扬之。

18. 小人专望人恩，恩过不感。君子不轻受人恩，受则难忘。

19. 衣冠之族，以清白遗世为本，务要恬穆省事，凡贪戾刻薄之夫，皆不宜与之相接。

20. 人若一味见人不是，则到处可憎，终日落嗔。

21. 凡权要人声势赫然时，我不可犯其锋，亦不可与之狎，敬而远之，全身全名之道也。

22. 将事而能弭，遇事而能捄，既事而能挽，此之谓达权。此之谓才。未事而知其来，始事而要其终，定事而要其变，此之谓长虑，此之谓识。

23. 人只是怕当局，当局者之十，不足以旁观者之五。智臣以得失而昏也，胆气以得失而奋也。只没了得失心，则声气舒展，此心与旁观者一般，何事不济？

24. 两君子无争，相让故也。一君子一小人无争，有容故也。争者两小人也，有识者奈何自处于小人。

25. 君子不可以不忍也，忍欲则不屈于物，忍剧则不扰于事，忍挠则不折于势，忍穷则不苟于进，故曰，必有忍乃有济。

26. 君子多思不若养志，多言不若守静，多才不若蓄德。

27. 凡遇事须安详和缓以处之，若一慌忙，便恐有错。盖天下何事不从忙中错了。故从容安详，为处事第一法。

28. 人生一日或闻一善言，见一善行，行一善事，此日方不虚生。遇富贵人，宜劝他宽，见聪明人宜劝他厚。

29. 得失有定数，求而不得者多矣，纵求而得，亦是命所应有。安然则受，未必不得，自多营营耳。

30. 择友乃人生每一要义。一生之成败，皆关乎朋友贤否，不可不慎也。

31. 人之所资，须自挣而勿待人予。成大事者须善用时机，借梯而上。

32. 予人一分面子，人必予两分面子。伤人一分面子，人必损十分面子。为人处世，面子不可不慎。

33. 概天下无无瑕之才、无隙之交。大过改之，微瑕涵之，则可。

34. 尝自虑执德不宏，量既隘而不足以采天下之善，矿不敢执一律求之。虽偏长薄善，敬其有裨于吾，示尝不博取焉以自资益；其有以谠言急论陈于前者，既不必有当于吾，未尝不深感其意，以为彼之所以爱我者，异于众人泛然相遇情也。

35. 人生在世，个人不可成事也。欲成大事，须营运关系，借他人之力以成自己之事。

36. 凡事不可占人半点便宜。情愿人占吾便宜，断不肯吾占人的便宜。

37. 雅量由于性生，然亦恃学力以养之唯以圣贤律己，躬自厚而薄责于人，则度量闳深矣。

38. 观古今成大事者，无不有人相助相扶，力单者无以成大业。

39. 凡人才高下，视其志趣。卑者安流俗庸陋之规，而日趋污下；高者慕往哲隆盛之规，而日高即明。贤否智愚，所由区也。

40. 士人读书，第一要有志，第二要有识，第三要有恒心。有志则决不甘心为下流；有识则知道学问没有止境，不敢以一得就自足。如河伯观海，如井蛙看天，都是无识之人。有恒心则绝无不成功的事。这三条缺一不可。

41. 知己之过失，即自为承认之地，改去毫无吝惜之心，此最难之事。

42. 天下古今之庸人，皆以一"惰"字至败，天下古今之才人，皆以一"傲"字至败。

附录三 《曾国藩家书》精选

《曾国藩家书》是研究曾国藩其人及这一历史时期的重要资料,也是曾国藩著述中影响最大的部分,是旧时代读书人的必读之书。

下面精选具有代表性的34封曾国藩家书,读懂曾国藩、吃透曾国藩。

只有进德修业两事靠得住

（1844年10月10日与诸弟书）

四位老弟左右：

昨廿七日接信,畅快之至,以信多而处处详明也。四弟七夕诗甚佳,已详批诗后;从此多作诗亦甚好,但须有志有恒,乃有成就耳。余于诗亦有工夫,恨当世无韩昌黎及苏黄一辈人,可与发吾狂言者。但人事太多,故不常作诗;用心思索,则无时敢忘之耳。

吾人只有进德、修业两事靠得住。进德,则孝悌仁义是也;修业,则诗文作字是也。此二者由我做主,得尺则我之尺也,得寸则我之寸也。今日进一分德,便算积了一升谷;明日修一分业,又算余了一文钱;德业并增,则家私日起。至于功名富贵,悉由命定,丝毫不能自主。昔某官有一门生为本省学政,托以两孙,当面拜为门生。后其两孙岁考临场大病,科考丁艰,竟不入学。数年后两孙乃皆入,其长者仍得两榜。此可见早迟之际，时刻皆有前定，尽其在我，听其在天，万不可稍生妄想。六弟天分较诸弟更高，今年受黜，未免愤怨，然及此正可困心横虑，大加卧薪尝胆之功，切不可因愤废学。

九弟劝我治家之法，甚有道理，喜甚慰甚！自荆七遣去之后，家中亦甚整齐，问率五归家便知。《书》曰："非知之艰，行之维艰。"九弟所言之理，亦我所深知者，但不能庄严威厉，使人望若神明耳。自此后，当以九弟言书诸绅而刻刻警省。季弟信天性笃厚，诚如四弟所云"乐何如之"。求我示读书之法，及进德之道。另纸开示，余不具。

兄国藩手草
道光廿四年八月廿九日

做个光明磊落、神钦鬼服之人

（1850年2月20日与诸弟书）

澄侯、温甫、子植、季洪四位老弟足下：

正月初六日接到家信三函：一系十一月初三所发，有父亲手谕，温弟代书者；一系十一月十八所发，有父亲手谕，植弟代书者；一系十二月初三澄侯弟在县城所发一书，甚为详明，使游子在外，巨细了然。

庙山上金叔不知为何事，而可取"腾七之数"？若非道义可得者，则不可轻易受此。要做好人，第一要在此处下手。能令鬼服神钦，则自然识日进气日刚。否则不觉坠入卑污一流，必有被人看不起之日，不可不慎。诸弟现处极好之时，家事有我一人担当，正当做个光明磊落、神钦鬼服之人，名声既出，信义既著，随便答应，无事不成，不必爱此小便宜也。

父亲两次手谕，皆不欲予乞假归家。而予之意，甚思日侍父母之侧，不得不为迎养之计。去冬家书曾以归省、迎养二事与诸弟相商。今父亲手示既不许归省，则迎养之计更不可缓。所难者，堂上有四位老人，若专迎父母而不迎叔父母，不特予心中不安，即父母心中亦必不安；若四位并迎，则叔母病未全好，远道跋涉尤艰。予意欲于今年八月初旬，迎父亲母亲叔父三位老人来京，留叔母在家，诸弟妇细心伺候。明年正月元宵节后，即送叔父回南，我得与叔父相聚数月，则我之心安。父母得与叔父同行数千里到京，则父母之心安。叔母在家半年，专雇一人服侍，诸弟妇又细心奉养，则叔父亦可放心。叔父在家，抑郁数十年，今出外潇洒半载，又得观京师之壮丽，又得与侄儿侄妇侄孙团聚，则叔父亦可快畅。在家坐轿至湘潭，澄侯先至潭，雇定好船，伺候老人开船后，澄弟即可回家。船至汉口，予遣荆七在汉口迎接，由汉口坐三乘轿至京，行李婢仆，则用小车，甚为易办。求诸弟细商堂上老人，春间即赐回信，至要至要！

李泽县、李英灿进京，余必加意庇护。八斗冲地，望绘图与我看。诸弟自侍病至葬事，十分劳苦，我不克帮忙，心甚歉愧！

京师大小平安。皇太后大丧，已于正月初七日廿七日满，脱去孝衣。初八日系祖父冥诞，我作文致祭，即于是日亦脱白孝，以后照常当差。心中万绪，不及尽书，统容续布。

兄国藩手草
道光三十年正月初九日

第一要除骄傲习气

（1844年9月2日与父母书）

男国藩跪禀：

父母亲大人万福金安。六月廿日，接六弟五月十二日书。七月十六日，接四弟九弟五月廿九日书。皆言忙迫之至，寥寥数语，字迹潦草，即县试案首前列皆不写出。同乡有同日接信者，即考古老先生，皆已详载。同一折差也。各家发信，迟十余日而从容；诸弟发信，早十余日而忙迫，何也？且次次忙迫，无一次稍从容者，又何也？

男等在京大小平安，同乡诸家皆好；惟汤海秋于七月初八日得病，初九日未刻即逝。六月廿八考教习,冯树堂、郭筠仙、朱啸山皆取。湖南今年考差,仅何子贞得差,余皆未放,惟陈岱云光景最苦。男因去年之病,反以不放为乐。王仕四已善为遣回,率五大约在粮船回,现尚未定;渠身体平安,二妹不必挂心。叔父之病,男累求详信直告,至今未得,实不放心。

甲三读《尔雅》,每日二十余字,颇肯率教。六弟今年正月信,欲从罗罗山处附课,男甚喜之!后来信绝不提及,不知何故?所付来京之文,殊不甚好。在省读书二年,不见长进,男心实忧之而无如何,只恨男不善教诲而已。大抵第一要除骄傲气习,中无所有而夜郎自大,此最坏事。四弟九弟虽不长进,亦不自满,求大人教六弟,总期不自满足为要。余俟续呈。

男谨禀
道光廿四年七月二十日

要做到有志、有识、有恒
（1843年1月20日与诸弟书）

诸位贤弟足下：

十一月十七寄第三号信,想已收到。父亲到县纳漕,诸弟何不寄一信,交县城转寄省城也?以后凡遇有便,即须寄信,切要切要。

九弟到家,遍走各亲戚家,必各有一番景况,何不详以告我?

四妹小产,以后生育颇难,然此事最大,断不可以人力勉强,劝渠家只须听其自然,不可过于矜持。又闻四妹起最晏,往往其姑反服侍他;此反常之事,最足折福,天下未有不孝之妇而可得好处者,诸弟必须时劝导之,晓之以大义。

诸弟在家读书,不审每日如何用功?余自十月初一日立志自新以来,虽懒惰如故,而每日楷书写日记,每日读史十页,每日记"茶余偶谈"一则,此三事未尝一日间断。十月廿一日立誓永戒吃水烟,洎今已两月不吃烟,已习惯成自然矣。予自立课程甚多,惟记"茶余偶谈"、读史十页、写日记楷本此三事者,誓终身不间断也。诸弟每人自立课程,必须有日日不断之功,虽行船走路，俱须带在身边。予除此三事外，他课程不必能有成，而此三事者，将终身行之。

前立志作《曾氏家训》一部，曾与九弟详细道及。后因采择经史，若非经史烂熟胸中，则割裂零碎，毫无线索。至于采择诸子各家之言，尤为浩繁，虽抄数百卷，犹不能尽收。然后知古人作《大学衍义》《衍义补》诸书，乃胸中自有条例，自有议论，而随便引书以证明之，非翻书而遍抄之也。然后知著书之难，故暂且不作《曾氏家训》。若将来胸中道理愈多，议论愈贯串，仍当为之。

盖士人读书，第一要有志，第二要有识，第三要有恒。有志则断不甘为下流，有识则知学问无尽，不敢以一得自足，如河伯之观海，如井蛙之窥天，皆无识者也。有恒则断无不成之事，此三者缺一不可。诸弟此时惟有识不可以骤几，至于有志、有恒，则诸弟勉之而已。予身体甚弱，不能苦思，苦思则头晕，不耐久坐，久坐则倦乏，时时属望，惟诸弟而已。

明年正月，恭逢祖父大人七十大寿，京城以进十为正庆。予本拟在戏园设寿筵，窦兰泉及艮峰先生劝止之，故不复张筵。盖京城张筵唱戏，名曰庆寿，实则打把戏。兰泉之劝止，正以此故。现作寿屏两架，一架淳化笺四大幅，系何子贞撰文并书，字有茶碗口大。一架冷金笺八小幅，系吴子序撰文，予自书。淳化笺系内府用纸，纸厚如钱，光彩耀目，寻常琉璃厂无有也。昨日偶有之，因买四张。子贞字甚古雅，惜太大，万不能寄回。奈何奈何！

侄儿甲三体日胖而颇蠢，夜间小解知自报，不至于湿床褥。女儿体好，最易扶携，全不劳大人费心力。

今年冬间，贺耦庚先生寄三十金，李双圃先生寄二十金，其余尚有小进项。汤海秋又自言借百金与我用，计还清兰溪、寄云外，尚可宽裕过年。统计今年除借会馆房钱外，仅借百五十金，岱云则略多些。岱云言在京已该账九百余金，家中亦有此数，将来正不易还。寒士出身，不知何日是了也！我在京该账尚不过四百金，然苟不得差，则日见日紧矣。书不能尽言，惟诸弟鉴察。

兄国藩手草

道光廿二年十二月二十日

附课程表

一、主敬整齐严肃，无时不俱。无事时心在腔子里，应事时专一不杂。

二、静坐每日不拘何时，静坐一会，体验静极生阳来复之仁心，正位凝命，如鼎之镇。

三、早起黎明即起，醒后勿沾恋。

四、读书不二一书未点完，断不看他书。东翻西阅，都是徇外为人。

五、读史廿三史每日读十页，虽有事，不间断。

六、写日记须端楷，凡日间过恶：身过、心过、口过，皆记出，终身不间断。

七、日知其所亡每日记"茶余偶谈"一则，分德行门、学问门、经济门、艺术门。

八、月无忘所能每月作诗文数首，以验积理之多寡，养气之盛否。

九、谨言刻刻留心。

十、养气无不可对人言之事，气藏丹田。

十一、保身谨遵大人手谕：节欲，节劳，节饮食。

十二、作字早饭后作字，凡笔墨应酬，当作自己功课。

十三、夜不出门旷功疲神，切戒切戒。

能立志则何事皆可为

（1844 年 10 月 30 日与诸弟书）

四位老弟足下：

自七月发信后未接诸弟信，乡间寄信较省城百倍之难，故余亦不望也。

九弟前信有意与刘霞仙同伴读书，此意甚佳。霞仙近来读朱子书大有所见，不知其言语容止、规模气象何如？若果言动有礼，威仪可则，则直以为师可也，岂特友之哉！然与之同居，亦须真能取益乃佳，无徒浮慕虚名。人苟能自立志，则圣贤豪杰何事不可为？何必借助于人！"我欲仁，斯仁至矣。"我欲为孔孟，则日夜孜孜，曾国藩撰写的对联惟孔孟之是学，人谁得而御我哉？若自己不立志，则虽日与尧舜禹汤同住，亦彼自彼，我自我矣，何与于我哉！

去年温甫欲读书省城，吾以为离却家门局促之地，而与省城诸胜己者处，其长进当不可限量。乃两年以来看书亦不甚多，至于诗文，则绝无长进，是不得归咎于地方之局促也。去年余为择师丁君叙忠，后以丁君处太远，不能从，余意中遂无他师可从。今年弟自择罗罗山改文，而嗣后杳无信息，是又不得归咎于无良友也。日月逝矣，再过数年则满三十，不能不趁三十以前立志猛进也。

余受父教，而余不能教弟成名，此余所深愧者。他人与余交，多有受余益者，而独诸弟不能受余之益，此又余所深恨者也。今寄霞仙信一封，诸弟可抄存信稿而细玩之。此余数年来学思之力，略具大端。

六弟前嘱余将所作诗录寄回。余往年皆未存稿，近年存稿者不过百余首耳，实无暇抄写，待明年将全本付回可也。

兄国藩草
道光廿四年九月十九日

强毅之气绝不可无

（1858年2月17日与九弟曾国荃书）

沅甫九弟左右：

十二月廿八日接弟廿一日手书，欣悉一切。

临江已复，吉安之克实意中事。克吉之后，弟或带中营围攻抚州，听候江抚调度；或率师随迪安北剿皖省，均无不可。届时再行相机商酌。此事我为其始，弟善其终，补我之阙，成父之志，是在贤弟竭力而行之，无为遽怀归志也。

弟书自谓是笃实一路人，我自信亦笃实人，只为阅历世途、饱更事变，略参些机权作用，把自家学坏了。实则作用万不如人，徒惹人笑，教人怀憾，何益之有？近月忧居猛省，一味向平实处用心，将自家笃实的本质，还我真面、复我固有。贤弟此刻在外，亦急须将笃实复还，万不可走入机巧一路，日趋日下也。纵人以巧诈来，我仍以浑含应之，以诚愚应之，久之，则人之意也消。

若钩心斗角，相迎相距，则报复无已时耳。

至于强毅之气，决不可无，然强毅与刚愎有别。古语云：自胜之谓强。曰强制，曰强恕，曰强为善，皆自胜之义也。如不惯早起，而强之未明即起；不惯庄敬，而强之坐尸立斋；不惯劳苦，而强之与士卒同甘苦，强之勤劳不倦，是即强也。不惯有恒，而强之贞恒，即毅也。舍此而求以客气胜人，是刚愎而已矣。二者相似，而其流相去霄壤，不可不察，不可不谨。

李云麟气强识高，诚为伟器，微嫌辩论过易。弟可令其即日来家，与兄畅叙一切。

兄身体如常，惟中怀郁郁，恒不甚舒畅，夜间多不成寐，拟请刘镜湖三爷来此，一为诊视。闻弟到营后，体气大好，极慰极慰。九弟媳近亦平善，元旦至新宅拜年。叔父、六弟亦来新宅。余与澄弟等初二至白玉堂，初三请本房来新宅。任尊家酬完龙愿三日，因五婶脚痛所许，初四即散，仅至女家及攸宝庵，并未烦动本房。温弟与迪安联姻，大约正月定庚。科四前耍包铳药之纸，微伤其手，现已全愈。邓先生订十八入馆。葛先生拟十六去接。甲三姻事，拟对筱房之季女，现尚未定。三女对罗罗山次子，则已定矣。

刘詹岩（绎）先生得一见否？为我极道歉忱。黄莘翁之家属近状何如？苟有可为力之处，弟为我多方照拂之。渠为劝捐之事怄气不少，吃亏颇多也。

母亲之坟，今年当觅一善地改葬，惟兄脚力太弱，而地师又无一可信者，难以下手耳。余不一一。顺问近好，诸惟心照。

再，带勇总以能打仗为第一义，现在久顿坚城之下，无仗可打，亦是闷事。如可移扎水东，当有一二大仗开。弟营之勇，锐气有余，沉毅不足，气浮而不敛，兵家之所忌也，尚祈细察。偶作一对联箴弟云：

> 打仗不慌不忙，先求稳当，次求变化；
> 办事无声无臭，既要精到，又要简捷。

贤弟若能行此数语，则为阿兄争气多矣。国藩又行，初四夜。

咸丰八年正月初四日

读此十一种书,见解日开

(1858年11月3日与大儿子曾纪泽书)

字谕纪泽儿:

　　闻儿经书将次读毕,差用少慰。自《五经》外,《周礼》《仪礼》《尔雅》《孝经》《公羊》《谷梁》六书自古列之于经,所谓十三经也。此六经宜请塾师口授一遍。尔记性平常,不必求熟。十三经外所最应熟读者莫如《史记》《汉书》《庄子》《韩文》四种。余生平好此四书,嗜之成癖,恨未能一一诂释笺疏,穷力讨治。

　　自此四种而外,又如《文选》《通典》《说文》《孙武子》《方舆纪要》、近人姚姬传所辑《古文辞类纂》、余所抄十八家诗,此七书者,亦余嗜好之次也。凡十一种,吾以配之五经四书之后,而《周礼》等六经者,或反不知笃好,盖未尝致力于其间,而人之性情各有所近焉尔。吾儿既读五经四书,即当将此十一书寻究一番,纵不能讲习贯通,亦当思涉猎其大略,则见解日开矣。

涤生手谕
咸丰八年九月廿八日

读书不必求记,但须求个明白

(1859年7月13日与大儿子曾纪泽书)

字谕纪泽儿:

　　接尔廿九、三十日两禀,得悉《书经》注疏看《商书》已毕。《书经》注疏颇庸陋,不如《诗经》之赅博。我朝儒者,如阎百诗、姚姬传诸公,皆辨别古文《尚书》之伪,孔安国之传亦伪作也。

　　盖秦燔书后,汉代伏生所传,欧阳及大小夏侯所习,皆仅二十八篇,所谓今文《尚书》者也。厥后孔安国家有古文《尚书》,多十余篇,遭巫蛊之事,未得立于学官,不传于世。厥后张霸有《尚书》百两篇,亦不传于世。后汉贾逵、马、郑作古文《尚书》注解,亦不传于世。至东晋梅颐始献古文《尚书》并孔安国传,自六朝唐宋以来承之，即今通行之本也。自吴才老及朱子、梅鼎祚、归震川，皆疑其为伪，至阎百诗遂专著一书以痛辨之，名曰《疏证》。自是辨之者数十家，人人皆称伪古文、伪孔氏也。《日知录》中略著其原委。王西庄、孙渊如、江艮庭三家皆详言之（《皇清经解》中皆有江书，不足观）。此亦《六经》中一大案，不可不知也。

尔读书记性平常，此不足虑。所虑者，第一怕无恒，第二怕随笔点过一遍，并未看得明白，此却是大病。若实看明白了，久之必得些滋味，寸心若有怡悦之境，则自略记得矣。尔不必求记，却宜求个明白。

邓先生讲书，仍请讲《周易折中》。余圈过之《通鉴》，暂不必讲，恐污坏耳。尔每日起得早否？并问。此谕。

六月十四日辰刻，涤生手示
咸丰九年六月十四日

看、读、写、作，四者每日不可缺一

（1858年8月29日与大儿子曾纪泽书）

字谕纪泽儿：

余此次出门，略载日记，即将日记封每次家信中。闻林文忠家书，即系如此办法。

尔在省，仅至丁、左两家，余不轻出，足慰远怀。读书之法，看、读、写、作，四者每日不可缺一。看者，如尔去年看《史记》《汉书》韩文《近思录》，今年看《周易折中》之类是也。读者，如《四书》《诗》《书》《易经》《左传》诸经、《昭明文选》、李杜韩苏之诗、韩欧曾王之文，非高声朗诵则不能得其雄伟之概，非密咏恬吟则不能探其深远之韵。譬之富家居积，看书则在外贸易，获利三倍者也，读书则在家慎守，不轻花费者也。譬之兵家战争，看书则攻城略地，开拓土宇者也，读书则深沟坚垒，得地能守者也。看书如子夏之"日知所亡"相近，读书与"无忘所能"相近，二者不可偏废。

至于写字，真行篆隶，尔颇好之，切不可间断一日。既要求好，又要求快。余生平因作字迟钝，吃亏不少。尔须力求敏捷，每日能作楷书一万，则几矣。

至于作诸文，亦宜在二三十岁立定规模，过三十后则长进极难。作四书文，作试帖诗，作律赋，作古今体诗，作古文，作骈体文，数者不可一一讲求，一一试为之。少年不可怕丑，须有狂者进取之趣，过时不试为之，则后此弥不肯为矣。

至于作人之道，圣贤千言万语，大抵不外"敬恕"二字。"仲弓问仁"一章，言敬恕最为亲切。自此以外，如"立则见其参于前也，在舆则见其倚于衡也"，"君子无众寡，无小大，无敢慢"，斯为泰而不骄；"正其衣冠，俨然望人而畏，斯为威而不猛"。是皆言敬之最好下手者。孔言欲立立人，欲达达人；孟言行有不得，反求诸己。以仁存心，以礼存心；有终身之忧，无一朝之患。是皆言恕之最好下手者。尔心境明白，于恕字或易著功，敬字则宜勉强行之。此立德之基，不可不谨。

科场在即，亦宜保养身体。余在外平安，不多及。

再，此次日记，已封入澄侯叔函中寄至家矣。余自十二至湖口，十九夜五更开船晋江西省，廿一日申刻至章门。余不多及。又示。

咸丰八年七月廿一日

兴家在勤、敬、和三字

（1854年10月2日与诸弟书）

澄侯、温甫、子植、季洪四弟足下：

久未遣人回家，家中自唐二、维五等到后，亦无信来，想平安也。

余于廿九日自新堤移营，八月初一日至嘉鱼县。初五日自坐小舟，至牌洲看阅地势，初七日即将大营移驻牌洲。水师前营左营、中营自七月廿三日驻扎金口。廿七日贼匪水陆上犯，我陆军未到，水军两路堵之，抢贼船二只，杀贼数十人，得一胜仗，罗山于十八、廿三、廿四、廿六日等日得四胜仗。初四发折俱详叙之，兹付回。

初三日接上谕廷寄，余得赏三品顶戴，现具折谢恩，寄谕并折寄回。余居母丧，并未在家守制，清夜自思，局蹐不安。若仗皇上天威，江面渐次肃清，即当奏明回籍，事父祭母，稍尽人子之心。

诸弟及儿侄辈，务宜体我寸心，于父亲饮食起居十分检点，无稍疏忽，于母亲祭品礼仪必洁必诚，于叔父处敬爱兼至，无稍隔阂。

兄弟妯娌，总不可有半点不和之气。凡一家之中，勤敬二字，能守得几分，未有不兴；若全无一分，无有不败。和字能守得几分，未有不兴；不和未有不败者。诸弟试在乡间，将此三字于族戚人家，历历验之，必以吾言为不谬也。

诸弟不好收拾洁净，比我尤甚，此是败家气象。嗣后务宜细心收拾，即一纸一缕，竹头木屑，皆宜捡拾伶俐，以为儿侄之榜样。一代疏懒，二代淫佚，则必有昼睡夜坐，吸食鸦片之渐矣。四弟九弟较勤，六弟季弟较懒；以后勤者愈勤，懒者痛改，莫使子侄学得怠惰样子，至要至要！子侄除读书外，教之扫屋、抹桌凳、收粪、锄草，是极好之事，切不可以为有损架子而不为也。

前寄来曝笋殊不佳，大约以盐菜蒸几次，又咸又苦，将笋味全夺去矣。往年寄京有曝竹，今年寄营有曝盐菜，此虽小事，亦足见我家妇职之不如老辈也，因便附及，一笑。烦禀堂上大人，余不一一。

坐小舟至金口看营，船太动摇，故不成字。

兄国藩手草
咸丰四年八月十一日

耐烦为居官第一要义

（1858 年 3 月 31 日与九弟曾国荃书）

沅甫九弟左右：

十四日发第八号信，交春二等带往，并带璧还金、史两处银二百二十两，想将收到。是夕接弟初七夜信，得知一切。

贵溪紧急之说确否？近日消息何如？次青非常之才，带勇虽非所长，然亦有百折不回之气。其在兄处，尤为肝胆照人，始终可感！兄在外数年，独惭无以对渠，去腊遣韩升至李家省视，其家略送仪物。又与次青约成婚姻，以申永好，目下儿女两家，无相当者；将来渠或三索得男，弟之次女、三女可与之订婚，兄信已许之矣。在吉安望常常与之通信，专人往返，想十余日可归也。但得次青生还与兄相见，则同甘苦患难诸人中，尚不至留莫大之愧歉耳。

昔耿恭简公谓居官以耐烦为第一要义，带勇亦然。兄之短处在此，屡次谆谆教弟亦在此，廿七日来书有云："仰鼻息于傀儡膻腥之辈，又岂吾心之所乐？"此已露出不耐烦之端倪，将来恐不免于龃龉。去岁握别时，曾以惩余之短相箴，乞无忘也！

甲三《史》《汉》、韩文二月中可看毕，三月即看《近思录》《周易折中》《四书汇参》等书。一则使略知立身行己之大要，一则有益于制艺也。

李雨苍于十七日起行赴鄂，渠长处在精力坚强，聪明过人，短处即在举止轻佻，言语易伤，恐咏公亦未能十分垂青，温甫弟于十一日起程，大约三月半可至吉安也。

九弟妇日内痊愈，业在地下照料一切。展转床褥已历弥月，亦由体气素弱之故。以后再服补剂，必有大裨，弟尽可放心。余不一一。

兄国藩手草
咸丰八年二月十七日

凡将才有四大端

（1857年12月12日与九弟曾国荃书）

沅甫九弟左右：

廿三夜彭一归，接弟十五书，具悉一切。

吉安此时兵势颇盛。军营虽以人多为贵，而有时亦有人多为累。凡军气宜聚不宜散，宜忧危不宜悦豫。人多则悦豫，而气渐散矣。

营虽多，而可恃者惟在一二营；人虽多，而可恃者惟在一二人。如木然，根好、株好而后枝叶有所托；如屋然，柱好、梁好而后椽瓦有所丽。今吉安各营，以余意揆之，自应以吉中营及老湘胡、朱等营为根株，为柱梁。此外如长和，如湘后，如三宝，虽素称劲旅，不能不侪之于枝叶、椽瓦之列。遇小敌时，则枝叶之茂，椽瓦之美，尽可了事；遇大敌时，全靠根株培得稳，柱梁立得固，断不可徒靠人数之多，气势之盛。倘使根株不稳，柱梁不固，则一枝折而众叶随之，一瓦落而众椽随之，败如山崩，溃如河决，人多而反以为累矣。

史册所载，战事以人多而为害者，不可胜数。近日如抚州万余人卒致败溃，次青本营不足以为根株，为梁柱也；瑞州万余人卒收成功，峙衡一营足以为根株，为梁柱也。弟对众营立论，虽不必过于轩轾，而心中不可无一定之权衡。

来书言弁目太少，此系极要关键。吾廿二日荐曾纪仁赴吉充什长，已收用否？兹冯十五往吉，若收置厨下，亦能耐辛苦。

凡将才有四大端：一曰知人善任，二曰善觇敌情，三曰临阵胆识（峙有胆，迪、厚有胆识），四曰营务整齐。吾所见诸将，于三者略得梗概，至于善觇敌情，则绝无其人。古之觇敌者，不特知贼首之性情伎俩，而并知某贼与某贼不和，某贼与伪主不协，今则不见此等好手矣。贤弟当于此四大端下功夫，而即以此四大端察同僚及麾下之人才。第一、第二端，不可求之于弁目散勇中；第三、第四端，则末弁中亦未始无材也。

家中大小平安。葛亦山先生回家六日未来，闻其弟喉痛，或未愈耳。科一、科四、科六皆在馆。甲五课之点读，尚属安静，弟可放心。尧阶于廿二来，廿八可归。洪、夏所争之地，余意欲买之。以东阳叔祖极称其好，不知可得否。

胡润之中丞奏请余率水师东下，廿七日送寄谕来家，兹抄寄弟营一阅。余俟续布。弟初九日所发之信由省城转达者，亦廿七始到也。顺问近好。

亦山不在此，命科四等写一禀安帖。

兄国藩手草

咸丰七年十月廿七日夜（第六号）

满招损，谦受益

（1860年12月6日与曾国荃、曾国葆书）

沅弟、季弟左右：

恒营专人来，接弟各一信，并季所寄干鱼，喜慰之至。久不见此物，两弟各寄一次，从此山人足鱼矣。

沅弟以我切责之缄，痛自引咎，俱蹈危机，而思自进于谨言慎行之路，能如是，是弟终身载福之道，而吾家之幸也！季弟信亦平和温雅，远胜往年傲岸气象。

吾于道光十九年十一月初二日进京散馆，十月廿八日早侍祖父星冈公于阶前，请曰："此次进京，求公教训。"星冈公曰："尔之官是做不尽的，尔之才是好的，但不可傲。满招损，谦受益，尔若不傲，更好全了！"遗训不远，至今尚如耳提面命。今吾仅述此语告诫两弟，总以除傲字为第一义。唐虞之恶人，曰"丹朱，傲"，曰"象，傲"，桀纣之无道，曰"强足以拒谏，辨足以饰非"，曰"谓己有天命，谓敬不足行"，皆傲也。

吾自八年六月再出，即力戒惰字，以儆无恒之弊，近来又力戒傲字。昨日徽州未败之前，次青心中不免有自是之见，既败之后，余益加猛省。大约军事之败，非傲即惰，二者必居其一；巨室之败，非傲即惰，二者必居其一。

余于初六日所发之折，十月初可奉谕旨。余若奉旨派出，十日即须成行。兄弟远别，未知相见何日？惟愿两弟戒此二字，并戒后辈当守家规，则余心大慰耳！

咸丰十年十月廿四日

惟谦谨是载福之道

（1861年2月13日与四弟曾国潢书）

澄侯四弟左右：

腊底由九弟处寄到弟信并纪泽十一月十五、十七日等语，具悉一切。

弟于世事，阅历渐深，而信中不免有一种骄气；天地间惟谦谨是载福之道。骄则满，满则倾矣。凡动口动笔，厌人之俗，嫌人之鄙，议人之短，发人之覆，皆骄也。无论所指未必果当，即使一一切当，已为天道所不许。吾家子弟，满腔骄傲之气，开口便道人短长，笑人鄙陋，均非好气象。贤弟欲戒子侄之骄，先须将自己好议人短，好发人覆之习气，痛改一番，然后令后辈事事警改。

欲去骄字，总以不轻非笑人为第一义；欲去惰字，总以不晏起为第一义。弟若能谨守星冈公之八字（考宝早扫，书蔬鱼猪），三不信（不信僧巫，不信医药，不信地仙），又谨记愚兄之去骄去惰，则家中子弟日趋于恭谨而不自觉矣。

此间军事如常。左鲍二军鄱阳、建德交界之区，尚未开仗，贼数太多，未知能否得手。祁门、黟县、渔亭等处尚属平安。余身体无恙，惟齿痛耳。顺问近好。

兄国藩手草

正月初四日（十一年第一号）

俭以养廉，直而能忍

（1863年12月24日与四弟曾国潢书）

澄弟左右：

十一月十一日朱斋三来，接十月初六日一函，具悉一切。团山嘴桥稍嫌用钱太多，南塘竟希公祠宇亦尽可不起。湖南作督抚者不止我曾姓一家，每代起一祠堂，则别家恐无此例，为我曾姓所创见矣。沅弟有功于国，有功于家，千好千好，但规模太大，手笔太廓，将来难乎为继。吾与弟当随时斟酌，设法裁减。此时竟希公祠宇业将告竣，成事不说，其星冈公祠及温甫、事恒两弟之祠皆可不修，且待过十年之后再看。至嘱至嘱。

余往年撰联赠弟，有"俭以养廉，直而能忍"二语。弟之直人人知之，其能忍则为阿兄所独知；弟之廉人人料之，其不俭则阿兄所不及料也。以后望弟于俭字加一番功夫，用一番苦心，不特家常用度宜俭，即修造公费，周济人情，亦须有一俭字意思，总之，爱惜物力，不失寒士之家风而已。莫怕寒碜二字，莫怕悭吝二字，莫贪大方二字，莫贪豪爽二字。弟以为然否？

温弟妇今年四十一岁。兹寄去银一百、燕菜二匣，以为贺生之礼。其余寄亲族之炭敬、芝圃之对，均交牧云带回。此间自苏州克复、苗沛霖伏诛后诸事平定。

即问近好。国藩手草
十一月十四日

惟胸襟广大是真正受用

（1864年3月4日与九弟曾国荃书）

沅弟左右：

廿五日接十八日来信，廿六日接廿二夜来信。天保城以无意得之，大慰大慰。此与十一年安庆北门外两小垒相似，若再得宝塔梁子，则火候到矣。

弟近来气象极好，胸襟必能自养其淡定之天，而后发于外者，有一段和平虚明之味。如去岁初奉不必专折奏事之谕，毫无怫郁之怀，近两月信于请饷请药毫无激迫之辞，此次于莘田、芝圃外家渣滓悉化，皆由胸襟广大之效验，可喜可敬。如金陵果克，于广大中再加一段谦退工夫，则萧然无与，人神同钦矣。富贵功名，皆人世浮荣，惟胸次浩大是真正受用。余近年专在此处下功夫，愿与我弟交勉之。

闻家中内外大小及姊妹亲族，无一不和睦整齐，皆弟连年筹画之功。愿弟出以广大之胸，再进以俭约之诚，则尽善矣。喜极答函，顺问近好。

国藩手草
正月廿六日

存其倔强，去其忿激

（1864年7月14日与九弟曾国荃书）

沅弟左右：

　　初十日接初七日申正信，于余初四日言及苏沪厘饷一事劝譬详明，深识名论，可慰可敬。

　　弟近年于阿兄忿激之时，辄以嘉言劝阻；即弟自发忿激之际，亦常有发有收。以此卜弟之德器不可限量，后福当亦不可限量。大抵任天下之大事以气，气之郁积于中者厚，故倔强之极，不能不流为忿激。以后吾兄弟动气之时，彼此互相劝诫，存其倔强，而去其忿激，斯可耳。

　　十二日之疏决不提及，弟于初九日秘诀一信亦决不可从。初十日接奉寄谕，词旨温润，无催迫之意，兹抄阅。将来咨文不另抄也。

　　　　　　　　　　　　　　　顺问近好。国藩手草
　　　　　　　　　　　　　　　同治三年六月十一日

修身齐家须以明强为本

（1863年6月10日与九弟曾国荃书）

沅弟左右：

　　廿七日接廿一日来信，具悉一切。

　　弟辞抚之意如此坚切，余廿二日代弟所作之折想必中意矣。

　　来信"乱世功名之际尤为难处"十字实获我心。本日余有一片，亦请将钦篆、督篆二者分出一席，另简大员。兹将片稿抄寄弟阅。

　　吾兄弟常存此兢兢业业之心，将来遇有机缘，即便抽身引退，庶几善始善终，免蹈大戾乎！至于担当大事，全在明强二字。《中庸》学、问、思、辨、行五者，其要归于愚必明，柔必强。弟向来倔强之气，却不可因位高而顿改。凡事非气不举，非刚不济，即修身齐家，亦须以明强为本。

巢县既克,和、含必可得手。以后进攻二浦,望弟主持一切,函告鲍、萧、彭、刘四公。余相隔太远,不遥制也。顺问近好。国藩手草。

弟公文不宜用"咨呈"。用"咨"以符通例。

同治二年四月廿七日

自修处可求强,胜人处莫求强

（1866年10月20日与九弟曾国荃书）

沅弟左右:

九月初六接弟八月廿七八日信,初十日接初五日樊城所发之信,具悉一切。

"顺斋"一事业已奏出,但望内召不甚着迹,换替者不甚掣肘,即为至幸。弟谓命运做主,余素所深信;谓自强者每胜一筹,则余不甚深信。凡国之强,必须多得贤臣工;家之强,必须多出贤子弟。此亦关乎天命,不尽由于人谋。至一身之强,则不外乎北宫黝、孟施舍、曾子三种。孟子之集义而慊,即曾子之自反而缩也。惟曾、孟与孔子告仲由之强,略为可久可常。此外斗智斗力之强,则有因强而大兴,亦有因强而大败。古来如李斯、曹操、董卓、杨素,其智力皆横绝一世,而其祸败亦异寻常。近世如陆、何、肃、陈亦皆予知自雄,而俱不保其终。故吾辈在自修处求强则可,在胜人处求强则不可。福益外家若专在胜人处求强,其能强到底与否尚未可知,即使终身强横安稳,亦君子所不屑道也。

贼匪此次东窜,东军小胜二次,大胜一次,刘、潘大胜一次,小胜数次,似已大受惩创,不似上半年之猖獗。但求不窜陕洛,即窜鄂境,或可收夹击之效。余定于明日请续假一月,十月请开各缺,仍留军营,刻一木戳,会办中路剿匪事宜而已。余详日记中,顺问近好。

九月十二日

男儿自立必须有倔强之气

（1864年7月19日与九弟曾国荃书）

沅弟左右：

　　接弟十二夜信，知连日辛苦异常，猛攻数日，并未收队，深为惦念。弟向来督攻，好往来于炮子如雨之中，此次想无二致也。

　　少荃前奏至湖州一看，仍回苏州。此次十六启行，不知径来金陵乎？抑先至湖州乎？"难禁风浪"四字璧还，甚好甚慰。古来豪杰皆以此四字为大忌。吾家祖父教人，亦以"懦弱无刚"四字为大耻。故男儿自立，必须有倔强之气。惟数万人困于坚城之下，最易暗销锐气。弟能养数万人之刚气而久不销损，此是过人之处，更宜从此加功。

　　子弹日内装就，明日开行，不知果赶得上否？余启行之期，仍候弟一确信也。

　　顺问近好。

兄国藩手草

六月十六日午初

人生惟有常是第一美德

（1862年5月2日与大儿子曾纪泽书）

字谕纪泽儿：

　　连接尔十四、廿二日在省城所发禀，知二女在陈家，门庭雍睦，衣食有资，不胜欣慰。

　　尔累月奔驰酬应，独能不失常课，当可日进无已。人生惟有常是第一美德。余早年于作字一道，亦尝苦思力索，终无所成。近日朝朝摹写，久不间断，遂觉月异而岁不同。可见年无分老少，事无分难易，但行之有恒，自如种树畜养，日见其大而不觉耳。

　　尔之短处在言语欠钝讷，举止欠端重，看书能深入而作文不能峥嵘。若能从此三事上下一番苦工，进之以猛，持之以恒，不过一二年，自尔精进而不觉。言语迟钝，举止端重，则德进矣。作文有峥嵘雄快之气，则业进矣。尔前作诗，差有端绪，近亦常作否？李杜韩苏四家之七古，惊心动魄，曾涉猎及之否？

此间军事，近日极得手。鲍军连克青阳、石埭、太平、泾县四城。沅叔连克巢县、和州、含山三城暨桐城闸、雍家镇、裕溪口、西梁山四隘。满叔连克繁昌、南陵二城暨鲁港一隘。现仍稳慎图之，不敢骄矜。

余近日疮癣大发，与去年九十月相等。公事丛集，竟日忙冗，尚多积阁之件。所幸饮食如常，每夜安眠，或二更三更之久，不似往昔彻夜不寐，家中可以放心。此信并呈澄叔一阅，不另致也。

涤生手示
同治元年四月初四日

读书可变化气质

（1862年5月22日与儿子曾纪泽、曾纪鸿书）

字谕纪泽、纪鸿儿：

今日专人送家信，甫经成行，又接王辉四等带来四月初十之信(尔与澄叔各一件)，藉悉一切。

尔近来写字，总失之薄弱，骨力不坚劲，墨气不丰腴，与尔身体向来轻字之弊正是一路毛病。尔当用油纸摹颜字之《郭家庙》，柳字之《琅琊碑》《玄秘塔》，以药其病。日日留心，专从厚重二字上用工。否则字质太薄，即体质亦因之更轻矣。

人之气质，由于天生，本难改变，惟读书则可变化气质。古之精相法者，并言读书可以变换骨相。欲求变之法，总须先立坚卓之志。即以余生平言之，三十岁前最好吃烟，片刻不离，至道光壬寅十一月廿一日立志戒烟，至今不再吃。四十六岁以前作事无恒，近五年深以为戒，现在大小事均尚有恒。即此二端，可见无事不可变也。

尔于厚重二字，须立志变改。古称金丹换骨，余谓立志即丹也。满叔回信偶忘送，故特由驿补发，此嘱。涤生示。

同治元年四月廿四日曾纪泽行书古文

治家以星冈公为法

（1860年5月19日与四弟曾国潢书）

澄侯四弟左右：

廿七日接弟信，欣悉合宅平安。沅弟是日申刻到，又得详问一切，敬知叔父临终毫无抑郁之情，至为慰念！

余与沅弟论治家之道，一切以星冈公为法。大约有八字诀，其四字即上年所称"书、蔬、鱼、猪"也，又四字则曰"早、扫、考、宝"。早者，起早也；扫者，扫屋也；考者，祖先祭祀，敬奉显考、王考、曾祖考，言考而妣可该也；宝者，亲族邻里，时时周旋，贺喜吊丧，问疾济急。

星冈公常曰："人待人，无价之宝也。"星冈公生平于此数端最为认真。故余戏述为八字诀曰"书蔬鱼猪，早扫考宝"也。此言虽涉谐谑，而疑即写屏上，以祝贤弟夫妇寿辰，使后世子孙知吾兄弟家教，亦知吾兄弟风趣也。弟以为然否？

咸丰十年闰三月廿九日

饮食起居应与寒士相同

（1862年6月23日与二儿子曾纪鸿书）

字谕纪鸿儿：

前闻尔县试幸列首选，为之欣慰。所寄各场文章，亦皆清润大方。昨接易芝生先生十三日信，知尔已到省。城市繁华之地，尔宜在寓中静坐，不可出外游戏征逐。

兹余函商郭意城先生，在于东征局兑银四百两，交尔在省为进学之用。如郭不在省，尔将此信至易芝生先生处借银亦可。印卷之费，向例两学及学书共三分，尔每分宜送钱百千。邓寅师处谢礼百两，邓十世兄处送银十两，助渠买书之资。余银数十两，为尔零用及略添衣物之需。

凡世家子弟衣食起居，无一不与寒士相同，庶可以成大器；若沾染富贵气习，则难望有成。吾忝为将相，而所有衣服不值三百金，愿尔等常守此俭朴之风，亦惜福之道也。其照例应用之钱，不宜过啬（谢廪保二十千，赏号亦略丰）。谒圣后，拜客数家，即行归里。今年不必乡试，一则尔工夫尚早，二则恐体弱难耐劳也。此谕。涤生手示。

再，尔县考诗有错平仄者。头场（末句移），二场（三句禁，仄声用者禁止禁戒也，平声用者犹云受不住也，谚云禁不起），三场（四句节俭仁惠崇系倒写否？十句逸仄声），五场（九、十句失粘）。过院考时，务将平仄一一检点，如有记不真者，则另换一字。抬头处亦宜细心。再谕。

同治元年五月廿七日

望家中子弟戒骄戒惰

（1861年3月14日与四弟曾国潢书）

澄侯四弟左右：

二月初一日唐长山等来，接正月十四日弟发之信，在近日可谓极快者。

弟言家中子弟无不谦者，此却未然，余观弟近日心中即甚骄傲。凡畏人，不敢妄议论者，谦谨者也，凡好讥评人短者，骄傲者也。

弟于营中之人，如季高、次青、作梅、树堂诸君子，弟皆有信来讥评其短，且有讥至两次三次者。营中与弟生疏之人，尚且讥评，则乡间之与弟熟识者，更鄙睨嘲斥可知矣。弟尚如此，则诸子侄之貌视一切，信口雌黄可知矣。

谚云："富家子弟多骄，贵家子弟多傲。"非必锦衣玉食、动手打人而后谓之骄傲也，但使志得意满毫无畏忌，开口议人短长，即是极骄极傲耳。余正月初四信中言戒骄字，以不轻非笑人为第一义；戒惰字，以不晏起为第一义。

望弟常常猛省，并戒子侄也。

　　此间鲍军于正月廿六大获胜仗，去年建德大股全行退出，风波三月，至此悉平矣。余身体平安，无劳系念。

咸丰十一年二月初四日

危急之时，只有在己者靠得住

（1862年11月4日与曾国荃、曾国葆书）

沅、季弟左右：

　　都将军派兵四营来助守，固属可喜，而亦未必可恃。凡危急之时，只有在己者靠得住，其在人者，皆不可靠。恃之以守，恐其临急而先乱；恃之以战，恐其猛进而骤退。幸四营人数不多，或不致搅动弟处全局。否则彼军另有风气，另有号令，恐非徒无益而反有损，弟宜谨慎用之。

　　去年春间，弟不要陈大富一军，又不留成大吉一军，余深喜弟之有识有志也。

　　予药银米，余刻刻不忘，弟刻刻宜存节省之意，不必函函苦催。大约弟设身处地所能办到者，兄亦必能办到；兄所束手不能办者，虽弟设身处地，亦无如何也。

同治元年九月十三日

善于保养，则忠孝悌皆能全

（1864年5月21日与九弟曾国荃书）

沅弟左右：

　　得弟十三日信，具悉一切。常、丹之克，此闻已先得报。

　　各城皆得，仅余金陵。城之坚而大，贼之悍而多，实非他处可比，弟切勿焦灼致疾，听其自然而已。如奉旨饬少荃中丞前来会攻金陵，弟亦不必多心；

但求了毕兹役。独克固佳,会克亦妙。功不必自己出,名不必自己成,总以保全身体,莫生肝病为要。善于保养,则能忠能孝而兼能悌矣。

泽儿近日全愈,望勿记念。昨得沈中丞信,寄去一阅。上海头批十五万已到否?春霆之九万已另咨商少荃矣。顺问近好。

兄国藩手草
同治三年四月十六日

咬定牙根,徐图自强

(1867年1月23日与九弟曾国荃书)

沅弟左右:

十四日、十五六日接弟初十日函、十二日酉刻及四更二函。贼已回窜东路,淮、霆各军将近五万,幼泉万人尚不在内,不能与之一为交手,可恨之至!岂天心果不欲灭此贼耶?抑吾辈办贼之法实有未善耶?

目下深虑黄州失守,不知府县尚可靠否?略有防兵否?山东、河南州县一味闭城坚守,乡间亦闭寨坚守,贼无火药,素不善攻,从无失守城池之事,不知湖北能开此风气否?鄂中水师不善用命,能多方激劝,扼住江汉二水,不使偷渡否?少泉言捻逆断不南渡,余谓任逆以马为命,自不肯离淮南北,赖逆则未尝不窥伺大江以南。屡接弟调度公牍,从未议及水师,以后务祈留意。

奉初九、十三等日奇谕,有严行申饬及云梦县等三令不准革留之旨。弟之忧灼,想尤甚于初十以前。然困心横虑,正是磨炼英雄,玉汝于成。李申夫尝谓余怄气从不说出,一味忍耐,徐图自强,因引谚曰:"好汉打脱牙,和血吞。"此二语是余生平咬牙立志之诀,不料被申夫看破。余庚戌、辛亥间为京师权贵所唾骂,癸丑、甲寅为长沙所唾骂,乙卯、丙辰为江西所唾骂,以及岳州之败、靖江之败、湖口之败,盖打脱牙之时多矣,无一次不和血吞之。弟此次郭军之败、三县之失,亦颇有打脱门牙之象。来信每怪运气不好,便不似好汉声口。惟有一字不说,咬定牙根,徐图自强而已。

子美倘难整顿，恐须催南云来鄂。鄂中向有之水陆，则格格不入者，须设法笼络之，不可灰心懒漫，遽萌退志也。

　　余奉命克期回任，拟奏明新正赴津，替出少泉来豫，仍请另简江督。顺问近好。

同治五年十二月十八日夜

吾生平长进，全在受挫辱之时

（1867年4月3日与九弟曾国荃书）

沅弟左右：

　　十八之败，杏南表弟阵亡，营官亡者亦多，计亲族邻里中或及于难，弟口内心绪之忧恼，万难自解。然事已如此，只好硬心狠肠付之不问，而一意料理军务。补救一分，即算一分。弟已立大功于前，即使屡挫，识者犹当恕之。比之兄在岳州、靖港败后栖身高峰寺，胡文忠在麦山败后舟居六溪口气象，犹当略胜。高峰寺、六溪口尚可再振，而弟今不求再振乎？

　　此时须将劾官相之案、圣眷之隆替、言路之弹劾一概不管，袁子凡所谓"从前种种譬如昨日死，从后种种譬如今日生"，另起炉灶，重开世界。安知此两番之大败，非天之磨炼英雄，使弟大有长进乎？谚云"吃一堑，长一智"，务须咬牙砺志，蓄其气而长其智，切不可茶然自馁也。

同治六年二月廿九日曾国荃书札

凡事皆用困知勉行功夫

（1866年3月4日与二儿子曾纪鸿书）

字谕纪鸿儿：

　　尔学柳帖《琅琊碑》，效其骨力则失其结构，有其开张则无其揽搏。古帖本不易学，然尔学之尚不过旬日，焉能众美毕备，收效如此神速？

余昔学颜柳帖,临摹动辄数百纸,犹且一无所似。余四十以前在京所作之字,骨力间架皆无可观,余自愧而自恶之。四十八岁以后,习李北海《岳麓寺碑》,略有进境,然业历八年之久,临摹已过千纸。今尔用功未满一月,遂欲遽跻神妙耶?余于凡事皆用困知勉行功夫,尔不可求名太骤,求效太捷也。

以后每日习柳字百个,单日以生纸临之,双日以油纸摹之。临帖宜徐,摹帖宜疾,专学其开张处。数月之后,手愈拙,字愈丑,意兴愈低,所谓"困"也。因时切莫间断,熬过此关,便可少进;再进再困,再熬再奋,自有亨通精进之日。不特习字,凡事皆有极困极难之时,打得通的,便是好汉。

曾纪泽余所责尔之功课,并无多事,每日习字一百,阅《通鉴》五叶,诵熟书一千字(或经书或古文、古诗,或八股试帖,从前读书即为熟书,总以能背诵为止。总宜高声朗诵),三八日作一文一诗。此课极简,每日不过两个时辰即可完毕,而看读写作四者俱全。馀则听尔自为主张可也。

尔母欲以全家住周家口,断不可行。周家口河道甚窄,与永丰河相似。而余驻周家口,亦非长局,决计全眷回湘。纪泽俟全行复元,二月初回金陵。余于初九日起程也。此嘱。

同治五年正月十八日

尔辈少年不宜妄生意气

(1867年5月2日与大儿子曾纪泽书)

字谕纪泽儿:

接尔三月十一日省城发禀,具悉一切。

鸿儿出痘,余两次详信告知家中。此六日尤为平顺,兹抄六日日记寄沅叔转寄湘乡,俾全家放心。

余忧患之余,每闻危险之事,寸心如沸汤烧灼。鸿儿病痊后,又以鄂省贼久据臼口、天门,春霆病势甚重,焦虑之至。

尔信中述左帅密劾次青,又与鸿儿信言闽中谣歌之事,恐均不确。余闻少荃言及闽绅公禀留左帅，幼丹实不与闻。特因官阶最大，列渠首衔。左帅奏请幼丹督办轮船厂务，幼已坚辞，见诸廷寄矣。余于左、沈二公之以怨报德，此中诚不能无芥蒂，然老年笃畏天命，力求克去褊心忮心。尔辈少年，尤不宜妄生意气，于二公但不通闻问而已，此外着不得丝毫意见。切记切记。

尔禀气太清。清则易柔，惟志趣高坚，则可变柔为刚；清则易刻，惟襟怀闲远，则可化刻为厚。余字汝曰劼刚，恐其稍涉柔弱也。教汝读书须具大量，看陆诗以导闲适之抱，恐其稍涉刻薄也。尔天性淡于荣利，再从此二家用功，则终身受用不尽矣。

鸿儿全数复元，端午后当遣之回湘。此信呈澄叔一阅，不另具。

涤生手示
同治六年三月廿八日

养生在于戒恼怒、知节啬

（1865年10月20日与大儿子曾纪泽书）

字谕纪泽儿：

卅日成鸿纲到，接尔八月十六日禀。具悉尔十一日后连日患病，十六日尚神倦头眩，不知近已痊愈否？

吾于凡事皆守"尽其在我，听其在天"二语，即养生之道亦然。体强者，如富人因戒奢而益富；体弱者，如贫人因节啬而自全。

节啬非独食色之性也，即读书用心，亦宜俭约，不使太过。余"八本匾"中，言养生以少恼怒为本。又尝教尔胸中不宜太苦，须活泼泼地，养得一段生机，亦去恼怒之义也。

既戒恼怒，又知节啬，养生之道，已尽其在我者矣。此外，寿之长短，病之有无，一概听其在天，不必多生妄想去计较他。凡多服药饵，求祷神祇，皆妄想也。吾于医药、祷祀等事，皆记星冈公之遗训，而稍加推阐，教尔后辈。尔可常常与家中内外言之。

曾国藩像尔今冬若回湘，不必来徐省向，徐去金陵太远也。朱金权拟于初十内外回金陵，欲伴尔回湘。近日贼犯山东，余之调度，概咨少荃宫保处。澄、沅两叔信附去查阅，不须寄来矣。此嘱。

同治四年九月初一日

养生之法在于顺其自然清静调养

（1866年4月10日与儿子曾纪泽、曾纪鸿书）

字谕纪泽、纪鸿儿：

二十日接纪泽在清江浦所发之信。廿二日李鼎荣来，又接一信。廿四日又接尔至金陵十九日所发之信。舟行甚速，病亦大愈，为慰。

老年来，始知圣人教孟武伯问孝一节之真切。尔虽体弱多病，然只宜清净调养，不宜妄施攻治。庄生云："闻在宥天下，不闻治天下也。"东坡取此二语，以为养生之法。尔热于小学，试取"在宥"二字之训诂体味一番，则知庄、苏皆有顺其自然之意。养生亦然，治天下亦然。若服药而日更数方，无故而终年峻补，疾轻而妄施攻伐，强求发汗，则如商君治秦、荆公治宋，全失自然之妙。

柳子厚所谓"名为爱之，其实害之"；陆务观所谓"天下本无事，庸人自扰之"，皆此义也。东坡游罗浮诗云："小儿少年有奇志，中宵起坐存黄庭。"下一"存"字，正合庄子"在宥"二字之意。盖苏氏兄弟父子皆讲养生，窃取黄老微旨，故称其子为有奇志。以尔之聪明，岂不能窥透此旨？余教尔从眠食二端用功，看似粗浅，却得自然之妙。尔以后不轻服药，自然日就壮健矣。

余以十九日至济宁，即闻河南贼匪图犯山东，暂驻此间，不遽赴豫。贼于廿二日已入山东曹县境，余调朱星槛三营来济护卫，腾出潘军赴曹攻剿。须俟贼出齐境，余乃移营西行也。

尔侍母西行，宜作还里之计，不宜留连鄂中。仕宦之家，往往贪恋外省，轻弃其乡，目前之快意甚少，将来之受累甚大，吾家宜力矫此弊。余不悉。

涤生手示，二月廿五

李眉生于廿四日到济宁相见矣。四叔九叔寄余信二件寄阅。他人寄纪泽信四件、王成九信一件查收。

养生六事

（1871年12月5日与曾国潢、曾国荃书）

澄、沅两弟左右：

屡接弟信，并阅弟给纪泽等谕帖，具悉一切。兄以八月十三出省，十月十五归署。在外匆匆，未得常寄函与弟，深以为歉。小澄生子，岳松（崧字与岳字重复，应写此松字）入学，是家中近日可庆之事。沅弟夫妇病而速痊，适朱氏侄女生子不育而不甚忧闷，亦属可慰。

吾见家中后辈，体皆虚弱，读书不甚长进，曾以养生六事勖儿辈：一曰饭后千步，一曰将睡洗脚，一曰胸无恼怒，一曰静坐有常时，一曰习射有常时（射足以习威仪强筋力，子弟宜多习），一曰黎明吃白饭一碗不沾点菜。此皆闻诸老人，累试毫无流弊者，今亦望家中诸侄试行之。又曾以为学四事勖儿辈：一曰看生书宜求速，不多阅则太陋；一曰温旧书宜求熟，不背诵则易忘；一曰习字宜有恒，不善写则如身之无衣，山之无木；一曰作文宜苦思，不善作则如人之哑不能言，马之跛不能行。四者缺一不可，盖阅历一生而深知之深悔之者，今亦望家中诸侄力行之。

养生与力学，二者兼营并进，则志强而身亦不弱，或是家中振兴之象。两弟如以为然，望常以此教诫子侄为要。

兄在外两月有余，应酬极繁，眩晕、疝气等症幸未复发，脚肿亦因穿洋袜而愈。惟目蒙日甚，小便太多，衰老相逼，时势当然，无足异也。

聂一峰信来，言其子须明春乃来，又商及送女至粤成婚一层，余复信仍以招赘为定，但许迟至春间耳。

章合者果为庸才，其军断难得力。刘毅斋则无美不备，将来事业正未可量。其次饷，余心竭力助之。王辅臣亦庸庸，颇难寻一相宜之差。

东台山为合邑之公地，众人瞩目，且距城太近，即系佳壤，余亦不愿求之己有，信复树堂矣。茶叶、蛏虷、川笋、酱油均已领到，谢谢！阿兄尚未有一味之甘分与老弟，而弟频致珍鲜，愧甚愧甚。川笋似不及少年乡味（并不及沅六年所送），不知何故？

　　"鸣原堂文"余竟忘所选之为何篇，请弟将目录抄来，兄当选足百篇，以践宿诺。祖父墓表，即日必寄去，请沅弟大笔一挥，但求如张石卿壁上所悬之大楷屏（似沅七年所书）足矣，不必谦也。

　　顺问近好。

国藩手草
同治十年十月廿三日

附录四　《冰鉴》原文

南怀瑾先生《论语别裁》中有这样一段话:"有人说,清代中兴名臣曾国藩有十三套学问,流传下来的只有一套——曾国藩家书。其实传下来的有两套,另一套是曾国藩看相的学问——《冰鉴》。"冰鉴,取其以冰为镜,能察秋毫之义。《冰鉴》从整体出发,就相论人,就神论人,从静态中把握人的本质,从动态中观察人的归宿。讲究均衡与对称、相称与相合、中和与适度、和谐与协调、主次与取舍等等,是我国古代专论文人的理论著述之一。

《冰鉴》集中国历代识人学之大成,是中国古代相术流派中"书房派"的代表作。它和江湖上流传的相书不同之处就在于重神而兼形,特别强调人的精神和气质。据说曾国藩但凡用人,必要先看其相。《清史稿·曾国藩传》上说:"国藩为人威重、美须髯,目三角有棱,每对客,注视移时不语,见者悚然,退则记其优劣,无或爽者。"

《冰鉴》一书对后世影响颇大,蒋介石的相人之法,就得益于《冰鉴》。他在安排重要人事时,也常常观察其相貌颜色,以决定用否。蒋纬国在担任三军大学校长期间,该书被指定为学生的重要参考书。《冰鉴》曾在大陆绝迹几十年,近年被整理出版,受到读者青睐。

以下附录为《冰鉴》原文。

神骨鉴

语云:"脱谷为糠,其髓斯存。"神之谓也。"山骞不崩,惟石为镇。"骨之谓也。一身精神,具乎两目;一身骨相,具乎面部。他家兼论形骸,文人先观神骨。开门见山,此为第一。

文人论神,有清浊之辨。清浊易辨,邪正难辨。欲辨邪正,先观动静;静若含珠,动若木发;静若无人,动若赴的,此为澄清到底。静若萤光,动若流水,尖巧而喜淫;静若半睡,动若鹿骇,别才而深思。一为败器,一为隐流,均之托迹于清,不可不辨。

凡精神,抖擞处易见,断续处难见。断者出处断,续者闭处续。道家所谓"收拾入门"之说,不了处看其脱略,做了处看其针线。小心者,从其做不了处看之,疏节阔目,若不经意,所谓脱略也。大胆者,从其做了处看之,慎重周密,无有苟且,所谓针线也。二者实看向内处,稍移外便落情态矣,情态易见。

骨有九起:天庭骨隆起,枕骨强起,顶骨平起,佐串骨角起,太阳骨线起,眉骨伏犀起,鼻骨芽起,颧骨若不得而起,项骨平伏起。在头,以天庭骨、枕骨、太阳骨为主;在面,以佐骨、颧骨为主。五者备,柱石之器也;一,则不穷;二,则不贱;三,则动履稍胜;四,则贵矣。

骨有色,面以青为贵,"少年公卿半青面"是也。紫次之,白斯下矣。骨有质,头以联者为贵,碎次之。总之,头上无恶骨,面佳不如头佳。然大而缺天庭,终是贱品;圆而无串骨,半是孤僧;鼻骨犯眉,堂上不寿。颧骨与眼争,子嗣不立。此中贵贱,有毫厘千里之辨。

刚柔鉴

既识神骨,当辨刚柔。刚柔,则五行生克之数,名曰"先天种子",不足用补,有余用泄。消息直与命相通,此其皎然易见。

五行有合法,木合火,水合木,此顺而合。顺者多富,即贵亦在浮沉之间。

金与火仇，有时合火，推之水土者皆然，此逆而合者，其贵非常。然所谓逆合者，金形带火则然，火形带金，则三十死矣；土形带土则然，土形带水，则孤寡终老矣；木形带金则然，金形带木，则刀剑随身矣。此外牵合，俱是杂格，不入文人正论。

五行为外刚柔，内刚柔，则喜怒、跳伏、深浅者是也。喜高怒重，过目辄忘，近"粗"。伏亦不伉，跳亦不扬，近"蠢"。初念甚浅，转念甚深，近"奸"。内奸者，功名可期。

粗蠢各半者，胜人以寿。纯奸能豁达，其人终成。纯粗无周密者，半途必弃。观人所忽，十得八九矣。

容貌鉴

容以七尺为期，貌合两仪而论。胸腹手足，实接五方；耳目口鼻，全通四气。相顾相称，则福生；如背如凑，则林林总总，不足论也。

容贵"整"，"整"非整齐之谓。短不豕蹲，长不茅立，肥不熊餐，瘦不鹄寒，所谓"整"也。背宜圆厚，腹宜突坦，手宜温软，曲若弯弓，足宜丰满，下宜藏蛋，所谓"整"也。五短多贵，两大不扬，负重高官，鼠行好利，此为定格。他如手长于身，身过于体，配以佳骨，定主封侯；罗纹满身，胸有秀骨，配以妙神，不拜相即鼎甲矣。

貌有清、古、奇、秀之别，总之须看科名星与阴骘纹为主。科名星，十三岁至三十九岁随时而见；阴骘纹，十九岁至四十六岁随时而见。二者全，大物也；得一亦跻。科名星见于印堂眉彩，时隐时见，或为钢针，或为小丸，尝有光气，酒后及发怒时易见。阴骘纹见于眼角，阴雨便见，如三叉样，假寐时最易见。得科名星者早荣，得阴骘纹者迟发。二者全无，前程莫问。阴骘纹见于喉间，又主生贵子，杂路不在此格。

目者面之渊，不深则不清。鼻者面之山，不高则不灵。口阔而方禄千钟，齿多而圆不家食。眼角入鬓，必掌刑名。顶见于面，终司钱谷：此贵征也。舌脱无官，橘皮不显。文人有伤左目，鹰鼻动便食人：此贱征也。

情态鉴

　　容貌者，骨之余，常佐骨之不足；情态者，神之余，常佐神之不足。久注观人精神，乍见观人情态。大家举止，羞涩亦佳；小儿行藏，跳叫愈失。大旨亦辨清浊，细处兼论取舍。

　　有弱态，有狂态，有疏懒态，有周旋态。飞鸟依人，情致婉转，此弱态也。不衫不履，旁若无人，此狂态也。坐止自如，问答随意，此疏懒态也。饰其中机，不苟言笑，察言观色，趋吉避凶，则周旋态也。皆根其情，不由矫枉。弱而不媚，狂而不哗，疏懒而真诚，周旋而健举，皆能成器；反之，败类也。大概亦得二三矣。

　　前者恒态，又有时态。方有对谈，神忽他往；众方称言，此独冷笑；深险难近，不足与论情。言不必当，极口称是；未交此人，故意诋毁；卑庸可耻，不足与论事。漫无可否，临事迟回；不甚关情，亦为堕泪；妇人之仁，不足与谈心。三者不必定终身。反此以求，可以交天下士。

须眉鉴

　　"须眉男子"，未有须眉不具可称男子者。"少年两道眉，临老一付须。"此言眉主早成，须主晚运也。然而紫面无须自贵，暴腮缺须亦荣：郭令公半部不全，霍骠骑一副寡脸。此等间逢，毕竟有须眉者，十之九也。

　　眉尚彩，彩者，梢处反光也。贵人有三层彩，有一二层者。所谓"文明气象"，宜疏爽不宜凝滞。一望有乘风翔舞之势，上也；如泼墨者，最下。倒竖者，上也；下垂者，最下。长有起伏，短有神气；浓忌浮光，淡忌枯索。如剑者掌兵权，如帚者赴法场。个中亦有征范，不可不辨。但如压眼不利，散乱多忧，细而带媚，粗而无文，是最下乘。

　　须有多寡，取其与眉相称。多者，宜清、宜疏、宜缩、宜参差不齐；少者，宜光、宜健、宜圆、宜有情照顾。卷如螺纹，聪明豁达；长如解索，风流荣显；劲如张戟，位高权重；亮若银条，早登廊庙，皆官途大器。紫须剑眉，声音洪壮；

蓬然虬乱，尝见耳后，配以神骨清奇，不千里封侯，亦十年拜相。他如"辅须先长终不利"、"人中不见一世穷"、"鼻毛接须多晦滞"、"短髭遮口饿终身"，此其显而可见者耳。

声音鉴

人之声音，犹天地之气，轻清上浮，重浊下坠。始于丹田，发于喉，转于舌，辨于齿，出于唇，实与五音相配。取其自成一家，不必一一合调，闻声相思，其人斯在，宁必一见决英雄哉！

声与音不同。声主"张"，寻发处见；音主"敛"，寻歇处见。辨声之法，必辨喜怒哀乐；喜如折竹，怒如阴雷起地，哀如石击薄冰，乐如雪舞风前，大概以"轻清"为上。声雄者，如钟则贵，如锣则贱；声雌者，如雉鸣则贵，如蛙鸣则贱。远听声雄，近听悠扬，起若乘风，止如拍琴，上上。"大言不张唇，细言不露齿"，上也。出而不返，荒郊牛鸣；急而不达，深夜鼠嚼；或字句相联，喋喋利口；或齿喉隔断，嗒嗒混谈：市井之夫，何足比较？

音者，声之余也，与声相去不远，此则从细处曲中见直。贫贱者有声无音，尖巧者有音无声，所谓"禽无声，兽无音"是也。凡人说话，是声其散在左右前后者，是音。开谈多含情，话终有余响，不唯雅人，兼称国士；口阔无溢出，舌尖无窕音，不唯实厚，兼获名高。

气色鉴

面部如命，气色如运。大命固宜整齐，小运亦当亨泰。是故光焰不发，珠玉与瓦砾同观；藻绘未扬，明光与布葛齐价。大者主一生祸福，小者亦三月吉凶。

人以气为主，于内为精神，于外为气色。有终身之气色，"少淡、长明、壮艳、老素"是也。有一年之气色，"春青、夏红、秋黄、冬白"是也。有一月之气色，"朔后森发,望后隐跃"是也。有一日之气色,"早青、昼满、晚停、暮静"是也。

　　科名中人,以黄为主,此正色也。黄云盖顶,必掇大魁;黄翅入鬓,进身不远;印堂黄色,富贵逼人;明堂素净,明年及第。他如眼角霞鲜,决利小考;印堂垂紫,动获小利;红晕中分,定产佳儿;两颧红润,骨肉发迹。由此推之,足见一斑矣。

　　色忌青,忌白。青常见于眼底,白常见于眉端。然亦不同:心事忧劳,青如凝墨;祸生不测,青如浮烟;酒色忩倦,白如卧羊;灾晦催人,白如傅粉。又有青而带紫,金形遇之而飞扬,白而有光,土庚相当亦富贵,又不在此论也。最不佳者:"太白夹日月,乌鸟集天庭,桃花散面颊,颊尾守地阁。"有一于此,前程退落,祸患再三矣。

参考书目

[1] 马东玉著,曾国藩本传,沈阳:辽宁古籍出版社,1997。

[2] 史林,迟云飞著,曾国藩大传,北京:中国经济出版社,2001。

[3] 张锋,天舒,人镜:曾国藩的人生智慧,呼和浩特:内蒙古人民出版社,2002。

[3] 司马宽解译,曾国藩的做人艺术,北京:企业管理出版社,2004。

[4] 史晟解译,曾国藩阴阳谋略,北京:中国华侨出版社,2004。

[5] 李贺编著,曾国藩成功全集,北京:企业管理出版社,2006。

[6] 牛贯杰著,原来曾国藩,重庆:重庆出版社,2006。

[7] 成晓军著,曾国藩家族,重庆:重庆出版社,2006。

[8] 刘绪义著,历史给谁来酿酒:湖湘才子品读曾国藩.北京:当代中国出版社,2008。

[9] 张云,韩洪泉著,曾国藩与湘军,沈阳:辽宁人民出版社,2008。

[10] 赵月华编著,左手曾国藩右手胡雪岩,北京:石油工业出版社,2008。

[11] 赵焰著,晚清有个曾国藩,桂林:广西师范大学出版社,2009。

[12] 施宏哲著,藏露:曾国藩的那套办法,北京:中共中央党校出版社,2009。

[13] http://tieba.baidu.com,大学士两江总督曾国藩等奏请选子弟留学。

[14] http://tieba.baidu.com,曾国藩如何处置天津教案。